人才培养与教学改革探索及实践

——景德镇陶瓷大学创新教育教学改革论文集

（2021—2022年合集）

主　编　汪和平

副主编　戴清泉　汤可宗　杨　鹰　江　毅

编　委　汪和平　戴清泉　汤可宗　杨　鹰　江　毅　刘冰峰
　　　　汪永清　陈利和　陈　宁　王文华　陈　斌　张婧婧
　　　　侯铁军　余剑峰　贾建华　韩　文　黄　胜　黎　平
　　　　李　婧　胡文俊　吴丹丹

武汉大学出版社

图书在版编目(CIP)数据

人才培养与教学改革探索及实践：景德镇陶瓷大学创新教育教学改革论文集. 2021—2022 年合集 / 汪和平主编；戴清泉等副主编.
武汉：武汉大学出版社，2024.8. -- ISBN 978-7-307-24472-6

Ⅰ.G642.0-53
中国国家版本馆 CIP 数据核字第 2024E1N036 号

责任编辑:聂勇军　　　责任校对:汪欣怡　　　版式设计:马　佳

出版发行:**武汉大学出版社**　　(430072　武昌　珞珈山)
(电子邮箱：cbs22@ whu.edu.cn　网址：www.wdp.com.cn)
印刷:武汉邮科印务有限公司
开本:720×1000　1/16　印张:26.5　字数:517 千字　插页:2
版次:2024 年 8 月第 1 版　　2024 年 8 月第 1 次印刷
ISBN 978-7-307-24472-6　　定价:98.00 元

P R E F A C E 前 言

　　努力提高人才培养质量是落实我校"养成明白学理、精进技术之人才，以改良陶业"办学理念的核心，是传承和发扬"脑手并用、科艺结合、专攻深究"人才培养模式，彰显办学特色的关键。要提高人才培养质量，关键是深化教学改革，调动广大教师参与教学改革的积极性。在当前高等教育发展新常态下，开展顶层设计和进行教育创新，构建师生互动、富有效率的教育教学方式，是提高高等教育质量的必由之路。

　　景德镇陶瓷大学是我国唯一一所以陶瓷命名的多科性本科高校，是全国 31 所独立设置的本科艺术院校之一和首批 94 所有资格招收享受中国政府奖学金攻读硕士、学士学位留学生的高校之一，现已发展成为全国乃至世界陶瓷文化艺术交流、陶瓷人才培养和科技创新的重要基地。

　　我校一贯重视教学研究与改革，以教学改革创新不断巩固教学工作中心地位，不断提升人才培养质量。本论文集收录了 2021 年和 2022 年我校广大教师积极参与教学研究及改革实践的思考、体会与经验，以及大学生创新创业成果。论文集按类别共分为六个部分：

　　第一部分，模式改革篇，共收录 13 篇论文。分别从专业设置、教学模式等方面对人才培养模式改革进行了有益的探索与实践。如《基于创意、创新、创业"三创合一"的创新创业人才培养模式研究》一文对"三创合一"式创新创业人才培养模式的构建展开了探讨，提出了革新教育理念；打造具有"三创"精神和能力的教学团队；革新教学模式，打造"三创"课程体系；建立"三创"实践平台；形成"三创"支持体系等五点建设思路。《线上线下混合式教学模式实践——以计算机程序设计课程为例》一文提出一种"线上"+"线下"的教学模式，通过两种教学形式的有机结合，把学习者的学习由浅到深地引向深度学习。通过信息技术与传统课堂教育相融合，教师利用互联网、移动终端、云计算等现代信息化技术构建线上网络教学平台，学生利用线上网络教学平台完成自主学习，拓展了学生的学习空间。

第二部分，课程建设篇，共收录 25 篇论文。这些论文是各位老师在课程建设中对课程体系建设和课程教学内容进行改革实践的总结。如《高等流体力学课程教学改革与实践》一文中，基于景德镇陶瓷大学对动力工程及工程热物理学科人才培养的需要，针对"高等流体力学"课程理论性强、学习难度大的特点，对该课程的授课内容和教学模式进行了改革与实践。在以培养学生创新能力为宗旨的基础上，重新规划了教学内容，尝试了新的教学模式，研究成果对于指导同类研究生学位课程的改革具有一定的参考价值。

第三部分，教学改革篇，共收录 17 篇论文。这部分的论文介绍了教师在新形势下重构教学观念、教学组织、教学方法与手段所作的改革实践，强调从"以教师为中心"向"以育人为中心"的转变，从"以知识为中心"向"以能力为中心"的转变，从"以传授为中心"向"以学习为中心"的转变，并倡导启发式、探究式、讨论式、案例式教学，以激发学生学习的主动性、创造性。如《课程思政理念下教学改革的探索与实践——以概率论与数理统计课程为例》一文指出课程思政是高校落实立德树人根本任务的重要举措。概率论与数理统计是高等学校各专业普遍开设的一门处理随机现象统计规律性的基础课程。在课程思政理念下，在挖掘概率论与数理统计课程思政元素的基础上，应积极探索将思政元素融入实际教学的有效路径。

第四部分，实践教学篇，共收录 9 篇论文。实践教学是培养创新型应用型人才不可或缺的教学环节，其中《基于抗菌陶瓷的微生物开放性实验设计及实践》一文以抗菌陶瓷用的杀菌剂为研究对象，通过对实验内容的精心设计，达到培养学生掌握微生物实验基本操作技能及分析解决问题的能力。

第五部分，综合篇，共收录 6 篇论文。其中，《用"政治心""爱心"铸就优秀"思政班主任"》一文指出，要成为一名优秀的"思政班主任"，首要的是大力提升"思政班主任"的"政治心"，坚定思政教师"为党育人、为国育才"的责任使命；其次是对学生始终充满"爱心"，用爱心作为开展班级学生各项工作的强大动力。

第六部分，大学生创新创业篇，共收录 3 篇论文。这部分收录了我校学生在创新创业项目中获得的各类成果与工作总结。

感谢各位作者对本书的辛勤写作。本书凝聚了全校师生的心血，体现我校教师对于教学前沿问题的理论探索精神。我们还要特别感谢武汉大学出版社对出版本书的大力支持。希望本书能给广大读者带来教学上的启示、思考。如有不足之处，敬请批评指正。

编者

2023 年 7 月

CONTENTS 目 录

—— 模式改革篇 ——

—— 课程建设篇 ——

—— 教学改革篇 ——

—— 实践教学篇 ——

—— 综 合 篇 ——

—— 大学生创新创业篇 ——

模式改革篇

MOSHI GAIGE PIAN

一般工科院校市场营销专业应用型
人才培养模式探析

丁小华

摘　要：本文基于相关行业和地方经济社会发展对市场营销人才的现实需求，通过对一般工科院校市场营销专业人才培养模式的实证分析，构建一般工科院校市场营销专业应用型人才培养模式，探索为企业培养"营销工程师和营销管理人才"的新途径。

关键词：一般工科院校；市场营销专业；应用型；人才培养模式

《国家教育事业发展"十三五"规划》明确指出，支持一批地方应用型本科高校建设，重点加强实验实训实习环境、平台和基地建设，鼓励吸引行业企业参与，建设产教融合、校企合作、产学研一体的实验实训实习设施，推动技术技能人才培养和应用技术创新。在此背景下，一般工科院校开展了新一轮的市场营销人才培养模式改革，如：桂林电子科技大学启动了"市场营销专业教育+电子信息教育"人才培养模式等，但依然不能满足所属行业及地方经济社会发展的现实需求，主要表现为学生自身所具备的知识、能力、素质与所属行业及地方经济社会发展需求之间的矛盾。为此，一般工科院校应科学制定符合学校办学特色及与行业、地方经济社会发展相适应的市场营销人才培养模式，凸显"厚基础、宽口径、重实践、高素质"特色。

一、一般工科院校市场营销专业人才培养存在的问题

我国理工科院校特别是一般工科院校开设市场营销专业，必然面临许多问题，需要我们去思考和探索，以促进市场营销专业向纵深发展。

（一）人才培养目标趋同

一般工科院校市场营销专业人才培养目标基本为"高级经济管理人才"，但

在实际的人才培养方案制定和人才培养实践过程中又难免照搬 985、211 等重点大学的做法，从而导致所培养的学生既达不到重点大学的应用研究水平，也无法像职业类院校那样更加贴近行业和地方经济社会发展的现实需求。

(二)人才培养定位过高

一般工科院校市场营销专业人才培养定位通常为"应用型、创新型、复合型"，与综合类大学、财经类大学的人才培养定位基本雷同，人才培养定位过高、忽视行业和地方经济社会发展的需求、缺乏个性化引导和专业特色优势是一般工科院校广泛存在的问题。

(三)人才培养模式单一

一般工科院校市场营销专业人才培养模式基本为"实践技能型"，如：在课程设置上，除了开设传统的经济管理类课程外，基本上都开设了一些工科基础类课程，强调实践技能的培养，但在人才培养的内涵上又体现"单一性"，具体来说就是人才培养过于强调"工程教育"，导致专业口径过窄、培养路径单一。

(四)知识结构体系陈旧

一般工科院校市场营销专业知识结构体系主要包括：专业基础课、专业核心课及专业选修课三个部分，这种知识结构体系强调的是专业基础课和专业实践课的理论教育，共性的课程较多，实践的课程较少，忽视了行业和地方经济社会发展对人才的需求，导致学生的实践动手能力、创新创业能力和环境适应能力较差。

(五)考核评价体系宽松

一般工科院校市场营销专业的考核评价主要通过试卷考试来反映，考核内容仅限于教学内容，与人才培养目标关联度不高，案例分析较为缺乏，对具有创新性的实践考核、课程论文答辩考核、小组综合评价等评价方法较少采用。

二、一般工科院校市场营销专业应用型人才培养模式

市场营销专业是集理论、实践、应用于一体的专业，在三者之间应特别注重实践性和应用性，这不仅要求市场营销专业人才要有扎实的理论基础，更需要较强的能力和素质支撑。为此，一般工科院校在市场营销专业应用型人才培养过程中，既要结合自身办学特色，又要满足行业和地方经济社会发展对人才的现实

需求。

（一）围绕"一个目标"

即围绕为企业培养"应用型市场营销人才"这一目标。一般工科院校要按照"厚基础、宽口径、重实践、高素质"的原则，培养具有良好的道德品质、人文素质、身心素质和专业素质，具备较强的营销实战能力和创新创业能力的应用型市场营销人才。这就要求在人才培养过程中，一般工科院校要把知识、能力和素质有机结合，凸显应用性和实践性，目的在于学生毕业后能够快速胜任企业营销相关工作或实现自主创业。

（二）坚持"两大导向"

即坚持以提高学生应用能力为导向和坚持以服务行业、服务地方经济社会发展为导向。坚持以提高学生应用能力为导向，除了传授理论知识，提高学生的专业理论水平外，还要更加注重学生对应用型知识的获取以及具体专业技能的训练，目的在于通过专业教学培养学生的知识运用能力，并创造性地应用于实际工作中。坚持以服务行业、服务地方经济社会发展为导向，就是要主动适应行业和地方经济社会发展的实际需要，满足行业和地方经济社会发展对人才的迫切需求。

（三）构建"三个模块"

即营销人员知识结构体系包括通用基础知识、专业理论知识、职业技能知识三个模块（图1）。市场营销专业应用型人才的培养，在知识结构上既要"厚"，更要"实"，即基础应该真正成为能力发展所必需的基础，并通过实践，运用理论，加强基本技能和基本方法的培养，掌握发现问题的方法和提高解决问题的能力。因此，市场营销专业应用型人才的知识结构体系主要包括三大模块：通用基础知识、专业理论知识、职业技能知识等，其中，通用基础知识是前提，专业理论知识是基础，职业技能知识是保障。

1. 通用基础知识

通用基础知识是普通高等学校所有专业学生都应掌握的基础性知识，目的在于培养和提高学生非专业方面的能力，主要包括政治理论知识、人文社科知识、经济法律知识和工具性知识，其中，政治理论知识包括政治理论、道德修养、品格情操、心理健康等方面的内容；人文社科知识包括人文地理、艺术体育、社交礼仪、职业素养、就业创业等方面的内容；经济法律知识包括经济法、公司法、劳动法及民法、刑法、行政法等方面的内容；工具性知识包括外语、数学、计算机、车辆驾驶等方面的内容。

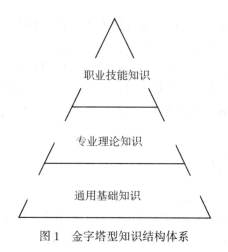

图 1　金字塔型知识结构体系

2. 专业理论知识

专业理论知识属于概括性强、抽象度高的知识体系，具有系统的内容体系和知识范围，主要包括专业基础知识、专业核心知识、专业方向知识，其中，专业基础知识包括与市场营销专业有关的宏观经济学、微观经济学、管理学、生产管理学、统计学、财务管理、市场营销等知识；专业核心知识即本专业必修的核心课程，主要包括消费者行为学、国际市场营销学、服务营销学、市场调研、产品管理、客户关系管理、广告学、公共关系学、营销渠道管理、实效促销等专业知识；专业方向知识是本专业企业实际需要的专业知识，如：营销专业英语、商务谈判与礼仪及房地产市场营销、汽车市场营销、金融市场营销等方面的知识。

3. 职业技能知识

职业技能知识是围绕理论知识在具体职业岗位上运用而形成的实践知识。市场营销专业的职业技能知识主要通过模拟企业实战环境要求，组织学生进行各类实验和综合训练，以及到各类企业的相关岗位进行实践，帮助学生掌握如何将相关理论知识运用于解决企业管理中的实际问题，主要包括办公自动化软件应用、市场调查与预测实践、推销实践、营销策划实践、市场营销模拟实践、创业计划训练、生产实习实践、撰写毕业论文等，目的在于培养学生理论联系实际、分析与解决实际问题的能力。

(四)培养"四种要素"

市场营销专业应用型人才的素质包括品德修养、学习发展、人际技能和成长驱动等四种要素(图2)。市场营销专业应用型人才的培养应突出"强化素质与能力的培养"这一理念,这就需要改变原来的专业教学模式,真正把知识的获得与能力的提高和强化联系起来,培养学生的适应能力、职业能力、后续发展能力。四种要素呈菱形结构分布,品德修养是前提,学习发展是基础,人际技能是保障,成长驱动是关键。

1. 品德修养

具体而言,市场营销专业应用型人才应具备的品德修养主要包括:政治素质、道德素质、身体素质和心理素质,其中,政治素质包括政治理论知识、政治心理、政治价值观、政治信仰、政治能力等;道德素质包括思想道德、道德情操、职业道德、人格品质等;身体素质是一个人体质强弱的外在表现;心理素质包括情感、信心、意志力、韧性等。

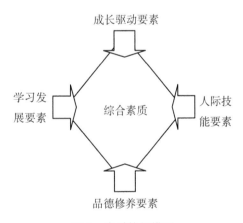

图 2　素质特征模型

2. 学习发展

学习发展是一个人具有较强的综合素质的真实体现,其要素主要包括:人文素质、专业素质和职业素质,其中,人文素质是指在人文方面所具备的综合品质,由人文知识、能力、情感、态度、意志等诸多因素综合形成,表现为人的气质和修养；专业素质是指通过对本专业知识的学习和实践，而日渐形成的操作技巧和思维活动能力；职业素质是对社会职业了解与适应能力的一种综合体现，主要表现在职业兴趣、职业能力、职业个性等方面。

3. 人际技能

作为一名管理者应具备三个管理技能，即：技术技能、人际技能和概念技能。就市场营销专业应用型人才而言，人际技能主要包括人际交往能力、综合协调能力、团队协作能力等，其中，人际交往能力主要体现在听、说、写等方面的能力及获取知识信息的能力、观察判断能力、临场应变的能力等；综合协调能力主要体现在关系协调、工作协调等方面；团队协作能力主要体现在成员间的信任、尊重、宽容、利益和成就共享、责任共担等方面。

4. 成长驱动

成长驱动能力是指寻找自己在社会和群体中的价值和位置的能力。市场营销专业应用型人才对知识的运用要能够做到"汇通""融通"和"变通"。"汇通"是指能够将各种信息和资料汇集、整理起来，经过自己的分析和思考，形成独立的见解，这要求学生具有良好的独立思考能力、分析处理能力和解决问题能力；"融通"是指能够将复杂的、分散的知识融会贯通，使之成为系统的、完整的知识，这要求学生具有良好的综合分析能力、实践运用能力和科学研究能力；"变通"是指应用已有的知识和经验，寻找多种方法和途径解决问题或以新的方法解决问题，这要求学生具有良好的创造性思维能力、岗位拓展能力和创新创业能力等。

(五)推进"五项改革"

要实现为企业培养"营销工程师和营销管理人才"这一目标，学校必须进行教育教学方面的改革，从教学方法、教学手段、实践教学、考核评价体系及教学资源整合利用等五个方面开展全面改革。

一是在教学方法上，要将理论教学与实践教学相结合，教师知识讲授和学生营销实践相结合，适当开展角色互换式教学、角色模拟式教学、案例式教学、模拟实践式教学，切实提高学生分析和解决实际问题的能力。二是在教学手段上，要强化多媒体辅助教学和网络资源辅助教学，探索 CDIO(构思、设计、实施、运行)环形教学模式、慕课(MOOC)教学模式等现代教学手段，通过让学生参与各种思想交流、学术研讨等活动，提高其理论知识水平和专业实践能力。三是在实践教学上，借助"企业营销之道""企业经营决策仿真系统""网络营销模拟系统"等实训软件，搭建实验示范中心、商务谈判实训室、沙盘模拟实验室等实验实训平台，注重学生市场营销方面的技能训练。四是在考核评价体系上，侧重对专业理论学习、实习实践、职业能力等方面的考核与评价，构建全过程、开放式的教学质量评价指标体系和考核评分指标体系。五是在教学资源整合上，推进第一课堂与第二、第三课堂的深入融合，组织学生参加综合性营销大赛、创新创业大赛和企业营销实践。坚持"请进来"和"走出去"互联互通，邀请著名的营销专家、学者及成功的企业家和优秀营销人士到学校开展讲座、研讨等学术活动，加强与行业和地方企业在产、学、研等方面的深度合作，建立校外市场营销专业实习实践教学基地等。

三、结束语

综上所述，本文在对一般工科院校的市场营销专业人才培养模式进行实证分析的基础上，提出了"12345"市场营销专业应用型人才培养体系，希望能对我国一般工科院校开展应用型人才培养起到借鉴作用。

参考文献

[1]庄惠龙，杨淑林．本科应用型人才培养模式的探索与实践[J]．集美大学学报，2013(10)：58-60．

[2]张旭明．工商管理类本科专业应用型人才培养的路径选择[J]．教学管理，2012(14)：232-233．

[3]黄嘉涛，张德鹏．工商管理类专业应用型本科人才知识、能力和素质结构体系[J]．科技与管理，2011(5)：102-105．

[4]卢智慧．高等学校市场营销专业人才培养模式改革研究[J]．大学教育，2013(7)：19-20．

[5]何叶荣，李玲．"卓越"视觉下的应用型高校市场营销专业人才培养模式[J]．淮南师范学院学报，2014(2)：118-121．

跨境电商工作室人才培养模式改革探索

韩　静

摘　要：当前，跨境电商的常规教学主要以理论教学和软件模拟实训为主，由此培养出的毕业生与企业所需的实践性人才尚存在一定的差距。而跨境电商人才的工作室培养模式，可以有效弥补学校人才培养与企业需求在结构、质量、水平等方面的脱钩问题。在实际运作时，学校应主动对接校外优质企业，制定学校、企业和学生三位一体的运行管理机制，加强跨境电商工作室运营实践成果的展示与评价，做好跨境电商工作室的配套环境建设。

关键词：工作室；跨境电商；人才培养；运行模式

随着"互联网+"时代的到来，跨境电子商务作为一种新兴的贸易业态一直呈现出正向增长的发展态势，成为我国对外贸易高质量发展的一支重要力量。

一、跨境电商发展与人才需求

据海关数据统计，2020 年我国跨境电商进出口总额达 1.69 万亿元，同比增长 31.1%，其中出口同比增长速度远超进口增长速度。在跨境电商巨大红利的刺激下，越来越多的企业开始涉足跨境电商业务，这些企业既包括一些传统的外贸企业，也包括一些物流企业和新兴企业，它们共同推动着跨境电商新业态的高质量发展。随着跨境电商的蓬勃发展，跨境电商的人才供应不足问题开始日益突出。从供需角度看，我国跨境电商毕业生数量少，供需矛盾十分突出。据初步统计，当前我国跨境电商相关人才数量的缺口高达 1600 万，供需矛盾已然成为抑制跨境电商高质量发展的瓶颈。为此，众多高等院校及高职院校开始加快对跨境电商人才培养机制的不断改革和创新。

二、时代发展对跨境电商工作室的需求

当前，跨境电商的常规教学主要以第一课堂和实践操作为主。实践教育通常

是在理论教学后，通过跨境电商实训模拟软件，以模拟情境的方式来帮助学生了解和掌握跨境电商的各类专业技能，从而加深对行业运营的认知与理解。实践操作一般安排在多媒体教室或者机房进行，方便教师组织和统一管理，有一定的教学效果，但由于缺乏真实情境的有效氛围激励，学习效果与企业所需的实战操作技能和创新思维仍有一定差距。同时，相比传统的贸易方式，跨境电商技术的迭代、商业模式的变化、时代环境的变迁相对较快，仅靠单一的软件模拟操作，很难满足企业对实践性人才的培养要求。因此，高等院校及高职院校迫切需要对现有的教学模式进行改革和探索，摸索出符合跨境电商行业特色的人才培养模式，从而从根本上解决人才培养与职业岗位需求脱钩的问题。

党的十九大报告明确指出，新时代教育事业的发展应深化产教融合，加强校企合作。由此可见，产教融合和校企合作是提高跨境电商人才培养质量和满足社会契合度的内在要求。而新兴的跨境电商工作室培养模式正是深化产教融合的具体形式之一，其以跨境电商企业的真实项目为驱动，为学校和企业提供一个全新的合作平台，从而有效弥补了人才培养与企业需求在结构、质量、水平等方面的脱钩问题。相比常规的教学模式，基于工作室的跨境电商实践教学具有以下优势：

（一）有利于跨境电商专业人才的全方位培养

相较国内电商的免费注册与母语操作的便捷性，跨境电商平台的注册与操作较为复杂，不仅需要一定的注册资金和企业资质，且非母语的操作和复杂的营商环境也令绝大多数的教师和学生望而生畏，想通过开店自学跨境电商并不现实。同时，现实中的跨境电商平台众多，不同平台的平台规则又不相一致，也加大了跨境电商人才的培养难度。因此，引入跨境电商工作室，以不同跨境电商平台为载体，以企业的真实项目为驱动，可有计划有步骤地引导学生在真实工作中学习跨境电商的专业知识，掌握业务操作中所需的专业技能，从而实现理论与实践的有效融合。此外，在真实工作中所面临的各种各样的现实问题也有利于开发学生的创新思维、数据分析能力、应变能力，从而实现全方位、全过程的跨境电商专业人才培养目标。

（二）有利于教师和学生更好地服务社会

服务社会是高校的一项基本职能。作为高校的主体，教师和学生肩负着服务社会的主要职责。跨境电商工作室的培养模式，不仅为学生打通了面向企业的实践能力训练通道，也为教师搭建了了解现实企业真实工作需求的桥梁，方便教师将自己的知识技能运用于企业的日常经营管理实践，从而更好地服务于企业，共创学生、教师、企业多方共赢的局面，实现产教融合的可持续发展。同时，还可以通过工作室的孵化功能引导教师和学生进行创新创业尝试，从而顺应新时代"大众创业、万众创新"的要求。

(三)有利于将工作室的成果向教学资源转化

高校的人才培养受制于有限的教学资源，容易出现教学方式单一、教学内容陈旧、教学手段灵活性不足、教学效果难以满足职业岗位需求等问题，大大制约了跨境电商人才的培养质效。而跨境电商工作室的培养模式，可以有效地将企业资源与学校资源紧密有效地联系在一起，通过校外企业导师和校内教师的密切配合和共同设计，把企业的真实任务引入教学，拓展教学内容，从而构建将实践成果向教学资源转化的有利模式。

三、跨境电商工作室的运行模式

(一)教师主导模式

拥有丰富跨境电商实战经验的教师可以要求学校出资建立跨境电商工作室。在这种模式下，教师和学生一起选品和运营，教师既是老板，又是老师；学生既是员工，又是同学。此种模式一方面有利于教师丰富自己的课堂内容和教学模式，将理论知识与项目实战相融合，使得课程内容更加贴近现实生活，真实而有趣；另一方面学生可以通过真实实践，熟练掌握市场调研、选品、上架、营销、客服、订单处理和物流发货等跨境电商各个流程的基础知识和技能要求。后期可以根据学生的销售业绩给予一定的销售提成，激发学生的参与热情。

(二)学生主导模式

以学生自主意愿为前提，将有创业意愿且专业能力强的学生组织在一起筹建跨境电商创业工作室。这种模式主要以学生自主经营、自负盈亏为主，教师则以顾问的身份给予必要的指导和帮助。在创业和盈利的双重激励下，学生参与的兴趣和积极性更高，对市场调研、选品、上架、营销、客服、订单处理和物流发货等各个流程的实践理解更深。同时，教师也可及时将指导过程中所接触的实战案例补充进课堂教学中，丰富课堂内容。

(三)校企合作模式

跨境电商的流程较为复杂且平台众多，诸如 Lazada、Shopee、Jumia 等一些面向区域性市场的新兴平台层出不穷，不断挑战现有平台建立的市场秩序。大多数教师和学生在从事跨境电商时会面临资金、选品和货源上的困难，缺乏实战经验，而校企合作的工作室模式则能有效地解决这一问题。校企合作的具体模式有很多，常见的方式有校外跨境电商企业出资选择平台并建立品牌店铺，委托校内跨境电商工作室负责运营，约定相应的业绩提成；或由校内工作室出资选择平台并建立跨境电商店铺，由校外企业提供不产生知识产权纠纷的合格产品，并承担库存、订单处理和物流发货等后端服务。

四、跨境电商工作室的运营管理

（一）主动对接校外优质企业，提高企业参与的积极性

跨境电商工作室能否成立的关键在于优质企业资源能否引进，寻找优质的企业资源并成功引入学校，是当前学校面临的主要问题。从企业的角度而言，部分企业对大学生的能力认识有偏见，认为在校大学生能力与企业所需的实践性人才技能相比仍有较大差距，且兼职的这种工作方式及效率也无法满足企业的高强度要求，校企合作意识较弱。

因此，高校不能被动地等待企业联系学校，而应主动出击，积极走访校外优质企业，寻求校企合作机会。可以通过地方政府、行业协会等组织机构的引荐，探寻区域内优质的对口企业，组织专业教师主动上门进行针对性的合作洽谈，在遵循校企合作共赢的原则下，制定有效的人才合作培养方案，明确学校、企业、师生在校企合作中的利益和责任，形成校企合作的长效运行机制。鼓励校外优质企业开展"订单式"人才培养，主动参与人才培养的全过程。

（二）制定学校、企业和学生三位一体的运行管理机制

工作室是一个组织，需要有完善的运行管理机制约束，且工作室的运行管理机制与工作室能否生存、能否发展有直接密切的联系。当前，无论教师还是学生对跨境电商的运行都缺乏实际经验，容易出现管理松散、定位不清、工作不积极不认真的情况，在实际工作中也可能会面临各种各样的问题，迫切需要出台一个行之有效的运行管理机制。

一方面，要加强"双导师"管理，明确校内专业教师和校外企业导师的分工。在跨境电商工作室中，应有效结合校内专业教师和校外企业导师的各自长处，扬长避短，促成团队合力共同参与跨境电商的人才培养，培养适合行业需求和企业实际的实践性人才。具体而言，校内专业教师应负责为学生厘清相关专业知识与

技能的学科体系脉络，并对项目实施过程中所面临的各种问题展开理论分析和答疑，方便学生深入了解跨境电商的知识体系。对业绩突出的专业教师学校应予以相应的奖励，以弥补教师的时间成本，提高教师参与的积极性。而校外企业导师主要负责解决实际操作中面临的各种棘手和突发的实战问题，如产品优化的组合模式、产品发布和详情页制作等。对业绩突出的企业导师学校应予以相应的奖励，以弥补其参与指导的时间成本，提高校外企业导师的参与积极性。

另一方面，要加强对学生的组织管理，明确轮换制度和绩效管理。在跨境电商工作室创立初期，校内专业教师或校外企业导师可以通过公开招募和双向选择的方式，选择自愿加入工作室的学生成员，组成一个或多个学生团队，以执行真实项目的方式展开实践学习。在此过程中应加强过程管理，由校内专业教师或校外企业导师共同定期对团队学生的项目执行力开展中期考核及终期考核，对考核不合格的同学，直接予以淘汰或轮换；对考核合格的同学按照约定的绩效管理机制给予一定比例的运营利润提成；对考核特别优秀的学生可以考虑设立合伙人机制，引导其创新创业。

(三)加强跨境电商工作室运营实践成果的展示与评价

跨境电商工作室的运营需要教师和学生投入大量的时间和精力，如果缺乏有效的激励措施和成果认证，则会大大削弱教师和学生参与工作室运营的积极性，对此学校应定期加强对跨境电商工作室运营实践成果的展示与评价。

一方面，定期对工作室的运营实践成果，如浏览-成交转化率、成交订单量、运营成本和运营利润等予以展示，邀请相关专家及同行评价，找出其不足之处及优化方案。

另一方面，针对参与工作室的教师和学生应考虑以成果代评、以成果代考的独立考核模式，允许教师和学生凭借工作室的实践运营成果获得相应的课时和学分奖励。

同时，针对教育部提出的"加强过程管理"，应尽快构建工作室运营团队及个人的综合评价体系，通过个人自评、合作者评价、校内专业教师评价和校外企业导师评价等全员参评的方法，进行综合有效的评价。

(四)做好跨境电商工作室的配套环境建设

良好的工作环境可以提升工作室的凝聚力，继而提高师生的工作效率。学校应根据公司真实工作场景或校外企业的要求布置跨境电商工作室，确保工作室的硬件和软件齐全，如：基于团队学生的内部交流和讨论的需求，配备不少于3~5个拼联电脑位的独立办公区域；基于工作室运营账号的安全性要求，配备独立的

IP 地址，并绑定跨境电商管理软件；基于交易产品的图片拍摄和处理需求，在办公区域旁应配备一个摄影棚；基于面单打印需求，在办公区域应配备充足的热敏打印机；基于备货、发货等仓储需求，在办公区域旁边设立充足的货物陈列架。同时，为了工作室的有效运行和管理，应专门制定跨境电商工作室管理制度，配备独立的人员统一管理。

参考文献

[1]罗仕文.基于工作室模式的跨境电商实践教学应用研究——以浙江经济职业技术学院为例[J].文化产业，2020(11)：131-133.

[2]李宜伟，鞠萍.基于"工作室"下大学生跨境电商创业模式探索[J].全国流通经济，2019(5)：17-18.

[3]郑苏娟.基于校企合作的跨境电商工作室运行和管理模式研究[J].中小企业管理与科技(下旬刊)，2018(9)：83-84.

[4]倪名扬.产教融合视角下跨境电商工作室培养模式的探析[J].生产力研究，2018(9)：106-109.

基于超星学习通的翻转课堂教学研究与实践

——以计算机程序设计课程为例

舒期梁 赵丽萍 何福保

摘　要：随着"互联网+教育"的发展应用，慕课、微课、翻转课堂、移动课堂随之出现，这既活跃了课堂气氛，又激发了学生的学习兴趣。数字化学习越来越受到相关业界人士的关注，超星学习通就是在此环境中应运而生的移动教学 APP 软件，让学习不受时间和空间的限制，使教育从以教师传授为中心转变为以学生自主学习为中心。

关键词：互联网+教育；教学模式；翻转课堂

翻转课堂作为一种新型的教学模式，正在我国高校兴起。所谓翻转课堂，即学生在课前通过网络平台学习教师上传的视频等教学资源，教师在课堂中开展讨论与解决问题的教学模式，但并不是所有课程都适合采用翻转课堂教学模式。实践证明，知识点清晰、实践性强的课程更适合采用翻转课堂，而偏重于理论研究、注重互动与情感交流的课程更适合采用传统教学模式。"计算机程序设计"课程逻辑严谨，其应用性和实践性均很强，强调动手与实际解决问题能力。课程特点决定了该课程适合采用翻转课堂教学模式。翻转课堂的具体实施需依赖一定的网络教学平台的支持，而超星学习通作为一款大数据环境下用于满足教师和学生课堂内外交流学习的移动平台，正逐渐在教育教学领域发挥着越来越重要的作用。本文通过分析"计算机程序设计"课程特点，探讨其实施翻转课堂的可行性，构建基于超星学习通平台的翻转课堂教学模型并将其应用于实际教学中。

一、实施翻转课堂的必要性

一直以来，我校"计算机程序设计"课程都是采用"理论讲授+上机实验"的教学模式。虽然多年来任课教师在教学中不断总结经验教训，以期最大化提高教学效果，但在传统讲授式的教学模式下，该课程教学依然存在一些问题。

（一）教学内容偏多，课时相对不足

该课程逻辑性、操作性很强，包含的知识点多，必须充分理解才能运用，但课程学时相对不足，教师往往为赶进度而加快教学节奏，结果导致学生似懂非懂，难以消化。

（二）上机实验时间有限，难以满足学生解决实际问题的需求

目前该课程的教学分为两个环节，学生在教室接受课堂知识后，在机房上机完成相应任务。由于实验上机时间有限，教师在实践课中往往不能照顾到每一位学生的需求。为实现学习目标，学生需花很多时间在课下自主实践，但遇到问题时又无法及时获得教师的辅导，导致学生学习兴趣不高。

二、基于超星学习通的翻转课堂教学模型的构建

根据翻转课堂课内课外、线上线下的混合式教学模式和实际教学经验，本文从课前、课中、课后三个环节构建了基于超星学习通的翻转课堂教学模型（图1）。

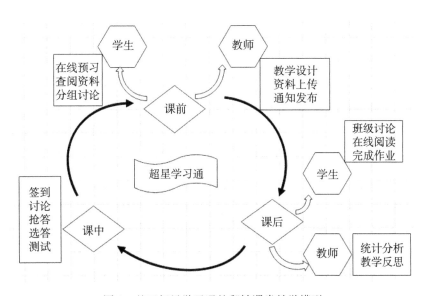

图1　基于超星学习通的翻转课堂教学模型

课前，教师可利用海量资源进行课程教学设计，上传部分学习资料（视频、文档、链接等）作为课前学习任务，让学生进行课前预习，以及设计课堂教学活

动等。老师通过后台数据实时督学，可以查看学生是否阅读了相关资料。学生可以根据老师上传的内容进行自主学习，查阅相关资料并进行讨论，从而拓展学生的自主学习能力、分析资料能力和归纳总结能力。

课中，教师可通过超星学习通 APP 高效率完成学生签到考勤，发放测试题快速掌握学生预习情况，以及适时发布抢答题以组织课内学习讨论，通过抢答、选人答等功能一改传统的提问环节，增加课堂乐趣和吸引力，提高学生参与度，活跃课堂学习氛围。

课后，师生间可通过超星学习通进行线上讨论，及时进行答疑交流。教师可发放课后作业并进行批改，给学生分享资料延伸阅读。教师还可查看数据统计和学生课后评论，及时进行教学反思并调整新的教学方案，以及组织其他线下交流活动。

三、教学效果

实践表明，基于超星学习通的翻转课堂教学组织模式，提高了学生的学习主动性，增强了学生的团队合作能力和师生互动能力，提升了教学质量，让师生切身体会到"互联网+教育"的先进性和创造性，推动现代教育教学数字化改革建设。但目前我国仍处于"互联网+教育"的探索阶段，没有形成有效的、公认的模式和案例，所以"互联网+教育"的推广还有一个过程，需要我们不断去探索和尝试。

四、翻转课堂教学有待深入研究的相关问题

（一）如何有效地整合教学资源

微课、课件的使用虽然能活跃课堂气氛，提升学生兴趣，但是制作过程需要耗费大量的时间和精力。在本研究进入应用阶段，本课题组的 50 个知识点微课并没有录制完毕，每章的课后实践教学设计也在斟酌完善当中。若备课资源不完善，学生就无法进行课前的自主学习，无法完成课堂的翻转。备课教学资源的整合和制作是翻转课堂成功的第一步也是至为关键的一步。完成翻转课堂的教学设计，教师的备课任务非常大，需要形成教研团队，分工合作，资源共享，要发挥各个教师的专业特长，实现教学资源的共建、共享、共用。

（二）如何实现对学生学习过程的有效监督

翻转课堂要求立足于学生的主体地位，课前需要学生分组完成自己所选章节

的学习效果展示，无论是制作课件还是微课或是程序演示，都需要学生投入大量的精力和时间。若成果无法完成就会造成教学断层，课堂就要回归传统的教师讲授模式，就无法实现课堂翻转。再者，课中的教学互动，需要学生使用手机，部分自控力不强的学生就会打开微信、QQ 等偷偷聊天、浏览网页，这样学习效果就会大打折扣。

(三)考核评价急需完善

翻转课堂的教学模式需要建立合适的评价体系。与传统的教学模式不一样，翻转课堂更提倡过程性评价。翻转课堂包括课前、课中和课后三个环节，评价体系也应该包括这三个部分：课前学生的自主学习情况；课中小组成果展示，提高课堂活跃度；课后学生小组项目活动的参与情况，并按一定的权重在系统中进行设置。

超星学习通平台实现了课前、课中和课后的教学全过程管理，线上线下和课内课外的有机结合，使翻转课堂教学更加可视化、多元化。随着大数据时代的到来，基于云平台的翻转教学势不可挡，只要教师大胆实践，勇于创新，在实践中发现问题并解决问题，精心进行教学设计，定能把翻转课堂做好。

参考文献

[1]张丽君.基于超星学习通的英语阅读移动教学模式应用研究[J].信息化技术与信息化，2016(12)：91-93.

[2]聂芹，丁琦."教学做"一体化教学模式的实践研究：以水泥物理性能检测及生产控制课程为例[J].魅力中国，2017(7)：111.

[3]马爱静.基于超星学习通的翻转课堂教学实践研究——以汽车底盘电控系统故障诊断与维修课程为例[J].汽车维护与修理，2018(6)：49-50.

[4]陶耘，杨荣明，项桂娥.地方应用型高校智慧教育体系建设研究——从两线三段到翻转课堂[J].池州学院学报，2017(4)：135.

[5]周丹，陈丽婷.大数据时代背景下基于翻转课堂的教学改革研究[J].教育与职业，2015(33)：90.

[6]唐英.基于超星学习通的翻转课堂实践研究[J].常州信息职业技术学院学报，2018(4)：36.

[7]钟明池，袁德栋.基于超星学习通的思政翻转课堂教学实践应用——以"思想道德修养与法律基础"为例[J].教育观察，2019(6)：18.

[8]王鉴.论翻转课堂的本质[J].高等教育研究，2016，37(8)：53-57.

［9］王秀慧，薄文彦，冯丽露．基于超星学习通的翻转课堂教学模式应用研究——以"网站设计与开发"课程为例［J］．中国信息技术教育，2018（17）．

［10］王琦，席丹，高茹月．社会化媒体情境下高校翻转课堂教学模式的构建研究［J］．北京邮电大学学报（社会科学版），2015，17（6）：99-107．

基金项目 江西省高等学校教学改革研究课题：基于超星学习通的翻转课堂教学模式的研究与实践——以计算机程序设计课程为例（项目编号：JXJG-19-39-3）。

基于创意、创新、创业"三创合一"的创新创业人才培养模式研究

王玉宁

摘　要：培养有创意、能创新、会创业的高素质"三创"人才是建设创新型国家的必然要求，为"大众创业、万众创新"提供了人才支持，是推动中国创意经济发展的现实需要。本文在分析我国现阶段创新创业教育存在的主要问题的基础上，对"三创合一"式创新创业人才培养模式的构建展开探讨，提出革新教育理念；打造具有"三创"精神和能力的教学团队；革新教学模式，打造"三创"课程体系；建立"三创"实践平台；形成"三创"支持体系等五点建设思路。

关键词：三创合一；创新创业教育；人才培养模式

"三创合一"指的是创意、创新、创业的有机融合，三者相辅相成，形成有机整体。其中创意是灵魂，创新是目的，创业是实践，三者之间存在着创意引领创新，创新引导创业，创业引发创意的动态关系。当下，中国经济进入新常态，新一轮科技和产业革命呼唤社会发展动能转换，社会各行各业对有创意、能创新、会创业的高素质人才需求迫切。"三创合一"理念适应了经济社会发展对于人才培养的要求，促进了教育教学理念与模式的革新，对"三创合一"式创新创业人才培养模式进行研究，具有重要的理论与应用价值。

一、时代呼唤："三创合一"人才培养势在必行

(一)建设创新型国家的必然要求

创新是实现中国经济健康高质量发展的有力支撑。2012 年党的十八大提出创新驱动发展战略，将创新摆在国家发展战略的核心位置。2017 年党的十九大再次指出"创新是引领发展的第一动力"。"创新"成为国家战略的关键词，这无

疑为当下创新创业人才培养明确了方向。创新驱动的内核是人才驱动，高等院校是培养高质量创新创业人才的核心阵地，在此背景下，高校应当将国家战略与自身发展紧密结合，将培养国家发展所需要的具有创意思维、创新理念、创业能力的综合素质人才作为人才培养的重要目标。

(二)为"大众创业、万众创新"提供人才支持

中国经济进入新常态，需要有新的发展驱动力来增强经济活力。"大众创业、万众创新"是我国经济领域的一场重大变革，对于推动我国经济向良性方向顺利发展具有重要意义。大学生是"大众创业、万众创新"的核心人群，国家高度重视大学生创新创业工作，出台了一系列政策，但在大学生创新创业实践过程中，创新思维缺乏、创业素养不健全、知识和能力不完善等问题逐渐增多，大学生创新创业积极性不足，成功率不高。与此同时，全国大部分高校均开展了创新创业教育，但教育效果并不理想。高校应该立足社会发展需求和学生现实需要，积极探索创新创业教育模式改革，为"大众创业、万众创新"提供高素质创新创业人才。

(三)推动中国创意经济发展的现实需要

创意经济具备商业和文化双重价值，在全球经济下行压力持续增大的情况下，创意经济发展蓬勃向上，发展创意经济是促进经济多元化，推动经济健康可持续发展的重要途径。中国作为世界上最大的创意产品出口国，对全球创意经济的繁荣做出了重要贡献，随着未来中国经济的进一步发展，中国创意经济将持续增长。在创意经济发展中，创意人才综合知识、理念、技术、创新等多方面形成的创意，是实现创意经济的核心，也是实现创意经济不断增值的重要源泉。由于创意、创新、创业三者具有整体性，创意素质的培养是和创新、创业素质的培养紧密相关的，高校在创意人才培养过程中应当坚持"三创合一"育人理念，才能更好地为创意经济发展服务。

二、我国高校创新创业教育面临的主要问题

(一)教育模式陈旧，缺乏先进性

我国的创新创业教育起步较晚，虽已覆盖了全国大多数的高等院校，但是未形成完整体系，大多数老师及学生对创新创业的认识还不够充分。目前高校创新创业教育主要以教师和课堂为中心，教学内容主要集中在创新创业理论知识讲授

方面，并以大创、挑战杯、互联网+创新创业竞赛等作为创新创业教学实践。在教学实践中，创意思维培养、创新能力提升和创新创业价值观的塑造等存在普遍缺位的情况。学生对于创新创业教育的理解也缺乏正确认知，认为创新创业教育的目标在于鼓励学生创业，培养创业者。在这种模式下，教学方法单一，学生的参与度十分有限，创新创业教育成效有限。

(二)忽视创意、创新、创业三者的整体性，对创意关注不足

创意、创新、创业三个概念关系密切，具有整体性。其中创意是灵魂，是学生提出创造性想法的过程；创新是目标，是学生实施创造性想法的过程；创业是实践，是学生将创造性想法发展转化为商业市场价值的过程。但在我国的创新创业教育进程中，课堂教学和课后实践大多围绕"创新"和"创业"两个模块展开，对如何激发学生创意关注度不够。课程体系中即使涉及创意培养的内容，也较为分散，与创新创业能力培养联系不紧密，没有形成从创意到创新再到创业的完整链条，导致创新创业教育成效不显著。

(三)创新创业师资力量薄弱

教师是高校育人的核心资源，相较于国外，我国创新创业教育发展时间较短，创新创业教师培养制度尚不完善。目前大多数高校创新创业教育普遍存在着师资结构不合理、师资力量薄弱的问题。创新创业教学团队中"兼职多、专职少"的现象十分突出，创新创业教师大多由本校经济管理专业教师和学校负责就业的管理干部兼任，这些教师大多"半路出家"，对于创新创业教育的理解并不系统，且创新创业活动涉及多个领域，学生需要全方位系统化的指导，这对创新创业教师的综合素养提出了更高的要求，但校内教师普遍没有创业经历，对于学生在创办企业、企业运营等创新创业实践过程中面临的问题难以进行具体指导，而学校聘请的校外具有实践经历的创新创业专家数量较少，无法有效满足学生需求。

(四)创新创业教育生态系统不健全

创新创业是复杂的社会行为，创新创业行为受到教育、政策、法律、市场、资金、技术、人力等多要素的相互作用影响。创新创业行为的这一特质决定了创新创业教育是一项系统工程，高校创新创业教育生态系统是以培育学生创新精神、创业意识、创新创业能力及社会责任感为根本指向，以高校为中心，以课程为主导，多主体多要素相互协同的具有鲜明内生动力性、可持续发展性、自我调节性和互利共赢性的协同育人系统。构建科学合理的创新创业教育生态系统是培

养高素质创新创业人才，促进创新创业走向成功的重要保障。但"创新创业生态系统"这一概念在我国出现的时间较短，虽然是近年来的研究热点，但绝大部分研究还停留在国外案例研究等理论探索阶段。大多数高校在创新创业教育中缺乏"生态系统"建设的整体理念，校内、校外资源缺乏有效整合，创新创业教育的各项支持要素发展不均衡，无法促进学生创新创业行为实现良性可持续发展。

三、"三创合一"式创新创业人才培养模式的实现路径

(一)理念革新：从"双创"人才到"三创"人才

科学的创新创业教育理念为创新创业人才培养提供方向指引。"我们要培养什么样的创新创业人才"是创新创业人才培养体系建设中需要回答的核心问题。但在现阶段创新创业教育中，存在着重创业轻创新，对创意的关注度不足，认为创新创业教育的主要作用在于拓展就业渠道等问题。因此，构建"三创合一"式创新创业人才培养模式，首先要树立正确的创新创业教育理念。创新创业教育的目标并非促进学生就业、创业，而在于培养有创意、能创新、会创业的高素质"三创"人才。创意型人才指的是具有发散性思维、丰富的想象力、敏锐的洞察力，乐于接受新思想和新观念的高素质人才；创新型人才指的是具备创新思维、创新意识和创新能力，能够在某一领域实现新突破的人才；创业型人才指的是具有创业意识、创业知识、创业能力，善于发现和捕获市场机会并勇于进行创业探索的人才。

(二)师资建设：打造具有"三创"精神和能力的教学团队

高水平的"三创"教学团队，是"三创合一"人才培养模式顺利实施的基础保障。在创新创业教学团队建设中，应当坚持"三创合一"理念指导，根据学校定位、区域产业特色、专业发展需要，从校内师资提升强化和校外师资引入两方面着手，打造高水平"三创"教学团队。首先，应当完善教师培养制度，在教师选拔、聘任过程中，应对教师的创新精神、创新能力进行考查，鼓励教师在教学方式、教学理念上进行创新。其次，应当定期对教师进行"三创"主题培训，提升"三创"教师的专业素质及综合素养，针对教师缺乏实践经验的现状，鼓励教师进入企业，深入了解企业的运作与管理，提升教师的实践能力及实践指导能力，做到理论与实际紧密结合。最后，应当积极开展"产业精英进课堂"等活动，聘请行业专家、优秀企业家进入课堂或者开设讲座，向学生传授行业前沿信息，立足学生创新创业实际需求，聘请校外专家作为学生创新创业实践指导教师，帮助

学生实现专业所学与创新创业实践接轨。

(三)体系建设：革新教学模式，打造"三创"课程体系

在明确了"三创"人才培养目标的基础上，高校应当着力改进教学方法和教学组织形式。在教学方法上，丰富教学方法，开展案例教学、启发式教学、任务驱动式教学、体验式教学、小组讨论等，改善课堂沉闷现状，引导学生自主探究、主动学习。在教学组织形式上，改变原来先理论再实操的形式，更加注重学生的实践活动，将理论教学融入实践，在实践中加深学生对理论知识的理解与运用。在课程体系设置上，应当将"创意、创新、创业"理念贯穿人才培养全过程。在保留基础必修课中的创新创业教育课程的基础上，开设创意思维、创新理念、创业管理相关选修课，形成"三创合一"课程群。此外，在基础课程和专业课程教学设计中，应当加入"三创"培养环节，如在课程设计中，通过启发式教学等方法，要求学生举一反三，活学活用，潜移默化地培养学生的创意思维和创新能力。在专业课程实训环节，鼓励学生进行创新实践，联系产业实际需求，在专业实践中提升学生的创新创业能力。通过"三创"课程群的设置以及"三创"教育融入基础教育和专业教育，形成激发学生创意思维、培养学生创新素质、强化学生创业能力的多层次立体化"三创"课程体系。

(四)平台建设：建立"三创"实践平台

创新创业教育是与实践紧密相连的教育，"三创"教育实践平台的建立是学校"三创"实践教学的基础保障。现阶段高校的创新创业实践平台主要以创业孵化基地、大学生创业园等形式进行建设，服务的学生范围有限，学生的实践活动开展也主要围绕着创业展开，对学生"三创"能力的提升起不到很好的促进作用。"三创"实践平台的建设，应当立足学校创新创业教育实施方案，统筹规划校内、校外教学实践资源，面向全体学生，从创意转化、创新训练、项目孵化、项目评价等多个方面为创新创业人才培养提供平台支撑和制度保障。在"三创"实践平台建设中，应当积极引入企业、研究机构等多方力量，企业和科研机构为学生的创新创业活动提供场地及实践指导教师，学生创新创业实践成果为企业发展服务，实现产教深度融合。

(五)机制保障：形成"三创"支持体系

"三创合一"人才培养模式的建设，离不开学校创设的机制保障。"三创合一"人才培养模式的构建需要深化学校机制体制改革，为"三创"育人模式的建设提供组织保障、政策保障、制度保障和经费保障，形成"三创"支持体系。组织

保障方面，高校应当设立"三创"工作领导小组，形成专业院系、学工部门、教务部门、创业学院等校内多部门协同联动体系，对"三创"工作进行统筹管理。政策保障方面，高校应当贯彻落实从国家到地方的创新创业支持政策，并立足学生实际需要，制定校内创新创业帮扶政策。制度保障方面，应当以"三创"理念为指导，制定"三创"管理措施、评价和考核制度、激励制度等一系列制度。经费保障方面，应当设立专项建设经费，用于"三创"建设工作。

参考文献

[1]瞿晓理."大众创业，万众创新"时代背景下我国创新创业人才政策分析[J].科技管理研究，2016，36(17)：41-47.

[2]玛丽莎·亨德森，卡洛琳娜·昆塔娜，艾米·谢尔弗，等．创意经济展望——创意产业国际贸易趋势(节选)[J].北京文化创意，2021(1)：63-85.

[3]李亚员，刘海滨，孔洁珺．高校创新创业教育生态系统建设的理想样态——基于4个国家8所典型高校的跨案例比较分析[J].高校教育管理，2022，16(2)：32-46.

基金项目　景德镇陶瓷大学教学改革研究基金项目："试验区"建设背景下"三创合一"式创新创业人才培养模式研究(项目编号：TDJG-20-Q69)。

"五育融合"视域下劳动教育创新路径研究

刘红娜

摘 要：在新时代背景下，教育部提出"五育融合"举措，旨在培养新时代的高素养和高质量人才。本文主要阐述五育融合视域下劳动教育对提高教学质量的作用和劳动教育与"德智体美"四育之间的融合育人路径，探讨在五育融合视域下我国高校劳动教育的有效创新路径，以供相关人士参考和借鉴。

关键词：高校；五育融合；劳动教育；创新路径

新时代背景下，贯彻落实"五育并举"，全面推动五育融合是现阶段我国高等教育改革和发展的基本趋势。教育部门出台的相关文件明确提出将"德智体美"四育与劳动教育相融合，进一步深入探索有着浓郁中国特色的新型劳动教育模式。当前，我国正处于全面推进教育高质量和现代化发展进程中，落实五育融合旨在培养"全方位"综合发展的新时代优质人才，这对于建设和推进教育强国具有十分重要的指导意义。"五育"是联系密切的整体，在"德智体美"四育中劳动教育具有重要基础性作用。

一、五育融合视域下劳动教育对提高教学质量的作用

在五育融合视域下，深入探究高校劳动教育创新路径应以习近平总书记针对我国劳动教育所做出的一系列重要指示精神为依据，严格遵循现代教育基本规律，积极探索能够促进劳动教育与美育教育、专业知识教育、德育教育以及体育教育有机融合的新教学模式的实现，从而构建出一个较为"立体化"的高校劳动教育体系，其对逐步提升教学质量具有以下作用：第一，通过理论分析"五育"关系，全面揭示"德智体美"四育与劳动教育之间存在的密切内在联系，为劳动教育的全方位开展提供强有力的理论支持。第二，厘清"劳"与"育"二者之间的关系，只有这样才可以避免出现"有育无劳"和"有劳无育"的错误教育观，全面

强化广大师生的劳动观念，促进劳动能力显著提升，将高校劳动教育全面贯彻落到实处。第三，对劳动教育具备的重要价值进行深度挖掘，不仅能够促进大学生自身劳动教育主动性和积极性的大幅提升，还可以让大学生身心素养得到增强，促进自我不断提升。

二、劳动教育与"德智体美"四育之间的融合育人性

（一）以劳树德

虽然劳动是道德的起源，但是道德并不是人与生俱来就会延续的优良品质，其需要人们通过真实的社会实践相互交错碰撞而产生。劳动教育中蕴含着深厚的德育价值，如果没有劳动，那么根本不会产生道德观念，合理借助劳动教育向众人传递道德价值，是劳动教育的内在使命。

（二）以劳增智

在 20 世纪中期，我国就已经全面摒弃传统教育中"劳心"和"劳力"始终处于相互分离的不良局面，积极倡导有机融合智育和德育，为高校培养出一大批知行合一的优质人才。我国高校智育主要有以下两个方面的基本任务：第一，将完整专业技能和系统学科知识毫无保留地传授给学生，让学生自身科学知识素养得到丰富；第二，全面发展学生智力，注重培养学生创造性的逻辑思维能力。新时代背景下，我国高校开展的劳动教育主要以培养学生创新意识、积极弘扬科学精神以及有效锻炼学生实践能力为主导，这与当下智育的目标殊途同归。一方面，我国高校应始终坚持在理论中贯穿实践，将创造性知识合理融入劳动教育，重视培养大学生的实践能力与创新能力。另一方面，在劳动教育中，智力水平是重要基础，在智育实际教学过程中，将劳动精神、劳动知识和劳动技能等传递给学生，不仅可以逐步提升学生智力水平，还可以发展学生的创造性思维能力。

（三）以劳强体

体育活动既可以强健体魄，又可以有效锻炼体能，一切可以让学生掌握运动技能和提升学生身体素质的活动都属于体育。基于此意义可知，劳动教育可以直接促进体育教育。新时代背景下，高校开展的劳动教育必须将强身健体的技能和知识全部传授给学生，同时还要在体育中合理融入劳动价值观，此举不仅可以让高校学生大局意识、担当意识以及合作意识得到良好培养，还可以锤炼大学生的坚韧品性和磨练其意志，从而为我国建设体育强国提供强有力的人才支持。

（四）以劳育美

追求和向往美是人类劳动的主要起源，人类构建审美意识和提升审美素养皆以具体的实践劳动作为基础。现阶段，我国已经全面建成小康社会，在这一发展阶段下，促进广大人民群众高质量生活的实现，美育发挥出重大作用。在具体劳动实践中合理渗透美育，教师可以通过让学生直接接触和充分感受大自然来培养学生发现美、欣赏美、感受美以及创造美的美育意识和能力，促进高校学生人文素养以及审美情趣的整体提升。另外，以美促劳，在高校劳动教育中应合理融入美学意蕴，通过具体劳动过程让学生充分体会到自然之美、自由之美，进一步丰富学生精神生活。

三、五育融合视域下劳动教育的有效创新路径

（一）重构高校劳动教育内涵

理论是实践和行动的先导，在新时代背景下，重构高校劳动教育本质内涵是促进五育融合实现的重要理论基础。五育融合背景下，我国高校劳动教育更加强调其在推动学生身体和心理全面发展过程中的重大育人价值，以整体有效融合方式将劳动育人意识和劳动创造素养全程渗透在各级教育教学环节当中。随着现代教育事业不断深化改革，教育部门出台的"五育融合"新举措提出明确要求，即不可以分裂或者割离培养德智体美劳，应该将劳动教育作为主要抓手，在五育培养中时刻融合劳动教育，从而建立起一个以五育融合为核心的系统科学协同培养体系。各大高校必须正确认识德智体美劳之间的关系，只有这样才可以构建出一个以五育融合为核心的科学人才培养体系，为国家和社会培养出与时代发展相符合的优质人才。

（二）全面贯彻劳动教育政策

高校开展的劳动教育实际上是一项系统化、全面化的工程，其中会涉及诸多方面，如精准定位课程目标、设计规划课程内容、有效整合课程资源、统筹安排教师培训以及有效建立教育评价。高校应在各教育教学环节建立起德智体美劳有效融合的全面育人机制。第一，劳动教育课程应与多门学科有机融合。由于劳动教育是一门综合全面育人的课程，所以需要打破以往传统劳动教育教学模式，积极开发和勇于创新高校劳动课程，在劳动教育课程当中充分渗透和合理融入多学科知识。第二，精准确立劳动教育这门课程的目标。高校劳动教育需要全面保证

个人和社会价值的有机统一。在高校中，劳动教育具体培养方案不仅要高度重视社会实际发展需求，还要注重强调以生为本，充分尊重学生学习主体地位和兴趣特点。除此之外，高校劳动教育还要重视人文性与科学性的有机统一，在实际劳动课程当中，不仅要合理融合智育，将专业技能和科学知识传授给学生，把现代科技元素合理融入其中，还要注重在劳动实际教学过程中充分渗透美育思维，以此来培养学生人文素养，促进学生自身审美意识以及审美素养逐步提升。第三，从内容上充分把握各个学段内容侧重点和高等教育存在的显著不同。由于不同学段的劳动教育所针对的受益主体不同，所以其目标也不尽相同。我国中小学更加侧重于组织开展日常的生活劳动，高校却侧重于开展智力水平相对较高的生产生活服务劳动；义务教育阶段的劳动教育一直停留在表面的基础理论层面，然而高校劳动教育却建立在既复杂又深奥的高深学问上；义务教育阶段的劳动教育主要是进行简单易懂的知识再生产，但是我国的高等院校却更加侧重于创造性与扩大化的知识再生产。第四，建立起一个综合评价机制，全方位评价德智体美劳。基于新教育理念，在评估各个方面时，应更加侧重于评估"五育融合"程度，在评估高校教师时，重视从教学实施效果以及教学内容合理融合"五育"的程度来对教师教学水平进行评估；在评价劳动教育课程时，必须将"五育融合"当作整体评价单位。由于现有的诸多评估标准严重缺少评估"五育融合"的指标，所以各学校需要建立起一个全新的科学评价体系，结合本校实际情况，根据国家标准来科学制定相关指标，从而全面改变现阶段评价体系中德智体美劳五育独立存在和割裂的不良现状。

(三)强化多主体劳动氛围

新时代背景下，若想全面推动高校劳动教育必须与学生、家庭、学校以及社会协同合作，共同努力，只有这样才可以建立起一个既融洽又和谐的劳动教育氛围，从而共同建立起科学高效的劳动教育机制。第一，将高校育人主阵地积极作用充分发挥出来，不断弘扬劳动教育具备的时代精神，发扬优秀劳动模范和楷模的榜样作用，利用言语和行动积极鼓励大学生争做高素养劳动标兵，广泛宣传我国传承数千年的"工匠精神"，为学生营造出爱劳动和倡导劳动的正确价值导向。除此之外，还要在学生实际学习过程中将劳动教育作为一门专业，在德智体美四育良好教育环境中合理渗透劳动教育观念，在潜移默化中促进大学生重视劳动教育。第二，相关教育主管部门应不断强化学生的劳动教育，使劳动教育占据育人核心地位，全面完善和优化德智体美劳协同育人体系。第三，家长必须与时俱进，树立正确育人观念，彻底摒弃传统应试教育背景下的"唯分数论"；不再溺爱子女，为子女提供和创造更多亲身参与劳动实践的机会，注重培养子女自主动手能力与独立生存能力。

综上所述，在我国小康社会全面建成之际，对于新时代高校劳动教育，社会提出了全新期待和要求。各大高校必须将劳动教育作为主要抓手，从整体层面充分考虑德智体美劳，全面建立起"五育融合"的科学人才培养机制，始终坚持以劳育美、以劳增智、以劳树德和以劳强体的良好发展格局，为国家培养出更多全面发展的优秀建设者。

参考文献

[1]张义俊. 新时代高校劳动教育与思政教育的内在契合性与本体相融性研究[J]. 创新与创业教育，2022，13(2)：141-145.

[2]杨亚星，徐奕涵. 新时代背景下高校创新创业教育与劳动教育的融合及其实践路径[J]. 思想政治课研究，2022(2)：125-133.

[3]廖烨檬. 新时代劳动教育与高校创新创业教育融合的价值意蕴和路径研究[J]. 佳木斯职业学院学报，2021，37(11)：102-103.

[4]王雍华，赖雅静，石昊星. 新时代高校劳动教育与创新创业教育融合发展的实践路径探析[J]. 现代商贸工业，2021，42(21)：66-67.

基金项目　景德镇陶瓷大学教学改革研究基金项目："五育融合"视域下大学生劳动教育创新性教学模式研究(项目编号：TDJG-21-Z09)。

高等教育现代化视角下新文科的探索

刘艳霞　　邱婧佩

摘　要：伴随世界科技革命与产业革命的浪潮，世界高等教育体系也酝酿着革新浪潮。在现代化进程中，我国高等教育已进入了新阶段和新征程。在此背景下，具有鲜明时代特色的新文科概念被提出。基于此，文章分析了高等教育现代化新要求，包括坚持以人为本、坚持国际融合以及人才培养的新目标，探讨新文科建设应遵循的理念及方向。

关键词：高等教育现代化；新文科建设；人才培养；以人为本

2018 年 8 月，全国教育大会召开之前，中共中央在文件中强调"高等教育要努力发展新工科、新医科、新农科、新文科"，"新文科"概念由此产生。2019 年 4 月，"六卓越一拔尖"计划 2.0 在天津启动，标志着"四新"建设全面推进。由此，新文科成为当下高等教育发展中亟须认真思考与探索的问题。

对于新文科概念的产生，学者们持有不同看法。吴岩指出近年欧美国家文科式微是"新文科"产生的直接原因，文科教师面临申请选课的学生人数逐渐减少的情况，为解决此危机开始努力创建新文科。教育部新文科建设工作组组长樊丽明溯源新文科概念，指出其 2017 年由美国西拉姆学院首次提出，主要内容是通过跨学科进行专业重组。然而黄启兵、田晓明持有不同观点，他们表明新文科与传统文科的衰落无关，也不是西拉姆学院提出的跨学科融合，而是在新技术的推动下，为了满足新需求以及新国情而应运而生的。

一、高等教育现代化的新要求

作为社会结构中的一个重要组成，教育必然与社会同步走向现代化。中国高等教育自清朝末年诞生以来，历经民国时期、新中国成立初期及改革开放等重要时期，经过了 120 年的曲折发展，已经从精英化阶段、大众化阶段进入现在的普及化阶段。当前，推动高等教育现代化进程成为国家重要任务。高等教育现代化发展要求坚持以人为本，坚持对外开放，走高质量发展之路，探索形成中国特色高等教育质量文化和话语体系，为经济社会现代化进一步发展培养高素质人才。

（一）中国特色、世界水平

高等教育现代化要彰显中国特色、时代特色。自改革开放以来，中国在现代化进程中逐渐呈现出有异于西方国家的特色，包括在经济、社会、政治、文化等各方面，导致以往的以西方模式为指导的建设方式已不再适用于当前的中国。如在文化上，中国文化历史悠久、博大精深，是西方国家远不可比的。因此高等教育应从中汲取"中国特色"，并通过将传统文化系统化、学科化，培养专业的人才，才能在传承的基础上，做出适应时代发展的创新。

高等教育在彰显中国特色的前提下，也离不开对世界高等教育改革与发展经验的借鉴。高等教育国际化与现代化有着不可分割的密切联系，两者相辅相成、相互依存、相互促进。在与所处社会现代化进程相适应的基础上，高等教育现代化发展还应积极适应世界各国高等教育改革趋势，因此，新时代高等教育应着眼于中国国情，根植中国大地，在全球化过程中坚持一体化与多元化，办出既有"中国特色"又有"世界水平"的高等教育。

（二）立足于以人为本

实现"人的现代化"是高等教育现代化的根本目标，正如社会学家英格尔斯所指出的："人的现代化不是现代化过程结束后的副产品，而是现代化制度与经济赖以长期发展的先决条件。"因此高等教育现代化建设必须重视学生在教育中的主体地位。

随着世界工业革命与技术革命爆发，技术应用型人才需求越来越大，高等教育作为知识生产、技术生产的重要基地，承担着为国家发展提供人才的艰巨任务。当前高等教育追求应用型人才的培养，关注专业技术水平，过于强调人的工具性向度，忽略其价值性向度，逐渐忽略了"教育"的本质与功能。这种教育形式致使人的功利欲望膨胀，虽然能在一定意义上促进社会的发展进步，但不能引导人类前进的方向，因此，高等教育的现代化要立足于以人为本，关注教育对象的现代化发展。近年来，我国高等教育做出了重大的战略调整，如提出立德树人、"四个回归"，实施"双万计划"及"六卓越一拔尖"计划 2.0 等，多项高等教育改革均是基于以人为本的思想。

（三）培养创新型复合人才

经济现代化的发展及科技、技术的全面飞跃，大量的新产业新业态通过跨界融合产生，如互联网金融、"大数据+"、"AI+"等接踵而至，因此需要更多的知识密集型、综合型、创新型人才。高校作为高层次人才培养的基地，要培养能够适应未来发展需要的创新型复合人才。

首先，高等教育现代化要求围绕创新能力，面向未来培养人才。国际上，在经合组织、联合国教科文组织、美国大学联合会、未来本科教育委员会等国际组织和世界主要国家创建的未来人才能力框架中，"创新能力"共识度最高，且重要性十分显著。因此，在新时代，高等教育的现代化发展要关注高校的创新创业教育发展，将创新意识、创新能力作为评价高层次人才的重要标准，坚持创新驱动发展，全面培养创新型人才。

其次，现代化经济运行的形式具有多样性，呈现出多元化发展模式，尤其是伴随着新科技的发展，经济与科技的进一步融合使得人才的综合能力越来越得到重视。高等教育现代化建设要求调整人才培养模式，推动信息技术、智能技术与教育教学深度融合，构建"互联网+"、大数据、人工智能等基础能力体系，从而全面提升师生综合素养，从规格和层次上培养复合型人才。

二、新文科的建设理念

文科即"人文社会科学"，是人文科学和社会科学的统称，包含着哲学、经济学、法学、文学、管理学等学科，范畴相当广泛，其先进性对一个国家的发展水平至关重要。改革开放以来，我国人文社会科学取得了举世瞩目的成就，但也存在一些问题，如部分西方理论无法应用于中国现象与中国问题、高校培养出的人才与社会需求相脱节等。新文科的建设旨在提升文科专业发展质量，增强中国文科话语权。

关于新文科的内涵与建设理念，学界的观点不一。樊丽明认为"新文科"的"新"体现在四个方面，分别是新科技革命与文科的融合化发展、历史新节点与文科新使命、进入新时代与文科中国化、全球新格局和文科国际化。黄启兵、田晓明着眼于大学的三大功能，即人才培养、科学研究和社会服务，认为"新文科"建设应遵循历史发展的必然性，从这三个方面摸索和探讨战略路径。而教育发展和社会经济发展具有同步性，尤其是高等教育，必定伴随着社会现代化一同进入现代化进程。因此，新文科的建设还应立足于高等教育本身，以新时代下中国高等教育现代化的内在要求来予以理解。现代化背景之下，高等教育要彰显中国特色、创造中国话语，要坚持并强调以人为本，同时调整人才培养目标，致力于培养出面向未来的具有创新能力的复合型人才。总体而言，新文科的建设应聚焦于四个方面：以中国为观察和分析的对象，交叉融合与中外结合，构建知识生产的新模式，以"德性"为导向的人才培养体系。

（一）以中国为观察和分析的对象

世界现有的文科知识话语大多是基于西方现象，构建源于中国经验的文科知识体系应是我国新文科建设的发展方向。一方面，中国文化底蕴深厚、博大精深，包含着华夏先哲的无穷智慧，是世界的瑰宝，需要得到传承与发展。在经济全球化背景之下，新文科的建设应当根植于中国本土文化，弘扬中华优秀传统文化，应借鉴而不是照搬西方国家高等教育理论体系，同时遵循高等教育发展规律，做到"一切从实际出发，继承而不守旧、借鉴而不照搬、领跑而不追随"。

另一方面，中国的教育必须为社会主义建设服务。首先，我国新文科概念具有一定的独特性，与国外新文科相比，具有鲜明的中国特色。我国新文科建设是一项政府主导的国家工程，是"自上而下"的改革，强调总体规划与系统配套，而国外新文科建设大多数是学科为顺应发展自觉推动的，是"自下而上"的。此外，自改革开放以来，中国经济发展迅速，中国特色越来越突出，部分依赖于西方学术的学科已无法解释中国现象，无法满足解决中国特色问题、推动中国现代化进程的需求。因此，我国新文科建设不应拘泥于西方既有的知识体系，应在充分吸收借鉴的基础下，重新观察与分析中国的现代化进程，提炼出立足于中国的知识话语，建立起"中国创造"的新文科。

（二）交叉融合与中外结合

现代化进程之下，中国特色社会主义的建设需要大量的跨界人才，未来社会多重性质职业将成为新趋势。高等教育承担着为社会提供人才的重要职责，需相应调整人才培养模式以解决对人才的需求问题。因此，新文科建设应努力促进学科交叉与文理融合，中外结合与跨界培养，突破既有的学科与国别边界，努力培养出具有创新能力和实践能力的高素质国际化复合型人才。

新文科要努力推进学科交叉，削弱与学科的边界，加强与科技的结合，形成及拓展新的知识体系，实现文理交叉，简言之，即新文科的建设应致力于提升文科的科学性。要以培养适应新时代并引领未来的人才为导向，开辟新的思路，打破学科壁垒，探索构建新的文科体系。

与此同时，在全球化进一步发展的背景之下，新文科建设应着眼全球，积极参与世界文化对话，强化人类命运共同体意识，打造国际水平、世界范围的新文科同盟。新文科建设必须面向世界，致力于搭建国际学科交流平台，推动与不同文化背景的国家和地区的交流互通，实现与他国文科以及其他学科的对话交流。

(三)构建知识生产的新模式

自第四次工业革命以来，由于"智能化"理念的全方面融入，人类的生产模式、生活方式及价值观等都发生了巨大的转变。新技术革命与新文科建设关系紧密，不仅提供内容及技术，同时还提供价值判断和对人文思路的启发。简言之，新文科建设应积极推进文科与新技术融合，构建知识生产的新模式，即运用新技术探索出新的文科专业与课程，以及新的教学手段，培养出"未来人才"，从而进一步推动新技术变革。

在专业与课程建设上，新文科应突出知识的高阶性与创新性，致力于提高学生的综合能力，养成高阶思维。文科教学要将知识学习与能力素质的培养进行融合，重视综合能力的提升。同时，文科教学的内容要面向未来技术发展变化，具有前沿性及时代性，培养适应能力强且能引领新时代技术浪潮的文科人才。

在教学手段方面，新文科应积极融合新技术，促进文科教学现代化。新技术的不断发展为文科教学提供了先进的、不可或缺的技术手段。一方面，教师应熟悉掌握多媒体以及人工智能等技术，在教学设计和实施的过程中大力应用，提高教学水平。另一方面，应组织学生利用数字化手段参与教学实施、质量检测及评价等过程。总之，文科教学要充分利用基于大数据、人工智能等学习分析技术，构建及时回答、及时反馈的教学和学习环境，搭建虚拟仿真实验教学平台。

(四)以"德性"为导向的人才培养体系

人文社会科学异于自然科学的最大特征是，它既是追求客观真理的事实科学，又是追求美和善的价值科学，具有科学认识和意识形态双重功能。因此，文科有着特殊的育人功能，在教授学生科学知识的基础之上，还重视人生观价值观的培育。新文科建设应坚持高等教育立德树人这一根本职能，坚持以人为本，重视人才的"德性"培养，即价值性，而非只关注其工具性。

通识教育是新文科建设的重要抓手，也是学生"德性"培养的主要方式。总的来说，通识教育是不以教育结果为目的、致力于将学生培养成"社会公民"的跨专业学科的全面教育。新文科建设应加强通识教育，注重培养学生正确的历史观、世界观、人生观、价值观和高尚的道德素质，夯实职业操守。我国历史文化深厚，德性的教育应深植于此，故通识课程的开发应与中国传统文化相结合，增强文化认可，培育文化自信。

综上所述，在高等教育现代化的背景下，新文科建设有着鲜明的时代特色。新文科建设要在立足中国的前提下推动国际融合，努力构建知识生产新模式，同时重视人才"德性"的培养，而非只关注其工具性。

参考文献

[1]吴岩."守城"到"攻城"：新文科建设的时代转向[J].探索与争鸣，2020（1）：26-28.

[2]樊丽明.对"新文科"之"新"的几点理解[J].中国高教研究，2019（10）：10.

[3]黄启兵，田晓明."新文科"的来源、特性及建设路径[J].苏州大学学报，2020（2）：75-83.

[4]陈凡，何俊.新文科：本质、内涵和建设思路[J].杭州师范大学学报（社会科学版），2020，42（1）：7-11.

[5]栾凤池.论高等教育国际化与现代化之相互依存[J].中国成人教育，2008（9）：5-6.

[6]芮国星.论新时代中国高等教育的现代化发展[J].延安大学学报（社会科学版），2022，44（2）：110-117，129.

[7]樊丽明."新文科"：时代需求与建设重点[J].中国大学教学，2020（5）：4-8.

[8]陈霞玲."十四五"时期高等教育服务创新驱动发展：新要求、重点领域与推进举措[J].现代教育管理，2021（9）：12-19.

[9]张炜.高等教育现代化的高质量特征与要求[J].中国高教研究，2018（11）：5-10.

[10]田晓明，黄启兵.论我国"新文科"建设之中国特色[J].苏州大学学报（教育科学版），2021，9（3）：91-98.

[11]龙宝新.中国新文科的时代内涵与建设路向[J].南京社会科学，2021（1）：135-143.

[12]于杨，尚莉丽.新技术革命背景下新文科建设的价值指向与路径探索[J].教育理论与实践，2021，41（21）：3-6.

[13]李凤亮，陈泳桦.新文科视野下的大学通识教育[J].山东大学学报（哲学社会科学版），2021（4）：170-176.

[14][英]阿历克斯·英格尔斯.人的现代化[M].殷陆君，译.四川人民出版社，1985：132.

基金项目 景德镇陶瓷大学教学改革研究基金项目：新文科背景下会计学专业人才培养模式改革研究——以景德镇陶瓷大学为例（项目编号：TDJG-20-Q57）。

基于"雨课堂"的混合式教学模式在"大学生心理健康教育"中的探索与应用

杨晓璐

摘　要：随着互联网技术的飞速发展，国内外掀起了"互联网+教育"的热潮，MOOC 和 SPOC 等互联网教学平台获得了高校教师的青睐，线上线下相结合的混合式教学模式也越来越多地进入大学课堂，一定程度上丰富了课堂组织形式，活跃了课堂气氛。本文在 OBE 理念的指导下，运用"雨课堂"教学工具，进行了大学生心理健康教育的混合式教学，并根据学习者的学习效果反馈，优化改进混合式教学方法，总结教改经验，以期对未来大学生心理健康教育课程的教学改革提供借鉴。

关键词：雨课堂；混合式教学模式；大学生心理健康教育；OBE 理念

一、研究缘起

心理健康是影响经济社会发展的重大公共卫生问题和社会问题。习近平总书记在 2016 年全国卫生与健康大会上提出，要加大心理健康问题基础性研究，做好心理健康知识和心理疾病科普工作，规范发展心理治疗、心理咨询等心理健康服务。以此讲话精神为指引，2018 年，教育部印发了《高等学校学生心理健康教育指导纲要》，提出了教育教学、实践活动、咨询服务、预防干预"四位一体"的心理健康教育工作格局，其中"推进知识教育"是大学生心理健康教育的主要任务，主要依托心理健康教育课程来实现。

在国家的大力倡导下，我国高校普遍开设了大学生心理健康教育公共基础课，以期提高大学生心理素质，完善大学生人格品质。然而，传统的线下课堂却多为研究者诟病：教学模式单一，教学内容陈旧，教学效果不明显，课堂缺乏师生互动，教师照本宣科，学生被动接受等。

幸运的是，随着互联网技术的发展，尤其是 MOOC、SPOC 等新模式引入中国，越来越多的传统课堂吸纳了技术元素，给"课堂革命"带来全新可能。"互联网+"时代的线上教学强调学生的主体地位,能很好地满足学生个性化的学习需求,且不受时间、空间的限制,其灵活性、便捷性、可得性都不是线下课堂可以比拟的,视频、音频、讨论区、留言板等多种教学素材能很好地弥补线下教学的不足。

2020 年爆发的新冠疫情促进了线上教育的大发展。在疫情肆虐的日子里,为响应"停课不停学"的号召,各地高校都组织学生在家上网课。在此期间,我校大规模采用线上教学模式,实际开设线上课程 1923 门次,其中线上理论课程 1787 门次,开课率 88.65%,在线学习学生达到 469287 人次,占全校学生的 86.80%。笔者也运用超星学习通和 QQ 平台,以直播、观看教学视频、组织讨论等形式,进行了大学生心理健康教育线上教学的尝试,为此次课堂教学改革提供了丰富的实践经验。

二、概念界定

(一)混合式教学模式

混合式教学模式把传统线下教学的优势和网络线上教学的优势结合起来,既发挥教师引导、启发、监控教学过程的主导作用,又充分体现学生作为学习过程主体的主动性、积极性与创造性。

冯晓英等研究者从混合式教学的物理特性和教学特性两个维度,对混合式教学模式进行分类,从物理特性维度,依据不同学习方式在混合式教学中所占的比重,将混合式教学模式分为三类:线下主导型、线上主导型和完全融合型;从教学特性维度,依据所采用的教学法,将混合式教学模式分为三类:讲授式、自主式、交互/协作式。

本文力图采用完全融合型、交互/协作式的混合式教学模式,对课堂进行翻转,将原有的教学结构颠倒,即课前学生进行基础知识的学习,课堂上在教师的带领下,解决高阶性、创新性和挑战度的问题,促进知识的内化,提升学生高阶思维和解决问题能力。

在选择线上教学工具方面,笔者经过仔细考量,在比较多个线上教学工具后,最终选择了"雨课堂"。雨课堂是一款非常好用的线上教学工具,由清华大学和学堂在线共同研发,下载后内置在 PPT 的加载项中,使用时可一键开启授课。学生在微信端即可接收和观看 PPT,无须单独下载 APP,方便快捷。更为重要的是,雨课堂全程记录了学生"课前—课中—课后"全周期的教学数据,可实现加权算分,方便教师进行过程性评价。

（二）OBE 理念

OBE（Outcomes-Based Education）即"基于学习产出的教育模式"，又称"成果导向教育"，是近些年盛行于工程教育领域的人才培养理念。OBE 是 20 世纪 80 年代到 90 年代早期由美国首先提出来的，后形成比较完整的理论体系。OBE 理念认为，教育者应该对学生毕业后要达到的能力要求具有清楚的认知，然后反向设计自己的教学方法和教学内容来保证能力目标的实现。它与传统理念中重视知识单向输入、忽视学生学习效果形成了鲜明的对比，是一次教育范式的重大革新，是目前高等工程教育改革倡导的方向。OBE 理念的核心是学生中心、反向设计、持续改进。

李志义教授认为，可以从以下五方面理解 OBE 的内涵：OBE 强调人人都能成功、个性化评定、精熟、绩效责任和能力本位。与传统教育相比，OBE 具有以下特点：成果决定而不是进程决定，扩大机会而不是限制机会，成果为准而不是证书为准，强调知识整合而不是知识割裂，教师指导而不是教师主宰，顶峰成果而不是累积成果，合作学习而不是竞争学习，达成性评价而不是比较性评价，协同教学而不是孤立教学。尽管 OBE 理念最早是由工程教育领域专家提出的，面向工科教育，但其学生中心、反向设计、持续改进的理念对其他学科及其他课程也有借鉴意义。

三、实施过程

（一）研究对象

我校的大学生心理健康教育课程由学生工作部（处）下属的心理健康教育中心（心理健康教研室）面向大一新生开设，2 学分，32 学时，其中理论部分 24 学时，实践部分 8 学时。理论部分涵盖《导论》《大学生的自我意识》《大学生的个性心理和人格塑造》《大学生情绪管理》《大学生人际交往》《大学生学习心理》《大学生职业生涯规划》《大学生恋爱、婚姻与性》《大学生生命教育》共 9 个章节，实践部分主要安排学生分组拍摄一部反映心理成长的情景剧，并在结课时在课堂上展映。期末考核方式为：线上雨课堂 40%，考勤 10%，课堂互动 10%，心理剧 40%。其中线上部分主要是课前推送的预习 PPT，内含学习任务单，包括预习教材相关章节、观看视频和完成题目，题目分值总计 100 分。

本文的研究对象是本校材料科学与工程学院 21 级无机非金属材料工程专业 1~4 班，分为两个教学班，共计 118 人，每班 59 人。结课时，研究者发布了《基于"雨课堂"的混合式教学模式在"大学生心理健康教育"中的应用效果调查》问卷，回收 115 份，回收率 97.46%。其中，男生 89 人，女生 26 人。68.7% 的研究对象为农村户口，江西籍学生约占一半（51.3%）。

（二）研究过程

2021 年暑假，笔者通过雨课堂为 8 个专题（除"导论"外）制作了手机端的预习 PPT，每个预习 PPT 不超过 8 页，包括该专题的学习目标、学习任务单、学习视频、习题等，在第一次导论课后发送，要求学生在下次课之前完成。

第一次课前，笔者在雨课堂上建班，并设置好课程考核方案：预习 PPT（40%）+考勤和课堂互动（20%）+心理剧（40%）。课上，笔者展示班级邀请码，让所有学生加入班级，并面对面建立了微信群，方便教师发布通知和师生交流。课上，笔者开启雨课堂授课，使用了扫码签到、随机点名、弹幕、生成词云、投票等功能，活跃了课堂气氛。结课时，发布调查问卷，并将"考勤和课堂互动"、"心理剧"的线下成绩上传到后台，后台自动加权折算学生总成绩（表 1）。

表 1　"大学生心理健康教育"考核方式

模块	打分方式	内　　容
雨课堂（40%）	后台打分	8 个预习 PPT，由后台根据视频观看时长、答题分数自动计分
考勤（10%）	人工打分	后台可看到扫码签到情况，缺勤一次扣 1 分
课堂互动（10%）	人工打分	很活跃 10 分，一般活跃 8~9 分，不活跃（基数）7 分
心理剧（40%）	人工打分	完成度：片头、片尾、字幕、旁白、演职员表是否完整，缺字幕或演职员表扣 1 分 及时度：是否按时提交，晚交扣 1~2 分 精彩度：主题是否突出，矛盾冲突是否展现，镜头语言是否细腻有变化，不足之处酌情扣分

四、研究结论

（一）大部分学生认为雨课堂能更好地帮助学生管理学习时间，提高自主学习能力，使课堂变得丰富多彩

研究样本中，将近一半（48.7%）的学生了解雨课堂。"查看 PPT"是学生们使

用最多的功能，占到了 74.78%。在认为哪些功能比较有帮助方面，排名前三的分别是"课上实时观看 PPT"，"扫码签到"和"可以发送弹幕"（图1）。

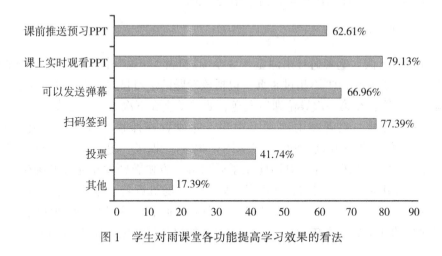

图1　学生对雨课堂各功能提高学习效果的看法

78.26%的学生会认真完成课前预习 PPT，88.7%的学生认为课前发布预习 PPT 能更好地帮助学生管理学习时间，监督学习进度。86.09%的学生认为使用雨课堂的混合式教学模式使课堂变得丰富多彩，提高了学习兴趣。82.61%的学生认为使用雨课堂的混合式教学模式能实现线上+线下随时随地的学习。84.35%的学生认为基于雨课堂的混合式教学模式提高了其自主学习能力（图2）。

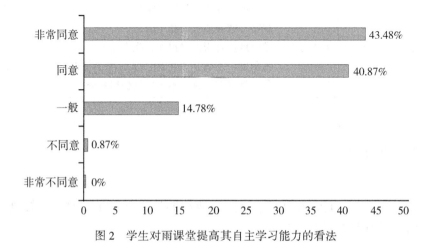

图2　学生对雨课堂提高其自主学习能力的看法

（二）影响学生学习效果的因素主要是"操作不熟练"和"学生使用中容易开小差，玩手机"

有将近一半的学生（49.57%）提出，"操作不熟练"是影响学习效果的主要因素，其次是"不适应这种形式"（31.3%）、"学习时间不够"（25.22%）、"网络状况影响学习效果"（25.22%）。

54.78%的学生反映，"学生使用中容易开小差，玩手机"是雨课堂最大的弊端，其次是"课前预习任务多，不适应"（27.83%）、"网络卡顿影响使用"（27.83%）（图3）。

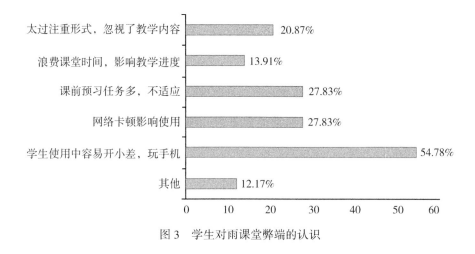

图3　学生对雨课堂弊端的认识

（三）学生普遍赞同混合式教学模式并支持推广

73.04%的学生认为本学期混合式教学模式教学效果非常好，86.09%的学生同意"基于雨课堂的混合式教学模式比传统的教学模式效果更好"，83.48%的学生同意"基于雨课堂的混合式教学模式有利于弥补传统教学模式中的不足"，81.74%的学生喜欢基于"雨课堂"的混合式教学模式，79.13%的学生认为有必要推广。

五、研究反思

（一）对教学过程与教学效果的反思

通过一学期的运行，本研究发现了三大痛点问题：学生对雨课堂的操作不熟练，学生使用中容易开小差，玩手机以及课前预习任务多。

1. 学生对雨课堂的操作不熟练

由于雨课堂属于线上教学工具，学生之前接触较少，因此普遍反映操作不熟练，一定程度上影响了使用的积极性。因此，教师应提前做好软件的培训工作，比如课前将雨课堂技术人员提供的《学生在线学习操作手册》发送给学生，并且在课堂进行演示，带领学生操作，减少学生的迷茫和畏难情绪。

2. 学生使用中容易开小差，玩手机

虽然雨课堂提供了很好的线上教学体验，但也激发了学生的"手机依赖"，诞生了更多的"低头族"。因此，教师应在学生扫码签到后，提醒学生观看幻灯片，用富有感染力的讲授来吸引学生的注意力，在需要发送弹幕或者投票时再使用雨课堂，避免学生课上玩手机。

3. 学生不适应课前预习任务

"课前推送预习PPT"是雨课堂很重要的一项功能，有助于学生养成预习习惯，提前熟悉学习内容。本学期是32学时排课，理论学习8周，学生每周都要完成预习作业，密度高，强度大。因此如果教师布置的预习任务较重，可适当降低作业密度，给学生更多的思考和消化时间。

(二)对教师教学能力与学生学习能力的反思

教师信息化教学能力的重要性在今天尤为凸显，信息化教学能力又与其自身的信息素养密切相关。信息素养是指一个人的信息需求、信息意识、信息知识、信息道德、信息能力方面的基本素质。长久以来，我国大学教师普遍采用传统课堂教学模式，对现代教育技术掌握不够，信息化水平只停留在使用幻灯片上。而在信息化的当下，教师应主动提高信息素养，贯彻OBE理念，在实践中改进混合式教学实施效果。

另外，学生学习动力的强弱和信息素养的高低也直接影响了混合式教学模式的效果。如果学生学习自主性强，参与度高，对新技术持欢迎态度，那么教师在使用这种教学模式时，就能获得良好的教学反馈，使教与学形成良性循环、互相促进。反之，教师则需要花大量时间引导学生积极使用线上教学工具，增添了额外的工作量，一定程度上可能影响教师采用混合式教学模式的积极性。

(三)对教学模式的反思

客观主义知识观认为，知识是一种客观存在的状态或实体，教学就是传递这

一实体的过程。教学的目的就是以最有效的方式向学习者传授和迁移知识。在传统课堂上，教师大多扮演知识迁移者和传递者的角色，学生始终处于被动接受状态，积极性和主动性难以发挥。建构主义知识观则秉持知识是建构的，是学习者以个体经验为基础，通过情境互动而产生的，教师的作用不是将知识生硬地灌输给学习者，而是创造出有利于学生认识、理解、交流的学习环境，充分引导学生主动思考、建构意义，让学习自然发生。

雨课堂的"投票"和"弹幕"功能很好地激发了学生已有的知识，并在课堂上生成了新的知识。在讲授"四种气质类型"（胆汁质、多血质、黏液质、抑郁质）时，笔者先让学生做了气质类型量表，然后选择自己的气质类型，最后呈现出班级气质类型的分布，接着进一步阐述了气质类型与专业学习、职业选择的关系，加深了学生的理解。在讲授《大学生恋爱、婚姻与性》一章时，笔者发布话题"如果你是男生（女生），你想对和你恋爱的女生（男生）说什么，让她（他）更好地爱你"，然后分别将男生弹幕和女生弹幕生成词云，总结出关键词，帮助学生理解自身的情感需求和异性需求间的差异，促进了学生之间的交流与合作，实现了知识的建构过程。

六、总结与展望

总之，在全球信息化的大背景下，混合式教学模式弥合了时空的阻隔，使学习随时随地发生，一定程度上促进了课堂模式的根本性变革。教师应该充分尊重学生的主体性，借助信息化教学工具，丰富知识结构，创新教学设计，激活学生既有的知识和经验，完善自身信息化教学能力，在实践中持续改进，真正提高学生的学习获得感和满意度，提升教学质量。

本研究是一个小规模的初步尝试，只研究了部分工科学生接受混合式教学模式的学习体验，未来可将文科学生、艺术学生纳入研究视野，进而比较工科学生、文科学生和艺术学生在接受混合式教学方面是否存在学科差异，如何为不同学科、不同信息素养的学生提供最适合其学科背景和学情的混合式教学模式，这将是后续研究的主要方向。

参考文献

[1]仇妙芹，林仲英，刘宇琛.互联网时代大学生心理健康教育课程混合式教学模式探索[J].教育观察，2019(10)：66-67，76.

[2]何克抗.从 Blending Learning 看教育技术理论的新发展(上)[J].电化教育研

究，2004(3)：1-6.

[3]冯晓英，王瑞雪，吴怡君．国内外混合式教学研究现状述评——基于混合式教学的分析框架[J]．远程教育，2018，36(3)：13-24.

[4]李志义．对我国工程教育专业认证十年的回顾与反思之一：我们应该坚持和强化什么[J]．中国大学教学，2016(11)：10-16.

[5]余胜泉，路秋丽，陈声健．网络环境下的混合式教学——一种新的教学模式[J]．中国大学教学，2005(10)：50-56.

基金项目　景德镇陶瓷大学教学改革研究基金项目：OBE 理念下混合式教学模式在"大学生心理健康教育"中的探索与应用(项目编号：TDJG-20-Q67)。

新工科背景下大学英语 APT 教学模型研究

汪大乐

　　摘　要：在新工科建设逐渐深化的背景下，大学英语教学体系改革势在必行。在充分了解当前高校理工科专业的英语教学现状、学习需求及社会需求的基础上，基于 APT 教学模型，笔者对理工科专业英语教学体系重建做出新的尝试，以适应新工科建设的人才需求，也为高校英语教学的转型发展提供有价值的参考。

　　关键词：新工科；大学英语；APT

　　当前，随着产业变革的持续推进，新经济对我国理工科人才的培养提出了新的要求。为了促进新工科建设阶段性目标的达成，高校英语教学要打破传统课堂教学的局限，探究网络技术环境下的新型教学模式，培养符合新产业形式所需的复合型理工科人才。

一、理工科专业人才需求及学习特点

　　结合问卷调查及相关访谈，我们总结出理工科专业特征、人才需求及英语学习特点。首先，当前不少高校理工科专业英语的教学聚焦于理工科专业相关英语词汇和语法的讲解，重视学生的本专业相关英文资料阅读能力的培养，而忽视了对学生相关专业听说写能力的培养，也忽视了对学生人文素养以及科学素养等的培养。其次，目前理工科英语相关的教材不少，但经典的版本很少，而且内容不能与时俱进，很多教材仅介绍了理工科一些专业术语的英语表达，对"前沿化"的相关专业英语表达很少涉及，且相关选题比较局限，缺乏系统性，与理工科专业技术领域发展程度不匹配。再次，教学过程中以教师讲授为主，学生学习的积极性不高。和基础英语相比，专业英语具有专业知识多、专业词汇多、部分语句较长、语法较复杂等特征。部分学生专业英语学习方法不科学，同时对专业知识的掌握还不够牢固，导致难以理解专业英语表述的内容，易产生学习挫败感，致使教学效果不明显，不能满足"新工科"的发展需求。

在理工科学生英语学习特点方面，首先，理工专业学生擅长抽象思维及集中思维，而形象思维和分散思维相对不足。移动学习作为传统课堂教学的加强及延伸，需加强形象思维及分散思维的培养。其次，根据对理工科就业需求情况调查，理工专业本科生大约半数选择就业而非继续深造，因此，加强对他们专业英语实践应用能力的培养，需要更多应用类英语资源的支持。最后，理工科学生的抽象思维能力较强，对公式符号等有较强的敏感性，因此针对他们的学习资源需侧重图像、图形、动画等形式并注重交互性。

总体来说，学生需要多样化、免费、实用的线上教学资源，但当前可供学生选择的相关资源有限；学生喜欢自由及多样化的移动学习方式，但硬件及师资方面未能达到对应要求；不同年级学生对于线上学习的需求有所不同，目前对于分层分级线上教学落实不到位。

二、APT 教学模型的应用

早在 1998 年，Black 和 William 就指出评价能够有效地支持学习，让学生积极地参与到评价过程中，能使学生学习更主动。由此可见，技术、教学法、评价是教学不可缺少的三要素。张屹等人提出了 APT 模型，将评价（Assessment）、教学法（Pedagogy）、技术（Technology）相结合应用于移动学习中，其中技术指在信息化背景下的计算机网络技术，使得信息化下的移动学习有了理论依据。

当前产业发展急切需要新型工科复合型人才的支持，社会对人才英语能力的要求将更高，高校英语教学面临新的使命。如何有效提高英语教学产出，是高校英语教学面临的重要问题。本研究以部分地方高校理工科专业学生为研究对象，主要采用问卷法及实践教学法，通过对英语学习方式、评价方式、学习需求等方面的现状与期望的调研，以期对理工科专业的英语教学体系的建立提供有价值的参考。

（一）APT 模型评价方式构建

APT 教学模型运用教师评价、同伴互评、自我评价等多种评价方式。学生根据规定进行同伴互评，学生对在任务中的表现进行自我评价，教师对各小组学生的任务表现进行评价，并进行课堂总结。教师汇总学生的评价结果，建立评价档案，并动态评估学生各个阶段的学习效果。学生课后交流学习经验，记录学习心得。

（二）APT 模型教学方法构建

理工科学生普遍存在英语基础偏薄弱、学习内在动机不足等特点，因此多元教学方法的实施势在必行，可将混合式教学、翻转课堂、小组学习等学习方式结合起来进行教学。在实践教学中，教师通过 U 校园、学习通等平台对教学重点、教学难点采取启发式教学，课中采用小组汇报、演讲、教师讲解点评等方式开展分组讨论，学生利用课前时间开展基于问题的学习，课后利用线上资源开展自主学习。这种模式打破了时空限制，使教学更深入。

（三）APT 模型技术运用构建

智能手机作为大学生使用最广泛的线上学习设备，给学生的学习带来了极大的便利，但也存在一些问题，首先，软件应用不够丰富。智能手机的使用大多基于各种应用，英语教学软件较为缺乏，这主要有两方面原因，一方面是当前市面上系统的、配套的英语教学软件资源不多，另一方面是教师对相关前沿软件的了解和使用有限，很多教师还停留在使用微信、QQ 等传统网络工具上，并且仅使用工具的原始功能，如信息交流、提问与解答等。教师要注重自身信息技术运用能力的培养，并帮助学生养成科学系统的线上学习方法及习惯。

三、建议

基于线上教学及传统教学各有优缺点，教师可以根据专业特点及学生需求设计融合二者优势的混合式教学模式，可以通过以下方式设计和完善高校英语教学。

（一）了解学生学习需求

根据调查，理工科学生在线上教学有关的教学设备、教学资源、教学方式等方面都有自己特定的需求。我们要找出现状与期望之间的差距，以制定出精准的对策。如学生对学习资源的需求类型包括文字、图像、图形、音频、视频等类型，理工科学生的专业内容往往涉及公式运算、自然规律、仪器结构、工程设计、操作流程等，学生希望能有多种形式的媒介资源清晰地阐释教学的重点难点，使抽象内容更为具体。而当前除文字形式基本满足学生需求外，其他形式的线上资源都需要进一步设计补充。

（二）充分利用网络资源

在教学过程中，教师要学会使用不同的网络平台及资源，利用网络平台发布图片、视频等教学资源，让学生自主学习，学生可以根据自己的学习情况，补强自己的薄弱知识点；学生可以通过手机拍照等方式上传作业，教师可以利用网络平台布置课后作业及安排在线测试。在基于网络的问题式教学、翻转课堂等模式下，学生在课堂环节要回答教师的深层问题或参与小组活动，这促使学生更积极主动地完成课下阅读及作业等任务，增强学习自主性。

（三）完善课程反馈机制

一个完整的评价过程包括设计评价活动、实施评价任务、分析评价数据、记录评价结果等环节。在教学评价中，教师可以结合多种过程性评价结果进行总结性评价，并定时给学生反馈，对评价持续较好或有明显进步的学生或小组给予表扬。

"新工科"强调以学生为中心，倡导学生以主动的、实践的方式学习，强调培养学生的人文素养及科技素养，注重学生的国际视野和团队精神的培养。在"互联网+教育"的环境中，基于 APT 模型的理工科英语混合式教学模式的应用，能更有效地提高英语教学质量，反馈方式更为精准，教学方式更为系统，能够起到以学促教、以教促学的作用，对于提高大学英语教学质量具有重要意义。

参考文献

[1]张屹，白清玉.信息化教学模型 APT 的构建与设计——以小学科学课程"扫一扫，更精彩"为例[J].湖北教育（教育教学），2015(5)：27-28.
[2]陈娟文，王娜，李金玉.SPOC 学习共同体构建探析——以大学英语 SPOC 翻转课堂教学实践为例[J].西安外国语大学学报，2017(4)：58-61.
[3]沈骑.语言规划视域下的大学外语教学改革[J].外语教学，2018(6)：49-53.

基金项目　景德镇陶瓷大学教学改革研究基金项目："产出导向+混合教学+动态评价"联动模式——新工科背景下大学英语 APT 教学模型研究与实践（项目编号：TDJG-19-Y21）。

地方院校电子商务专业学生创新创业能力构建研究

张　敏　余　娜　王立皓

　　摘　要：在国家"大众创业、万众创新"教育精神指引下，高校不断深化基于成果导向的创新创业教育。本文通过分析地方院校电子商务专业人才培养思路，梳理了与学生创新创业能力相匹配的专业培养举措，希望将创新创业和专业教育更好地融合，促进专业适应性人才培养。

　　关键词：电子商务；创新创业；能力

一、专业特点分析

　　景德镇陶瓷大学是一所具有鲜明行业特色的地方院校，以建成世界高水平的特色名校为发展目标。长期以来，秉持"脑手并用、科艺结合、专攻深究"的人才培养理念，为陶瓷行业与地方经济发展输送了大量科技、艺术与经营管理人才。近20年来，伴随着经济快速增长，电子商务发展日新月异，已经形成了一个巨大的产业。电子商务专业为景德镇陶瓷大学应用技术型转型发展的试点专业之一，创办于2002年，从开始招收第一批本科生至今已经培养出了600余名本科毕业生。毕业生主要在各类工商企业从事电子商务运营、市场营销及其他管理工作，本专业培养目标是：以"专业素养为基，多样化知识为辅，实践能力为本，创新创业为导"，培养适应社会主义现代化建设发展需要，德智体美劳全面发展，具备扎实的经济管理知识、数理统计知识、信息技术知识、电子商务知识以及一定的陶瓷科技知识与陶瓷文化素养，具备较强的数据处理与数据分析能力、电子商务应用技能、电子商务综合实践能力以及良好的创新创业意识，能够从事电子商务运营、电子商务管理以及互联网营销及策划等现代商务管理工作的创新型高级专门人才。

　　电子商务对人才的需求是多样化的，既包括电子商务技术人才(如：电子商务系统开发、建设与维护等)，也包括诸如美工、营销策划、网站编辑等人才，而电子商务产业需求最广的是电子商务运营管理以及网络营销策划人才。对电子商务人才需求的企业既有电子商务平台企业、电子商务企业，更有大量的传统工商企业，尤其是在数字经济日益壮大的环境下，电子商务新模式、新业态不断创新，各类传统工商企业对电子商务人才需求比以往更加迫切。

二、学生创新创业能力构成

电子商务专业课程参照国家标准进行知识设置，涵盖了国家标准中的知识领域。专业课程体系设置方面，充分考虑了国家电子商务专业标准的意见，同时结合新文科与一流本科专业建设的要求，以专业培养目标与毕业要求为指导进行知识设计(表1)。

表1 专业知识模块与课程设置

知识领域	知识模块	配套课程
电子商务基础	管理学	管理学、会计学、财务管理、统计学、系统工程、战略管理、生产管理、人力资源管理、组织行为学、电子商务管理
	经济学	宏(微)观经济学、信息经济学、财政与金融
	信息技术	网络与信息安全、电子商务数据库技术
电子商务经济管理	网络营销	网络营销、消费者行为学、市场调查与预测、广告理论与实务、销售管理、商务谈判与礼仪
	网络交易与贸易	国际贸易
	电子商务运营与管理	电子商务物流管理、企业资源计划、客户关系管理、供应链管理、商务智能
	网络金融与支付	网络金融与电子支付
电子商务工程技术	应用开发技术	网页制作与设计、Java程序设计、Web程序设计
	系统设计与实施	管理信息系统
	电子商务安全	网络与信息安全
电子商务综合	电子商务概述	陶瓷电子商务概论
	电子商务法律与法规	电子商务法、电子政务
	互联网创新与创业	创业管理
	互联网前沿专题	移动电子商务、跨境电子商务

知识领域	知识模块	配套课程
人文素质类	工具类	大学英语、数学、计算机
	拓展类	军事理论、就业指导、大学生心理健康教育、体育与健康、陶瓷鉴赏、职业规划
	哲学类	思修、马原、形式与政策

在国家"大众创业、万众创新"教育精神指引下，高校不断深化基于成果导向的创新创业教育。实施创新创业教育能深入推进创新创业教育改革，让学生更好地理解创业，增强创业意识，减少失业率，推动高校毕业生更高质量地创业就业，提升学生综合素质和能力，更定制化地、精准化地适应社会人才需求，提高我国的创新创业能力。为提高电子商务本科专业学生培养质量，学校一直注重科教融合、产教协同育人。促进教育链、人才链与产业链、创新链有机衔接，创新校地融合、校企融合协同育人机制。其中电子商务专业在学校和学院的大力支持下，积极和政府、企业、兄弟院校不断沟通、交流，并通过项目合作、实习基地、学科竞赛等方式，构建开放型课程培养体系，构建紧密对接产业链、服务创新链的学科专业体系，从专业知识、专业素养、专业技能、创业意识、创业能力、创业实践六个维度出发，多方面、全方位提升学生创新创业能力。

在专业知识培养上，主要是使学生具备开展互联网环境下的工商企业营销策划以及电子商务新模式新业态的拓展能力；掌握系统的电子商务基础、经济管理、工程技术及综合性知识，学会本专业学科的思维与研究方法，用以指导未来的学习和实践。电子商务相关学科竞赛往往是对知识的综合检验，而且很多竞赛都是实践性较强的，对学生的整体素质要求较高，通过竞赛活动，学生可以和兄弟高校进行交流，了解自己的不足，从而促进以后的专业学习。我们通过参与学科竞赛，既获得了一些荣誉，又提高了学生的学识水平，并能够促进我们办学模式改革。

在专业素养构建方面，学校培养学生具有良好的身心健康素质、人文素养和社会责任感，遵守职业道德及规范；具备综合运用学科专业知识，分析和解决现代商务管理中的实际问题，能够学以致用，融会贯通。

在专业技能形成方面，主要是通过让学生在主流的电子商务平台开展电子商务运营与管理，能够对现代商务管理中的数据资料进行分析研究并用于指导企业经营管理活动的开展；能够熟练使用有关技术与工具，针对电子商务运营管理、商业模式、企业与行业电子商务解决方案等领域的课题，具备开展文献收集、数据分析及问题研究能力。景德镇因为交通不便，政府目前正大力建设基础设施，并鼓励以电子商务的方式来促进市域经济的发展，学校也积极寻求和政府的合作，让学生参与项目的前期调研工作，比如三宝国际瓷谷项目、陶溪川直播基地项目等，并积极打造网络营销、电商直播带货等实训环节，以此提高学生的学术水平和专业实操能力。

在创业意识加强方面，通过树立自主学习、终身学习的观念，让学生具有良好的终身学习意识，较强的持续学习能力；养成良好的学习习惯与专注精神，养成不断学习新知识的良好自觉；具有人文社会科学素养、社会责任感，能够在现代商务管理实践中理解并遵守商业道德、伦理与规范，履行责任；鼓励学生积极参加学校的创新创业大赛和"互联网+"创业竞赛，帮助他们提高创业意识。

创业能力主要体现在学生具备良好的团队精神，能够融入到团队之中并承担团队成员责任与一定的电子商务项目建设与管理能力；能够就现代商务管理问题与业界同行及社会公众进行有效沟通和交流，能够撰写商业计划、工作方案、工作总结并能清晰地予以陈述；具备一定的国际视野，能够在跨文化背景下进行沟通与交流。为了让学生在学习过程中对知识在实践中的应用有更深入的认识，我们还聘用企业相关高管或者技术人员来课堂授课，让学生能够对课本理论知识有更深入的了解，并能够知悉知识的具体应用场景，以便将来进入企业后可以学以致用。

在培养创业实践环节，为了让学生能够四年实践不间断，我们在制订电子商务专业培养计划的时候，每个学期都安排有几周实践类课程，除此之外，我们还鼓励学生利用周末、假期等时间参与企业合作项目或者进入企业兼职，以提高学生实践能力；让学生具备可持续发展理念和国际化视野，有意愿创新或创业，并有能力服务社会。电子商务专业是实践性很强的专业，俗话说读万卷书不如行万里路，我们一直提倡学生应该在实践中学习知识，并应用学到的知识去解决实际工作中的问题。电子商务专业在景德镇、佛山等地共计建设了 20 个实习基地，完全满足学生的实习需要。

参考文献

[1]张敏华，李栋．大学生创新创业基础[M]．北京：人民邮电出版社，2021．

[2]张海生．大学生创新创业能力培养研究[J]．科技经济导刊，2019(12)．

［3］肖婉君．茶文化视野下提升大学生创新创业能力分析［J］．福建茶叶，2021
　　（11）．

［4］林祯辉．大学生创新创业能力培育路径研究［J］．创新创业理论研究与实践，
　　2021（11）．

　　基金项目　景德镇陶瓷大学教学改革研究基金项目：基于 OBE 理念的高校电子商务专业创新创业教育路径研究（项目编号：TDJG-21-Z10）。

基于双创能力培养的"3+1"教学模式探究

——以包装设计课程为例

陈彦霏

摘　要： 当前，包装设计课程教学存在与行业发展现状脱节及现有教学内容相对市场需求严重滞后、师生创新创业经验不足的现状。本文从教学内容、教学模式和教学方法等方面进行改革探索，对包装设计"课堂、竞赛、项目+实习"的"3+1"教学模式进行研究，使创新创业教育融入该课程教学全过程之中。

关键词： 双创能力；"3+1"模式；教学改革；包装设计

创新是引领社会发展进步的总引擎，随着我国经济快速发展，各行各业迫切需要大量具有创新创业能力的人才，这也是我国强国复兴的基石。如何培养大学生创新创业能力已成为我国高校教育改革的重要议题。本文针对包装设计课程教学知识与最新行业市场要求相脱节以及教师和学生创新创业能力不足的现状，尝试从创新意识、创业能力培养的角度，从教学内容、教学模式和教学方法等方面进行改革探索，对包装设计"课堂、竞赛、项目+实习"的"3+1"教学模式进行研究，使创新创业教育融入该课程教学全过程。

一、双创能力培养的内涵与意义

"双创"就是创新和创业的简称，名词来源于 2018 年国务院发布的文件《国务院关于推动创新创业高质量发展　打造"双创"升级版的意见》，"双创"成为2018 年流行语。"双创"能力教育是以培养具有创新意识和创业能力的人才为目标的教育，从创新意识培养的角度看，它需要培养学生的创新理念、创新思维和创业精神。从创业能力培养角度看，"双创"能力的培养需要面向社会和服务市场，针对准备创业、开始创业、成功创业的创业群体进行创新意识培养和创业能力提升。创新意识是创业行动的前提和思想指导，创业能力是创新意识的实际操作，二者缺一不可，在实践中互相提升。"双创"能力教育要根据行业需求与市场风向，以就业为导向、以能力为核心，研究分析本专业面向对应的工作岗位所必须具备的能力，并对课程体系进行调整，使学生在课程中汲取真正接地气的行业知识和学科前沿知识，深入挖掘学生的创新思维能力和创业就业能力。

目前我国各行各业对人才的需求与要求不断提高，对大学生的能力素质提出了更高的要求，针对当前大学生普遍就业难的问题，"双创"教育可以进一步缓解就业压力，使学生积累更多的创新成果和创业经历。

二、包装设计课程教学现状

包装设计课程是视觉传达设计专业重要课程之一，图形创意、字体设计、版式设计、印刷工艺、容器设计等课程是该课程的前导课程，考验学生的专业综合能力。在教学实践中，包装设计课程因过于看重理论教学，与商业环境联系不够紧密，最终产生的学生作业往往与成熟商品包装设计的水平有巨大差距。经过分析，以下几种教学现状亟须纠正。

（一）教材理论内容无法与行业现状接轨

教材是阐述教学内容的专用书籍，系统反映学科内容的工具。当下包装设计教材普遍存在过于重视理论内容，而轻视实践知识与行业知识的现象。包装行业跟随市场变化飞速发展，不少教材存在与行业现状脱节、专业性知识更新滞后的问题。由于设计行业是跟随时代发展更迭迅速的行业，视觉风格、包装性能、用户诉求都在不断更新换代，由此产生出琳琅满目的商品包装世界。另外，包装设计行业的市场规模、包装设计市场供需状况、包装设计市场竞争状况和包装设计主要企业经营情况都在影响整个包装设计的行业现状。教材需要更加敏锐地贴合时代进程和行业需求，引导学生了解整个学科的发展趋势和前沿资讯。与行业脱节的教科书编写内容陈旧，使学生无法充分发挥创新思维，激发原创活力，难以适应千变万化的商业环境。

（二）商业思维与设计思维的疏离

设计本身是为了提高产品的附加值，包装设计可以为产品提供一个传达信息与艺术表现的外衣。包装设计的商业价值需要通过市场行销来体现。然而学生的作业中常常忽视了包装设计的本质是为商品服务，首先需要考虑商品本身的属性以及商品所对应的客户群体。在教学中，常常出现学生为了表达自己的艺术思考而忽视商品本身的特质。中国包装设计行业领军人物潘虎先生曾说："设计是表达的艺术，不是艺术的表达。"设计思维需要充分与商业思维融合，如何把商品的内容和卖点表达得更为艺术是学生们学习的重点。为了让学生更好地掌握商业包装设计的方法，教师应促进学生设计思维与商业思维的融合，更好地发挥创新能力与创业能力。教师不仅要引导学生掌握视觉传达设计专业知识，还要从服务市场的角度出发，引导学生掌握市场经济与市场管理等方面的知识，增强学生的商业设计能力。

（三）课堂活力不足

学生是学习的主体，教师发挥主导作用，主导教学的方向、内容、方法并组织引导学生自主探究学习，学生主动性、积极性的发挥也要靠教师正确引导。传统教学中存在教师单方向输出教学内容的现象，守旧单一的教学理念和瞬息万变的社会形势形成矛盾与冲突。如何引导学生成为课堂的"主人"，增强课堂活力，是教师群体需要攻克的难题。

三、"课堂、竞赛、项目+实习"的"3+1"实践教学设计体系

包装设计与商品市场联系紧密，因此，培养满足社会需求，具有市场竞争力的创新创业人才投入包装行业需要构建注重创意型、实践型的教学设计体系，该体系整合高校、企业、教师、设计师多方面的资源形成"课堂、竞赛、项目+实习"的"3+1"实践教学设计体系（图1），着力打破传统的课堂授课形式，将竞赛作为驱动力，结合企业真实项目，带领学生在企业项目中实习，提升创意思维能力与设计实战技能。

（一）构建校内课堂教学与企业实习基地的双重平台

校内课堂教学为学生提供了解学科内容与知识的平台，教师可以将教学内容结合自身的设计实践、课题研究的经验进行讲授。培养创新创业能力需要提高学生的动手操作能力，可以从校内课堂中先行改进，先提升教师与学生的技术实操能力，在理论和实践层面丰富教学内容，提高实验室设备的利用率，让课堂教学摆脱"纸上谈兵"的状态。比如包装设计课上遇到需要表现特殊造型的容器设计方案时，在课程中运用实验室的3D打印机和雕刻机，让学生围绕专业方向，扩宽造型的实验性和探索性。当然，仅有校内的学习平台是远远不够的，该课程可以搭建校外的企业实习基地，作为培养教师与学生市场实践设计能力的重要阵地，由合作企业根据企业的真实项目，带领学生进行市场调研与评估，让学生能

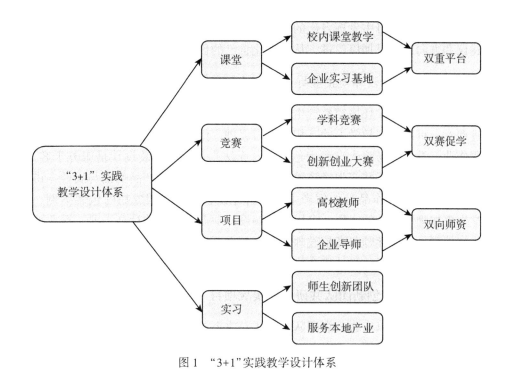

图1 "3+1"实践教学设计体系

够在岗位中了解企业的不同分工，在实战中了解行业规则与设计要点。

（二）运用学科竞赛与创新创业大赛的双赛促学

创新能力是设计专业发展的原动力，创新意识的培养和新锐设计的探索可以通过参加竞赛的方式来培养，参加竞赛可以培养学生敢于比拼的竞争意识，也有利于学生与国内外设计师与设计院校学生进行学术交流和技艺切磋。国内外有许多行业认可的专业赛事，例如：Pentawards 国际包装设计大赛、Dieline Awards 全球包装设计大赛、中国包装创意设计大赛、中国之星设计奖等。这些具有影响力的艺术设计赛事可以和课程相结合，让学生根据比赛主题进行命题创作，在拓宽学生学科视野的同时，与全球设计师进行设计作品竞赛，在比赛中锻炼自己的专业设计能力和审美理解能力。在教学中，可以将竞赛安排在相应课程任务中，在课堂上与学生沟通设计思路，修改设计方案，打磨最终成品，制作或拍摄包装设计实物效果图。除了学科竞赛，还可以组织学生参与大学生创新创业大赛，例如：中国"互联网+"大学生创新创业大赛、"挑战杯"全国大学生课外学术科技作品竞赛等。这些创新创业大赛要求学生组成团队，鼓励跨学科合作，给学生构建了一个全国大学生创新、创业能力竞赛的舞台，培养团队合作能力与工作素养。学生可以在设计项目中发挥自己的创新求变能力，根据创业导师和社会导师提供的建议和方向对项目加以改进，从而孵化自己的创业梦想。

(三)组建高校教师与企业导师联动的双向师资

高校的传统教学环境容易产生理论讲授与实践操作脱节的现象，引入企业导师进课堂，可以实现教学上的互相补充与促进。传统的设计课堂以虚拟项目作为课程作业，学生容易陷入自我表达之中，无法真切了解包装设计是服务于客户、服务于广大消费人群并产生经济效益的。企业专家会根据产品类别与属性，讲述"恰当"的包装设计作品是如何产生的，讲述该企业的行销成功的包装案例，能让学生更加理解设计的本质，多层次了解设计师需要考量的社会需要、行业风潮与成本控制。企业导师与高校教师的合作教学可以形成强有力的联合，保护创意的火花，让优秀前卫的设计概念能够落地实现。

(四)成立师生创新团队共研企业实战项目

教师和学生可以组建创意团队，团队专攻企业真实项目，在团队中教师和学生既有师徒间的传道授业关系，又有集体的合作关系。此举可以打破传统的教师单向输出的僵局，教师和学生在设计思路、修改意见上可以多向交流，将攻克企业项目作为师生之间共同努力的目标，实现教与学的互相融合，相辅相成。该方式为专业课老师和学生提供了专业实践的机会，也为企业方提供了来自"学院派"的新鲜设计思路。创新团队中，教师可以作为团队核心领导，挖掘每个学生的个性特质、自身需求、兴趣方向，依据团队中每个学生的优势进行职能分配，让学生在团队中进行就业前的预热，在集体中发挥自身长处。与企业方共研实践项目，有利于锻炼学生的独立思考能力、表达能力、沟通能力、设计能力和操作技能，进一步引导学生确立未来职业发展目标。

(五)为本地城市产业资源进行设计赋能

随着经济的发展和消费需求的变化，人们对设计的要求不仅仅停留在使用功能上，与之联系的情感需求与审美需求也在逐步提升，高校包装设计课程作为一个实用性很强的课程，在设置与改革中需要多方面考虑不断变化的社会需求，立足于当下环境中的社会需求，在符合教学目标的前提下强化课程的社会服务意识。包装本身与实体产业经济息息相关，包装设计课程应立足于本地城市产业资源和本地企业资源，运用设计为本地产业经济赋能。我校位于国内外知名城市千年瓷都景德镇，本地大大小小的陶瓷企业多如牛毛，本地的陶瓷品牌包装市场的发展潜力巨大。将包装设计的主题与当地经济产业相结合，可以助力本地陶瓷包装的发展，提高本土品牌的影响力和知名度，景德镇的各家陶瓷包装企业也可以与学校建立校企合作关系，培养具有创新能力的设计人才，合作共赢，助力本地企业的发展壮大。

参考文献

[1] 毛唯，罗技科. 基于"双创"能力培养的高职院校人才培养模式实践探索——以浙江纺织服装职业技术学院软装双创班为例[J]. 浙江海洋大学学报（人文科学版），2022，39（1）：4.

[2] 陈丽芳，冯向一. 从就业能力角度探讨高校大学生"双创"能力的提升[J]. 产业与科技论坛，2022，21（17）：2.

[3] 赵勤，回璇. 视觉传达设计专业"四化四结合"实践教学模式对于学生"双创"能力培养的重要性研究[J]. 美术教育研究，2021（21）：148-149.

[4] 李瑞生. 基于项目和竞赛驱动的大学生创新创业教育[J]. 西部素质教育，2019，5（19）：3.

[5] 关维娟，李德权，陈清华. 基于学科竞赛提升大学生创新能力的探索及实践[J]. 赤峰学院学报，2019，40（9）：4.

[6] 刘方义. 服务设计理念下的校企合作课程教学设计——以包装设计课程为例[J]. 鞋类工艺与设计，2021（12）：2.

[7] 王绪振，许超. 艺术设计专业协同创新创业能力拓展研究[J]. 陶瓷研究，2022，37（3）：4.

基金项目 景德镇陶瓷大学教学改革研究基金项目：面向创新创业能力培养的包装设计课程教学改革研究（项目编号：TDJG-21-Q60）。

人本视角下红色教育的新模式

周长花

摘　要：红色资源是中国共产党执政资源的重要组成部分，红色教育既要接天线也要接地气，既要有底色也要有特色。主要做法为：一是深度发掘，以细节展现宏大；二是深度融合，以互动响应推动；三是深度合作，以特色传承红色。这些构成了红色精神引领、红色文化样式深入推进、红色主题活动内化以及红色资源共享等多维度、系统性、全覆盖的立体红色教育模式。

关键词：红色教育；人本理念；体验模式

红色资源是中国共产党执政资源的重要组成部分，开展红色教育、讲好红色故事是传承红色基因，发扬党的优良革命传统的重要抓手。2021 年 2 月 26 日，中共中央印发《关于在全党开展党史学习教育的通知》，就党史学习教育做出部署安排。但从实践来看，红色教育仍存在"高大全"模式，概念性和理论性太强，照搬权威论述、解读政策过多，形式单一、方式简单，与社会生活联系不太密切，与广大人民群众的需求不太适应。因此，加强红色教育中的体验诉求，使包括大学生在内的广大人民群众学有所成、学有所乐、学有所用，是当前高校思政教育中的一个重要课题。

一、深度发掘，以细节展现宏大

红色资源丰富多样、博大厚重。中国共产党领导中国人民走过的百年历程，是光荣辉煌的一百年，也是艰苦卓绝的一百年；是奠基立业的一百年，也是开辟未来的一百年。在一百年的接续奋斗中，党领导人民创造了伟大的历史，铸就了伟大的精神，形成了宝贵的经验。以江西省为例，江西是以毛泽东、朱德、周恩来等为代表的老一辈无产阶级革命家开始缔造人民军队、创建革命根据地、领导农村土地革命、开辟以农村包围城市革命道路的主要地区，是人民军队的摇篮和中国革命的摇篮，有着包括建党、建军以及政权建设等在内的极为丰厚的红色资源，值得深入发掘。

一是发掘好的题材。典型人物无疑是红色教育的重要资源，而在以往的红色宣传、红色教育中存在着典型人物被概念化、符号化、标签化的倾向，使得文本的新奇性、故事性、可读性不强。因此，贴近社会、贴近生活、贴近时代，深入发掘人物新奇的特质，塑造有思想有筋骨、有血有肉、有情感世界、有人生命运的，全面、真实、丰满的人物形象，既可以提高文本的可读性，又可以增强人物的感染力。比如，对于县委书记的好榜样——焦裕禄，河南文艺出版社出版的《焦裕禄传》就还原了一个坚忍的、英雄的、真实的焦裕禄，书中详细记录了焦裕禄"生命中几次惊险而颇具传奇色彩的事件"，使学生深受教益。

二是发掘好的作者。在以人际传播为中心的社交时代，作者已经从幕后走向台前，从专业创作走向生活分享。在此传播环境下，红色文本的作者应该是集专业性、权威性以及通俗性、创意性于一体，具有丰富的社会生活经验、良好的文字功底以及相当的专业背景。仍以《焦裕禄传》为例，其作者何香久是河北沧州作协副主席，也是电视剧《焦裕禄》的编剧，还参与《永远的焦裕禄》的拍摄，此外，还是人民出版社出版的《坚持群众路线的楷模：焦裕禄》的执笔人，多重身份，多重经历，保证了该书的品质。

三是发掘好的载体。红色文化作为活态文化，是物质文化和非物质文化的统一，既存在于相关的文献和文本之中，也见之于特定的物质载体和遗址；既可以文字为媒介，也可以语言为媒介；既可以文学形式呈现，也可以多种艺术形式而展示。因此，以丰富多样的载体满足大学生视听需求，是红色教育创新的一个重要方面。

二、深度融合，以互动响应推动

红色资源是党性和人民性的统一，红色教育不是形象工程而是民心工程，因此，它既需要党政部门的大力推动，也需要社会各界的协力互动。

一是课堂融合。高校思想政治理论课是红色教育的主阵地，要通过校级和省级精品课程建设而提升大学生的精神高度。其一，教与学互动。首先是加强教材体系建设，提高思想政治理论课课程的时效性，引入政府工作报告和党的代表大会报告、习近平新时代中国特色社会主义思想、社会主义核心价值观，引进红色教育本土素材等。其次是加强教学方式与方法建设，充分利用多媒体资源实现课堂教学与网络教学的互动；精选红色教育案例实现课堂讨论式、辩论式教学相结合；走访红色教育基地实现理论与实践、课内与课外相结合。

其二，研与学互动。加强高校思想政治理论课红色资源的开发，引领高校的教学、教育、科研以及社会服务等各个方面和每个环节建设，主要包括对红色史料的研究、红色文化产业的研发以及对时代典型人物与大学生身边的先进人物与事迹进行研究。

其三，评与学互动。当下，人人都有麦克风，人人都有发言权，讲坛、论坛等交流形式丰富多样、生动活泼，值得开发利用。高校思政课建设需要有班级、院级、校级等红色讲坛，从而多视角、全方位地宣传思想政治理论以及马克思主义中国化的最新成果，也需要加强网络红色论坛、红色影视栏目等阵地建设，从而以图文并茂、实时互动的形式将红色教育传播迅捷、传播宽广。

二是媒介融合。当前，新技术、新媒介不断涌现，网络媒体、社交媒体、自媒体、APP、数字博物馆、微电影、微信、微视频，以及大数据、动画、漫画、沙画、H5、VR、AR、MR等新技术备受瞩目。这些丰富多彩、生动鲜活的表现形式为红色资源的活态传承提供了极大便利。其一，可取材本地的红色资源，发动广大师生创作出具有时代气息的红色微电影、电视专题片等艺术作品，同时，可以基于大学生身边的先进人物事迹以及社会实践而创作报告文学、动漫等红色精品。其二，办好校园广播。校园广播是大学生传播信息、交流思想、学习知识、陶冶情操的重要媒介，而办好校园红色广播首先要坚持"内容为王"的理念，要以红色经典、红色歌曲、红色报刊摘要等内容而形成校园广播的特色；要创新传播形式，开展"名师采访""青年学子风采"以及时代典型人物和先进事迹等采访与报道，从而提高红色广播的感染力和传播力。

三是平台融合。推进红色与科技、艺术、文化创意之间的融合，为广大青年学子提供创新与创业平台，促进新时代红色教育的延伸与拓展。其一，加强红色文化与科技创新之间的融合。高校要广泛开展校园学术与科技文化节，举办科技产品研发与创业创意设计大赛，从而培养大学生热爱科学、挑战自我、献身祖国的精神。其二，加强红色文化与艺术创意之间的融合。要以红色文化为主体元素，开展校园文化艺术节，开辟校园红色文化橱窗、红色文化展板、红色文化走廊以及红色壁画、红色雕刻等红色文化传播空间。

三、深度合作，以特色传承红色

红色文化教育既是一种思想教育方式，也是一种文化体验方式，因此，需要加强红色与特色之间以及校内与校外之间的互动与合作。

一是红色教育实践合作。其一是红色旅游教育。文旅融合是当前文化消费的一大趋势，寓教于游的红色教育方式能够使大学生在全身心体验中增进知识、锻炼品格、升华思想。高校可以组织青年学生参观革命博物馆、历史博物馆，游览红色旅游景点，并结合征文、演讲、实践实习报告等活动将红色教育外化为行动、内化为信念。

其二是红色主题活动。高校要认真贯彻落实中央关于红色教育的重要精神、顶层设计以及制度安排，开展红色主题教育活动，同时要充分利用各种重大节庆活动推进红色教育的深入。比如，在清明节、七一、八一、国庆节等节日，高校可以组织青年学子通过祭扫、凭吊、宣誓等方式重温革命传统、弘扬革命精神。

其三是相关公益活动。高校可以组织多种形式的社会服务和社区服务，增强大学生对农村群众、对基层群众、对党和国家的感情。比如，开展支教服务、文艺演出服务、医疗援助、科技扶贫等社会实践和惠民活动，以及成立各种志愿者组织，为社区提供绿化、卫生、教育、宣传等志愿活动。

二是红色教育研究合作。在高校育人使命中，教育、科研以及服务社会这三者是密不可分的，教育可以转化为科研，科研也可以促进教育。因此，高校要善于发挥科研人员以及相关资源的优势而加强红色文化研究，从而树立红色文化教育品牌，建设红色智库。比如，上海大学成立了红色文化研究院，建成了校史博物馆的室外展区——溯园，展示了红色学府办学治校和共产党人开展革命活动的生动图景；编辑出版了《钱伟长画传》《上海大学走出来的英雄烈士》等图书，并整合学校新闻传播学科和电影学科的师生力量，采访记述老红军、八路军和新四军老战士的革命故事，创作完成了100集的电视纪录片《红色传承》，活动取得了很好的效果。

讲好红色故事、创新红色教育需要克服单一、封闭、同质化、说教式等弊端，坚持人本理念和融合意识，以有灵魂有血肉、有思想有情感、有认识有实践等作为基本定位，从而建构多位一体的立体生动的教育模式。概括起来，红色精神引领、红色文化深入、社会实践内化以及长效机制保障的立体、系统、开放的多维互动教育模式能够将思想内容的先进性与方式方法的灵活性相结合、认识论与实践观相结合以及运行系统的开放性与保障机制的长效性相结合，从而适应大学生认知与成长规律，符合时代发展要求。

参考文献

[1]何香久. 焦裕禄传[M]. 河南文艺出版社，2012：23.

[2]李子俊. 纪念馆如何讲好红色故事[N]. 南京日报，2020-11-06.

线上线下混合式教学模式实践

——以计算机程序设计课程为例

赵丽萍　舒期梁

摘　要：本文提出一种"线上"+"线下"的教学模式，通过两种教学形式的有机结合，把学习者的学习由浅到深地引向深度学习。通过信息技术与传统课堂教育相融合，教师利用互联网、移动终端、云计算等现代信息化技术构建线上网络教学平台，学生利用线上网络平台完成自主学习，拓展了学生的学习空间。

关键词：线上线下；混合式教学；网络教学平台

一、C 语言程序设计的教学现状

C 语言是一种非常抽象且对逻辑性要求特别高的课程，教学难度大。C 语言具有高级语言和汇编语言的双重优点，既能用它编写操作系统软件，也能编写各个领域的应用软件。但是 C 语言的概念和思维比较抽象，导致编程代码比较复杂，对于初学 C 语言的同学来说具有一定的难度。

传统的 C 语言程序设计教学，主要是教师用黑板或多媒体讲授，在教学过程中采用的大多是针对某一内容的抽象案例，对学生而言比较枯燥，难以理解。

基于以上问题，将线上教学与线下教学以某种科学的方式进行融合，可以实现两种教学形态的优势互补，这也是教育信息化时代的发展需要。

二、高校 C 语言教学的改革研究

2018 年 4 月，教育部发布的《教育信息化 2.0 行动计划》指出："持续推动信息技术与教育深度融合，促进两个方面水平提高。促进教育信息化从融合应用向创新发展的高阶演进，信息技术和智能技术深度融入教育全过程，推动改进教学、优化管理、提升绩效。"可以看出，信息化时代背景下，教学形态将越来越强调信息技术、智能技术与教育教学的深度融合，而规模化与个性化是信息技术的优势所在。

（一）传统 C 语言教学的不足

C 语言教学主要流程是教师首先进行理论和知识的传授，仍然是以教师讲授为主、学生被动接受为辅的单向灌输，学生思考较少，师生互动效果不理想，课堂气氛不活跃，耗时较长，且当学生课堂没听懂时，有些学生不会主动找老师或同学去问，导致后续章节越学越困难，最终学生失去学习兴趣。

（二）线上线下混合式教学模式

线上教学与线下教学各有利弊，而线上线下混合式教学，即将在线教学和传统教学的优势结合起来的一种教学。

线上线下混合式教学是信息技术与传统课堂教育相融合的一种全新的教学模式，是指教师利用互联网、移动终端、云计算等现代信息化技术构建线上网络教学平台，学生利用线上网络平台完成自主学习。通过两种教学组织形式的有机结合，可以把学习者的学习由浅到深地引向深度学习。

（三）线上线下混合式教学模式的优点

（1）可以让学习者打破学习时空的限制：传统的课堂讲授模式，学习过程局限于课堂，使用混合式教学模式后，如果学生课堂上没有听懂，可以在线上继续观看视频材料继续学习，还可以通过提问来解决问题。

（2）改变课堂教学过程中老师过分讲授而导致学生学习主动性不高、认知参与度不足、不同学生的学习结果差异过大等问题。

（3）充分发挥教师和学生的自主性，发挥学生学习的主动性、积极性与创造性。

（4）多元化的学习模式，可有效激发学生的学习热情，提高学习效果。

（5）数智化学习工具的使用，助力学习效果翻倍。

（6）可以对学生的学业进行实时跟踪评价。

三、线上线下混合式教学模式的构建

线上线下混合式教学模式构建过程包括：课前，学生利用相关网络学习平台进行预习；课中，教师检查并进行个别指导；课后，学生在平台上再进行自主学习和完成作业，教师答疑及学生讨论。实施过程如图 1 所示。

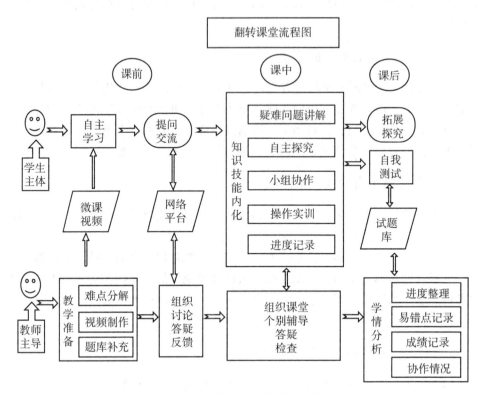

图 1　线上线下混合式教学模式实施过程

（一）混合式教学模式理论课资源库的建设

组织国家精品课程和省精品课程入网，用来辅助理论课的学习，实现随时随地的自主学习、群组讨论、教学信息反馈等，拉近师生之间距离，有效提高学生学习的兴趣与积极性，提高课堂效率。

（二）混合式教学模式实践课资源库的建设

基于实践教学平台设计适用于本校学生的实践课程，由简单到复杂，一步步过关，激发学生的学习热情，促进学生动手能力的提高。

通过翻转课堂教学让学生变被动接受为主动参与，提高学生的求知欲和探索欲，提高分析问题和解决问题的能力。促进教学的信息化，促进"多元的学习方式，开放的教学生态"的形成。

（三）混合式教学模式课程辅导答疑

学生在学习过程中碰到问题，可以在学习资源网上留言，与同学互动，相互帮助解决问题，也可以通过老师组建的微信群、钉钉群向老师、同学寻求帮助。

四、线上线下混合式教学模式的优点

一是国家和各省、市层面均建设了大量的优质教学资源库，且多为免费使用；二是便捷性良好，师生可以随时随地开展教与学，延展了教学时空；三是精准诊断，利用平台的数据统计分析技术，能够实现精准诊断，解决大规模教学中无法兼顾个体的问题。

线上线下混合式教学模式通过传统教学和网络平台资源相结合的方式教学，借助于教学网站和通信工具搭建师生交流和互动的平台，逐步提高高校学生的综合技能和素质，培养学生的自我认同感和价值观，更好地提高学生的学习效果。但是在该模式中，老师和学生要找到契合点，以发挥该模式的最大优势。

参考文献

[1]张娴，朱麟.基于现代教育技术的 C 语言教学改革研究[J].中小企业管理与科技(中旬刊)，2015(2).

[2]董宁斐.基于新工科能力培养的 C 语言教学改革探索[J].科技文汇，2020(21).

产品设计专业"一主线二强化三衔接四推广"人才培养教学模式的改革与实践

熊菁菁

摘　要：文章首先概述了研究的背景和意义，深入分析了教学模式的理论基础，包括人才培养的主线理念和教学模式的创新点。其次，通过实践探索，强调了专业基础教学和实践能力培养的重要性。再次，讨论了教学模式的衔接与整合，包括课程体系的衔接和教学资源的整合。最后，着重于教学模式的推广与应用，提出了具体的推广策略，强调了创新教学模式在现代教育中的重要性和应用前景。

关键词：教学模式；理论基础；实践探索；衔接整合；推广应用

一、引言

在当今社会，产品设计专业的发展面临着诸多挑战与机遇。科技的飞速进步、市场需求的不断变化以及人们审美观念的日益提升，对产品设计专业人才的培养提出了更高的要求。因而，探索和创新人才培养教学模式具有重要的现实意义。

产品设计作为一门综合性极强的学科，涵盖了艺术、工程、技术、人文等多个领域，其不仅需要培养学生的创新思维和审美能力，还需注重学生实践操作和解决实际问题的能力。然而，传统的教学模式在一定程度上存在着教学内容与实际需求脱节、教学方法单一、实践环节薄弱等问题，难以满足行业发展对高素质人才的需求。

为了适应时代的发展和行业的需求，我们有必要对产品设计专业的人才培养教学模式进行深入的改革与实践。构建"一主线二强化三衔接四推广"的教学模式，旨在培养具有扎实专业基础、较强实践能力及创新精神和国际视野的高素质产品设计人才。

这种新型教学模式的提出，是基于对当前教育环境和行业发展趋势的深入研究和分析。一方面，随着全球化的推进和市场竞争的加剧，企业对于产品设计人才的要求越来越高，其不仅需要具备专业知识和技能，还需要具备良好的团队协作能力、沟通能力和创新能力。另一方面，随着信息技术的发展和教育理念的更新，传统的教学模式已经难以满足学生的学习需求和发展要求。

在这样的背景下，"一主线二强化三衔接四推广"的人才培养教学模式应运而生，它将为产品设计专业的教学改革提供新的思路和方法，为培养适应社会发展需求的高素质人才奠定坚实的基础。

二、教学模式的理论基础

（一）人才培养理念

在产品设计专业的教学模式中，人才培养理念具有至关重要的地位，其旨在为学生提供清晰明确的发展方向，确保他们在学习过程中能够聚焦核心目标，从而实现专业能力的有效提升。

人才培养理念强调以学生为中心，关注学生的个体差异和发展需求，引导学生在专业学习中逐步建立起系统的知识体系和方法论。

从行业需求的角度来看，产品设计领域不断发展变化，对人才的要求也日益多元化。人才培养理念能够使学生更好地适应这种变化，具备敏锐的市场洞察力和前瞻性的设计思维。例如，在当前数字化、智能化的趋势下，产品设计不仅要注重外观和功能，更需要考虑用户体验等多方面因素。

在教学过程中，人才培养理念有助于教师合理规划课程内容和教学方法。教师可以根据人才培养理念，有针对性地选择教学案例和实践项目，让学生在实际操作中深化对专业知识的理解和应用。同时，也能够促进教学资源的优化配置，提高教学效率和质量。

人才培养理念还能够促进学校与企业之间的合作。学校可以根据企业的实际需求和行业发展趋势，调整人才培养方案，使学生毕业后能够更快地适应工作岗位，为企业创造价值。企业也可以参与到教学过程中，提供实践机会和指导，共同培养符合市场需求的高素质人才。

（二）教学模式的创新点

在产品设计专业的"一主线二强化三衔接四推广"人才培养教学模式中，创新点是其不断发展和优化的关键所在。

首先，该教学模式打破了传统单一的教学思路，将人才培养的主线理念贯穿始终，同时强化专业基础教学和实践能力培养，实现了理论与实践的紧密结合。这种创新的教学模式不再局限于课堂知识的传授，而是更加注重学生在实际操作中的能力提升，让学生在实践中深化对专业知识的理解和运用。

其次，创新点体现在课程设置的灵活性和多样性上，不再是固定不变的课程体系，而是根据市场需求和行业发展动态，及时调整和优化课程内容，确保学生所学能够与实际应用紧密对接。例如，引入最新的设计理念和技术，让学生在学习过程中能够接触到前沿的知识和技能，为未来的职业发展打下坚实的基础。

再次，教学方法的创新也是一大亮点。教学中，可采用项目驱动、案例分析、小组合作等多种教学方法，激发学生的学习积极性和主动性。项目驱动教学法让学生在实际项目中锻炼解决问题的能力，案例分析教学法帮助学生从实际案例中汲取经验和教训，小组合作教学法则培养了学生的团队协作精神和沟通能力。

最后，考核方式的创新也不容忽视。学校不再仅仅依靠传统的考试成绩来评价学生的学习成果，而是综合考虑学生在项目实践、课堂表现、团队合作等多方面的表现，更加全面、客观地评价学生的综合素质和能力。

该教学模式还注重与企业的深度合作，建立实习基地和产学研合作项目，为学生提供真实的工作环境和实践机会。这种创新的合作模式，不仅让学生能够提前适应职场需求，还促进了学校与企业之间的资源共享和优势互补，共同推动产品设计专业的发展，为培养适应社会需求的高素质产品设计人才提供有力的保障和支持。

三、教学模式的实践探索

（一）强化专业基础教学

在产品设计专业的人才培养中，强化专业基础教学具有至关重要的地位。专业基础教学是构建学生扎实知识体系和技能架构的基石，为其未来的职业发展和创新能力的培养奠定坚实基础。

强化专业基础教学能够帮助学生建立系统的设计知识框架。产品设计涵盖众多学科领域，如美学、工程学、材料学等。通过系统的基础教学，学生能够全面了解这些相关知识，明确各学科在产品设计中的作用和相互关系，从而形成综合性的设计思维。

在此基础上，扎实的专业基础有助于培养学生的审美能力。审美是产品设计的核心要素之一，良好的审美能够使设计作品更具吸引力和竞争力。在基础教学中，通过对艺术史、设计史的学习，以及对经典设计作品的分析，学生能够逐渐提升自身的审美水平，为创造出具有独特魅力的产品设计作品提供可能。

强化专业基础教学能够提高学生的手绘和建模能力。手绘是设计师表达创意的重要手段，而建模则是将创意转化为具体形态的关键技术。通过大量的练习和实践，学生能够熟练掌握这些技能，从而更有效地将自己的想法呈现出来。专业基础教学还注重培养学生的创新思维。在教学过程中，通过引导学生对不同设计案例的分析和思考，鼓励他们提出独特的见解和解决方案，激发学生的创新意识和创造力。

为了实现强化专业基础教学的目标，教学方法和课程设置需要不断优化。在教学方法上，可以采用案例教学、项目驱动式教学等方式，让学生在实际操作中巩固所学知识。课程设置方面，应合理安排基础课程的比重和顺序，确保知识的递进性和连贯性。

同时，师资队伍的建设也是关键。教师不仅要有丰富的教学经验，还应具备深厚的行业实践背景，能够将最新的设计理念和技术传授给学生。

总之，强化专业基础教学是产品设计专业"一主线二强化三衔接四推广"人才培养教学模式中的重要环节。只有通过扎实的专业基础教学，才能培养出具备全面素质和创新能力的优秀产品设计人才，满足社会对产品设计专业人才的需求。

(二)强化实践能力培养

最初，强化实践能力培养有助于学生更好地理解和应用所学的专业知识。在实际的设计项目中，学生能够亲身感受到理论知识在解决实际问题中的具体应用，从而加深对知识的理解和记忆。例如，通过参与实际的产品设计项目，学生能够更加深入地理解材料特性、工艺制作流程以及人机工程学等方面的知识，将这些理论知识与实际操作相结合，提高了解决实际问题的能力。

第一，实践能力的强化能够培养学生的创新思维和创造力。在实践过程中，学生需要面对各种复杂的问题和挑战，这促使他们不断尝试新的方法和思路，激发创新的灵感。他们不再局限于书本上的固定模式，而是能够根据实际情况灵活运用所学，创造出具有独特价值的设计方案。

第二，强化实践能力培养有助于提高学生的团队协作能力。在实际的设计项目中，学生需要组成团队来共同完成任务。通过团队协作，学生能够学会倾听他人的意见，发挥各自的优势，共同解决问题，从而培养良好的团队合作精神和沟通能力。

为了有效地强化实践能力培养，我们可以采取多种措：一是增加实践课程的比例，让学生有更多的时间和机会参与实际项目。二是与企业建立紧密的合作关系，为学生提供实习和实训的机会，让他们在真实的工作环境中锻炼自己。三是邀请行业专家举办讲座，让学生了解行业的最新动态和实际需求。

此外，还可以建立完善的实践教学评价体系，对学生的实践能力进行全面、客观的评价。评价不仅关注学生的设计成果，还要注重学生在实践过程中的表现，如团队协作能力、问题解决能力等。

总之，强化实践能力培养是产品设计专业"一主线二强化三衔接四推广"人才培养教学模式的重要组成部分。通过多种方式和手段，学校不断提高学生的实践能力，为他们未来的职业发展打下坚实的基础，培养出适应社会需求的高素质产品设计人才。

四、教学模式的衔接与整合

(一)课程体系的衔接

在产品设计专业的"一主线二强化三衔接四推广"人才培养教学模式中，课程体系的衔接具有至关重要的作用。课程体系的合理衔接是确保教学质量和人才培养效果的关键环节。

首先，课程体系的衔接需要注重知识的连贯性和递进性。从基础课程到专业课程，应形成一个有机的整体，使学生在学习过程中能够逐步积累知识和技能，避免出现知识断层或重复学习的情况。例如，在基础课程阶段，应着重培养学生的设计思维、审美能力和基本的绘图技能；而在专业课程阶段，则应进一步深化专业知识，如产品造型设计、材料与工艺等，使学生能够将前期所学的基础知识运用到实际的设计项目中。

其次，课程体系的衔接要考虑不同课程之间的关联和融合。例如，产品设计原理课程与用户研究课程之间存在密切的联系，通过合理的衔接，可以让学生更好地理解产品设计不仅要关注外观和功能，还要充分考虑用户的需求和体验；又如，设计方法学课程与设计实践课程的衔接，能够让学生将所学的设计方法迅速应用到实际项目中，提高解决问题的能力。

再次，课程体系的衔接还需要关注行业发展的动态和趋势。随着科技的不断进步和市场需求的变化，产品设计领域也在不断发展，课程体系也应及时予以更新和调整，引入新的设计理念、技术和方法，确保学生所学的知识与行业前沿知识保持同步。

课程体系的衔接是一个复杂而系统的工程，需要综合考虑知识的连贯性、课程的关联融合、行业发展趋势以及学生的个体差异等多方面因素。课程体系的衔接需要充分考虑学生的个体差异和学习能力。对于基础薄弱的学生，可以设置一些过渡性的课程或辅导环节，帮助他们顺利跟上教学进度；对于学习能力较强的学生，可以提供一些拓展性的课程或项目，激发他们的创新潜力。

(二)教学资源的整合

在产品设计专业"一主线二强化三衔接四推广"人才培养教学模式的改革与实践中，教学资源的整合是至关重要的环节。教学资源的有效整合能够为教学活动提供有力的支持，促进教学质量的提升和学生综合素质的发展。

首先，教材资源的整合是基础。应根据教学大纲和人才培养目标，对现有教材进行筛选和优化，选取具有权威性、实用性和前沿性的教材。同时，鼓励教师结合教学实践和行业发展，编写具有本校特色的教材和教学辅助资料，以更好地满足教学需求。不仅如此，网络资源的整合也不容忽视。

其次，实践教学资源的整合是关键。应加强与企业、设计机构的合作，建立稳定的实习实训基地，为学生提供真实的实践环境和项目资源。

师资资源的整合也是重要方面。通过组建教学团队，促进教师之间的交流与合作，实现优势互补。鼓励教师参加培训和学术交流活动，不断更新知识结构和教学理念。此外，聘请行业专家和企业导师参与教学，将行业最新动态和实践经验引入课堂，丰富教学内容。

教学资源的整合还需要注重跨学科资源的融合。产品设计专业涉及多个学科领域，如艺术、工程、市场营销等。学校应整合相关学科的教学资源，开设跨学科课程和项目，培养学生的综合能力和创新思维。

最后，要建立科学的教学资源管理机制，对整合后的教学资源进行分类、归档和更新，确保资源的质量和有效性。同时，通过教学评价和反馈机制，不断优化教学资源的整合方案，以适应教学需求的变化。

综上所述，教学资源的整合是一个系统工程，需要从多个方面入手，充分发挥各种资源的优势，为产品设计专业人才培养提供有力保障。

五、教学模式的推广与应用

(一)教学模式的推广策略

在产品设计专业"一主线二强化三衔接四推广"人才培养教学模式的改革与

实践中，教学模式的推广策略具有至关重要的意义。有效的推广策略能够使这一创新的教学模式在更广泛的范围内得到应用，从而提升整体的教学质量和人才培养效果。

首先，明确目标受众是推广的关键。针对不同的受众，如教育机构、企业、学生和家长等，制定有针对性的推广方案。对于教育机构，重点强调该教学模式对提升教学水平、优化课程设置以及培养适应市场需求人才的积极作用。通过举办教育研讨会、学术交流活动等方式，向教育界同行展示这一教学模式的优势和成果。

其次，利用多种渠道进行推广。充分发挥互联网的作用，建立专门的网站和社交媒体账号，发布关于教学模式的详细介绍、成功案例以及学生的优秀作品等内容。同时，与相关的教育媒体合作，进行专题报道和宣传，提高其知名度和影响力。

再次，开展示范项目是一种直观有效的推广方式。可选择一些具有代表性的学校或班级，实施这一教学模式，并将其成果进行展示和分享。组织参观活动，让其他教育机构能够亲身感受其实际效果，从而激发他们采用的意愿。

此外，与企业建立紧密的合作关系也是推广的重要途径。企业对于人才的需求是教学模式改革的重要导向，通过与企业合作，了解市场对产品设计人才的具体要求，不断优化教学模式，并借助企业的资源和平台进行推广。例如，联合举办设计竞赛、实习项目等，让企业在参与过程中认识到这一教学模式培养出的人才的优势。

最后，加强师资培训也是推广策略的重要组成部分。只有教师充分理解和掌握这一教学模式的理念和方法，才能在教学中有效地实施。通过举办师资培训班、工作坊等活动，提高教师的教学能力和应用水平，为教学模式的推广奠定坚实的基础。

总之，通过明确目标受众、多渠道推广、开展示范项目、与企业合作以及加强师资培训等一系列推广策略，能够有力地推动产品设计专业"一主线二强化三衔接四推广"人才培养教学模式的广泛应用，为培养更多优秀的产品设计人才发挥积极作用。

(二)教学模式的实践效果

在产品设计专业"一主线二强化三衔接四推广"人才培养教学模式的实施过程中，我们取得了非常好的实践效果。

首先，学生的专业素养得到了明显提升。通过强化专业基础教学，学生在设计理论、设计方法等方面打下了坚实的基础，能够更加熟练地运用专业知识解决实际问题。实践能力培养方面的强化，使得学生不再局限于理论层面，而是能够将所学知识转化为实际的设计作品，具备了更强的创新能力和实践操作能力。

其次，学生的就业竞争力显著增强。这一教学模式注重培养学生的综合能力，使他们在就业市场上更具优势。许多毕业生能够迅速适应工作岗位的需求，得到了用人单位的高度认可。同时，学生在各类设计竞赛中屡获佳绩，进一步证明了他们的专业水平和创新能力。

再次，教学资源的整合优化提高了教学质量。各类教学资源的整合，为学生提供了更加丰富、优质的学习材料和实践平台。课程体系的衔接更加紧密，使得学生的学习过程更加连贯、系统，知识的掌握更加扎实。

最后，该教学模式还促进了教师教学水平的提高。教师在教学过程中不断探索创新，积累了丰富的教学经验，形成了良好的教学团队氛围。

综上，从学校层面来看，教学模式的改革与实践提升了学校在产品设计专业领域的知名度和影响力，吸引了更多优秀的学生报考，为学校的发展注入了新的活力。

总之，产品设计专业"一主线二强化三衔接四推广"人才培养教学模式在实践中取得了不错的效果，不仅提升了学生的专业素养和就业竞争力，优化了教学资源，还提高了教师的教学水平和学校的整体影响力，为培养高素质的产品设计人才提供了有力的保障。

六、结语

在产品设计专业"一主线二强化三衔接四推广"人才培养教学模式的改革与实践过程中，我们取得了非常好的成果，也积累了宝贵的经验。

回顾整个改革与实践的历程，我们始终坚持以培养适应社会需求的高素质产品设计人才为目标。通过明确人才培养的主线理念，不断创新教学模式，强化专业基础教学和实践能力培养，注重课程体系的衔接与教学资源的整合，积极推广应用这一教学模式，在人才培养方面迈出了坚实的步伐。

在取得成绩的同时，我们也清醒地认识到存在的不足之处。例如，在教学资源的整合方面，还需要进一步加强与企业和社会机构的合作，拓宽资源渠道，提高资源的利用效率；在实践能力培养方面，虽然已经取得了一定的成效，但仍需不断优化实践教学环节，提高学生解决实际问题的能力。

展望未来，我们将继续深化这一教学模式的改革，进一步加强师资队伍建设，提高教师的教学水平和实践指导能力，为学生提供更优质的教育服务；不断完善课程体系，紧跟行业发展趋势，及时更新教学内容，使学生掌握最新的知识和技能。

同时，我们将加大推广力度，让更多的院校和专业借鉴我们的经验，共同推动产品设计专业人才培养质量的提升；加强与国际先进教育理念和教学模式的交流与合作，吸收有益的经验，不断丰富和完善我们的教学模式。

总之，产品设计专业"一主线二强化三衔接四推广"人才培养教学模式的改革与实践是一个长期而持续的过程。我们将不断总结经验，改进不足，以更加坚定的信心和更加务实的举措，为培养更多优秀的产品设计人才而努力奋斗。相信在我们的共同努力下，产品设计专业的人才培养工作将取得更加辉煌的成就，为社会的发展做出更大的贡献。

参考文献

[1] 邢晖，单燕玲. 工学交替、产教结合的办学和人才培养模式[J]. 职业技术教育，2006，27(27)：36-39.

[2] 夏念恩."双环境工学交替、三阶段能力递进"工学结合的人才培养模式改革——以黄冈职业技术学院建筑工程技术专业为例[J]. 四川建材，2013，39(5)：242-243.

[3] 刘鹏. 贯通古今，加强实践——历史学专业创新型人才培养模式的思考[J]. 科技创新导报，2011(3)：240.

[4] 王凤基. 文科专业实施工学结合人才培养模式的新途径[J]. 教学研究，2010，33(5)：24-26.

[5] 谢建平. 实行工学结合人才培养模式的策略研究[J]. 职业教育研究，2008(12)：45-46.

[6] 李春杰. 构建以成果导向现代学徒制："工学结合+校企合作+顶岗实习"渐进式人才培养模式研究[J]. 现代经济信息，2017(20)：423.

[7] 刘其红."工学结合、学训交替"人才培养模式实践与探索——以江西传媒职业学院为例[J]. 大众文艺，2015(21)：220-221.

课程建设篇

KECHENG JIANSHE PIAN

证券投资学课程思政教学改革与实践

王世群

摘　要：课程思政是一种新的教学理念和思维方式，课程思政和专业课程相向而行，是人才培养的应有之义，更是必备内容。证券投资学具有丰富的思政元素，其教学改革与实践的主要成果包括：(1)资本市场是经济高质量发展的发动机，是中华民族伟大复兴"中国梦"的重要承载体。(2)每个投资人和创业者都是中华民族伟大复兴的参与者、创造者和最终受益者。(3)价值投资不仅是一种投资方法，也是一种生活方式，更是一种世界观、人生观、价值观和普世智慧。(4)证券投资是思维活动，是认知的变现，投资者必须"有识、有胆、有备"。(5)证券投资是向内的心理活动，本质上是追寻真善美。

关键词：证券投资学；课程思政；教学改革与实践

一、全面推进课程思政建设的价值

(一)全面推进课程思政建设的必要性、目标、价值与归属

"培养什么人、怎样培养人、为谁培养人"是教育的根本问题。帮助学生塑造正确的世界观、人生观、价值观，是人才培养的应有之义，更是必备内容。全面推进课程思政建设决定着接班人问题，决定着国家长治久安，甚至决定着民族复兴和国家崛起。《高等学校课程思政建设指导纲要》指出：所有高校、所有教师、所有课程都承担好育人责任，使各类课程与思政课程同向同行，寓价值观引导于知识传授和能力培养之中。

建设高水平人才培养体系，必须将思想政治工作贯穿其中，必须抓好课程思政建设。课程思政建设应结合课程知识要求和素质要求，结合学科专业内涵，在培养学生科学素养和人文素养的同时，培育学生树立远大理想，增强国家主体认同，坚定"四个自信"，努力成为德智体美劳全面发展的社会主义建设者和接

班人。

(二)课程思政建设的内容、要求与特点

专业课程是课程思政建设的基本载体。《高等学校课程思政建设指导纲要》指出：经济学、管理学、法学类专业课程，要在课程教学中坚持以马克思主义为指导，加快构建中国特色哲学社会科学学科体系、学术体系、话语体系。要帮助学生了解相关专业和行业领域的国家战略、法律法规和相关政策，引导学生深入社会实践、关注现实问题，培育学生经世济民、诚信服务、德法兼修的职业素养。

基于当前国家顶层设计和已有课程思政研究的基础，我们认为：（1）课程思政是一种全新的教育教学理念。课程思政不是一门课程，所有课程都具有知识传授、能力培养与思想教育多重功能，承载着培养大学生世界观、人生观、价值观的作用。（2）课程思政是一种新的思维方式。在教学过程中，教师要有意、有机、有效地对学生进行思想政治教育；在教学设计上要把思想政治教育放在课程教学的首位，并与专业教育相结合。（3）课程思政建设的关键在于融合。课程思政不是将专业课程与思政教育简单组合，更不是在讲授完专业课之后随意杂谈。课程思政是在不改变课程专业属性的基础上，提炼专业课程中蕴含的文化基因和价值范式，充分发挥专业课程的德育功能，将其转化为社会主义核心价值观具体化、生动化的有效教学载体，在"润物细无声"中完成理想信念的指引。

二、证券投资学课程思政教学改革与实践

证券投资学作为经济管理类专业重要的基础课，已在景德镇陶瓷大学管理与经济学院金融工程、国际贸易、财务管理、会计学等专业开设。由于该课程具有较强的理论性、实践性、参与型和验证性等特点，深受学生喜爱。证券投资学课程具有丰富的思政元素，它是大学生关注国家、理解社会、增进学识的重要平台和学科承载，在促进课堂教学内容入脑、入心、入行中具有无可替代的作用。经过多轮教学实践，证券投资学课程思政建设主要成果如下：

(一)资本市场是经济高质量发展的发动机，是中华民族伟大复兴"中国梦"的重要承载体

"资本市场在金融运行中具有牵一发而动全身的作用"，大国的崛起需要先进的资本市场。资本市场高质量发展是经济高质量发展的必然要求，也是经济高质量发展的必然结果。资本市场具有海纳百川的能量，资本市场高度繁荣和高质

量发展将对一个国家发展战略给予有力的支撑，将对具有核心竞争力的高新技术企业和新经济新产业提供充沛的资金支持，每一位投资者事实上都在为国家繁荣富强做出自己的贡献。当今世界最发达地区往往拥有高度发达的资本市场。没有华尔街，美国一定不会成为世界上最发达的国家。没有风险资本的孵化，Google、腾讯、阿里等企业在创业初期就会因资金链断裂而胎死腹中。当前我国资本市场各项制度体系的不断丰富与完善必将为中华民族伟大复兴贡献更多的力量。

（二）每个投资人和创业者都是中华民族伟大复兴的参与者、创造者和最终受益者

"以天为单位看待收益的人，相信的是奇迹和运气；以年为单位瞄准收益的人，相信的是天赋和能力；以 3~5 年为周期规划财务的人，相信的是胆识和眼光；以 10 年为单位思考财富的人，相信的是常识和复利；以更长周期看待财富的人，相信的是时代和命运。"当前我国正处于中华民族伟大复兴的历史征程之中，由站起来到富起来再到强起来的历史节点。中国资本市场海纳百川、日新月异，以越来越开放的姿态吸引有能力有活力的公司国内上市并快速做大做强，如中芯国际、百济神州、宁德时代等都在极短的时间内登陆国内资本市场并做大做强。短短两三年时间内宁德时代一跃成为新能源电池领域的世界第一，市值扩大了 10 多倍。部分证券投资者通过投资这类高速发展、改变时代的公司，个人资产实现成倍增加。

（三）长期持有高质量发展的卓越公司的股权是分享中国经济成长的重要抓手

改革开放以来中国数以千计的企业在国内外市场成功上市。部分企业借助资本的力量快速做大做强，逐步成长为国内外具有显著影响力的企业。企业的快速成长也为证券投资者带来丰厚的股权回报。如贵州茅台、格力电器、东方雨虹、海康威视、伊利股份、泸州老窖、爱尔眼科等公司，上市以来市值扩大了几十倍到数百倍不等。可以说，从长周期来看，中国的优质上市公司是值得老百姓长期持有的最佳标的和资产。

具体来看，相比 2001 年上市之初市值的 78.5 亿元，20 年间贵州茅台股份有限公司的市值扩大超过 500 倍，截至 2021 年 11 月 25 日，贵州茅台的市场价值为 2.45 万亿元人民币，位居中国 A 股上市公司第一名；腾讯控股有限公司 20 年前还是濒临倒闭、几经转手的小公司，如今它已经成长为互联网经济的巨无霸，2021 年 11 月 25 日企业市值 4.58 万亿港币，它的市值比世界上绝大多数国家当

年的 GDP 还要高。

因而,对于绝大多数投资者而言,只要掌握了价值投资的基本原理,只要对中国经济抱有信心,相信中国经济一定会越来越好,就一定能通过长期持有高质量发展的卓越公司的股权分享中国经济成长成果。

(四)证券投资(价值投资)不仅是一种投资方法,也是一种生活方式,更是一种世界观、人生观、价值观和普世智慧

很多证券投资者有这样的体验:一开始,其接触投资的主要目的是获得财富,后来会发现证券投资不仅仅是一种投资体系,也是一个生活方式,更是一种世界观、价值观、人生观和方法论。如证券投资鼻祖格雷勒姆曾说:"投资的最高境界,就是把它视为事业去经营。"著名企业家、投资人段永平先生经常论及"做对的事情,把事情做对"。英大证券首席经济学家李大霄认为证券投资要"做好人、买好股、得好报"。显然,国内外投资者都强调走正道。事实上,证券投资收益是投资者思想和个人修为进步的副产品,是水到渠成的自然结果。证券投资要想获得长期成功必须在走正道的基础上,进行专业投资、理性投资和长期投资;要以当股东为荣,要以上市公司共同发展为荣,要以长期投资为荣;证券投资要有平常心,要接受证券投资可以致富,但只能慢慢变富的现实。

证券投资蕴含着丰富的人生智慧,是普世智慧的一个分支。中国哲学经典《道德经》中有"上士闻道,勤而行之;中士闻道,若存若亡;下士闻道,大笑之"的阐述。其实,在股市中也有类似的现象。如价值投资在国内外都被证明是行之有效的投资方式,然而"勤而行之"的"上士"凤毛麟角,"若存若亡"的"中士"和"大笑之"的"下士"占据绝大多数。巴菲特也说过价值投资要么五分钟就理解,要么永远不会懂。再比如"大道甚夷,其人好径",大道很平坦,但人们却喜欢走捷径、走邪路。其实,证券投资的大道很平坦,那就是"好行业,好公司,好价格"长期持有,然而,大多数人都喜欢炒概念、追涨杀跌,可惜捷径就是歧途,永远到达不了目的地。再比如说,"弱水三千,只取一瓢饮",这与证券投资领域中"不懂不做""能力圈"有异曲同工之妙。巴菲特曾言"最重要的不是能力圈范围的大小,而是你如何能确定能力圈的边界所在"。证券投资者想要取得良好的投资业绩,不需要什么都懂,它只需要在你懂的行业和公司里面下重注就可以。

(五)证券投资是思维活动,是认知的变现,投资者必须"有识、有胆、有备"

如果将 A 股看做"中国梦"的载体,那么其蕴藏的投资机会是巨大的。但是,

如果把 A 股当作赌场，那么世界上任何一个赌场都是危险的。因而，A 股市场既不是银行，也不是赌场。投资者要想分享中国经济成长，必须要有发现价值的眼光，必须接受系统而又专业的训练，必须从认知、学养、专业以及信念等方面配得上它。美国著名投资家查理·芒格曾言：得到一个东西最好的方法，就是让自己配得上。当前证券投资领域的专著汗牛充栋，个人投资者完全可以从他人的经验和教训中汲取营养。面对纷繁复杂的投资思想，个人投资者首先一定要走正道，一定要站在巨人的肩膀上提高认知，开拓思维和完善体系。当前举世公认的投资大家包括格雷厄姆、费雪、巴菲特、芒格、霍华德·马克斯、索罗斯、段永平、张磊等人，都具有以上投资特征。打算在证券投资领域立足的投资者，一定要把投资大家的思想读懂吃透。其次，要广泛阅读，勤于思考，兼收并蓄。事实上，国内许多投资者通过 A 股市场也有许多成功的投资实践，如部分公募基金经理、部分个人长期投资者都有着非凡的投资远见和良好的投资回报。如睿远基金管理有限公司创始人陈光明先生有着 20 余年的投资经验，投资的基金年化收益超过 20%；草根出身的冯柳先生不仅有着良好长期收益，而且对市场的理解别具匠心、独树一帜；知名新浪博主"中国资本市场"通过长期投资贵州茅台实现了财务自由。

正确的投资思想准备是证券投资成功的第一步。然而，是否入脑、入心并成功转化为投资收益，却需要在实践中检验和升华，这就是证券投资的"有胆"和"有备"阶段。比如市值缩水的时候敢不敢坚持，行情萧瑟的时候敢不敢介入，"白色恐怖"的时候敢不敢重仓，行情高涨的时候会不会退出。可以说，证券投资超额收益都是对人性的拷打，对底层信仰的考验。投资者越是困难的时候，越是要在内心深处问一问"我对持有的股票有没有信心，中国经济未来是不是越来越好"。

(六)证券投资是向内的心理活动，本质上是追寻真善美

真正的投资者，主要的时间用于深入思考投资、商业以及社会趋势等方面的问题。由于价值投资将股票看做企业的一部分，所以会重点研究感兴趣公司的行业发展空间、企业竞争格局、企业商业模式等。同时，也会关注企业管理层的品质，如企业领导人是否优秀，是否勤勉，是否有事业心等。同时也会超然地站在消费者、员工、投资者和政府等角度去多方面地思考问题。除了商业知识外，历史、哲学、物理、生物、化学、心理、政治、社会学等方面都会涉及，可以说，价值投资者"无所不看，无所不想"。

真正的投资者追求真理和真相，他理性、勤勉、真诚、善良。他一定会对造假、欺骗、奢侈、浪费深恶痛绝。他一定会远离业绩注水的公司和道德有问题的

人，即使这类公司业绩再好、股价再牛。正是远离道德有瑕疵的公司，真正的价值投资者避免了很多投资陷阱。近几年，国内外造假和管理层道德有瑕疵的公司不少，如乐视网的创始人贾跃亭掏空上市公司，远走他乡；瑞幸咖啡企业经营造假，被美国证券交易委员会罚款并被强制退市；中国恒大疯狂上杠杆，无视国家"房住不炒"的大政方针，无视房地产市场发展规律，侵害供应商利益，掏空上市公司，成为价值毁灭的推手。

价值投资者一般具有宏大的格局、宽阔的胸襟、长远的眼光、宁静致远的生活、与世无争的态度。巴菲特年逾九十，依然充满热情地工作。价值投资者专心专注，终身学习。价值投资既是投资者物质资本的积累过程，也是智慧和学识的积累过程。物质资本和人力资本双重的复利效应，到了后期会呈现惊人的力量。

参考文献

[1]静逸投资. 投资至简：从原点出发构建价值投资体系[M]. 机械工业出版社，2020.

[2][美]霍华德·马克斯. 周期：投资机会、风险、态度与市场周期[M]. 中信出版社，2019.

基金项目 景德镇陶瓷大学教学改革研究基金项目：常识、初心、专业、梦想："证券投资学"课程思政教学改革与实践(项目编号：TDJG-19-Y26)。

项目驱动下"PLC技术"课程教学模式的改革与研究

王 冬

摘 要: 为应对中国由制造大国向制造强国转型升级对 PLC 技术要求的变化,本文通过分析 PLC 传统教学模式中存在的问题,探索项目驱动下 PLC 技术课程教学模式,提出了具体的教学改革方案,明确了项目教学改革内容及实施方案,取得了较好的教学效果,提升了学生的自主学习能力、团队协作能力和工程实际操作能力。

关键词: PLC;项目驱动;教学模式改革

"智能制造"是《中国制造 2025》的主攻方向,是落实制造强国的重要举措,是我国制造业紧随世界发展趋势,实现产业转型升级的关键所在。针对产业发展需求和人才需求,学生创造思维和创新能力的培养已然成为当前大学工程教育的首要任务,对高等教育进行教学改革已势在必行。

"PLC 技术"相关课程是景德镇陶瓷大学机电学院机电、自动化、智能制造等专业学生的一门专业技术课,该课程具有工程实践与理论结合、强弱电交叉、软硬件组态使用等特点,同时该课程是机电类专业学生知识结构的重要组成部分,在培养学生的核心技术和工程伦理道德,促进学生综合技能的提升,使学生成长为高层次工程应用技术人才方面起着十分重要的作用。

一、PLC 技术课程教学分析

PLC 技术相关课程早年一直在景德镇陶瓷大学机电学院开设,最初课程名称为可编程控制器原理及应用,所授内容以 PLC 部分为主,后加入电气控制部分,在 2014 修订版专业培养方案中,将课程名修订为电气控制与 PLC。

(一)PLC 技术课程教学过程中存在的问题

PLC 技术课程是一门工程实践性很强的课程,理论知识与工程实践密切相关。在传统的教学模式中，PLC 技术课程教学仍然以老师为主体，教师讲学生听，课程课时数少，实验项目多为验证性，主要存在以下问题：①在课程学习中，老师多关注知识点的理论讲授，而对学生的团体协作、项目工程能力有所忽视；②PLC 产品更新换代快，配套教材在编写中多以知识点为主，虽有一些小项目案例，但对学生工程实践能力的培养作用有限；③理论与工程实际环节脱节，实验多以验证性为主，缺乏团队协作能力的锻炼；④传统教学模式的成绩评定主要通过考勤、作业、实验和考试等方式评价，不能反映课程的综合应用和工程实践性强的特点，缺乏过程性评价。

(二)项目驱动教学法的融入

针对上述传统教学中存在的问题，老师在开展 PLC 的教学过程中，将项目创新驱动的教学方法融入其中，项目任务是内驱力，是完成课程教学任务的有效动机。在增加团队协作能力的同时，有利于增加课堂教学氛围，促进课堂教学质量的提升；同时能培养学生理论与工程实践相联系的能力，激发学生的创造思维和创新能力，学生可以利用机电学院的 PLC 实验设备和 PLC 的专业编程、仿真、组态监控软件，进行项目设计研究，在一定程度上提升了学生对 PLC 技术的掌握能力，激发学生的探求欲望。

二、PLC 项目驱动下课程教学模式的框架

项目驱动式教学模式的目的就是培养学生的自主学习能力和团队协作精神，提高学生实践能力和工程实际操作能力，并注重学生的创造性、自我批评和发散性思维的培养。它克服了传统教学以教师为中心，知识简单内化以及学生团体协作、工程能力被忽略等缺点，是一种基于工程教育的项目驱动式教学模式。该教学模式的框架包括教学内容设计、项目层次设计、师生教学相长及课程评价等(图1)。

(一)PLC 项目驱动的教学内容设计

项目驱动是基于项目设计教学的一种方法，学生是主体，老师是主导。针对 PLC 实践性强的教学内容，按照"逐级递进"的方式进行教学内容设计，即"知识单元—验证综合实验—专题训练"三层次教学内容，同时将教学内容以文字、图片、PPT 和视频等方式呈现，针对新设计的教学内容和项目设计结构，合理运用多媒体教学手段，利用互联网，将线上线下教学资源与课程内容有机融合。这种教学模式能发挥教师引导、启发、监控教学过程的主导作用，还能激发学生作为

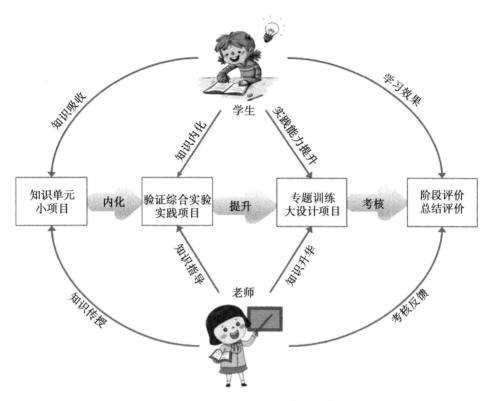

图1 项目驱动式教学模式示意图

学习主体的主动性、积极性与创造性，更符合产出导向式的工程教育理念，有助于提高项目教学的实施效果。

(二)项目层次设计

PLC的教学项目应遵循相关原则，即项目具有科学实用性、可行性、典型性、综合应用性、创新性等。项目驱动式教学法以典型项目为主线，把零散的知识与实践技能相结合，增强了课程的系统性、完整性。为了保证项目驱动式教学能够顺利地开展，根据"知识单元—验证综合实验—专题训练"三层次教学内容，我们以渐进的方式，设计了"小项目—实践项目—大设计项目"三层次项目模块，教学项目设计遵从认知发展由易到难、由简到繁、由低级到高级的规律。

小项目设计中，以知识点为出发点，并结合典型案例，体现各单元知识的学习重点、难点；实践项目设计结合本专业培养方案，依托校内的S7-1200 PLC实验设备，开发设计了4~8个实验项目，项目以验证和综合实验为主，实验内容涵盖了软件入门操作、基本指令、多指令复合应用、变频器与电机控制等；大设计项目是 PLC 课程项目设计的最高级阶段，根据工程实例及工业自动化特点，设计了 20 多个大设计专题，从项目构思与分解、项目设计、项目实现、调试运行与评价等方面进行专题训练。

(三)师生教学相长

师生教学相长是指老师与学生在教与学中相互促进。老师在教学中采用理—实结合的教学方法，掌控进度，辅导答疑学生问题，点评指导学生的项目设计，并予以评价与反馈。而学生在学习中，利用多种教学资源，课前预习知识、动手体验开发软件、提出问题、讨论问题等，这种按项目模块教学，采用平时课后小项目作业、综合性实验和专题训练来培养学生的设计能力和实践能力，促进了学生工程应用能力、自主学习能力、团队协作意识、创新意识和高层次应用技术的提高。

(四)课程评价

课程评价是对一门课程教学效果的考核，最大程度反映学生的学习成果和学习态度，任课老师根据课程评价结果进一步改进课程教学方法，提高课程的教学质量，并持续改进。PLC 技术项目驱动课程的课程评价包括过程性评价和总结评价，过程性评价又包括平时成绩评价、实验成绩评价、专题训练成绩评价；总结评价即结课考试成绩的评价。老师根据课程特点综合考虑平时成绩、实验成绩、专题训练成绩、结课考试成绩在课程总评价中的百分比，来评价每位学生的学习成果。

平时成绩评价包括课堂表现、互动问答、课堂测验和课后作业的完成度等总的评价；实验成绩包括实验预习、实验操作过程、实验报告的总评价；专题训练成绩按项目分组来评价每组及每个人，包括项目完成态度、项目完成质量和答辩过程等。

三、PLC 项目驱动式教学实施过程

(一)项目驱动下的理论基础知识教学

老师通过更新自身教学理念，课前积极备课，结合单元知识点和工程实践设计出具体的小项目及对应的任务要求。学生从中获得基于单元知识点的小项目设计能力，如常用电器控制、PLC 原理及硬件配置、PLC 指令编程和控制系统设计等(表1)。以定时器和基本逻辑指令为例，老师设计了基于时间控制的卫生间智

能冲水控制小项目，引导学生从陶瓷卫浴行业特色、智能控制、经济节能等角度思考；以计数器指令为例，老师设计了展厅人数控制小项目，引导学生从工程伦理等方面思考。小项目发布后，学生分组讨论、师生互动交流，教师引导学生完成各设计内容。在这一教学教程中，学生学习的主体地位得到了充分发挥，学生的创新思维也得到一定的培养。与此同时，在课后作业中，老师布置一些基础的小项目，引导学生根据项目控制要求，进行自主设计，借以提高学生的自主学习能力。

表 1　PLC 项目层次化设计

	项目模块	项目设计	知识点/工程实际
课程内	知识单元（小项目）	三相异步电动机启停控制	继电器-接触器控制
		某 PLC 控制系统硬件系统配置	PLC 硬件型号、CPU、扩展
		S7-1200 编程软件使用	西门子 PLC 开发软件
		故障报警、智能抢答	基本逻辑指令
		传送带顺序启停控制、卫生间冲水控制	定时器指令
		展厅人数控制	计数器指令
		机械手顺序控制	顺控指令
		广告灯控制	功能指令
		炉窑温度控制	PLC 模拟量控制
	验证综合实验（实践项目）	PLC 入门实验	硬件组态、编程下载、接线
		交通信号实验	分别用三种不同指令编程实现
		电动机控制	电动机的启停控制
		电动机变频调速	电动机的变频调速、变频器通信
	专题训练（大设计项目）	自动门控制系统设计、花式喷泉多方式控制、多层电梯控制等 20 多个项目	项目计划　项目任务分配 项目实施　项目呈现 项目总结　答辩评定
课程外	专业生产实习	中德（景德镇）工业 4.0 智能制造实训校外实习基地（金意陶、欧神诺等）	实训基地（工业机器人） 各陶瓷生产线（PLC 控制）
	毕业设计	毕业设计课题	基于 PLC 控制系统设计

(二)项目驱动下的实践教学

在理论基础知识教学中，学生已经掌握了一定的知识和项目设计方法，此时实践教学在 PLC 技术课程教学中占有重要地位。

首先，在 PLC 技术验证综合实验教学中融入项目驱动。验证综合实验是老师根据理论课和实验设备设计的实验项目(表1)，实验前发布给学生，引导学生对 PLC 技术课程的理论知识进行综合分析，更直观地掌握用 PLC 实验设备对系统的控制方法，并能在 PLC 硬件接线不变的情况下，修改程序，实现不同功能的系统控制，提升学生软硬件编译的能力，增加学生综合实验的实践能力。

其次，在专题训练环节，老师根据工程实际，结合生产生活，设计了如"自动门控制系统""多层电梯控制""花式喷泉多方式控制"等 20 多个大设计项目。学生按 5~6 人一小组进行自由分组，课题要求分工合作，经过项目计划、项目任务分配、项目实施、项目呈现和项目总结，最后按组答辩评定。本实践环节目的是培养学生对复杂项目分析、设计和开发能力。

项目驱动式教学法是在机电学院的 PLC 技术课程改革中首次使用，并在机电专业 2017 级、2018 级学生的"电气控制与 PLC"课程中实施，取得了较好的效果。学生对该课程的教学评价均为优秀，学生的认知度和获得感较高。

四、结论

传统的教学模式学生获得的是知识，而项目驱动的教学模式学生获得的是能力，该教学模式一定程度上激发了学生的学习兴趣，提升了学生的自主探究能力和工程实践能力，培养了学生的创新能力和团队协作能力，解决了传统教学中存在的问题，并将项目设计与课程思政有机结合，优化教学过程，提高项目教学的实施效果，培养学生具有家国情怀、工程伦理、大国工匠精神。在以后的课程教学中，老师将继续改进教学方法和教学项目设计，更高效、更合理地服务于"新工科"专业人才的培养。

参考文献

[1]周济. 智能制造是"中国制造 2025"主攻方向[J]. 企业观察家，2019(11)：54-55.

[2]田粒卜，陈鹏. 基于实践能力培养的"电气控制与 PLC"教学改革[J]. 石家庄学院学报，2019，21(6)：34-35.

［3］窦新宇. 基于 CDIO 模式的电气控制及 PLC 原理课程设计研究［J］. 无线互联科技，2020(16)：99-100.

［4］朱永红，刘蜀阳，王俊详. 基于互联网+CDIO 翻转课堂混合式教学模式研究［J］. 科教导刊，2020(10)：143-145.

基金项目 景德镇陶瓷大学教学改革研究基金项目：PLC 原理及应用课程教学改革——项目驱动式教学方法探索(项目编号：KCSZ-19-Y017)。

教育心理学视域下公事专业"课程思政"设计思路探究

王立皓

摘　要：本文以教育心理学为理论视角，以公共事业管理（以下简称"公事"）专业为对象，提出了课程思政的设计思路。文章首先从学习心理和教学心理的角度对课程思政的理论基础进行了探讨，其次提出了教学改革的具体实施步骤和研究假设，最后就实施过程中的要点从教学设计和评价反馈两个角度进行了讨论。

关键词：课程思政；学习心理；教学心理；教学设计；评价反馈

一、绪论

课程思政指以构建全员、全程、全课程育人格局的形式，将各类课程与思想政治理论课同向同行，形成协同效应，把"立德树人"作为教育的根本任务的一种综合教育理念，其主要形式是将思想政治教育元素，包括思想政治教育的理论知识、价值理念以及精神追求等融入到各门课程中去，潜移默化地对学生的思想意识、行为举止产生影响。

2020 年 6 月，教育部印发《高等学校课程思政建设指导纲要》（以下简称《纲要》），要求全面推进高校课程思政建设。《纲要》对推进高校课程思政建设进行了整体设计，提出应结合学科专业特点分类推进课程思政建设。根据不同学科专业特点和育人目标，明确不同类别专业课程的课程思政建设主要内容，并要求有机融入课程教学。《纲要》要求课程思政建设工作要落实到课程教学各方面，贯穿于人才培养各环节。《纲要》提出高校要着力健全课堂教学管理体系，推进现代信息技术在课程思政教学中的应用，综合运用第一课堂和第二课堂，努力拓展课程思政建设方法和途径。

广义的教育心理学是指研究教育实践中各种心理与行为规律的科学，其对于课程思政建设具有重要的理论价值和实践指导意义，但笔者以"课程思政"+"教育心理学"或"心理学"为关键词进行数据库检索时，发现国内外相关研究尚处于初级状态：第一，缺乏课程思政下的教育心理学理论基础探讨；第二，缺乏教育心理学指导下的课程思政方法论研究；第三，缺乏相关的教育实验数据报告；第四，较少见公事类专业课程思政相关研究。有鉴于此，笔者拟以教育心理学理论为基础，以公共事业管理专业为对象，以教育实验法为具体方法开展具体课程改革实践，现就具体设计思路进行初步探讨。

二、课程思政下的教育心理学理论基础

课程思政下的教育心理学理论基础可以从学习心理和教学心理两个角度来看。

（一）学习心理角度

从学生角度来说，课程思政本质上还是一种学习。教育工作者若期望带给学生认知、情感乃至行为等的长期变化，就必须思考哪些因素对这种学习是重要的，这些因素起作用的机制又是怎样的？总体上看，有关学习的教育心理学理论大致可以区分为：行为主义学习理论、认知主义学习理论和人本主义学习理论。它们对于学习有着不同的底层逻辑和隐喻。

课程思政意味着教育结构的变化，即实现知识传授、价值塑造和能力培养的多元统一。课程思政要求教师在教育中积极探索实质性介入学生个人日常生活的方式，将教学与学生当前的人生境况和心灵困惑相结合，有意识地回应学生在学习、生活、社会交往和实践中所遇到的问题和困惑，真正触及他们的内心深处，从而对其产生积极的影响。课程思政直指学生的认知、价值观、态度、能力和行为多个领域，若想取得真正的课程实效，需要厘清其背后的概念体系，建构合理的理论架构。缺乏理论基础的课程思政将是无根之木，无源之水，即便取得了一定的实际效果，也不会长久。

（二）教学心理角度

《纲要》指出，根据不同学科专业特点和育人目标，明确文史哲类、经管法类、教育学类、理工类、农学类、医学类、艺术类等七类专业课程的课程思政建设主要内容，并有机融入课程教学，落实到课程教学各方面，贯穿于人才培养各环节。高校要着力健全课堂教学管理体系，推进现代信息技术在课程思政教学中的应用，综合运用第一课堂和第二课堂，努力拓展课程思政建设方法和途径。

从教学心理的角度来看，以下四个方面会对课程思政的实效产生影响。

（1）教师心理，包括教师的知识结构、能力结构、人格特征、教师威信、师生关系等。（2）教学设计与程序。（3）教学策略的选择和使用。（4）不同教学对象所造成的个性差异，以及针对个性差异进行的教学。课程思政需要通过深化课程目标、内容、结构、模式等方面的改革，把政治认同、国家意识、文化自信、人格养成等思想政治教育导向与各类课程固有的知识、技能传授有机融合，实现显性与隐性教育的有机结合，才能促进学生的自由全面发展，充分发挥教育教书育人的作用。

三、公事专业课程思政的设计思路

（一）编制课程思政效果评价体系

教育评价是教育行为实施后的重要步骤，恰当的教育评价有助于实施者对课程体系、教学过程、教育对象、教学内容进行全面的总结反馈。若没有合适的教育评价，课程思政将会缺乏"导航"，失去自我改进和纠错的机会。

因为课程思政涉及学生认知、情感、态度、行为等多领域的塑造和改变，针对课程效果的评价体系也将是多角度的。评价主体将是自评和他评相结合，评价方式将是问卷法、观察法等方法的结合。

（二）确定公事专业课程思政教改方案

选择 2~3 门适宜植入课程思政内容的专业课程，依据教育心理学理论与方法，设计出相应的教学改革方案。该方案应该是对这 2~3 门课程教学大纲的补充，在课程目标、课程内容、教学流程、教学形式、教学评价与反馈等多个方面体现原课程知识及能力培养，及与课程思政的高度融合性。

（三）教学实践与评价

依据课程思政教改方案，对公事专业某年级学生班级进行为期一学期的课程思政教学实践。同时，选择临近专业，同年级学生班级作为对照组，该对照组学生班级应开设同类型专业课程，但并未进行课程思政改革。可提出以下三个研究假设：

假设一：对照组和实验组在课程思政前在多项评价指标上没有统计学上的显著性差异。

假设二：课程思政实施前后，实验组在多项评价指标上应有统计学上的显著性差异。

假设三：课程思政实施后，对照组和实验组在多项评价指标上应有统计学上的显著性差异。

四、公事专业课程思政实施要点

(一)教学设计方面

要把思想政治教育有效融入教学全过程，教学组织设计尤为重要。为此，需要考虑教学主体、教学内容管理、教学过程管理三方面要素。

在教学主体方面，要特别注重发挥课程思政工作中的协同引领作用，构建思想政治理论课与其他哲学社会科学的协同创新机制，形成科学化、标准化、精细化的建设管理办法，不断加强课程思政教育教学过程的科学化、规范化建设。

在教学内容管理方面，要明确学校所有专业课都应有的育人职责和功能，注重在传授专业知识和技能的过程中加强思想政治教育。围绕思想政治教育目标，对照思想政治教育核心内容，全面修订学科专业人才培养方案，针对具体课程编制课程思政教学指南。

在教学过程管理方面，要修订完善教学大纲，健全课堂教学管理办法，完善课程设置管理制度，建立课程标准审核和教案评价制度，落实校领导和教学督导听课制度。要逐一梳理课堂教学所有环节，深入挖掘专业课的思政育人内涵，细化课程思政具体目标，制定高校课程思政教学规范。

(二)评价反馈

由于思想政治教育的复合性，我们很难将学生思想政治素养上的发展归功于某个单一方面的工作。换言之，思想政治理论课教师、专业课教师、学生工作队伍(辅导员、班主任等)和其他管理服务岗位教师的工作往往会产生叠加效应，很难区分哪些变化是由什么方面带来的。但这并不意味着不可以进行评价，课程思政的评价要围绕教师、学生、教育内容和教学方式等方面，采取特色化的指标进行评价。这就要求评价的指标体系应该全面和多样，以保证评价的客观性、全面性和科学性。

1. 合理确定评价主体

课程思政工作的推进，是通过教学活动和管理活动合力推动来开展的。因此，评价主体应该包含学生本人、班级评价小组、专业课教师、专业课的管理人员、思想政治理论课教师、辅导员等。围绕在专业课教学中践行课程思政的理念设定的内容和相关标准，由各个主体独立评价；在协商的基础上，最终形成综合性的评价，并对取得的成效和原因再进行拆分细化。当然，这种做法难免带有武断性，但为了明确在专业课教学中践行课程思政理念的效果，以便不断优化改进，这种分割有时也是十分必要的。

2. 科学设定评价维度

在实施评价的过程中，我们也要根据评价主体的不同而有所侧重，体现出不同的视角，以保证评价的全面性和科学性。其中公事专业课教师主要对学生在学科学习中所表现出来的情感、态度、价值观的变化，对学科专业的忠诚度、对学科专业价值的认知、学科专业方面的操守（伦理）、对与学科专业相关社会现象的分析能力等进行评价。学业导师更为侧重对学生学业理想、学业价值、未来的职业选择、个人学业与社会发展的关系认知等进行评价。思想政治理论课教师更为侧重社会主义核心价值观对学生专业思想引导的评价。辅导员更为关注学生学业行为的变化，如积极性、主动性以及对专业相关活动的参与度，与专业相关的社会活动尤其是公益活动的参与度的评价。

3. 系统开展评价活动

对于学生发展的评价，学校需要周详规划。思想政治素养的提升是一个循序渐进的过程，评价首先要注重定性评价和定量评价相结合，应注重过程而不应该唯结果；应遵循发展的原则，即关注学生纵向的自我发展，尽量减少横向比较。在评价的标准与方法上，任何课程都有其思想政治教育的诉求，主要包括情感、态度、价值观，课程思政也应该基于这三个层面开展效果评价，并据此制定相关标准；在评价的方法上，可以采取思想政治素养发展档案法、关键事件法、评价量表法等，其中，思想政治素养发展档案法是指为学生建立课程思政档案，对于涉及思想政治教育的环节，形成纸质文档存储，便于评价之用；在评价的运用上，最直接的就是改进教学、提升教师的思想政治教育能力，同时，评价结果还可以运用在课程设计的改进、评价标准的改进以及制度的完善等方面。

五、小结

课程思政是党中央推动教育深化发展的一项重大战略部署，是高校全面提升思想政治工作质量的一项重要战略举措，对社会主义事业合格建设者和可靠接班人的培养起着十分重要的作用。高校要以久久为功的精神，坚决践行课程思政的理念，厘清课程思政教育教学改革的规律，进一步加强教学方式方法的创新研究，不断提升课堂教学质量与实效，推动习近平新时代中国特色社会主义思想深入人心，培养能够担当民族复兴大任的时代新人。

参考文献

[1]陈华栋．课程思政——从理念到实践［M］．上海交通大学出版社，2020：13-20.

[2]汪凤炎，燕良轼．教育心理学新编（第三版）［M］．暨南大学出版社，2011：160-172.

[3]刘儒德．教育心理学原理与应用［M］．中国人民大学出版社，2019：88-101.

[4]王英龙，曹茂永．课程思政：我们这样设计［M］．清华大学出版社，2020：55-76.

基金项目 景德镇陶瓷大学教学改革研究基金项目："课程思政"的教育心理学理论与实践研究——以公共事业管理专业为例（项目编号：TDJG-20-Y26）。

计算机基础课程教学中对综合任务驱动的教学模式的研究与应用

王燕红　　叶君耀

摘　要：针对计算机基础课程，本文提出了综合任务驱动的教学模式，并在景德镇陶瓷大学的机械设计与制造专业的计算思维课程中实施。针对操作系统、办公自动化和网络三部分操作性极强的教学内容，设计综合任务，以综合任务来驱动教学，培养学生的设计与动手能力，获得了良好的教学效果。

关键词：教学模式；综合任务；考核方式

一、引言

高校计算机基础系列课程的教学，近几年来面临着各方面的压力与质疑，争论的中心点主要有两个方面：一是随着计算机的普及，高校有没有必要开设计算机基础课程；二是高校开设计算机基础课程，课程的内容如何设计？又如何组织教学？为此广大的高校教师绞尽脑汁地对其内容展开探讨，对其教学方法与教学模式进行改革，不断提出新的教学方法与模式，并在教学过程中进行尝试，追求好的教学效果。经过多年的一线教学摸索，本人将"以任务来驱动的教学模式"应用于计算机基础课程的教学，教学效果显著，"综合任务驱动的教学模式"越来越受广大高校教师的重视和运用。

综合任务驱动的教学模式的主要原则是：以任务为主线，以学生为中心，教师起引导作用。教学过程以综合任务来驱动，引导学生完成所给定的任务，使学生直观感觉学有所用，增强学生的学习动力和兴趣，让学生在任务中主动学习计算机基础课程的基本知识，掌握计算机基本操作，最终实现计算机基础课程教学的目的和最佳教学效果。

综合任务驱动的教学模式，关键点在于任务的设计。本人一直从事计算机基础课的一线教学，经过多年的教学研究与实践，结合景德镇陶瓷大学的学生实际情况，针对操作系统、办公自动化和网络应用三部分操作性极强的内容设计了一组合理的综合性任务，这些任务将相关的知识点和学生必须掌握的技能有效地组合起来，通过综合任务的教学与学生实践，达到提升教学效果，并提高学生分析问题和自行解决问题的能力。

二、综合任务驱动模式在计算机基础课程教学中存在的问题

随着计算机的普及及计算机技术的广泛应用，作为新时代的大学生，国家建设的未来接班人，掌握计算机基础知识和基本操作技能实属必要。各高校在面向全体大学生的培养计划与培养方案中开设的计算机基础课程，在过去的一段时间内面临着诸多困难和质疑，主要是针对教学内容和如何培养问题的争论，包括：教学内容不能一成不变，要与时俱进，顺应时代的发展，对教学内容不断地进行更新；教学方法与教学模式也应不断改进，提高教学效果，最终培养适应社会发展的综合性合格人才。

（一）课程的定位难以确定

众所周知，计算机是人们平时学习和工作必不可少的工具，多数教师在设计任务时，注重的是基本技能的训练，考核也是着重考核学生所完成的任务结果，而忽略了任务完成的时间，也就是忽略了学生对计算机操作的高效性，导致现在很多高校在人才培养方案的设置时，对计算机基础课程的理解产生了一个误区，认为现在中学生都会使用电脑，能完成基本的文档排版、基本电子表格和 PPT 的制作，也都会上网下载资料。实际情况是：大多数学生确实会一些简单的、基本的 Windows 操作及 Office 操作和网络应用，但是很多便捷的功能不会，往往一步就可以完成的操作，学生要分好多步才能完成，而且操作也不规范，工作效率极为低下，较为复杂的应用就不知如何下手了。

熟练掌握计算机基本操作，能够大大提高学习和工作的效率，但是绝大多数学生只掌握皮毛，导致计算机基础课程的课程目标不明确。以我校为例，以往不论是平时的实践课还是期末考试，给出的 Word 操作的文档不会超过 300 字，排版也不是很复杂，给学生的时间超过了 20 分钟；给出的 Excel 操作的数据的记录不会超 10 条，计算公式和函数也是常规的，给学生的时间也超过了 20 分钟；PPT 的操作同样是常规的简单操作，给的时间同样充足，因此多数学生都能完成，甚至有的同学不按规则操作，同样能得到最终结果。比如：有的学生不用"查找替换"也能实现替换的功能；有的学生在 Excel 中不用公式或函数复制技术，而是一个一个公式或函数进行输入，同样得到了最终结果。然而学生在今后

的学习和工作中，接触的排版文档往往比较大，遇到的排版要求也更高，用现有掌握的操作技术，即使能完成工作，其工作效率也是低下的，而且容易出错，甚至是无从下手；遇到要处理的数据记录较多或者处理要求更复杂时，不会运用网络技术查找相关函数及灵活应用函数，仍然无法解决问题。

(二)课程内容多且杂，知识面广，课时越来越少

目前有部分学校将计算机基础课程的内容改为计算思维的培养，计算思维主要是思维的训练，并且多数高校把重点放在了计算机知识的深度和广度上面，课程内容多且杂，涉及面比较广，造成授课难度大，内容没有一个完整的体系，实验内容与任务的设计也是各自为政，以致任务的设计缺乏标准，难易程度不好控制，无法形成统一的标准。

经过广大高校教师与计算机学者不断的研究与探索，目前计算思维课程的目标逐步得到了完善。但是在授课内容与方式上仍然面临着很多问题，一方面计算机思维是面向全校理工科的大学一年级学生开设的，内容为各种思维、算法、自动化与抽象，学习难度较大；另一方面教材内容无法更新，教学方法传统，无法承载与时俱进的计算机新知识。最关键的也是最主要的问题：在计算机基础教学中，缺乏与新技术同步的实践教学内容、实验设备和实验教师。

(三)学生能力参差不齐

我国的经济发展地域差距较大，教学资源与师资水平参差不齐，导致中学阶段素质教育课程的开展程度存在差异。中学阶段的信息技术课程，经济薄弱地区教育经费投入不足，信息技术课程基本变成学生的自由活动时间或者被其他主要课程老师所占用，导致这些地区的学生计算机基础知识是一张空白纸，计算机操作能力几乎为零。然而在经济发达地区，教育经费投入充足，设备先进，师资水平高，信息技术相关课程开设到位，学生都具有一定的计算机操作能力。景德镇陶瓷大学的学生是面向全国招生的，因此学生入校后计算机的素养和计算机操作能力存在着较大差异，这给我们计算机基础课程的教师的教学增加了难度，也提出了更高的要求。

三、计算机基础课程中综合任务的设计

目前我校计算机基础课程针对不同的专业设立了两门课程，一是面向理工科的计算思维；二是面向文科和艺术类的现代信息技术导论，课时都是 48 学时。计算思维和现代信息、技术导论的教学内容与教学侧重点有所差异，但是都包含

操作系统 Windows 的基本操作、办公自动化软件 Office 应用和网络技术的基本应用三部分内容。我们针对该课程的这三部分操作性极强内容，在教学中采用了"综合任务驱动"的模式。所设计的任务从学生今后的学习和实际应用出发，尽可能地把各章节知识组织起来，形成综合型任务，通过分解任务来组织教学，提高学生的学习兴趣和学生自主学习动力，从而达到本课程的教学目标，使学生学有所用。

(一)操作系统、网络、办公自动化综合任务

将操作系统 Windows 操作中关于网络的设置(IP 地址、命令行、设备管理)与网络的操作(查看 IP 地址、Ping 网络地址、查看网络设备参数)结合起来；由办公软件编辑的文档(作业)通过网络中文件共享上交到教师的计算机；通过网络下载并安装 QQ 或者微信，并登录个人 QQ 或微信，将本人办公软件的实验(作业)保存到本人 QQ 或微信中；通过 QQ 邮箱将个人的办公软件的实验(作业)上传到个人邮箱的文件中心或给自己发一份邮件；通过网络查找资料和素材，根据需要用 Windows 提供的工具对素材进行加工和处理，来完成办公软件 Word、Excel 和 PPT 的实践任务；在给出 Excel 任务时只给出要用到的函数名，让学生通过网络查找函数应用方法来完成任务。

(二)办公自动化的综合任务

办公软件 Word、Excel、PPT 是计算机基础课程中体现计算机操作能力的关键，也是教学的重点内容，本人采用任务驱动的模式来进行教学。设计的任务既要考虑到知识点，又要考虑到综合应用，还应考虑到实际应用，以提高学生的学习兴趣，使学生学有所用。下面本人结合多年的教学及实践经验，分享一下个人的教学案例。

Word 与网络相结合的任务是：通过学生毕业就业时要设计的"自我推荐书"来分解 3~4 个案例，一是封面的设计：包括艺术字、校徽、校训、学生基本信息等元素的收集与排版；二是自荐信的撰写内容、格式和排版；三是专业介绍、获奖和社会实践经历收集与排版。引导学生通过学校校园网收集这些信息和图片素材，用 Word 的图文混排技术完成"自我推荐书"的前三个内容，最后通过表格技术完成"自我推荐书"的个人简历表和学校推荐意见表的提交。

Excel 与 Word 邮件相结合的任务是：先通过某班级学生的期末考试成绩、学生互打的德育分数和体育成绩，按照学校的计算方法用公式计算学生的综合成绩，结合学校的奖惩原则用函数加或减一定的分数，得出每个学生的综合测评分数；通过函数完成班级学生的排名和奖学金获得情况的计算；最后通过 Word 邮

件合并功能为每位学生生成一张学生情况报告单。

PPT 的任务是：通过制作"个人介绍"的演示文稿，完成 PPT 知识点的学习任务，在"个人介绍"的幻灯片中安排学校的介绍(超链接到学校校园网)、专业的介绍(超链接到 Word 文档)、学习的经历介绍(超链接到 Excel 文件)、家乡的介绍(超链接到后面的 PPT)。

Word 的高级应用任务是：自编实践指导书或者一篇本科毕业论文(50 页左右，有多个章节)的排版和目录的生成。排版包括字体、段落，每章页眉、页脚，奇偶页的页眉、页脚不同的设置，格式刷的使用等。

四、教学过程的实施

景德镇陶瓷大学的机械设计与制造专业通过了国家工程认证的验收，正处于建设期。国家工程认证专业要求改变课程的考核方式，变传统的一考定终身的考试模式为重过程，轻考试，增加平时分数比例，降低期末考试成绩占比。我们在承担该专业的计算思维课程的教学时，针对操作系统、办公自动化和网络三部分内容的教学采用了综合任务驱动的教学，所有教学内容安排在机房授课。通过设计的综合任务，分解任务组织授课，强化学生的计算机实际操作能力、设计能力和解决问题的能力。教师首先准备好素材，通过教学过程，完成相关知识点的授课；接着将部分素材通过局域网络共享方式传给学生，同时让学生自行上网搜集其他素材，自行设计完成给出的任务；最后通过局域网络将完成情况共享上交给教师端，教师根据学生的任务完成情况和实际操作过程中学生分析问题和解决问题的能力对学生进行评分，作为平时成绩的一部分计入总评成绩。

五、结束语

针对计算机基础课程中操作性较强的内容采用综合任务驱动模式，在机房组织教学，得到学生的好评，收到良好的教学效果。实践表明该模式有效提高了学生的学习兴趣、学习动力和学习效果，一方面激发了学生的学习主动性和积极性，另一方面提前让学生明确专业的方向及就业的流程，为学生今后的学习指明了方向，增强了学生的学习动力。

参考文献

[1]张鹏，黎小沛．综合型任务驱动教学模式在大学计算机基础课程中的研究与

应用[J]. 高教学刊，2018(1)：111-112.

[2]邢翠芳，韩庆龙，杨玫. 突出自主学习能力培养　创新计算机基础课程教学模式[J]. 计算机工程与科学，2016(1)：34-36.

[3]牛磊，郭博，赵正平. 任务驱动在大学计算机基础分级教学中的应用探讨[J]. 福建电脑，2013(8)：53-54.

[4]朱志国，王谢宁，李会录. 计算思维培养导向下的大学计算机基础教学改革研究[J]. 高教学刊，2015(22)：57-58.

[5]赵辉煌，魏书堤，孙雅琪，等. 错误任务驱动教学法在大学计算机基础课程中的应用[J]. 计算机教育，2013(11)：33-36.

基金项目　景德镇陶瓷大学教学改革研究基金项目：综合任务驱动模式在计算机基础课程教学中的研究与应用(项目编号：TDJG-20-Y45)。

线性代数课程思政的探索与实践

汤文菊　崔永琴　方成鸿

摘　要：在线性代数课程思政的实施过程中，本文首先结合教学内容，给出了几个可供参考的课程思政融入点，而后从几个方面介绍了怎样进行全程育人、全方位育人，最后指出线性代数课程思政是一个长期的发展的研究课题。

关键词：线性代数；课程思政；思政元素

一、引言

习近平总书记在 2016 年 12 月 7 日至 8 日的全国高校思想政治工作会议上强调：要把立德树人作为中心环节，把思想政治工作贯穿教育教学全过程，实现全程育人，全方位育人，努力开创我国高等教育发展的新局面。

课程思政要求所有课程都要发挥思政教育的作用，教师讲授的任何一门课程，都要守好自己"这段渠"，种好自己的"责任田"，与全校的思想政治理论课同向同行，形成协同效应。因此，作为高校教师，在完成教学任务的过程中，深入挖掘思政元素，并将其有计划地、合理地设计在课堂教学中势在必行。同时为了达到全程育人、全方位育人的目标，教师在课堂以外时间也要发现学生存在的问题，关注学生的心理健康，积极引导学生形成正确的人生观、价值观。

那么，如何融入？如何达到预期的效果？发现学生存在的问题怎样协助其纠正？这是每位老师都要思考的问题。本文以线性代数教学过程为例，讨论在课堂教学中如何发现思政元素，之后说下在课后如何进行全方位育人。

二、深入挖掘线性代数的课程思政融入点

线性代数的学时较少，教学内容本身抽象而不易理解，基本上与生活现象不产生关系。为了便于知识的传授，教师努力让课程内容与生活现象产生关系。融

入思政元素的课堂教学，不仅可以激发学生的学习积极性，发挥学生的主观能动性，而且能够引领学生树立正确的世界观、人生观、价值观。我们通过借鉴他人经验，以及自己不断总结，不断完善，已经提炼出一些可供参考的思政元素。

（一）行列式

在讲授行列式的定义时，我们从二阶、三阶行列式入手，引导学生从简到繁、从易到难、从特殊到一般，循序渐进找出规律，让学生自己总结 n 阶行列式特点，然后老师再给出定义。

$$D_n = \begin{vmatrix} a_{11} & a_{12} & \cdots & a_{1n} \\ a_{21} & a_{22} & \cdots & a_{2n} \\ \vdots & \vdots & & \vdots \\ a_{n1} & a_{n2} & \cdots & a_{nn} \end{vmatrix} = \sum (-1)^t a_{1p_1} a_{2p_2} \cdots a_{np_n}$$

其中 $p_1 p_2 \cdots p_n$ 为自然数 1，2，$\cdots$，n 阶的一个排列，t 为这个排列的逆序数。在这个过程中，培养学生循序渐进分析问题的能力。尽管已经给出了 n 阶行列的定义，但是当我们写出

$$D_4 = \begin{vmatrix} 0 & 0 & 0 & \lambda_1 \\ 0 & 0 & \lambda_2 & 0 \\ 0 & \lambda_3 & 0 & 0 \\ \lambda_6 & 0 & 0 & 0 \end{vmatrix}, \quad D_5 = \begin{vmatrix} 0 & 0 & 0 & 0 & \lambda_1 \\ 0 & 0 & 0 & \lambda_2 & 0 \\ 0 & 0 & \lambda_3 & 0 & 0 \\ 0 & \lambda_4 & 0 & 0 & 0 \\ \lambda_5 & 0 & 0 & 0 & 0 \end{vmatrix},$$

$$D_6 = \begin{vmatrix} 0 & 0 & 0 & 0 & 0 & \lambda_1 \\ 0 & 0 & 0 & 0 & \lambda_2 & 0 \\ 0 & 0 & 0 & \lambda_3 & 0 & 0 \\ 0 & 0 & \lambda_4 & 0 & 0 & 0 \\ 0 & \lambda_5 & 0 & 0 & 0 & 0 \\ \lambda_6 & 0 & 0 & 0 & 0 & 0 \end{vmatrix}$$

让学生自己进行计算时，学生几乎是异口同声地给出结果：$D_4 = -\lambda_1 \lambda_2 \lambda_3 \lambda_4$，$D_5 = -\lambda_1 \lambda_2 \lambda_3 \lambda_4 \lambda_5$，$D_6 = -\lambda_1 \lambda_2 \lambda_3 \lambda_4 \lambda_5 \lambda_6$，还有一点洋洋得意的表情，这是因为学生受二阶、三阶行列式对角线法则的影响深远。尽管老师在讲课的时候已经强调这个法则只适用于二阶和三阶行列式，但学生还是认为这是一个放到 n 阶行列式都成立的法则。对于这个结果教师不要急着否定学生，而是问一句："对吗？"当得到学生的肯定回答后，连续地提高声调问几遍"对吗？"，这时，会有学生开始怀疑结果是否正确，此时，老师带着学生一起回忆 n 阶行列式的定义。

让他们回过头来看定义，通过细读定义，一起推导以下形式的 n 阶行列式的计算公式：

$$D_n = \begin{vmatrix} & & & \lambda_1 \\ & & \lambda_2 & \\ & \ddots & & \\ \lambda_n & & & \end{vmatrix} = (-1)^{\frac{n(n-1)}{2}} \lambda_1 \lambda_2 \cdots \lambda_n$$

那么，当 $n = 4$ 时，$D_4 = (-1)^{\frac{4(4-1)}{2}} \lambda_1 \lambda_2 \lambda_3 \lambda_4 = \lambda_1 \lambda_2 \lambda_3 \lambda_4$，

当 $n = 5$ 时，$D_5 = (-1)^{\frac{5(5-1)}{2}} \lambda_1 \lambda_2 \lambda_3 \lambda_4 \lambda_5 = \lambda_1 \lambda_2 \lambda_3 \lambda_4 \lambda_5$，

当 $n = 6$ 时，$D_6 = (-1)^{\frac{6(6-1)}{2}} \lambda_1 \lambda_2 \lambda_3 \lambda_4 \lambda_5 \lambda_6 = -\lambda_1 \lambda_2 \lambda_3 \lambda_4 \lambda_5 \lambda_6$。

当学生自己推导出正确答案后，才明白想当然的结果有的对，有的错，究其根源，是方法错了。

这时，教师一定要表扬学生自己思考得出结果，并通过概念进行自我否定的过程，告诉同学们这正是运用了哲学中的"否定之否定"规律，作为哲学的三大基本定律之一，它揭示了事物发展的前进性与曲折性的统一，表明事物的发展不是直线式前进而是螺旋式上升的，鼓励同学们要多思考、多分析，不断地去"肯定""否定"，然后自我完善。在这个教学过程中，我们不仅培养了学生分析问题的能力，也培养了学生的逻辑思维能力，同时培养了学生严谨的学习态度以及不断进取的钻研精神。

（二）矩阵

在给学生讲授矩阵时，可以介绍这样一个矩阵

$$A = \begin{bmatrix} 1 & 9 & 5 & 8 \\ 1 & 9 & 8 & 4 \\ 2 & 0 & 1 & 3 \\ 2 & 0 & 1 & 6 \end{bmatrix}$$

看似是一个简单的矩阵，但是每一行数字都有其意义：1958 年经江西省批准，成立本科建制的景德镇陶瓷学院，中国当代陶瓷高等教育也翻开了崭新的一页；1984 年获批成为硕士学位授予单位，2013 年获批成为博士学位授予单位，2016 年更名为景德镇陶瓷大学。介绍完这个矩阵后，可以再给学生一个矩阵

$$B = \begin{bmatrix} 1 & 9 & 1 & 0 \\ 1 & 9 & 1 & 2 \\ 1 & 9 & 3 & 4 \\ 1 & 9 & 9 & 8 \end{bmatrix}$$

让学生自己去查找资料，看看每一行的年份代表什么，对于我们学校来说，都有什么大事发生。通过这个过程，让学生了解校史，了解学校的发展，激发学生的爱校情怀，以校为荣，努力学习，为校争光。

(三)线性方程组

在学习线性方程组时，讲授矩阵的初等变换时，可以先介绍一个例题：

今有卖牛二、羊五，以买十三豕，有余钱一千。卖牛三、豕三，以买九羊，钱适足。卖羊六、豕八，以买五牛，钱不足六百。问牛、羊、豕价各几何?

在读题过程中，直接说出译文：今有人卖牛2头，羊5头，用以买13头猪，还多1000钱。卖牛3头，猪3头，用以买羊9头，钱不多不少。卖羊6头、猪8头，用以买5头牛，还少600钱。问牛、羊、猪每头价各是多少? 让学生自己列方程求解，则学生解题过程如下：

解：设牛、羊、猪每头的价格各为 x、y、z 钱，则依据题设条件列方程，得：

$$\begin{cases} 2x + 5y = 13z + 1000 \\ 3x + 3z = 9y \\ 6y + 8z = 5x - 600 \end{cases}$$

方程整理得

$$\begin{cases} 2x + 5y - 13z = 1000 \\ 3x - 9y + 3z = 0 \\ 5x - 6y - 8z = 600 \end{cases}$$

对方程的增广矩阵 B 做初等行变换得到行最简形式，

$$B = \begin{bmatrix} 2 & 5 & -13 & 1000 \\ 3 & -9 & & 0 \\ 5 & -6 & -8 & 600 \end{bmatrix} \xrightarrow{r} \begin{bmatrix} 1 & 0 & 0 & 1200 \\ 0 & 1 & 0 & 500 \\ 0 & 0 & 1 & 300 \end{bmatrix} \Rightarrow \begin{cases} x = 1200 \\ y = 500 \\ z = 300 \end{cases}$$

讲解之后，告诉同学们，此题来自汉朝张仓等辑撰的《九章算术》。从数学史来看，中国人使用矩阵及其初等变换的历史要早于欧洲1500年，在《九章算术》这本书中，许多的数学问题都是世界上记载最早的。这是中国的骄傲! 通过这个案例，不仅弘扬了中国文化，也能增强学生的民族自豪感，同时可以提高学生学习线性代数的热情。

线性代数的中心内容就是关于线性方程组的求解，这是课程的目标，在每次引入概念的时候，都要说明其与求解线性方程组的关系，让学生能够有目标地学习。

三、全程育人、全方位育人

课程思政的主战场是课堂教学，但是，课堂时间毕竟少之又少，很难与学生进行深入沟通。欲达到较好的教学效果以及育人目标，就要充分利用好课外时间。对于不同的学生，不同的问题，选择合适的场所，合适的方式，与学生进行交流，不仅可以提高教学效果，也可以将全程育人、全方位育人落到实处。

（一）充分利用网络空间

课堂时间毕竟以完成教学内容为主，教师在介绍一些相关的数学史，以及数学家的故事时，只能蜻蜓点水。要想让学生了解到更多的相关内容，网络空间就可以发挥作用了。在与学生的交流群中，可推送一些内容给学生，可以是一段数学发展史、一位数学家的故事，当然也可以是一些数学思想。在这个过程中，不仅可以引导学生的自主学习能力，同时让学生感知到数学家们实事求是、锲而不舍的科学精神。发送一些我国数学家的爱国故事，也可以激发学生的爱国情怀。

教师也可以分享一些优秀的视频内容，一种异于课堂上的解题思路和解题方法，进而激发学生的学习热情。对于一些教学难点，录制相应的视频文件，供学生反复观看，这种方式不仅能让学生学习到相关的知识内容，促进师生之间的交流，还能有效地把"课上"与"课下"联系起来，让学生发自内心地感受到教师的关怀，无形中实现了思政教育润物细无声的理念。

（二）个性化的辅导

有些学生的基础相对较弱，逻辑思维能力不强，举一反三能力较弱，这时就需要老师有耐心，不急不躁，能够对学生单独辅导。线性代数的计算题目，基本方法很容易掌握。但是，解答一道题目，有时要进行上百次的加法、减法还有乘法运算，保证每一次都不出错，也是一件不容易的事。对这方面能力弱的学生，老师可给他们单独布置一些阶数较低的题目，然后一点一点地引导、鼓励，增加学生的自信心，让学生知道，只要肯钻研、肯努力，再难的问题都会得到解决，最终都将到达成功的彼岸。

（三）教书的同时不忘育人

对于学生的一些小问题，要学会发现，勇于指出来。同事给我们分享了一个很好的育人案例：一个学生经常通过微信咨询他一些问题，学习的或者生活的。但是，这位学生对老师从来不打招呼，老师帮他排忧解难后，也从来不说一句

"谢谢"。这个教师从来不发火，尽自己的能力来帮助学生，即使学习以外生活上的问题也是尽力为之。一段时间后，老师把学生叫到办公室，让他看两个人的聊天记录，然后告诉学生，什么是最基本的礼貌。自那以后，学生很快就变成了一个懂礼貌、尊敬师长的学生。作为教师，发现问题就要解决问题，不能一味地吐槽学生。用学生接受的方式引导他们保持善良、乐观、礼貌，使学生在与教师的相处过程中，完善自己的人格，这也是实现全方位育人目标的一个过程。

四、结束语

线性代数的课程思政研究是一个长期的、发展的研究课题。教师在教学过程中应注重德育元素的渗透，同时也要做一个与时俱进、学习型的老师，时刻关注教学改革的发展方向，高效地发挥课堂主战场对学生的教育、思想的引领作用。课程思政是新时代赋予高校教师的历史使命，教师要形成共识、不断思考，利用课上课下时间，牢记使命，立德树人。

参考文献

[1]同济大学数学系．线性代数[M]．高等教育出版社，2014.
[2]（西汉）张苍，等．九章算术[M]．重庆出版社，2016.
[3]杨威，陈怀琛，刘三阳，等，大学数学类课程思政探索与实践——以西安电子科技大学线性代数教学为例[J]，大学教育，2020(3)：77-79.
[4]何国立，施武杰，以线性方程组为中心开展线性代数课程的教学[J]，大学数学，2009，25(6)：203-206.
[5]苏克勤，曹殿立，姬利娜，等．线性代数课程思政的设计与教学实践[J]．高教学刊，2021(27)：189-192.

基金项目　景德镇陶瓷大学教学改革研究基金项目：认知科学视域下线性代数课程信息化教学的研究与实践(项目编号：TDJG-19-Y38)。

市场营销学专业课程思政教学改革方案初探①

许剑雄　朱景林

摘　要：本文从市场营销学课程的基本情况分析入手，探讨其课程思政的可行性，初步构建出市场营销学的课程思政教学改革方案，并以此方案作为景德镇陶瓷大学"市场营销学"课程思政工作的实施指南。

关键词：专业课程；课程思政；教学改革

市场营销学作为在经济学和管理学等专业课程基础上衍生的一门应用型专业课程，具有较强的综合性和实战性课程特色。该专业课程基本的教学任务与目的是通过该课程的系统学习后，学生能较全面地掌握市场营销的基本理论、策略、方法和技能等，并能将其运用于企业市场营销实际问题的解决过程当中。市场营销在保障和提升企业经营管理水平、营造良好营商环境等方面发挥着重要的作用，这不仅要求专业人员掌握好相关的理论知识，还要求其具备正确的"三观"以及较好的道德素养和职业操守。为此，将课程思政与市场营销学等专业课进行融合式教学，成为当前市场营销专业教育教学改革的重要方向之一。

一、市场营销学课程的基本情况

(一)课程概况

由于课程设置过程中的诸多原因，2019 年以前景德镇陶瓷大学市场营销学课程在课程性质、学时学分等方面不尽相同，甚至连课程名称也存在一定的差异。其中，市场营销专业为市场营销学原理(3 学分/48 学时)，工商管理专业为市场营销管理(3 学分/48 学时)，国际经济与贸易等专业为市场营销学(2 学分/32 学时)，英语专业(商务英语方向)等专业为市场营销(2 学分/32 学时)。在2019 年版本科人才培养方案中，市场营销专业为市场营销学原理(2 学分/32 学

---

①　本文为 2019 年景德镇陶瓷大学"课程思政"项目"市场营销学"的阶段性成果。

时），其他专业统一为市场营销学（2 学分/32 学时）。

（二）2017—2020 学年本课程开设情况

2017—2020 学年市场营销学课程开设情况见表 1。

表 1　市场营销学课程开设一览表

序号	开设时间	授课对象	授课人数	其他
1	2019—2020 学年	18 财管 1 班/2 班	82	第二学期
		17 英语 1 班/2 班（商务英语方向）	79	
		18 会计 1 班/2 班/3 班/4 班	146 人	第一学期
		16 信管 1 班	37 人	
		16 英语 1 班/2 班/3 班/4 班（商务英语方向）	167 人	
2	2018—2019 学年	17 工管 1 班/2 班	84 人	第二学期
		17 财管 1 班/2 班	89 人	
		18 国贸 1 班/2 班	79 人	
		18 市场 1 班/2 班	58 人	
		17 会计 1 班/2 班/3 班/4 班	153 人	第一学期
		15 英语 1 班/2 班/3 班/4 班（商务英语方向）	132 人	
		15 信管 1 班	38 人	
3	2017—2018 学年	17 市场 1 班	48 人	第二学期
		16 财管 1 班/2 班	110 人	
		17 国贸 1 班/2 班	97 人	
		16 会计 1 班/2 班/3 班/4 班	187 人	第一学期
		16 物流 1 班	45 人	
		14 英语 1 班/2 班/3 班/4 班（商务英语方向）	113 人	

二、市场营销学课程思政教学改革的可行性

（一）专业课程的优势

市场营销学作为景德镇陶瓷大学管理与经济学院 8 个本科专业以及外国语学

院英语专业(商务英语方向)和信息工程学院信息管理与信息系统专业的学科基础课或专业课或拓展课,在课程属性和性质上,相比非学科基础课或专业课而言,普遍受到学生的重视,故在此课程中融入课程思政的元素和内容,也较容易为学生所接受。

(二)专业课教师的优势

(1)在第一课堂和第二课堂的理论课程授课、实践课程和专业竞赛的指导以及毕业实习、毕业论文指导的过程中,专业课教师与专业学生的接触机会较多,市场营销学专业课教师易发挥近因效应,提高课程思政的教育效果。

(2)在入学后较长的一段时间内,不少大学生对本专业的认知度不够,对个人发展也缺乏足够的构想和规划。而专业课教师此时恰恰更容易发挥光环效应,借助个人专业权威,将科学精神、专业素养、道德品性等思想政治元素融入专业理论的传授过程中,对学生进行潜移默化的课程思政教育。

(三)教学效果

(1)对于景德镇陶瓷大学经济管理类专业学生而言,市场营销学作为专业课或学科基础课,欲想取得好的成绩,一是应掌握专业学科知识和技能,二是与老师积极互动,相互沟通,提升自己的综合素质。

(2)对于景德镇陶瓷大学非经济管理类专业学生而言,市场营销学作为专业方向选修课,应补充原有专业和学科的知识体系,将原有领域知识与市场相对接,强化学生将来进入社会的基本技能。

(四)师资队伍结构

景德镇陶瓷大学市场营销学课程思政教学改革的师资团队,采用"专业负责人+专业教师+思政教师+教工党支部书记+辅导员(班主任)"的组合方式,在课程思政教学改革的整体安排、课程思政教学的课堂设计与运行、课程思政教学的考核与评定等环节,发挥上述各个主体的优势,实现一定的叠加和迭代效果,以保障课程思政教学改革的顺利进行。

市场营销学课程思政教学改革成员现定为7人,其中3名教师为在高校工作20年以上的党员教师,3名为在高校工作10年以上的党员教师,1名为工作5年以上的党员教师,专业教师、辅导员(班主任)均为本专业学生的入党介绍人和困难学生对口帮扶人;无论从专业角度还是从教学经验、社会经验等角度,均具备了实施课程思政的条件。

三、市场营销学课程思政教学改革方案的构建

(一)课程思政教学改革的思路和育人目标

1. 课程思政教学改革的思路

改革思路为以社会主义核心价值观为指导,将课程思政的元素和内容纳入市场营销学课程,明确思政教学的目标。坚持"知识传授+价值引领"的原则,围绕景德镇陶瓷大学 2019 版本科人才培养方案中的"专业培养目标""培养规格和要求"和"毕业要求",推进市场营销学专业课程思政教学改革的实施。

2. 课程思政的育人目标

通过市场营销学的专业课程思政教学,学生能理解市场营销观念,能从经济社会可持续发展的角度出发,具有对应的道德意识、公民意识、职业意识等;掌握对应的理论和知识,拥有正确的价值观和世界观,具有从事市场营销专业工作的方法素质和就业能力,有良好的职业操守和敬业精神等。

(二)课程思政教学的融入点

结合景德镇陶瓷大学市场营销学的教学现状和师生状况,为实现上述课程思政教学改革思路和目标,可从以下"挖掘点"出发,进行市场营销学专业课程思政的教学设计和教学实施(表2)。

表 2　市场营销学课程思政元素挖掘一览表

思政内容要点	专业知识要点
核心价值观——富强	经济环境 科学技术环境 宏观营销环境
核心价值观——民主	政治法律环境 社会文化环境 社区公众
核心价值观——文明	以消费者为中心的观念 以利益相关者和社会整体利益为中心的观念 购买决策内容

续表

思政内容要点	专业知识要点
核心价值观——文明	政治法律环境 影响消费者行为的个体因素 经济环境——支出、消费者的储蓄与信贷
核心价值观——和谐	树立以利益相关者和社会整体利益为中心的观念
核心价值观——自由	顾客满意
核心价值观——平等	窜贷现象及整治
核心价值观——公正	政治法律环境
核心价值观——法治	政治法律环境 影响定价的主要因素——政府的政策法规
核心价值观——爱国	产品策略
核心价值观——敬业	推销人员的素质
核心价值观——诚信	广告的设计原则 推销人员的素质 营销促进的控制
核心价值观——友善	中国企业的价格战 竞争战略的选择

(三)课程思政的教学方法、载体途径及考核方式

1. 教学方法

在市场营销学专业课程思政教学的过程中，可采用参观体验、课堂讨论、剖析讲解、故事讲述、角色扮演、案例讨论等多种教学方法。引导学生自发和主动地融入课程思政教学中，实现对思政元素和内容的"感受——接受——融合——运用"。

2. 载体途径

在教学过程中，市场营销学课程思政教学改革拟通过教室课堂、实践基地、课程微信公众号等途径，在多个场景和空间运用和实施上述教学方法，提升课程思政的教学效果，促进教学目标的达成。

3. 考核方式

（1）在现有成绩的考核模块中，将现有专业知识模块的考核由 100% 变更为 90%，将课程思政模块的考核比例设置为 10%。

（2）通过书面测验、口头测试、实践活动参与等多种方式和形式，对思政教学的过程和结果予以考核。

（四）课程思政教学改革的计划安排

市场营销学课程思政的教学改革拟按照以下时间予以完成（表3）。

表3　市场营销学课程思政工作计划表

序号	时间	教学改革内容
1	2个月	大纲、教案、课件等编撰（初稿）
2	3个月	第一轮课程思政实践教学
		确立课程思政实践基地1个
		建设课程思政资料库
3	1个月	大纲、教案、课件等的完善（修改稿）
4	3个月	第二轮课程思政实践教学
		课程思政实践基地试运行
		完善课程思政资料库
5	1个月	总结归纳
		发表教改论文1篇以上（含1篇）
		工作总结

综上所述，市场营销学课程思政的教学改革具有一定的基础和条件，可以按照上述方案构建的内容和步骤予以实施，并在实施过程中结合出现的问题和阻碍及时调整和修正，以保障市场营销学课程思政教学改革达到预期的目标和效果，并争取在上述课程思政教学改革内容和目标达成之后，将市场营销学课程思政教学改革从理论课程延伸至实践课程，进而拓展至整个市场营销专业的教育教学工作之中。

参考文献

[1] 周基, 田琼, 盛明强. 工程管理概论"课程思政"教学改革与实践探索[J]. 教育观察, 2018(9): 101-103.

[2] 曹净植, 李宝琴. "课程思政"在"财务管理"课程的实践探索[J]. 科技风, 2018(10): 9.

[3] 康海燕, 王胜桥. 人力资源管理课程贯彻落实"课程思政"的探讨[J]. 上海商学院学报, 2018(6): 92-96.

高等流体力学课程教学改革与实践

孙　健　张任平　李　杰

摘　要：基于景德镇陶瓷大学对动力工程及工程热物理学科人才培养的需要，针对"高等流体力学"课程理论性强、学习难度大的特点，本文对该课程的授课内容和教学模式进行了改革与实践。在以培养学生创新能力为宗旨的基础上，重新规划了教学内容，尝试了新的教学模式，研究成果对于指导同类研究生学位课程的改革具有一定的参考价值。

关键词：创新能力；高等流体力学；陶瓷特色

高校创新型人才的培育是高等教育的重要任务。在高等流体力学授课过程中，学生对课程中涉及的大量数学推导公式感到晦涩难懂，难以正确采用高等流体力学的理论和方法解决工程实际问题，学生学习兴趣不足，学习主动性不高，不能学以致用，不利于研究生创新能力的培养。

高等流体力学课程作为我校工程热物理、热能工程和能源动力专业的研究生课程，对研究生的培养质量和相关学科发展起着至关重要的作用。通过课程改革与实践，我们完善课程内容建设，提高授课质量，促进学生学习效果，为提高研究生的科研和创新能力奠定了良好基础。

一、教学内容的丰富与完善

高等流体力学是动力工程及工程热物理一级学科的一门重要的基础理论课程。在进行高等流体力学课程教学内容的优化时，结合我校研究生培养计划和学科发展规划，我们在考虑经典流体力学的通用知识同时，又强调课程内容的针对性和行业应用的特色、学生学习的兴趣以及与其他研究生课程的关联性，另外还考虑课程内容的实用性。课程内容的改革主要从以下几个方面着手：首先，打牢坚实的高等流体力学理论基础。高等流体力学具有理论性强、公式多、数理基础要求高的特点，作为硕士研究生的学位课，该课程通过帮助学生建立知识结构和能力结构的对应关系，从而培养学生数学、自然科学和工程知识的应用能力，对工程问题的识别和提炼、定义和表达、分析和实证的能力以及运用技术、技能和现代工程工具从事工程实践的能力，培养学生的创新意识。鼓励学生从新的角度或利用新的方法研究和分析问题。其次，突出陶瓷行业生产特色。针对我校研究生的专业背景和学科研究方向，强调本学科与陶瓷生产流程和设备的结合，强化学生应用流体力学知识，认识并解决相关陶瓷热工问题的能力。教学内容注重理论与实践相结合，保持基础理论知识与工程应用知识的相对平衡。如课程学习过程中将陶瓷在窑炉中的烧成过程与高等流体力学内容紧密结合起来。最后，注重高等流体力学课程与相关课程的衔接。针对动力工程及工程热物理学科的研究生大部分都是调剂的非本专业学生，本科阶段没有学过流体力学课程的特点，有必要将教学内容作恰当的分工和衔接，还要与高等传热学等课程内容密切对接。综合以上因素，我们将课程内容梳理成三大部分，第一部分安排了"流体力学基础知识"，主要介绍流体力学的基本概念、流体所受的力、流体静力学特性、流体动力学特性。第二部分为"流体力学的基本方程"，主要介绍流体力学的控制方程组以及一些相关的重要定理等。第三部分为"CFD 软件基础及应用"，介绍关于计算流体力学的数学建模、方程的离散化、代数方程的求解、如何使用现有的商用软件以解决本研究领域的实际问题等。

二、教学模式的创新

近些年动力工程及工程热物理学科的研究生的招生人数、专业背景等在不断变化，这就要求教师依据实际情况，对教学模式进行改革，充分利用线上和线下教学资源调动学生学习的主动性和兴趣，使学生在复杂的数学公式推导中把握高等流体力学的精髓，揭示流体流动过程的特性，使学生能应用所学的高等流体力学知识解决在科研课题研究中遇到的实际问题。

(一)教学方法

高等流体力学是一门基础课，涉及的概念和基础理论较多，公式推导内容多且复杂，传统的灌输式教学方法对帮助提高学生的学习兴趣和加深对知识的理解作用不大。为此，教学中教师讲授内容要由浅入深，突出重点难点，要求学生课前充分预习每一讲的内容，在课堂上要积极参与课堂讨论、踊跃发言、主动提问。授课过程中对于动量、能量守恒等重点内容安排较多的学时讲深讲透。课后布置与课程讲解密切相关的基础理论习题和工程问题，让学生加强练习，在加强对理论知识理解的同时，提高学生解决实际问题的能力。经过一段时间的教学，我们发现，这种教学方法有效避免了学生在课堂上注意力不集中容易疲劳的问题，同时有利于他们理解并掌握复杂的流体力学基本理论，并且通过理论联系实际将流体力学的知识应用到课题研究中，使学生可以学以致用。

（二）教学手段

高等流体力学课程是一门理论性和应用性都很强的课程，单一的授课手段肯定是不行的。教学中我们采用板书与多媒体相结合的教学手段，自学与工程案例相结合的方式，既可以调动学生学习的主动性，又能充分利用多媒体教学信息量大、图像清晰生动的特点。在理论推导过程中多采用板书的方式更有利于学生对知识的掌握，而一些实际工程问题或自然中存在的流体力学现象，采用动画或视频的形式进行展示，可以帮助学生建立感性认识，更好地掌握复杂规律。同时，广泛利用线上教学资源，拓宽学生的学习渠道。课题组任课教师结合自己的科研课题和收集的有关工程案例，通过案例讨论和分析，增强学生学习兴趣，提升课程教学的互动效果，增强学生运用理论知识分析并解决工程实践问题的能力。

三、结束语

在高等流体力学的教学过程中，我们结合动力工程及工程热物理学科研究生的学习情况，根据流体力学教学的特点，进行重点突出、内容丰富的讲解，同时结合自己的科研课题，向学生传授学习方法，培养学生创新能力和自主学习的意识，取得了良好的效果。

参考文献

[1]叶学民，李春曦. 高等工程流体力学课程的教学改革与实践[J]. 教育教学论坛，2020(7)：90-91.

[2]张永学，师志成，董守平，等. 高等流体力学课程改革与实践[J]. 中国现代教育装备，2010(17)：66-68.

[3]张莉，李永光，翁建华. 行业类非重点高校"高等流体力学"课程教学的探讨[J]. 中国电力教育，2013(4)：86-87，91.

[4]陈红荣，杨莺. 传热学传统教学的瓶颈和突破刍议[J]. 创新与创业教育，2017，8(1)：139-142.

[5]田道全. 土木建筑教育改革理论与实践(第12卷)[M]. 武汉理工大学出版社，2010：3.

[6]杨世铭，陶文铨. 传热学[M]. 高等教育出版社，2006：7-8.

基于"情动设计"理念的体育专业理论课程思政教学实践研究

李　红　刘光盛　李锦涛

摘　要: 本文通过文献资料法、实验教学法、问卷调查法与访谈法等对大学体育专业理论课程思政教学实践进行研究,提出可以从体育课堂礼仪文化培养、教师素养、教学的组织与教学方法、教学内容等方面进行思政教学,并将情感贯穿于教学的整个过程,切实发挥教师立德树人、传道解惑的作用,为高校培养全面发展的高素质人才发挥作用。

关键词: 情动设计;教学;思政;途径

一、前言

(一)立德树人——高校体育教学肩负的重要使命

2016 年,习近平总书记在全国高校思想政治工作会议上指出,推动高校思想政治工作改革创新,高等教育要始终坚持把立德树人作为中心环节,把高校思想政治工作贯穿教育教学全过程,各门课程都要守好一段渠、种好责任田。要把家国情怀的培养、把社会主义核心价值观的要求、把实现民族复兴的理想和责任融入各类课程教学之中。体育专业理论课作为高校教育的重要组成部分,承担着培养体育专业学生团结友爱、拼搏进取等良好道德品质的责任,各高校应该重视思想政治教育与体育专业理论课的融合,让体育专业理论课与思想政治理论课同向同行,形成协同育人的效应。

(二)体育专业理论课程介绍

该课程涉及的内容非常广泛,主要从宏观上、整体上研究体育的基本特征和发展规律,其中蕴含丰富的思政元素以及德育教材,如人文体育观包含以人为本,思政内容包含反对兴奋剂,关注人自身发展,遵守各种规则;科学体育观可以向学生讲解科技对体育的影响，思政内容为中国改革开放以来体育所取得的伟大成就；该课程还能培养学生的家国情怀，从我国体育发展所获得的成就方面引领学生自信地面对生活与学习，相信国家的伟大，产生强烈的爱家、爱国热情；从竞技体育领域获得奖牌的不易引领学生培养竞争上进的品质、不断努力学习的意识与习惯。

(三)"情动设计"教学理念

"情动设计"理念是一种将情感关怀融入教学之中，教师通过用心备课、用心上课、用心管理课程，让学生感受到教师的关怀之情，感受到集体的温暖以及学习的温暖，从而愿意学、乐意学、用心学。在体育专业理论课程教学中，教师可以采用各种互动的教学方法，抓住教师与学生之间、学生与学生之间的互动机会，让学生在学习中、互动中感受到更多的友爱、关怀，受到更多文化、礼仪等传统知识、美德的熏陶，从而达到不仅让学生主动、积极地参与学习，还培养学生高尚的道德品质、较好的人际交往能力等目的。

二、主要研究方法

(一)实验教学法

选取 2021 级体育教育专业 1 班和 2 班两个班级共 72 名学生进行教学实验，3 班和 4 班为对照组，授课课程为体育专业理论。实验时间为 2021 年 9 月至 2022 年 1 月，在"情动设计"理念下将"思政"融入教学全过程。

(二)问卷调查法与访谈法

教学实验结束后，对学生进行问卷调查，就学生在文明礼仪、团队精神、爱国精神、传统文化等方面的差异性进行比较分析，以证明"情动设计"理念下体育专业理论课程思政途径的可操作性与有效性。

三、结果与分析

(一)实验结果分析

通过对两组学生进行问卷调查与访谈，我们发现两组学生在礼仪素养、团队合作精神、文化自信等方面差异明显，调查问卷情况见表 1。

表 1　课程思政教学效果评价表

问题	选项 1	选项 2	选项 3
经常注意言行举止	是	不是	说不清楚
经常能跟同学很好地合作	是	不是	说不清楚
常有为国家作贡献之心	是	不是	说不清楚
认为我国传统文化优秀	是	不是	说不清楚
清楚体育传统文化	是	不是	说不清楚
对专业学习有信心	是	不是	说不清楚
认为班级很融洽、温暖	是	不是	说不清楚
经常愿意帮助别人	是	不是	说不清楚

课程思政教学结束之后，我们分别对实验组与对照组学生发放了此问卷，经过回收，实验组选择"是"的比例远远高于对照组，说明在教学中采用思政教学方法与手段，并融入相关的思政教学内容，可以发挥课程的育人作用，提高学生的思想政治素养。

(二)"情动设计"理念下体育专业理论课程思政的途径

1. 从课堂礼仪上进行思政

本课程从教学态度上采用"情动"理念给予学生更多的人文关怀，让学生从中感受到集体的温暖，感受到学习知识的快乐，在乐中学、学中乐。

在"情动设计"理念的影响下，我们在开学初根据学生情况并经与学生讨论，制定了班级课堂公约；要求学生遵守课堂公约；要求学生注意穿着打扮、言行举止，并注重与老师和同学之间的礼节以及互帮互助，如师生问好、关心受伤生病的学生等，让学生在学习此门课程知识的同时感受到更多的人文关怀，学会"爱学习、爱老师、爱同学、爱集体"。

2. 从教学内容上进行思政

(1)将中国传统文化融入教学之中

中国传统文化博大精深，其中包涵许多体育传统文化，反映了人民的生活状况与风俗习惯，对研究当今体育的发展具有重要的参考作用。如在体育基本理论课程教学中，讲到"体育手段的特点——历史性"时，可以把中国传统体育文化与教学内容结合起来。具体做法为：在教学实验中，实验班学生人数为72人，将全班学生分成 12 组，每组 6 个人，要求每组学生合作各表演一项传统体育项目。其中有一组学生拿一条长绳当作龙，每个人高举双臂将长绳托起，并摆动双臂模仿龙在空中盘旋，组织"舞龙"游戏。另外，还有模仿龙舟运动的，6 人分成两组，每组 3 人，同时做出划船的动作。学生在表演过程中，老师不停地对学生做出表扬与鼓励，让学生在表演中感受到快乐，又能促使大学生深入地了解我国的民族文化，帮助他们树立民族自豪感。

（2）将民族民间体育项目融入教学之中

民族民间传统体育文化是中国体育文化的重要组成部分，更是中华民族宝贵的文化遗产，它既具有一定的乡土性、地域性、娱乐性，又具有技艺性、健身性，同时还具有较强的教育性。在教学实验中，教师备课时应进行学情分析，了解民族民间文化，并通过多种途径收集民族民间体育项目资料，在备课时将某些民族民间体育项目改造后有机融入教学之中。例如江西民俗之舞——傩舞，亦称鬼舞，我们在体育教学中引导学生模仿傩舞的某些舞蹈动作，了解传统文化。

（3）将爱国教育资源融入体育专业理论课程教学之中

我国的爱国教育资源非常丰富，英雄烈士的爱国情怀、顽强的意志、崇高的信仰都是学生学习的榜样，同时可以帮助学生培养国家归属感、自豪感和自信心，提升道德意识，净化爱国主义理念。爱国主义教育资源无论是理论化的书籍、传统礼俗文化，还是直观的物质载体，都代表着国家的发展，都是国家文化的一部分。

教师备课时应该根据教学内容搜集相关的爱国教育资源，巧妙地融入到专业知识教学之中，表面上看是在讲述专业知识，但同时也在对学生进行思想政治教育。例如讲体育价值观——体育精神时，可以引用中国女排精神，中国女排在国家非常困难的时期取得了五连冠、十一连冠骄人成绩，让学生学习中国女排奋力拼搏、为国争光、无私奉献的精神；可以讲述中国女足浴血奋战获得2022 年亚洲杯冠军的故事……培养学生的拼搏意志以及爱国精神。

3. 从体育教师的素养上进行思政

体育专业理论课教师尤其要注意自己的言行举止，因为体育专业学生从事体育专业，衣着与行为上相对随意，教师站在讲台上，应给学生树立一个好的榜样与引导。教师的仪表、衣着打扮实际上是其心灵的展示，对学生的暗示也就特别明显。所以，体育专业理论课教师作为"授业解惑"之人，更应为人师表，以自己的高尚人格、模范行为来感染、影响并规范学生。

4. 从教学方法与组织方式上进行思政

本课程思政教学采用游戏法、角色扮演法等方法，颠覆了传统课堂授课形式，课堂气氛非常活跃，改变了以往体育专业理论课枯燥现象，为课程增添活力，并注重引领学生思考，让学生获得更多的知识与成长，提高学生学习体育理论知识的积极性。

体育的教学方法与组织方式多种多样，大家一般会根据教学内容与目标来选择合适的教学方法，而事实上每一种教学方法都能达到思想政治教育的目的，只是侧重点不一样，例如讲解法，在体育课中讲解动作细节的时候，可以结合体育项目的发展，从而联系到国家的发展，培养学生的爱国热情，进行爱国主义教育。

四、小结

任何一门课程都具有相应的性质和特点，都应该含有思政资源。任课教师应认真分析课程蕴含的思政元素，在"知识传授、价值引领、品德塑造"思政教学理念指导下，在课程思政的同时，首先上好专业课，进行专业知识的传授，在此基础上，在社会主义核心价值观和民族复兴等价值观引领下培养学生"明礼守纪、观正友善、家国情怀、自强奋进"等价值观与道德品质，将隐性课程与显性课程结合起来，在教授课程知识的同时，让学生接受思政教育，形成有深度、有温度的特色课程。

参考文献

[1]高亮，麻晨俊，孙宇，等.舞龙舞狮在我国普通高校开展的可行性研究[J].体育与科学，2012(4).

[2]鄞嘉川.开展舞龙舞狮运动 弘扬民族传统体育[J].体育时空，2017(7).

[3]王英洁.课程思政背景下中国现代文学课程教学改革与实践[J].吉林农业科技学院学报，2013(3).

[4]吴爱萍."协同"·"配合"：高教课程思政社会建构研究[J]，黑龙江高教研究，2020(2).

基金项目 景德镇陶瓷大学 2020 年度课程思政建设项目——体育基本理论（项目编号：720-04412）。

以习近平法治思想引领宪法学课程思政改革

肖良东

摘　要：2020 年 5 月 28 日，教育部印发了《高等学校课程思政建设指导纲要》，全国各高校掀起了广泛开展课程思政建设的热潮。宪法学是法学本科专业的核心课程，其本身具有政治性和专业性的双重属性，开展宪法学课程思政建设，是培养高等法学专门人才的应有之义。本文旨在把习近平法治思想融入宪法学课程思政建设中，提出了宪法学课程思政建设要以习近平法治思想为指导，论述了以习近平法治思想指引下的宪法学课程思政改革的基本路径。

关键词：习近平法治思想；引领；宪法学；课程思政

一、习近平法治思想的重大意义

（一）习近平法治思想是马克思主义法治理论同中国实际相结合的最新成果

马克思主义法治理论以辩证唯物主义和历史唯物主义为根基，深刻揭示了法的阶级本质、基本特征和规律，科学阐明了法的价值和功能、法的基本关系等根本问题。中国共产党在探索民族发展、国家治理上始终坚持把马克思主义基本原理同中国国情相结合、同中华民族优秀传统文化相结合，与时俱进地推进马克思主义中国化进程。

习近平法治思想坚持马克思主义基本原理，坚持科学社会主义基本原则，根植于中华民族传统法律文化土壤，借鉴了世界法治文明先进成果，取得了法治理论的重大创新和发展，同中国共产党长期的法治实践和法治理论一脉相承又开拓创新，为发展马克思主义法治理论做出了重大原创性、集成性贡献。"习近平法治思想是马克思主义法治理论中国化的最新成果，是中国特色社会主义法治理论的重大创新发展，是习近平新时代中国特色社会主义思想的重要组成部分，是全面依法治国必须长期坚持的指导思想，形成了习近平新时代中国特色社会主义思想的'法治篇'。"①

（二）习近平法治思想是全面依法治国的根本遵循

坚持全面依法治国，是社会主义新中国国家制度和治理体系的巨大优势。习近平法治思想贯穿了政治文明、物质文明、精神文明、社会文明、生态文明建设的各领域，涵盖改革发展稳定、内政外交国防、治党治国治军各个方面，科学指明了推进国家治理体系和治理能力现代化的正确道路，为依法应对国内外重大挑战、抵御各种重大风险、克服重大阻力、解决重大矛盾提供了根本遵循。当前，我们已开启全面建成社会主义现代化强国的新征程，要坚持以习近平法治思想为指导，更好地发挥法治固根本、稳预期、利长远的保障作用，及时把推动改革、促进发展、维护稳定的成果以法律形式固化下来，推动各方面制度更加成熟、日臻完善，为夯实"中国之治"提供稳定的制度保障。②

二、习近平法治思想是第五次宪法修正案的指导思想

（一）宪法的第五次修正案

宪法修正，又称宪法修改。主流观点认为：宪法修改是指宪法修改机关认为宪法的部分内容不适应社会实际而根据宪法规定的特定修改程序删除、增加、变更宪法部分内容的活动。宪法修改的必要性表现在：（1）为了宪法的规定更符合社会实际的发展和变化；（2）弥补宪法规范在实施中出现的漏洞。③ 2018 年 3 月 11 日，全国人大通过了现行宪法的第五次修正案。第十二届全国人大常委会副委员长兼秘书长王晨在第十三届全国人民代表大会第一次会议上作的《关于〈中华人民共和国宪法修正案（草案）〉的说明》中指出：根据新时代坚持和发展中国特色社会主义的新形势新实践，在总体保持我国宪法连续性、稳定性、权威性的基础上，有必要对我国宪法做出适当的修改。

2018 年 3 月 11 日，第十三届全国人民代表大会第一次会议通过的《中华人民共和国宪法修正案》对我国现行宪法做出 21 条修正。具体内容包括：（1）确立

---

① 中共中央宣传部，中央全面依法治国委员会办公室．习近平法治思想学习纲要[M]．北京：人民出版社，学习出版社，2021：9-10．

② 江必新．习近平法治思想是全面依法治国的根本遵循和行动指南[J]．中国法律评论，2022（4）：1-22．

③ 林来梵．宪法学讲义[M]．清华大学出版社，2018（3）：116-118．

科学发展观、习近平新时代中国特色社会主义思想在国家政治和社会生活中的指导地位。在宪法序言第七自然段中增加了"贯彻新发展理念""科学发展观、习近平新时代中国特色社会主义思想指引下"的表述。(2)调整充实了中国特色社会主义事业总体布局和第二个百年奋斗目标的内容。在宪法序言第七自然段中增加"社会文明、生态文明协调发展""实现中华民族伟大复兴"的表述,在宪法第三章《国家机构》第三节第八十九条第六项增加了"生态文明建设"的内容。(3)完善依法治国和宪法实施举措。在宪法序言第七自然段中将"法制"修改为"法治"。(4)充实完善我国革命和建设发展历程的内容。在宪法序言第十自然段中增加"改革过程中"的内容;在宪法序言第十二自然段中增加了"改革的成就是同世界人民的支持分不开的"内容。(5)充实完善爱国统一战线和民族关系的内容。在宪法序言第十自然段中增加了"包括致力于中华民族伟大复兴的爱国者的广泛的爱国统一战线"内容。(6)充实和平外交政策方面的内容。在宪法序言第十二自然段中增加"坚持和平发展道路,坚持互利共赢开放战略""推动构建人类命运共同体"的内容。(7)充实坚持和加强中国共产党全面领导的内容。在宪法第一章《总纲》第一条第二款后增写一句"中国共产党领导是中国特色社会主义最本质的特征"。(8)增加倡导社会主义核心价值观的内容。在宪法第一章《总纲》第二十四条第二款中增加"国家倡导社会主义核心价值观"的内容。(9)修改国家主席任职方面的有关规定。在宪法第三章《国家机构》第七十九条第三款中删除了"连续任职不得超过两届"的规定。(10)增加设区的市制定地方性法规的规定。在宪法第三章《国家机构》第一百条增加一款,作为第二款:"设区的市的人民代表大会和它们的常务委员会,在不同宪法、法律、行政法规和本省、自治区的地方性法规相抵触的前提下,可以依照法律规定制定地方性法规,报本省、自治区人民代表大会常务委员会批准后施行。"(11)增加有关监察委员会的各项规定。在宪法第三章《国家机构》第六节后增加一节,作为第七节"监察委员会",就国家监察委员会和地方各级监察委员会的性质、地位、名称、人员组成、任期任届、领导体制、工作机制等做出规定。

(二)第五次宪法修正案蕴含的核心指导思想

改革开放以来,我国现行宪法进行了 5 次修正,分别为 1988 年、1993 年、1999 年、2004 年和 2018 年修正。"第五次修正案与前四个修正案相比有显著的不同:前四个修正案主要侧重于经济体制的改革与转型;第五个修正案,则着眼于政治、社会和文化等各方面制度的完善,而没有直接涉及经济体制变革的内容。这一显著不同的根本原因在于:前四次宪法修改的历史使命,是为了冲破传统社会主义经济体制的束缚,探索中国特色社会主义道路,建立符合社会主义初级阶段要求的基本经济制度，以解放和发展生产力。而第五次宪法修改的时代背景，则是中国特色社会主义已进入新时代，人民美好生活需求已由物质文化扩展到民主、法治、公平、正义、安全、环境等诸多方面，社会的发展目标也已由摆脱贫穷落后跃升为建设富强民主文明和谐美丽的社会主义现代化强国，实现中华民族的伟大复兴。"①

由此可见，我国第五次宪法修正案是基于我国社会主要矛盾的变化和中华民族伟大复兴的时代要求而做出的时代回应。而习近平法治思想正是站在党、国家和民族的高度，为实现中国"两个一百年"奋斗目标、实现中华民族伟大复兴的中国梦而推进全面依法治国的思想。"习近平法治思想的历史逻辑，站在中国共产党为实现中华民族从站起来、富起来迈向强起来而长期不懈奋斗的宏大历史维度，科学把握'法治兴则民族兴，法治强则国家强'的法治文明建设规律，深刻回答了中国特色社会主义法治从哪里来、到哪里去的历史发展规律及发展趋势等重大问题。"②因此我国第五次宪法修正案是习近平法治思想的生动实践。

(1)第五次宪法修正案确立了习近平新时代中国特色社会主义思想的指导地位，本质上是确立了习近平法治思想的指导地位。习近平法治思想是马克思主义法治理论同中国实际相结合的最新成果，是中国特色社会主义法治理论的重大创新发展，是习近平新时代中国特色社会主义思想的重要组成部分，是全面依法治国必须长期坚持的指导思想，形成了习近平新时代中国特色社会主义思想的"法治篇"。

(2)修正案中充实了坚持和加强中国共产党全面领导的内容，实质是确立全面依法治国的政治方向。始终坚持中国共产党的全面领导是习近平法治思想的本质特征，习近平法治思想系统回答了全面依法治国由谁领导、为了谁和依靠谁的问题。

(3)修正案中完善了依法治国和宪法实施举措。这是习近平法治思想的核心要义，习近平指出："我们要坚持走中国特色社会主义法治道路，加快构建中国特色社会主义法治体系，建设社会主义法治国家。全面依法治国，核心是坚持党的领导、人民当家作主、依法治国有机统一，关键在于坚持党领导立法、保证执法、支持司法、带头守法。要在全社会牢固树立宪法法律权威，弘扬宪法精神，任何组织和个人都必须在宪法法律范围内活动，都不得有超越宪法法律的特权。"③

---

① 邓肆.第五次宪法修正案的历史逻辑与重大发展[J].广西政法管理干部学院学报，2019(1)：10-14.

② 李林.论习近平法治思想的制度逻辑[J].中国法学，2022(4)：26-48.

③ 习近平谈治国理政(第二卷)[M].外文出版社，2017：39-40.

三、习近平法治思想指引下的宪法学课程思政改革路径

(一)宪法学课程思政建设要以习近平法治思想为指导

课程思政就是在各类专业课程中进行德育教育,贯彻党的思想政治理论教育,落实立德树人根本任务,坚持教育"为党育人、为国育才"。课程思政改革应该"深入贯彻落实习近平新时代中国特色社会主义思想,贯彻落实习近平总书记关于教育的重要论述,全面贯彻党的教育方针,解决好培养什么人、怎样培养人、为谁培养人这个根本问题,坚持不懈用习近平新时代中国特色社会主义思想铸魂育人,推动各类课程与思政课建设形成协同效应"。

在宪法学课程思政建设中贯彻落实习近平新时代中国特色社会主义思想,贯彻落实习近平总书记关于教育的重要论述,就是要在宪法学课程教学中落实习近平法治思想的教授,用习近平法治思想培育当下法学专业的高层次人才。因此,新时期宪法学课程思政的建设就是要牢牢把握习近平法治思想这一灵魂,把习近平法治思想贯穿宪法学课程教学的全过程。

(二)宪法学课程大纲修订和教学计划安排要凸显习近平法治思想的重要内容

课程大纲是教师为一门课程教学编写的内容纲要。宪法学课程大纲是高校宪法学教师为了教授宪法而编写的基本纲要,集中反映了国家规定的宪法学专业课程目标任务、教材纲目等;它规定了宪法学的知识范围、技术技能结构,体现国家对该学科教材与教学的基本要求。教学计划是对教学大纲的具体实施安排,包括教学内容、重点和难点、教学步骤进度等安排。

宪法学课程思政欲以习近平法治思想为指导,就必须把习近平法治思想贯穿于宪法学课程大纲和教学计划中。概而言之,包括两大原则:一是要牢牢把准习近平法治思想有关全面依法治国的政治方向,二是牢牢把握习近平法治思想有关全面依法治国的价值追求。具体而言,必须凸显以下内容:

(1)习近平法治思想中关于坚持党对全面依法治国的领导的内容。2012 年 11 月 17 日,习近平在主持十八届中央政治局第一次集体学习时,就强调"党政军民学,东西南北中,党是领导一切的"。① 坚持党的领导,是社会主义法治的根本要求,是中国特色社会主义最本质的特征,是社会主义法治最根本的保证。社会

---

① 习近平谈治国理政(第三卷)[M]. 外文出版社,2020:85.

主义法治必须坚持党的领导，党的领导必须依靠社会主义法治。习近平总书记指出："把坚持党的领导、人民当家作主、依法治国有机统一起来是我国社会主义法治建设的一条基本经验。我国宪法以根本法的形式反映了党带领人民进行革命、建设、改革取得的成果，确立了在历史和人民选择中形成的中国共产党的领导地位。"①"必须坚持党领导立法、保证执法、支持司法、带头守法，把依法治国基本方略同依法执政基本方式统一起来，把党领导人民制定和实施宪法法律同党坚持在宪法法律范围内活动统一起来，善于使党的主张通过法定程序成为国家意志。"②

（2）习近平法治思想中关于坚持以人民为中心的内容。"江山就是人民，人民就是江山。中国共产党领导人民打江山、守江山，守的是人民的心。治国有常，利民为本。"③以人民为中心是中国特色社会主义法治的根本立场。坚持以人民为中心，深刻回答了推进全面依法治国，建设社会主义法治国家为了谁、依靠谁的问题。我国社会主义制度保证了人民当家做主的主体地位，也保证了人民在全面推进依法治国中的主体地位，这是我们的制度优势，也是中国特色社会主义法治区别于资本主义法治的根本之所在。

（3）习近平法治思想中关于坚持中国特色社会主义法治道路的内容。习近平总书记指出："全面推进依法治国，必须走对路。如果路走错了，南辕北辙了，那再提什么要求和举措也都没有意义了。""中国特色社会主义法治道路是一个管总的东西。具体讲我国法治建设的成就，大大小小可以列举出十几条、几十条，但归结起来就是开辟了中国特色社会主义法治道路这一条。"④

（4）习近平法治思想中关于坚持全面依法治国的总体布局的内容。习近平法治思想立足全局，明确了全面依法治国的整体布局，确定了全面依法治国的总目标、总抓手、基本任务、推进方略。⑤ 建设社会主义法治国家是全面依法治国的总目标；坚持建设中国特色社会主义法治体系是推进全面依法治国的总抓手；坚持依宪治国、依宪执政是推进全面依法治国的首要任务；坚持在法治轨道上推进国家治理体系和治理能力现代化是全面依法治国的根本任务；坚持全面推进科学

① 习近平. 论坚持人民当家作主[M]. 中央文献出版社，2021：53.

② 2022年国家统一法律职业资格考试辅导用书之习近平法治思想、法理学·宪法·中国法律史、司法制度和法律职业道德[M]. 法律出版社，2022：6-8.

③ 习近平. 高举中国特色社会主义伟大旗帜，为全面建设社会主义现代化国家而团结奋斗——在中国共产党第二十次全国代表大会上的报告[M]. 人民出版社，2022：46.

④ 习近平. 论坚持人民当家作主[M]. 中央文献出版社，2021：110.

⑤ 江必新. 习近平法治思想是全面依法治国的根本遵循和行动指南[J]. 中国法律评论，2022（4）：11.

立法、严格执法、公正司法、全民守法是全面依法治国的重要环节；坚持依法治国、依法执政、依法行政共同推进，法治国家、法治政府、法治社会一体建设是全面依法治国的推进方略；坚持依法治国和以德治国相结合是全面依法治国的鲜明特色；坚持依法治国和依规治党相统一是习近平法治思想的基本要求。

（三）运用案例教学法，把习近平法治思想的鲜活实践编写成宪法学课堂教学的典型案例

"法学案例教学法是高校法学教学的一门艺术，基本特点就是教学中选用精当的案例……以培养学生运用法律的思维对法律事实进行分析的能力，实现对法律基本原理和规范的准确理解。"[①]2020年5月28日，教育部印发的《高等学校课程思政建设指导纲要》指出："要创新课堂教学模式，推进现代信息技术在课程思政教学中的应用，激发学生学习兴趣，引导学生深入思考。"把习近平法治思想的鲜活实践编成教学案例恰恰能够把抽象的法理规范转化成生动的实际事例，把理性思维转化成形象素材，能够调动学生积极性、主动性，引导学生深入思考。这样便可以把深奥的、艰涩的宪法学法理，通过案例教学让学生深入思考，对理解和深刻掌握习近平法治思想和宪法规范不无裨益。

（四）创新教学方式，把习近平法治思想融入宪法学第二课堂实践

宪法学课程是高校法学本科专业的核心课程，承担起法学专业人才培养的基础理论传授和运用宪法学理论分析解决问题的育人重任，是一门兼具理论性和实践性的专业课程。当前，我国高校法学本科实践教学长期存在很多问题，比如：实践教学形式单一（等同于实习）、实践教学模式僵化（走过场、混学分，有实习计划、实习证明及实习成绩，但无司法实务技能）、实践教学师资匮乏、实践教学重视不够，以及受众小、成本高等问题。教育部发布的《高等学校课程思政建设指导纲要》明确指出："要综合运用第一课堂和第二课堂，组织开展'中国政法实务大讲堂''新闻实务大讲堂'等系列讲堂，深入开展'青年红色筑梦之旅''百万师生大实践'等社会实践、志愿服务、实习实训活动，不断拓展课程思政建设方法和途径。"因此，有必要开展宪法学实践教学的探索，创新宪法学第二课堂实践教学方式，以及与社会组织联合开展实践教学活动等。通过创新实践教学模式，把习近平法治思想融入宪法学第二课堂实践教学中。

---

① 肖良东. 国际私法案例教学法浅议[J]. 科教导刊，2012(8)：90.

（五）以习近平法治思想的核心要义构建宪法学课程思政建设质量评价体系指标

2020 年 5 月 28 日，教育部发布的《高等学校课程思政建设指导纲要》指出："人才培养效果是课程思政建设评价的首要标准。建立健全多维度的课程思政建设成效考核评价体系和监督检查机制，在各类考核评估评价工作和深化高校教育教学改革中落细落实。……研究制订科学多元的课程思政评价标准。""当前法学专业课程思政建设中存在'重讲授过程、轻考核方式'现象，以期末考试的终结性评价为主要方式，评价标准单一，课程思政建设仅仅停留在教师讲授层面，缺乏师生互动，学生缺乏积极性，课程思政的建设会陷入泥潭，无法推进。"①

要提升课程思政的建设效果，让宪法学课程思政取得实效，建立科学有效的课程思政建设评价机制和合理的评价标准体系是必不可少的。要把习近平法治思想的核心要义的灵活掌握和运用，作为法学人才培养效果评价的基本要素。在考核内容的设计上，突出习近平法治思想的核心要义，比如在宪法学原理部分，突出习近平法治思想的人民性和无产阶级专政的本质，突出中国特色社会主义的价值取向；在宪法学的理论发展部分，凸显中国特色社会主义法治发展道路，以及在世界宪法发展史上的话语权；在国家机构部分，要凸显中国的人民代表大会制度和协商民主的内容；在公民基本权利和义务部分，突出坚持以人民为中心的思想；在宪法保障部分，要强化中国特色社会主义，法治国家、法治政府、法治社会一体建设等内容。

参考文献

[1]习近平. 论坚持全面依法治国[M]. 中央文献出版社，2020：92-105.

[2]中共中央宣传部，中央全面依法治国委员会办公室. 习近平法治思想学习纲要[M]. 人民出版社，学习出版社，2021：9-10.

[3]习近平. 高举中国特色社会主义伟大旗帜，为全面建设社会主义现代化国家而团结奋斗——在中国共产党第二十次全国代表大会上的报告[M]. 人民出版社，2022：46.

[4]林来梵. 宪法学讲义[M]. 清华大学出版社，2018：116-118.

[5]肖良东. 国际私法案例教学法浅议[J]. 科教导刊，2012(8)：90.

---

① 孟庆瑜，黄博涵. 高等院校法学专业课程思政建设的思考[J]. 河北经贸大学学报（综合版），2022(3)：39.

［6］江必新．习近平法治思想是全面依法治国的根本遵循和行动指南［J］．中国法律评论，2022（4）：1-22．

［7］邓肆．第五次宪法修正案的历史逻辑与重大发展［J］．广西政法管理干部学院学报，2019（1）：10-14．

［8］李林．论习近平法治思想的制度逻辑［J］．中国法学，2022（4）：26-48．

［9］孟庆瑜，黄博涵．高等院校法学专业课程思政建设的思考［J］．河北经贸大学学报（综合版），2022（3）：39．

基金项目　景德镇陶瓷大学 2019 年度课程思政建设项目——"宪法学"（项目编号：KCSZ-19-Y036）。

略论经济法教学中课程思政与案例教学的融合

——以景德镇陶瓷大学经管专业为例

吴白云

摘　要：课程思政的本质和理念是立德树人、协同育人，要求教师突破传统的教学模式和教学方法，实现知识传播、价值塑造和能力培养的多元统一。经济法课程教学中多运用案例分析方法并充分融入思政元素，有助于提高教学效果，增强学生分析问题能力及创造能力，引导学生树立正确的国家观、民族观、历史观、文化观。文章围绕景德镇陶瓷大学经管专业经济法课程教学中存在的问题，提出了对该门课程课程思政与案例融合的一点思考，以期对该门课程教学效果的提升有所帮助。

关键词：经济法；案例分析；课程思政；融合

教育兴则人才兴，教育强则国家强。习近平总书记在全国高校思想政治工作会议上强调，要坚持把立德树人作为中心环节，把思想政治工作贯穿教育教学全过程，实现全程育人、全方位育人，努力开创我国高等教育事业发展新局面。经济法课程是一门实践性极强的课程，学生理解有关经济法律理论，熟练掌握相关的经济法律知识，对于规范今后在实际工作中的经济行为，运用法律知识充分维护自身和单位的合法权益具有十分重要的意义。然而传统的教学方式越来越不适应经济发展对高素质人才的要求，在没有任何法律专业基础知识作为铺垫的情况下，如何在有限的学时内提升学生的学习效果并实现全方位育人是摆在我们面前迫切需要解决的问题。

一、经管类专业经济法课程教学现状

（一）学生法律基础薄弱

经济法涵盖面极广，涉及市场主体法、市场管理法、宏观调控法及社会保障法，可谓博大精深。随着近些年全国高校的扩招，学生的整体素质一年不如一年，很多学生缺乏应有的社会知识，知识面极其狭窄，理解能力也较差，再加上一般都是两三个自然班排在一起组成 100 多个学生的大课堂，导致任课教师迫于课时少和教学进度的压力，大部分情况下往往采用直接讲授的方法，学生只能被动地接受，被动地背诵一些相关的法律条文，很多法律条文枯燥无味、艰涩难懂，学生慢慢地失去了学习的兴趣，最终导致教学效果不尽如人意。

（二）侧重于理论知识的讲解，忽视学生实践能力的培养

传统教育模式的影响根深蒂固，不少教师还是习惯于传统的"填鸭式"教学，注重向学生传授系统的、逻辑严密的理论知识。然而本校目前经管类学生的现状是：会计、管理、市场营销、财管等各专业都在大三开设经济法课程。由于不是法律类专业，学生在大一时没有学习任何相关的前期课程，可以说没有任何法律知识的铺垫，这就决定了经济法课程的教学极易成为"无源之水"。因此，任课老师经常会遇到这样的问题：当提到专业的法律概念时，学生往往一头雾水，理解不了。很多知识无法进行深入的探讨，只能蜻蜓点水，一带而过，学生也会觉得费解和枯燥，最终的结果是难以开发学生的智力和培养学生的法律思维，学生缺乏思考和解决经济法律问题的能力。

二、课程思政与案例教学融合的必要性

案例教学法是指在教师的指导下，根据教学目标和内容的需要，采用案例组织学生进行学习、研究的方法。案例教学法最早在 20 世纪哈佛大学商学院管理课程的教学中采用，随着我国教育改革的推进，案例教学法已在多学科的教学中得到了应用。教学实践证明：案例教学法改变了传统教学模式，有利于拓宽学生知识面，调动学生的积极性，培养学生创造性思维能力；案例教学法能推动教师深入实际，提高自身业务水平，起到教学相长的作用。

但是，案例教学不是独立的教学形式，应该是课堂理论教学的有效辅助手段，它不能替代系统的理论学习，特别是经济法课程，涉及很多的法律条文和一些重要的基本概念，因此，传统教学仍然是必不可少的主要教学方式。作为经管类经济法课程的老师，我们应该积极探索如何更好地把案例运用到理论教学以不断提高学生学习能力和开发自身潜能。同时，在课程思政的大背景下，如何将思政元素有机融入案例，实现全方位育人也是任课老师需认真思考并付诸实践的一项重要工作。

三、对经管类专业经济法课程课程思政与案例教学融合的几点建议

(一)充分挖掘经济法课程中的思政元素

以目前本校的经济法课程为例,课时为 48 学时,因此要在有限的教学内容中充分挖掘出相关章节中的思政元素。《公司法》中可侧重引导培养学生的企业社会责任,并强调公司"董监高"的忠实和勤勉义务;《知识产权法》通过导入中美贸易战的大背景,鼓励学生树立创新意识,激发学生的家国情怀;《合同法》注重强调诚实信用和合法性,培养学生的守约意识;《产品质量法》强调企业的社会责任和产品质量责任等。

(二)精心挑选案例并自然融入课程思政

老师上课前要精心设计,挑选合适的案例导入,并在分析的过程中自然融入课程思政,做到如盐入水,润物无声。

比如《知识产权法》比较抽象和空洞,学生往往难以提起兴趣。笔者在教学过程中,导入中国空间站的图片,让学生感受满屏的中国元素,告诉他们空间站操作屏幕全部是汉字,以后天空中唯一的空间站就是中国的空间站,航天员在外太空穿的航天服也是拥有完全自主知识产权的,激发学生满满的民族自豪感,并由此引入国家鼓励创新,知识产权战略已经上升为国家战略,激发学生为实现中华民族的伟大复兴而积极投入到"双创"活动之中。通过美国制裁华为,孟晚舟被加拿大羁押 1028 天后,乘坐中国政府包机顺利回国的案例,告诉同学们:"如果信念有颜色,那一定是中国红。"《证券法》通过引入内幕交易的案例,让学生深深体会到内幕交易不仅是违法行为,更可能是犯罪行为,任何人必须遵守法律的规定,否则就要承担相应的民事责任或者刑事责任。总之,通过每个章节设置相关案例,引导学生关注和思考热点问题,开拓学生的思路,激发学生的学习热情,并充分挖掘思政元素,厚植学生的家国情怀、社会责任和守法意识。

(三)编写内容新颖、案例丰富的经济法辅导材料

目前经济法是统一的部编教材,比较适合法学专业的学生学习,而本校的经管类学生没有法律基础理论的支持,更应注重实践和动手能力的培养。因此,任课老师可以编写内容新颖、案例丰富的经济法辅导材料,来帮助学生更好地掌握相对枯燥的法学理论知识,从而做到学以致用,让学生通过配套的练习,真正获得学习的满足感,从而激发学生的学习热情,提升教学效果。

参考文献

[1]金浏河，高哲. 对课程思政的几点思辨[J]. 现代职业教育，2017(18)：45-46.

[2]房宏君，郭秀金. 组织行为学课程思政建设策略研究[J]. 经济师，2019(3)：121-122.

[3]林静，唐亚琴. 以学生为中心思政课程与课程思政协同育人路径探析[J]. 黑龙江教育，2020(5)：67-68.

创新性思维在漆陶课程中的应用

何　芹　李新青

摘　要：随着社会经济的发展和高等院校"双一流"学科建设的改革推进，尤其是国务院批复同意设立"景德镇陶瓷文化传承创新试验区"，用以传承和弘扬陶瓷文化，全面提升陶瓷文化的国际影响力，要实现这个目标自然离不开人才。对于人才的培养，景德镇陶瓷大学从教育观念到教学方式都进行了相应的调整。以陶瓷综合材料专业漆陶课程为例，漆陶课程无论是从教学方式、教学内容还是教学实践始终以培养学生的创新性思维为目的，为学生适应社会竞争提前打好基础。

关键词：创新性思维；漆陶课程；跨界

陶瓷和漆艺在我国有着悠久历史，是我国重要的非物质文化遗产。科技的发展，社会的进步，对创新性人才提出新要求，漆陶课程始终围绕学生创新性思维的培养，进行各种教学调整。

一、创新性思维的培养要求学生具备专业素养

教学上的创新，是在原有教学基础上的更新、创作和改变。培养学生的创新性思维，就是培养学生以一种新的观念去探索和创作作品，这就要求学生具有一定的专业素养，其涉及的知识领域有漆与陶的历史、漆与陶的材料、漆与陶的设计、漆与陶的工艺流程等与专业相关的诸多内容。学生掌握一定的专业基础知识，才能提升自己的专业素养。

二、创新性思维在漆陶教学中的运用

(一)教学方式的多样性

随着时代的进步、科技的发展，我们步入信息化时代。多媒体教学就是漆陶

课程教学中常用的计算机辅助教学形式。学生通过网络技术可以掌握和了解一些国内外优秀的作品以及最前沿的设计资讯，并从老师对经典作品的讲解和分析中获取所需信息，再组对展开讨论、比较、分析、总结，最终形成自己的个性化创作。所以时刻关注和掌握前沿的设计资讯，大量收集与课程相关的国内外信息资源，可有效提高授课质量。

（二）教学内容的丰富性

漆陶课程将两种材质有效地结合在一起，在材料的应用上实现跨界，在设计语言上融入新的理念。不断改进这门课程的教学方法和设计理念，可达到丰富教学内容的目的。新的授课计划要求学生在两年的时间里，学会与漆陶有关的专业知识、陶瓷成型的相关技法以及熟悉漆陶材料的表现语言、工艺流程。之后两年进入与漆陶结合的创作课程。漆陶艺术留给学生自我发挥的空间较大。

每一次课堂习作我们都要求学生之间进行相互点评，学生在对其他同学作品评价的同时，也提升了自身的艺术修养，并将从作品中获得的灵感，再次应用于创作中去，创作出具有自我艺术语言符号的作品，表达出具有自我强烈情感的艺术潜能。学生们也可以通过作品增加自信，从而以饱满的热情投入新的创作中，达到创新的目的。

因此在传统的教学中注入新的方式、新的教学模式和新的理念，让作品无论是在造型还是装饰手法上都可以有多种新颖的艺术效果，为漆陶结合的教学内容提供极大的发展空间。

（三）创新性思维在教学实践中的运用

我国是最早使用漆陶器的国家，其历史可以追溯到新石器时代，汉代漆陶器随着漆器的发展达到高峰，漆与陶结合工艺达到鼎盛时期是在唐代。漆陶课程不仅是对传统漆艺与陶艺的传承，更是传承之后的再创作。再创作就是再创新，做别人没有做过的，想别人没有想过的。

漆陶结合的方式有两种：一种是以陶为胎，漆艺装饰覆盖全部，整件作品以漆艺装饰及技法为主；另一种形式是陶瓷作为主体造型材料，以漆艺髹饰为装饰媒介，漆陶课程的教学实践更加倾向于后者。漆陶结合的作品有生活日用瓷和陈设瓷两类，前者是理性的，后者是感性的。

案例1：茶具《古风系列》（图1）。自古以来我国便盛行茶道，时至今日，茶依然是友人之间互赠礼品的最好方式。说起饮茶，自然离不开茶具。茶具经过高温烧制成型，但在使用中不慎被打碎。金缮是漆艺技法中用大漆修缮残缺器物的专门技法，金缮强调以"金"来修缮器物，属于漆艺的延伸。在修缮的过程中匠人可根据陶瓷的残缺程度以及自己的审美对残缺器物进行自主增加、修改或是转变残件的外形或是功能。经过金缮后的茶具其裂缝处就像是添加了许多金，也起到了一定的装饰效果，使本已废弃的茶具重获新生，更具重生之美，更可以让使用者感知到陶之润，漆之美。

图 1 《古风系列》

案例 2：《自然而然系列一》（图 2）。作品的主体造型，作者采用了泥板成型和拉坯两种技法，经柴烧成型。在没有釉色装饰的基础上用漆艺中的金粉进行装饰，金的富丽堂皇与粗犷的陶泥表面肌理形成对比。

案例 3：《自然而然系列二》（图 3）。与《自然而然系列一》相比，《自然而然系列二》沿用了《自然而然系列一》的成型技法及烧成方式，但是在装饰语言上发生了变化，采用了漆艺中的蛋壳镶嵌和髹饰两种技法。相同的成型方式不同的装饰语言，陶泥粗犷与漆艺温婉细腻的对比，形成了不一样的视觉效果。

图 2 《自然而然系列一》

漆艺在装饰和表现形式上可以呈现多种视觉效果，其丰富性人为可控，而陶瓷的多种成型技法，丰富多样的釉色经火的洗礼呈现出不可控的画面效果。偶然性和必然性的结合成就了漆陶作品的唯一性。这种偶然性和必然性随着学生对漆陶艺术的文化价值和形式语言、精神意蕴的深入探索，将给学生带来无限的创作空间，激发学生的创新思维与动手能力。

图 3 　《自然而然系列二》

三、创新性思维在漆陶课程中的意义

　　"创"就是与众不同，要设计出别人没有的样式。"新"不是怪异，不是哗众取宠。"新"不是要设计出多么出奇、多么怪诞的作品，而是在朴实的不经意间的自然流露与表达。创新其实是一种对文化的传承、对一种时尚革新，是一场视觉的惊艳，是在平常中出乎意外，是蓦然回首"她"在灯火阑珊处的惊喜。

　　漆陶的结合不光是材质上的结合，更是各种技法的重组、创新材料的应用，创新性思维在漆陶课程中的应用有利于拓展学生的创新性思维，有利于提高学生的动手和创作能力，更有利于培养学生的创新能力和强化学生的感知能力，让学生的整体创新水平得到提升，达到行云流水、一气呵成的境界。

　　学生将这两种材料运用自如，依托于艺术创造力，达到思想观念的转变，从而可以有效地促进艺术创新的发展。深入理解漆陶艺术中蕴含的民族文化的内涵，做到与时俱进，顺应时代的发展，不断转变观念，才可以更好地传播传统文化，从传统中吸取营养，构建属于本民族特色的艺术形式。

　　艺术的本质在于创新，对漆陶课程的教学不断探索，可给传统文化的传承与发展注入源源不断的活力，从而为陶瓷综合材料专业发展培养更多优秀的人才。对漆陶材料的跨界的研究是漫长曲折的过程，但也是尝试融汇各种形式语言、工艺的过程，更是对当代精神资源的融合与表达的体现。

参考文献

[1]梁芳．漆艺材料跨界教学实践研究[J]．艺苑，2020(8)：104.

[2]吕金泉．日用陶瓷创新设计之我见[J]．陶瓷学报，2016(5)：565-566.

[3]黑川雅之．世纪设计提案[M]．王超鹰，译．上海人民美术出版社，2003：202.

基金项目 江西省高等学校教学改革研究课题："双一流"驱动下陶瓷综合材料类课程开发与设计——以综合材料与设计陶瓷与漆艺课程为例(项目编号：JXJG-20-11-1)。

"电子封装与传感技术"课程群思政改革及实践

余石金 朱 华 胡克艳 曹良足 韦 莺

摘 要："电子封装与传感技术"课程群由电子科学与技术专业核心课程组成。挖掘和拓展电子封装与传感技术课程群中蕴含的思想政治元素，通过合理的教学方案设计，采用理论与实践相结合的模式，在日常接触的芯片产品或传感器中加入课程思政元素，可促进课程群理论知识与思想政治理论课同向同行、协同育人。项目实施后，学生对"电子封装与传感技术"课程群的学习兴趣明显增强，教学效果很好，学生的成绩得到了显著提高。

关键词：课程思政；课程群；思政内容；实践

习近平总书记在 2016 年全国高校思想政治工作会议上指出，高校教师要用好课堂教学，各类专业课要与思想政治课同向同行，形成协同效应。课程思政从广义层面理解就是以思政理论课为圆心，基础课、专业课以及思政教育活动为外圆，构建思政同心圆；从狭义层面理解，课程思政就是基础课、专业课要共同发挥所蕴含的思想引领与政治教育功能，促使学生形成正确的世界观、人生观、价值观。无论是广义还是狭义层面，都对非思政课教师提出了更高要求。如果任课教师没有足够的思政意识，或对所教课程的思政目标和思政元素不明确，就不能产生很好的思政育人效果。因此，课程思政也是基础课、专业课等非思政课教师探索与实践的课题。目前，教师在课堂上偏重专业知识讲解，忽视了学生的思政教育，没有将思政内容有机渗透，存在思政与专业课内容"两张皮"现象，无法达到润物细无声的育人效果。

"电子封装与传感技术"课程群由电子科学与技术专业核心课程组成，包括电子封装与组装、传感器原理与技术、电子功能材料与器件、半导体器件物理等。课程群思政效应须具有增强课程趣味性和实现立德树人并重的效果，因此，结合课程群思政要求，将课程思政目标确定为：将芯片集成电路、传感器的日常应用与专业知识学习相结合，激发学生个人理想与社会责任感；专业基础课与承载正确的世界观、价值观教育相结合，立德树人；工科学生关心社会与学习技术相统一，爱国敬业。

一、课程群的思政内容

作为专业课，"电子封装与传感技术"的理论性强，而且工艺与应用内容较多。课程需要学生掌握半导体器件物理、传感器原理以及电子封装原理的基本概念、基本原理和基本理论，并理解各类电子效应、光电子效应、电磁耦合效应等的内在联系，学生在理论学习过程中感觉枯燥难懂。工艺与应用内容多是指课程群中涉及多类电子产品的制备与应用，学生在学完某一知识模块后，应该以日常生活中的相关电子产品为例进行组装与应用，达到检验理论知识与实践操作的学习效果。根据"电子封装与传感技术"课程群的教学大纲，其教学内容主要包括以下6个模块：半导体材料基础知识、半导体器件工作原理、传感器结果与工作原理、电子封装工艺、封装性能测试、电子器件应用。在确保课程群核心理论知识的前提下，我们在教学中充分挖掘课程蕴含的思政元素，具体思政内容确定为以下几个方面：

(1)从近年来国内外芯片科技之争出发，培养学生的社会主义核心价值观，实现价值引领。从中兴事件、华为事件、中美集成电路芯片之争切入，讲解我国当前集成电路产业发展所面临的国内外形势，引导学生进入集成电路(芯片)行业，并以振兴我国集成电路行业为己任，体现社会主义职业精神，渗透思政及道德教育。

(2)结合我国优秀的民族精神，弘扬工匠精神。从庖丁解牛到"两弹一星"、载人航天、高铁等，展现对工匠精神的继承与发扬，提高学生创新能力，加快建成电子元器件制造强国，推动行业高质量发展。

(3)结合我国行业精英的感人事迹，强调家国情怀与社会担当。从钱学森、梁孟松等知名科学家与产业精英出发，讨论电子行业从业者在技术方面不仅需具有全球视野，还要在产业产品方面具有强烈的家国情怀。科学技术无国界，但科学家有祖国。

(4)结合电子产品在日常生活和工业生产中的广泛应用，鼓励学生采用本课程的内容去思考、改进电子产品，服务于人民的生产生活。

二、思政内容实践

(一)从芯片之争出发，结合国内外产业形势谈价值引领

半导体集成电路元件为"工业之米"，电子封装是半导体三大产业之一。在

电子封装与组装、半导体器件物理中，电子工艺流程是课程核心内容。因当前中美关于芯片科技之争，课程中出现的相关知识点极易得到同学们的共鸣，同时也是进行课程思政的极佳时间节点。从中兴事件、华为事件、中美集成电路芯片之争出发，我们讲解当前集成电路产业发展所面临的国内外形势，培养学生的集成电路(芯片)封装、测试与应用能力，以振兴我国集成电路行业为己任，提高学生创新能力。

(二)结合元器件缺陷分析，谈工匠精神的重要性

"曼哈顿"现象乃由再流焊过程中无源元件两端焊盘上锡膏的表面张力不平衡所致，其表现为元器件部分或完全地竖起，如同美国纽约曼哈顿地区的摩天大楼。如何解决"曼哈顿"问题？这对集成电路封装工程师提出了更高的要求，要求对加工过程中每一步的控制做到精益求精。正如我国古代庖丁，对牛身体的各个部分牢记在心中，"未尝见全牛"，刀入牛身若"无厚入有间"而游刃有余。我国国家航天局要求火箭、卫星和空间站的各个零部件应反复打磨，确保质量万无一失，实现我国航天事业的高质量发展。通过视频资料《大国重器——IGBT芯片和超级工程》，我们提醒大学生要有大国工匠精神，反复实践，日积月累，掌握事物的客观规律，提升产品质量(图1)。

图1　工匠精神案例——庖丁解牛与中国空间站

(三)结合电子器件在物联网中的应用，提高人民的生活水平

近年来，老百姓密切接触的5G网络，广大民众只知其有更高的数据传输功能，殊不知其在物联网与智慧生态中具有更广应用。教师可结合自身经历，讲解目前智慧家居与智慧工厂的发展，从早上起床的光感声控灯、网络指令控制的电动窗帘、厨房的智能型电饭锅豆浆机、手机控制的电动汽车、自动驾驶以及企业

的物联网智慧型生产等，都离不开 5G 应用，也可通过播放视频让学生理解芯片与传感器在智慧生态中的应用。如，光感声控灯是如何工作的，涉及课程群中的哪些知识？首先，房间亮度不足，需要开灯来补充，由光敏传感器来进行判定；其次，通过声音指令来开灯，力敏传感器接收到声音的信息；最后通过半导体三极管来实现房间灯亮度的智能控制。无人智慧工厂生产如何实现？原理是使用各类传感器来替代人进行各种判定。如在手机屏的黑暗智慧生产车间，从玻璃切割到手机屏成品检测，均可采用自动化设备完成，每一步加工均包括来料检测、加工、过程监测、次品筛查等，无一例外均是在多个力敏传感器、光敏传感器、热敏传感器以及实时通信光纤模块的通过合作下完成的。电子元器件在日常生产生活中的应用，不仅把人们从生产线上解放出来，也提升了人们的生活质量。

随着科技的进步，精准农业、温室大棚使得人们在冬季可吃到各种各样的蔬菜。卫星、高铁、核电成为中国的一张张名片，要告诉学生所学知识其应用范围可以大到航空、航天，小到日常应用，鼓励广大同学发愤图强，努力掌握科技知识，做一个合格的社会主义接班人。

三、课程思政效果分析

课程思政的引入，为"电子封装与传感技术"课堂增加了趣味，学生反响良好，较大地提升了教学效果，具体体现在以下三个方面：

(1)课堂上学生不仅学到了课程的专业知识，而且受到了潜移默化的思政引导，改变了以往枯燥沉闷的专业课学习氛围，课堂更加风趣、充满活力。

(2)引入贴近学生生活的工程案例开展情境引入式教学，让学生分组讨论，培养团结协作的合作精神，加强对安全意识、标准及技术规范的学习，引导学生重视工程职业道德和行业法规。

(3)通过课后观看《大国工匠》《大国重器》等纪录片中的光电子产品内容，激发学生的爱国情怀，增强学生对专业甚至民族的认同感和使命感。

四、结语

"电子封装与传感技术"课程群由多门工科属性较强的专业课组成，但其德育功能亦不可失。笔者在教学中紧紧围绕专业人才培养目标，在课程体系中融入思政内容，有意识、有计划、有步骤地将专业教学内容和思政元素有机融合；在坚守专业定位的同时，将社会主义核心价值观融入课堂，在教学实践中体现课程思政，培养学生的职业道德素养、家国情怀意识和责任使命担当。课程思政建设需要广大专业课教师自觉与思政工作者协同做好育人工作，构建起全员全程全方位育人的"大思政"格局，实现培养高素质人才的目标。

参考文献

［1］陆为群．高师院校课程群建设的原则和策略［J］.黑龙江高教研究，2007（11）：110.

［2］张景森，杜振川，等．高校课程群建设理论与实践中的几个问题［J］.现代教育科学，2015(9)：64-69.

［3］白雪梅，陈宇，张晨洁．工程教育专业认证背景下电子技术课程群理论教学改革的研究［J］.科技教育，2018(28)：187-189.

基金项目　1. 江西省教育厅教改项目：OBE-CDIO 理念下电子技术课程群教学体系的构建与研究(项目编号：JXJG-19-11-4)。

2. 江西省教育科学规划项目：新工科建设与工程教育专业认证背景下模块化课程体系的构建与实践研究(项目编号：21YB156)。

新文科背景下知识产权实践课程改革研究

张俊发

摘　要：新文科背景下，面对新需求、新变化、新阶段、新特征、新考验，知识产权人才培养应朝着复合型、融通型、交叉型目标转变。作为人才培养的重要环节之一，传统形式的知识产权实践课程不利于这一目标的实现。对此，知识产权实践课程应当进行改革。具体而言：其一，重新设置符合新文科需求的实践课程内容；其二，建立体现产出导向的实践课程考核测评机制；其三，强化双师型教学模式在知识产权实践课程中的应用。

关键词：新文科；知识产权；实践课程

党的十九届五中全会确立了高等教育发展的新目标和新要求，提出了"全面推进新文科建设"的发展内容，主动引领世界高等教育变革。作为培养复合型、应用型创新人才的重要平台，知识产权专业具备鲜明的交叉学科特征，其与"新文科"的建设理念高度契合。然而，知识产权实践课程在现实中面临着诸多困境，其课程设定目标未能实现。本文以新文科作为背景研究知识产权专业实践课程改革问题，以期通过实践课程的改革最终实现提升知识产权专业学生业务能力的目标。

一、新文科背景下知识产权实践课程现状及存在的问题

近年来，我国知识产权专业建设虽然取得了一定成就，但是地方高校知识产权教育的实践教学环节却面临诸多问题，影响了知识产权人才的培养成效。传统高校知识产权人才培养模式在培养体系、培养方法及培养支撑体系上存在不足，课程体系未体现新科技、新经济业态及国际化元素，教学内容重理论而轻实践，不能适应国家科技创新和高质量知识产权人才培养需求，亟待进行调整和优化。

在实践课程上，主要表现在：其一，实践课程形式化严重，学生的实践能力未能在实践课中得到实质性提升。实践课的主要目的在于提升学生的实践能力，

这种实践能力的培养需要让学生参与到实践活动中。实践课程存在形式化势必会影响学生实践能力的培养，这种形式化的现象亟待解决。

其二，实践课程评价体系缺乏，影响实践课的教学效果。课程评价是考查学生掌握知识的重要指标体系。但是，在实践中，由于实践课程不像理论课程那样可以通过考试的形式来对学习效果进行评价，使得实践课程的教学效果不佳。实践课程评价体系的缺乏也是实践课程教学效果大打折扣的重要原因。

其三，实践课的目的地单一，不能体现知识产权的交叉学科特征。知识产权专业以其复合型、专业型而受到大家广泛关注。然而，在实践中，实践课程目的地的选择并没有体现知识产权专业的复合型特点，仍属于传统的大法学下的知识产权法学。因此，如何拓展知识产权专业的实践目的地也是知识产权实践课程改革的重要问题。

可以看到，虽然知识产权人才培养取得了显著成绩，但是对于知识产权实践课程而言，仍面临着诸多困境，亟须改革知识产权实践课教学以解决上述问题。

二、新文科背景下知识产权实践课程改革的路径分析

（一）应体现人才培养的复合型趋势

传统法学学科背景下，知识产权实践课的理念为法学视域下的知识产权。偏法学的知识产权实践课程体系与安排难以满足新文科背景下知识产权实践课程的需求，不利于知识产权复合型人才的培养。复合型人才培养要求学生既懂得知识产权法相关知识，又能够掌握技术、文化等相关知识，而偏法学的课程体系难以满足这一要求。所以，知识产权实践课程应朝着有助于复合型人才培养的目标进行改革。一是设置知识产权专业的高校，应注重复合型人才培养，转变管理者、教师、学生三个层面的思想，如此一来，才能有效促进实践教学的有效实施。二是新文科背景下，知识产权课程的设置应注重交叉学科的特点，注重知识产权与高技术企业、文化产业等方面的结合。在强化专业特色中，实现知识产权实践课程的改革目标。总而言之，知识产权实践课程不应限于传统法学模式，而应体现人才培养的复合型趋势。在中国提出建设新文科的背景下，设置知识产权专业的高校应以此为改革契机，以"学科交叉""产教融合""内外协同"为着力点，进一步改革知识产权实践课程体系，重塑知识产权人才培养体系。

（二）应强化理论知识与实践能力的融通性

知识产权专业是一个注重实践的学科。以景德镇陶瓷大学为例，知识产权专

业开设有知识产权代理、知识产权信息检索与分析、模拟法庭、专业辩论、专业见习等实践课程。在这些实践课程中，既有理论课程与实践课程的结合，又有纯粹的实践课。然而，问题在于，在一些课程教学中，知识产权的实践课与理论课存在脱节的现象。事实上，知识产权作为实用性专业，既需要理论知识的指导，也需实践的强化。以知识产权代理课程为例，这门课程不仅有理论知识内容，也有实践指导内容。但是实践中，老师仅仅讲授相关理论知识，导致学生运用理论知识去解决实际问题时捉襟见肘。虽然老师极力以案例的形式帮助学生运用理论知识解决实际问题，但是许多老师反映，让学生实际操作处理实务案例时，学生们仍然不知所措。理论知识与实践操作能力未能融通，是该问题出现的原因之一。因此，知识产权的实践课程应当强化理论知识与实践能力的融通性。

(三)应考量实践课程内容的交叉性

新文科建设背景下，诸多学科都强调交叉属性。同样的道理，知识产权实践课程也应当强调交叉属性。首先，实践课程内容的交叉属性应当是以社会需求为指引。传统的学科存在一定的边界，在新文科建设背景下，需要打破这一边界，强调学科内容的交叉属性。但是我们也要注意到，学科之间的边界打破是出于培养人才的目的，而不是为了交叉而交叉。培养社会需求的人才才是交叉学科的重要指标。其次，实践课程应当以应用为导向。实践课程设置的重要目的在于通过实践课程教学培养学生的应用能力。如果实践课程交叉属性与这一导向相左，那么交叉属性的意义就不复存在。最后，实践课程的交叉属性应当是多主体协同培育。实践课程交叉属性的实现不应依赖于课程专任教师，其应当是多主体，包括行业导师、产业精英等主体，通过"教—学—用—评"一体化培养模式，为国家、企业和社会输送复合型、应用型知识产权管理高素质人才。

三、新文科背景下知识产权实践课程改革路径探索

(一)重置符合新文科需求的实践课程内容

虽然现有的实践课程体系能基本满足知识产权专业学生的需求，但是在新文科背景下，知识产权专业的复合型人才培养不仅要体现在相关理论课程上，而且也要体现在实践课程体系上，这有助于帮助知识产权专业学生能够更好地适应相关岗位。因此，结合前沿领域、对标国际发展建设新课程体系是实践课程改革的重要内容。为此，实践课程的体系应根据经济社会发展对知识产权复合型人才需求和毕业生职业发展需要，准确定位，科学设计知识产权实践课程体系，创新实践课程教学内容。具体言之，一是拓宽知识产权专业实践目的地；传统的知识产

权实践目的地与法学专业目的地没有太大区别，诸如：法院、检察院、司法部门、律师事务所。本文认为，应当拓宽知识产权专业的实践目的地，将知识产权服务机构、知识产权咨询机构以及强调复合型人才培养的特色行业的知识产权部门都应纳入知识产权专业的实践目的地。二是丰富知识产权实践课程的活动。知识产权专业的实践活动不应限制在模拟法庭、专业见习等。诸如知识产权代理活动、专利诉讼活动、专利文献撰写与分析、产业精英进课堂等形式均应纳入到知识产权实践课程活动中。三是引入虚拟仿真实践室。随着科技的发展，许多实践课程可以通过虚拟仿真实验室来加以完成，其完整的实验操作流程，对学生实践能力的提升有着重要作用。

（二）建立体现产出导向的实践课程考核测评机制

实践课程体系的构建效果需要通过考核测评机制加以反映，因此，实践课程改革需要完善基于新文科背景下的评价体系。传统课程评价仍存在评价内容未与学习产出紧密联系、评价方式欠规范且连续性不够、评价分析不利于持续改进等方面问题。基于 OBE 的课程考核与评价体系的设计旨在克服传统课程的评价弊端，落实产出导向的教育教学，体现了"产出导向""学生中心"和"持续改进"的教学理念。具体而言：首先，体现"产出导向"，通过评价推进知识产权实践课程教学向产出导向模式变革，一是课程考核方案要明确课程实践目标，并与毕业要求相对应。二是考核内容要与学习目标具体对应起来，而不是仅仅与教学内容相对应。即每一个课程目标，都要通过具体的考核项目和内容来体现。其次，体现"学生中心"，通过评价促进学生不断投入学习。在实践过程中，可以不断设置相关案例，让学生进行处理，而不是实践过后一走了之。最后，体现"持续改进"，通过评价不断改进教与学。一是连续的过程性评价对教与学的改进。二是课程结束后的定量与定性分析对教师教学的改进。

（三）强化双师型教学模式在知识产权实践课程中的应用

在新文科建设背景下，培养合格的应用型知识产权人才，高素质的师资队伍是重要保障。在社会化分工以及市场需求的推动下，人才需求标准的改变与提升需要重塑教师角色。双师型教师作为职业教育发展与实施的重要力量，其自身的素质和能力直接影响着人才培育的效果。一则双师型教师既可以讲授相关理论知识，避免重实践轻理论的现象；二则双师型教师可以将其实务经验予以教授，让学生充分了解知识产权实务项目。所以，在知识产权实践课程改革中，作为加强知识产权专业学生实践能力的双师型教师无疑发挥重要的作用。一方面通过"双师教学"的开展，在确保知识产权专业理论知识传授的基础上，可以强化知识产权实践课程的实践性；另一方面，通过"双师教学"的开展也能够有效解决教学中的"两张皮"以及形式化问题。为此，在知识产权实践课程改革过程中，需要构建双师型教学模式，加强知识产权专业双师型队伍建设，最终通过双师型教师"双轮"驱动培养应用型知识产权专业人才。

四、结语

以人工智能、大数据等技术为代表的新一轮技术革新，迫切需要对知识产权课程体系进行创新优化，这是推进知识产权强国战略实施的现实需要，亦是推进知识产权"新文科"内涵式发展的必经之路。面对我国高等教育的新需求、新变化、新阶段、新特征、新考验，知识产权实践课程应当在新文科建设背景下进行相应的改革，以培养出适应当今日益增长的复合型、应用型知识产权人才。

参考文献

[1]陈永强，朱一飞，吕璐. 新文科背景下高校知识产权人才培养模式的实践与创新——以中国计量大学为例[J]. 南宁师范大学学报(哲学社会科学版)，2022，43(1)：50-63.

[2]吴雨辉. 论法学实验课程对于学生实践能力的培育——以"知识产权信息利用"课程为例[J]. 南昌教育学院学报，2015，30(6)：61-64.

[3]何培育，杨虹，李祥. 新文科建设背景下知识产权管理交叉学科研究生培养模式探析[J]. 研究生教育研究，2021(1)：29-36.

[4]俞佳君，袁尚会，黄知荣，等. 基于OBE的课程考核与评价体系的设计与实践[J]. 湖北科技学院学报，2022，42(4)：127-134.

[5]胡丽. "双师教学"模式在知识产权实践教学中的应用与推广[J]. 法制与经济，2018(4)：35-37.

基金项目 景德镇陶瓷大学教学改革研究基金项目：新文科背景下知识产权实践课程改革研究(项目编号：TDJG-21-Y36)。

"课程思政"建设的质量评价保障体系研究

张晓明

摘　要：以 2020 年 5 月《高等学校课程思政建设指导纲要》颁布为起点，"课程思政"建设进入快车道，高校全要素参与格局已经形成。从已有成果看，"课程思政"建设与教学改革探索将是研究热点，但质量评价保障体系研究并不多。"课程思政"建设是一项系统工程，没有质量评价保障体系作为后盾，"课程思政"建设质量就难以把握。依托教育部发布的《高等学校课程思政建设指导纲要》中的第八、九点内容，结合我校实际情况，质量评价保障体系可具体细化为三个部分："课程思政"建设的成效考核评价机制、监督激励机制、组织实施和保障机制。

关键词："课程思政"建设；质量评价保障体系

2019 年 10 月，教育部发布了《关于一流本科课程建设的实施意见》，在一流本科课程建设时特别指出要"深入挖掘各类课程和教学方式中蕴含的思想政治教育元素"，这是"课程思政"建设的雏形。2020 年 5 月 28 日，教育部发布了《高等学校课程思政建设指导纲要》，文件对各课程、各教师提出了相关要求，并对战略举措、重要任务、目标要求、内容重点、质量评价体系、激励机制、组织实施、条件保障等出台了指导意见，"课程思政"建设被正式提出并付诸实施。自高校"课程思政"建设实施以来，相关研究相继展开，尤以"专业课程名称+课程思政建设"研究为多。在这些研究论文中，以"课程思政"建设的质量评价保障体系为主题的研究比较少，这说明这部分研究还比较缺乏。

一、"课程思政"建设的质量评价保障体系的意义和目标

（一）"课程思政"建设的质量评价保障体系的意义

"课程思政"建设事关高校"立德树人"成效，它是一项系统工程，需要各项

配套举措共同发力，方可取得预期效果。没有良好的评价与保障机制，"课程思政"建设就存在变数，因此质量评价保障体系研究的作用和意义就凸显出来，表现在三个方面：一是"课程思政"的质量评价保障体系建设可有效助力高校"课程思政"建设，为教学改革提供制度设计和机制保障。"课程思政"建设涉及高校全要素参与，很多课程的思想政治教育元素需要挖掘和整理，挖掘和整理后的思想政治教育元素还要进教学大纲、进讲稿、进课堂、进作业，这不是件容易的事，是耗费大量备课时间的事，且还要"习惯于日常专业课教学"的教师转变思维、转变教法、转变意识，因此要顺利推行下去，没有良好的质量评价保障体系作为配套，效果一定会受到影响。因而，一份行之有效的质量评价保障体系，可助力"课程思政"建设取得实效。二是建立健全多维度的"课程思政"质量评价保障体系，可以确保改革落实落细。一项改革其成败的关键在"细节"，即俗话说的"细节决定成败"。古往今来，轰轰烈烈的改革举措数不胜数，很多都没达到预期，究其原因就是细节出了问题，不能落到实处，再者就是质量评价保障体系没有做好，不能纠正基层种种乱象，又不能激励肯干能干者的积极性。通过建章立制可以确保改革落实落细，达到改革目的。三是"课程思政"建设是一项系统工程，从已有研究成果看，"课程思政"建设在全专业、全课程开展得比较顺利且成果也很多，但唯独行之有效的质量评价保障体系建设比较少见，很多也只是轻描淡写，总体上还是对教育部发布的《高等学校课程思政建设指导纲要》中第八、九点的引用或稍加分解而已，不够细致全面。做好"课程思政"质量评价保障体系的建设工作，就可以补齐这一短板，让"课程思政"建设在系统化工程中推进和落实。

（二）"课程思政"建设的质量评价保障体系的目标

拟达到的目标有两个方面：一是依托教育部发布的《高等学校课程思政建设指导纲要》中的第八、九点内容，细化建构一套可行的符合学校实际的质量评价保障体系，为高校"课程思政"建设提供可借鉴使用的具体模板。教育部发布的《纲要》是纲领性的指导性文件，是共性的指引而非具体的操作，各地高校应依据本校实际制定出可操作的具体实施细则。我校具体细化的质量评价保障体系，可为其他高校提供一个可参考模板。二是通过质量评价保障体系的建立，调动教师的主体作用，切实提高每一位教师参与"课程思政"建设的积极性和主动性。检验一份好的质量评价保障体系是否成功，归根结底要看运行成效，建立并运行好质量评价保障体系，可以为高校全要素参与"课程思政"建设发挥巨大的辅助作用。

二、"课程思政"质量评价保障体系建设的具体内容

依托教育部发布的《高等学校课程思政建设指导纲要》中的第八、九点内容，结合我校实际情况，质量评价保障体系可具体细化为三个部分："课程思政"建设的成效考核评价机制、监督激励机制、组织实施和保障机制。

(一)"课程思政"建设的成效考核评价机制

一是由分管教学的副校长负责，教务处、马克思主义学院牵头，各学院参与，共同组建行政一把手和高职称专家组成的教学指导委员会，人数应不少于10人。在教学指导委员会的主体作用下，共同商议制定学校"课程思政"评价标准。这个评价标准至少包括"课程思政"开展的数量要求，即每个学院的所有专业课程都要进行"课程思政"改革；"课程思政"开展的质量标准，即专业课的教学大纲、作业及评价标准、教学文件要作必要修正，体现出思想政治教育元素进课堂、进讲义，条件允许下，还可进行教材修订与出版工作；"课程思政"开展的教师要求，即专业课教师在思想政治教育学习上要有一个可依托平台或汇编材料，采取学分制进行考核。二是确立"课程思政"建设成效多元评估标准。由学校党政领导班子主要成员参与并牵头，在全校范围内动员各责任单位一把手共同组建学科评议组，具体推动学校"课程思政"建设成效多元评估标准的制定与论证工作。将各类各级红头文件的要求按照列单式任务落实至各责任单位，学校做好落实过程中的后勤保障、经费保障和政策保障工作，各责任单位落实好具体对接任务清单，均按要求保质保量按时完成。三是由各院系一把手担任主要负责人，学院党政领导班子成员和各教研室主任参与，共同组建院系教学绩效考核评议小组，依据学校下发的"课程思政"建设任务清单，修订院系教学绩效考核方案，在考核方案中明确把"课程思政"建设指标进度及完成质量纳入到院系教学绩效考核方案之中，占据一定的考核标准分值，在评优评先等重要评定过程中，可设置"课程思政"建设质量"一票否决制"和"优先标准"，激发院系所有教师参与"课程思政"建设的积极性。

(二)"课程思政"建设的监督激励机制

一是制定全校通用的教师参与"课程思政"建设情况监督激励条例。合格的基本条件是教师参与到专业课程"课程思政"建设中来，具体包括"课程思政"建设的课题论文、教学改革、教学竞赛、教学研讨等。良好的基本条件是教师以第一主持人申报各类各级课题、以第一作者发表相关教研论文、以第一责任人召集

团队进行课程思政教学改革、以第一排名参加各类各级相关教学评比竞赛、参加至少一次各级各类相关教学研讨大会，要求完成其中二项及以上。优秀的基本条件是完成其中四项及以上。未参与者则判断为不合格。教师参与"课程思政"建设情况（获奖等级）作为教师考核评价、评优奖励的硬条件。同等条件下等级高者优先。二是在制定全校通用的教学成果奖和教材奖奖励工作中，设定"课程思政"建设专项优秀成果奖，设定比重不低于总量的20%。向省市推荐评选成果作品时，优先推荐"课程思政"建设专项优秀成果，推荐比例也应不低于20%。三是建立教学效果评价激励机制，对专业课程教学效果进行模块化评价，包括对教学大纲、教学文件等固化成果进行评定，对教师教学过程进行学生评价、专家评分、教师互评等多元主体评价。依据评价等级，对前10%、前20%者分别进行不同课时奖励。对于优秀者，做好典型示范和示范引领工作。

（三）"课程思政"建设的组织实施和保障机制

一是建立校级"课程思政"建设领导小组及协调运行机制。"课程思政"建设是国家级战略，教育部已经成立了"课程思政"建设工作协调小组，足见其重视程度。地方高校要结合自身实际，高度重视，尽快启动校级组织领导架构建设。领导小组及协调运行机制要明确由校级党政主要责任人担任，主管教学的校级领导具体负责并主抓落实工作和协调工作，教务处长和马克思主义学院院长担任牵头运行人，厘清责任、落实任务、明确时间表，在加强校级领导下，尽快推动学校"课程思政"建设进程。二是依据学校组建的领导小组及协调运行机制，各学院依据学校统一部署，在学院成立院系"课程思政"建设领导小组及协调运行机制，层层下移，把任务落实到具体课程和具体教研室，明确下达任务清单，按照时刻表和任务表按部就班地运行。三是建立校级"课程思政"建设保障机制，在学校经费使用计划中，特批学校"课程思政"建设专项资金，对学校全要素参与"课程思政"建设提供公平的资金支持机会，通过设立各院系专项直达资金，扶持各院系按照任务清单开展工作，通过设立课题资金为全校各专业申请相关教学改革项目提供平台，通过设立论文支持资金引导教师多关注"课程思政"建设教改论文的研究与发表，通过设立专项资金支持教师走出去参加全国各地举办的相关主题会议。由学校分管财务的领导牵头，计划财务处长具体执行，规划办提出规划方案，将学校"课程思政"建设专项资金按照自然年进行逐年拨付，谨防一年富裕一年穷现象发生，确保专项资金的连续性，确保学校"课程思政"建设工作能持续进行并取得长效成果。

概而言之，作为地方高校，要多想办法去解决问题。高校要组织骨干到做得比较好的大学去考察，多学习他人经验，多完善自我不足，为学校"课程思政"

建设持续蓄力。学校要从组织和协调层面加强领导，压实任务，学院要从落实与奖惩层面调动全要素参与积极性，切实把"课程思政"建设做实做优。教师要借助"课程思政"建设提升自我，使专业课教学更上一层楼。

基金项目　景德镇陶瓷大学教学改革研究基金项目："课程思政"建设的质量评价保障体系研究(项目编号：TDJG-20-Y21)。

高校营销类课程思政实践调查及改进建议
——以产品管理为例

张 梅 曹恩伟 李 帅

摘 要：近几年，随着课程思政教学改革的浪潮在全国各地广泛开展，课程思政逐渐深入广大教师心中。为配合课程思政教学改革需要，产品管理课程教学团队在教学改革实施之后，对此次教学改革效果进行了问卷调查，针对发现的几点问题提出了解决对策，为该门课程后期的教学改革优化提供思路。

关键词：课程思政；教学改革；调查

课程思政，即在教学中将思政教育知识与各科教学内容相结合的教学改革活动。实施课程思政有助于增强学生思政教育效果，提升师生的思政素养。长期实施此项改革，将会大大提高全民思政意识，有利于国家强大，民族振兴。高校市场营销类专业课程实施课程思政改革有先天优势，其中很多知识点与思政教育存在天然固有的联系。为此，产品管理课程教学团队在实施了一个学期的课程教学实践后，针对改革效果作了问卷调查，结果表明，营销类课程与思政教育的确能较自然地结合，当然，此项教学改革还将继续优化实施。

一、产品管理课程思政实践教学过程

(一)课程体系再造

教学团队重新审视该课程的教学目标、教学内容、教学方法和结课考核等，结合课程思政建设进行各环节再造。

(1)修改教学目标：在之前单纯强调掌握专业课程知识目标的基础上，增加相关知识点拓展德育内容，实现思政教育目标。

(2)优化教学大纲：这部分是重点，通过增加德育的内容，注重挖掘课程相关的思政内涵，并将其贯彻到专业课程的内容中，让二者有效地结合。

（3）改进日常教学：在日常授课的课堂设计中，融入思政教育，这部分是难点。

（4）重审结课考核办法：增加思想性评价成分，以利于学生世界观和人生观的形成。

（二）具体实施过程

（1）教师培训和学习。为顺利有效实施课程思政教学改革，学校、学院和教研室积极组织教师参加各种形式的课程思政教学培训。通过一系列的学习，老师们对课程思政有了明确的认识，积累了有效的经验，为课程思政的开展奠定了可靠基础。

（2）改善教学方法和教学手段。发挥学生的主体作用，引导学生自主挖掘课程思政元素，以加深他们对课程思政教学改革实践的理解。课堂案例方面，讲好中国故事，注重引用邓稼先、袁隆平、屠呦呦等我国老一辈科研名人的先进事迹，导入社会主义核心价值观，真正做到专业课程与思政课程同向同行。积极利用现有的多媒体系统、网络等工具丰富教学手段，发展多元的、全方位的教学模式。利用网络资源，多媒体课件，为学生提供更加灵活、方便、快捷的学习和实践空间，提高学生利用信息和媒体的自学能力和学习效果。

（3）依托教材，拓展思政教育内容。产品管理课程德育特征明显，思政元素知识点丰富，除激发学生爱国情绪，还培养学生创新创业精神、团队精神、大国工匠精神、大局观念及规律意识、求是精神、服务精神等。

（4）课程考核重视思想性评价，引导学生提高自我认识能力、批判性思维和创新能力。

二、产品管理课程思政教学效果调查

该门课程第一轮教学改革实践结束后，笔者对实施班级进行了教学效果调查，班级总人数 56 人，自愿参加调查的学生共 42 人，其中，中共党员 4 名，共青团员 36 名，他们中有 11 人是学生干部。主要调查内容结果如下：

（一）学生对该轮课程思政的理解

66.67% 的学生能够区分"思政课程"与"课程思政"两个概念，33.33% 的学生目前还不能区分这两个概念。

对于学校实施"课程思政"教学改革的观点，69.05% 的学生觉得只要是课堂教学，都理所当然具备思政教育义务。69.05%的学生能够理解，"课程思政"目的是构建全员、全程、全方位育人格局；78.57%的学生认为"课程思政"是将校内各要素整合，建立起立体综合的育人体系；73.81%的学生认为"课程思政"是价值塑造、知识传授和能力培养的综合育人理念；69.05%的学生认为，"课程思政"是弘扬社会主义核心价值观，培育"四个自信"的重要途径。总的来说，大部分同学都认同课程思政教学改革。

(二)提升课程思政教学效果的措施

当被问到如何提升课程思政教学效果的改善措施时，76.19%的同学认为可以理论联系实际，解答同学们内心关注的重点、难点、热点问题，59.52%的学生建议加强实践教学环节，同样是59.52%的学生认为要增强自身综合素质提升能力，40.48%的学生主张采用先进教学手段和方法，40.48%的学生认为改革考试评定成绩方式有利于提升改善教学效果。

(三)对课程思政作用的理解

当被问到课程思政可以发挥什么样的作用时，所有受调查学生都认为其肯定是有用的，其中，59.52%的学生认为课程思政有助于形成正确的"三观"，21.43%的学生认为有助于提升职业道德和职业素养，59.52%的学生认为有助于增强职业信心，59.52%的学生认为有助于培养哲学思维。

进一步地，当被问到"你觉得老师在专业课中讲授思政内容的具体用处何在"时，69.05的学生认为其能给自己积极的思想指导，使自己能正确待人处事；26.19%的学生主要是抱着完成学习任务的心态，觉得学学也无妨，还有4.76%的学生持消极态度，认为没有用处。

当被问到"任课教师的理想信念、道德情操、扎实学识、仁爱之心等方面表现对你的道德品质的影响程度"时，几乎所有的受调查学生认为有一定程度的影响，其中，2.38%的学生认为影响非常大；59.52%的学生认为影响较大；10.29%的学生认为影响较小；26.19%的学生认为，这方面的影响一般；还有2.38%的学生认为影响非常小。

(四)学生课程思政教育的收获

当被问到老师在专业课教学中讲授过哪些德育内容时，78.57%的受调查学生选择了文化自信，83.33%的学生选择了职业素养，85.71%的学生选择了国家意识，73.81%的学生选择了国内外形势与政策分析，50%的学生选择了政治认同，47.62%的学生选择了做人的道理。在不增加思政课时的基础上，71.43%的学生表示有兴趣参加与专业课融合的"课程思政"实践教学，28.57%的同学由于种种原因不愿意参加。

(五) 课程思政效果评价手段

在关于如何评价学生的德育教学效果的问题上，21.43%的学生认为可以通过改革考试、评定成绩方式；61.9%的学生认为可以通过学生德育综合素质评价方式；45.24%的学生认为可以通过劳动素养评价来衡量；64.29%的学生建议将教学环节的出勤，课堂课后表现，完成作业行为作为评价标准；21.43%的学生认为很难评价。

(六) 不完善的地方

对于课程思政的教学效果的不利影响因素，88.1%的学生认为，思想政治教育与专业课知识应该自然融合；50%的学生认为创新授课方式，丰富教学手段至关重要。

三、产品管理课程思政教学改革的成效和不足之处

(一) 成效

1. 提高了学生学习积极性与主动性

知识学习如果仅停留在书本知识的学习上，不免显得既抽象又枯燥，通过翻转课堂、案例讨论、问题分析和专题学习等各种教学方式，学生的学习积极性大幅提高，特别是创新性的作业任务，很多学生利用课后时间主动去查找大量资料，巩固并深入理解所学课程知识，学习主动性得以充分调动起来，创新意识与创新精神均得以激发出来。

2. 开阔了学生的思想境界

课程中融入的哲学知识与哲学观点，课程知识背后科学家丰富多彩的故事，都有利于开阔学生眼界，思想境界开始变得开阔起来，学生的精神世界也得到了扩展，实现了润物细无声的效果。

3. 提高了学生的思想政治素质

教学改革中高频传授相关思政知识，学生习惯并有意识地主动探索专业知识

所蕴含的思政元素，思想政治素质普遍得到提高。

（二）不足

（1）专业知识中的思政元素挖掘得不够深，无法起到教育效果。

（2）专业知识与思政元素在教学中融合过渡不够自然，让人感觉有些生硬，影响了课程思政的教学效果。

（3）单纯的课堂理论教学显得呆板，活力不足，学生感觉枯燥乏味。

四、产品管理课程思政教学改革提升的对策

综合以上的调查分析，本文认为，今后产品管理课程思政教学改革提升的对策主要包括以下几个方面。

（一）更深入地挖掘专业课中的思政元素

在课程理论教学中，全面丰富专业课中的思政教育内容，在不影响专业知识传授的前提下，尽可能增加让学生接受思政教育的机会。全面提高大学生缘事析理、明辨是非的能力，让学生成为德才兼备、全面发展的人才。

（二）创新教学手段和教学方式

比如可以采用案例分析、情境教学、项目实践等教学手段，增加学生的"在场"感，注意课程思政的实际应用，找到相关的社会热点，将身边鲜活事例与教学内容有机结合。总之，任课教师应找到更加潜移默化的方式，达到获得学生道德认同的目的。

（三）课程思政教学可以延伸到课外实践活动

根据学生的调查答卷，大部分学生对局限于封闭的教室空间环境比较不认同，大部分同学更期望通过相关实践教学活动，真正体会课程思政教学的意义。

（四）加大对学生关注的社会热点问题的讨论力度

针对社会热点问题，可在教学中适当穿插运用，利用学生兴趣点，提升教学效果。作为新一代的网络原住民，学生较为关注网络，对社会热点兴趣高，任课老师可以利用社会热点去吸引学生的兴趣，可以由问题牵引，组织热点专题讨论，再将课程思政内容联系到社会热点的讲解中，这样更有利于提升教学效果。有些热点问题的讨论如果过于激烈，课下可放在群组里继续进行，每次讨论都要

学生按组提交报告，教师按时批改反馈。

（五）督促和帮助学生改善学习方法

老师应加强自我实践，自我认知，自我评价，进而自我反思和自我修正，树立正确的从业理念和社会主义核心价值观。老师在专业课的教学过程中严格要求学生，抓好课前预习，譬如通过课堂小测验的形式，检验学生知识准备的情况，从而调整理论知识的重难点，合理安排授课进度。

课堂上采用"项目教学法"，通过项目任务、制订实施计划、检查评估、结果应用等环节，将育人与教学融为一体、理论与实践融为一体、学习与工作过程融为一体。

参考文献

［1］徐健．信息化背景下的"网络营销"课程思政教育教学探索［J］．太原城市职业技术学院学报，2021（11）：93-95.

［2］翁莉．高校专业课程思政教育的探索与设计——以"网络营销"课程为例［J］．黑龙江教育，2021（11）：83-84.

［3］唐馨．三维目标融合下的课程思政教育效果评价策略研究［J］．商业经济，2021（11）：193-196.

［4］马瑞杰．市场营销专业课程思政元素挖掘及教学设计策略［J］．河南牧业经济学院学报，2021，34（5）：83-87.

［5］刘璐．贯彻立德树人　推进"国际市场营销"课程思政建设探析［J］．科教文汇（下旬刊），2021（9）：147-149.

基金项目　景德镇陶瓷大学教学改革研究基金项目：同向同行——课程思政融入营销类课程的教学实践研究（项目编号：TDJG-20-Y41）。

论民法学鉴定式案例研习本科教学的本土化

陈　伟

摘　要：德国鉴定式案例研习能够培养法科生法律适用能力，而引入该方法如何进行本土化改造成为亟待解决的问题。本土化的困境主要来源于本体论、中国问题、推广三个维度。就鉴定式案例本体论维度而言，其本质上是一种案例分析框架，请求权基础思维是其核心思维，基本思路是解构请求权基础构成要件。

关键词：请求权基础；鉴定式案例研习；要件化；法律适用能力

21世纪初，我国法学教育面临来自理论、实务以及市场的质疑，法学教育的目标难以实现，毕业生的能力与市场不匹配。我国留德的学子深入接触德国民法学专业教育，发现了德国鉴定式案例研习方法的长处，呼吁将其引入中国法学教育。此教学方法具有较强的规范性和实用性，逐步得到多数法学教育研究者的肯定。虽然鉴定式案例研习作为一种教学方法在我国已经得到开展，但现有研究文献以及实践对该教学方法褒贬不一，赞誉者称其为法学教育皇冠上的明珠，①批评者称之为皇帝的新衣或者杀敌一万自损三千的"七伤拳"。②

一、本体论维度：民法学鉴定式案例研习的正本清源

（一）民法学鉴定式案例研习概念的澄清

鉴定式案例研习本质上是一种案例分析的框架，但中国当前法学教育研究者期望该案例分析方法能对接法学教育，将其作为法学课程的一种；而司法实务研

---

① 刘亚娜，高尚．德国请求权基础分析法论析——兼论对我国法学教育及司法考试改革的启示[J]．法律方法，2012(12)：349．

② 刘亚娜，高尚．德国请求权基础分析法论析——兼论对我国法学教育及司法考试改革的启示[J]．法律方法，2012(12)：349．

究者期望该案例分析方法能够对司法实务起到作用，将其作为裁判方法的一种。该方法分析框架为："设问—定义—涵摄—结论。"①在上述分析框架中，其核心思路在于"要件化"，也即解构要件。此种要件化的分析框架适用于对所有部门法的案例的分析，那么对于不同的部门法应该如何要件化成为关键的问题。决定部门法如何进行要件化的变量，主要涉及"设问—定义"两个步骤。而相对于民法学领域进行要件化的两个变量所涉及最为核心的内容，就是请求权基础的要件化。具体结构可以转化为：设问（请求权基础顺位依次检索提出假设：合同请求权——类似合同请求权——无因管理请求权——物权请求权——侵权行为请求权——不当得利请求权）——定义（请求权成立要件——请求权未消灭要件——请求权可行使要件）——涵摄（推理：案情与前面所有要件比对）——结论（判断请求权基础假设能否成立）。当然该案例分析方法作为法学教育方法来开展，更关键的是要求学生进行不断的练习，练习的方式则为案例研习解题报告的撰写，该报告撰写要求使用"鉴定体"。

（二）教育功能澄清：重在智能技能的培育

大学法学专业教育目标的讨论已经展开，有论者主张培养法官，② 有论者认为应培养律师，③ 也有论者主张培养立法——决策型人才，④ 甚至少数论者主张培养法律人政治家。⑤ 以职业为导向的讨论无疑是重要的，但更为重要的是上述职业需要的最低共性，这才是法学教育应当关注的焦点。那么究竟什么是其最低共性呢？虽然国内学界对法学教育的定位一直未达成共识，但对法律思维培养的定位没有太多争议。而法律思维的培养就是法律适用能力的培养，因此上述职业的最低共性应为法律的适用能力的培养，此种共性能够使各种职业具有共同沟通的思维平台。民法学鉴定式案例研习正是通过嵌入请求权基础思维进行要件解构，才使得法律适用能力的培养能够具体化、可操作化。法学专业教育大体可分为知识传授和技能培训，技能又包括智能技能和实务技能，而法律适用能力大体上属于智能技能的培育问题。

---

① 刘亚娜，高尚．德国请求权基础分析法论析——兼论对我国法学教育及司法考试改革的启示[J]．法律方法，2012（12）：349.

② 葛云松．法学教育的理想[J]．中外法学，2014，26（2）：293.

③ 何美欢．法学教育的理想[J]．清华法学，2006（9）：111.

④ 刘诚．面向"制度上游"的法学教育[J]．法学教育研究，2021（3）：10-24.

⑤ 强世功．迈向立法者的法理学——法律移植背景下对当代法理学的反思[J]．中国社会科学，2005（1）：109-122.

(三)鉴定式案例研习适用范围的厘清

当前民法学鉴定式案例研习主要以请求权基础为分析框架,该分析框架限定于请求权。但除了请求权之外,还存在形成权和支配权,研习者多以形成权之诉与支配权之诉为给付之诉的中间状态予以回应。虽然形成权以及支配权的实现在实践中会成为给付之诉的中间状态,但并不能否认在许多情况之下它们存在独立的价值,比如离婚诉讼、亲子关系否认确认之诉、监护资格的撤销权等,本身追求的就是形成权实现的终局状态。当然严格来讲这并不是鉴定式案例研习分析框架的局限性,而只是请求权基础分析框架的局限性,因此应对上述的局限性需要在请求权基础分析框架之外,另外寻找其他分析框架通过法律关系思维予以解决。

二、中国化维度:鉴定式案例研习引入中国的环境应对

(一)框架漏洞与弥补措施

论及引入面临的障碍,首当其冲便是实证化体系的不友好——法律体系凌乱、冲突、不细致、法源晦暗,导致请求权基础检索困难。① 除了不友好的实证法,更为扎心的可能是学术界以及司法界对法条解释难以形成的通说。② 实证法体系的不完备以及难以形成的通说,确实会给鉴定式案例研习的使用带来难度,对法学教育者以及法学专业学生提出了更高的要求,但并不能因噎废食弃之不用。以前经常会有法学专业的学习门槛比较低之言,其实是因为以前法学教育忽视了法学方法论的培养,导致我们培养的法律人才缺乏足够的灵活性。请求权体系的不完备或存在漏洞对于作为法学教育方法面向的鉴定式案例研习影响相对较小,只是增加了此种方法使用的难度。而就作为教学方法的鉴定式案例研习而言,学生即便不通过鉴定式案例研习方法也面临中国民法学理论不完备的问题,正如前文所述,鉴定式案例研习更多是提供一个框架,如果立法不完备导致请求权基础缺失,当然会导致框架存在漏洞,影响分析的结果,但可以借助法学方法论予以弥补。

---

① 葛云松,金可可,田士永,黄卉. 法治访谈录:请求权基础的案例教学法[J]. 法律适用,2017(14):24.

② 于飞,吴香香. 鉴定式案例研习:首届全国大赛优秀作品暨会议实录[M]. 中国政法大学出版社,2021:439.

（二）中国学生鉴定式案例研习动力不足应对：强化校内考核

毕竟鉴定式案例研习要求逐一检验构成要件，由此导致思维成本高昂，如果没有外在的推动力，难以保证学生的热情。从鉴定式案例研习在德国的实践来看，德国国家司法考试考核内容中民法试题考查的内容为请求权基础分析方法，为鉴定式案例研习的推行提供了动力。反观我国法律职业资格考试所考查的内容，无论是客观题还是主观题更多是考查考生对知识点的记忆，即便存在案例分析题仍然是知识点的记忆，无法考查学生法律适用能力。此种考试与鉴定式案例研习的思维和形式相去甚远，导致中国法科生开展鉴定式案例研习时无法产生内在的动力。从长远角度而言，该方法的推行确实需要我国法律职业资格考试制度改革的加持。但这毕竟是将来的愿景，当前推行该方法必须另觅他途寻求新的动力，如此一来只能强化校内课程考核的力度。该方法最为核心的思路是要件化，可使评价标准相对客观，因此将该方法融入平时考核与期末考核当中，不但可以形成学生学习鉴定式案例研习的动力，同时也可以扭转我们传统考核评价所带来的不良趋势。此外，如果需要加大动力，可以考虑将鉴定式案例研习报告的撰写代替毕业论文的撰写。

（三）中国高校大班课堂的限制：大班课模式探索

鉴定式案例研习作为独立的课程，因其要求学生在课堂进行汇报，所以一般认为只适用于小班课程，班级人数越少越好，至多不得超过 30 人。但我们法学教育面临的现状却是，只在师资力量非常丰富的五院四系的本科生班级以及研究生教学的班级规模相对较少，其他综合性大学尤其是地方性大学班级人数一般较多。但中国法学院高校普遍实行小班制又会受到师资力量的制约，该方法因其对法科生法律使用能力的培养意义重大又不得不采用，那么只能探索大班课堂鉴定式案例研习的开展模式。制约大班开展鉴定式案例研习最重要的因素是无法保证每位同学均参与课堂汇报工作，我们依然可以通过分组汇报的方式来开展，课堂汇报人选不像一般分组讨论，那样确定固定特定组员，而是随机挑选组内汇报人，从而保证所有学生都真正参与到汇报当中。

三、普及化维度：作为推广教学模式的鉴定式案例研习的设计思路

（一）定位：民法学基础课程和独立课程相结合

当前五院四系在教育实践过程中大多将鉴定式案例研习定位为独立的高年级

选修课程，其至认为应当属于研究生的课程。之所以定位为高年级课程，原因在于该方法的使用需要学生已经体系化掌握民法学基础知识。当然也有观点认为法律适用能力是一种基础能力，应当从大一开始就学习此种方法，部分师资较强的法学院就此区分低阶案例研习课程和高阶案例研习课程。作为一种可推广的教学模式，应当开展得越早越好。较为可取的开展模式可分两步走，并对鉴定式案例研习进行解构，分为请求权基础的内部检视步骤的学习以及外部检视步骤的学习。第一步，民法学基础课程中教授鉴定式案例研习方法、请求权基础思维的整体框架，之后逐步学习请求权基础构成要件并训练用鉴定式案例研习方法解答案例。在此阶段学生知识体系并不完整，因此所设计的案例应当匹配课程的进度，如此只能培训特定请求权基础构成要件的适用——请求权基础构成要件的内部检视。而请求权基础的外部检视能力的培训属于第二步的内容，由独立的鉴定式案例研习课程完成，该课程主要是训练学生综合运用请求权基础思维解决大型综合性案例的能力。

(二)作为民法学基础课程教学方法模式的设计

鉴定式案例研习作为民法学基础课程的配套教学方法，开展时间主要分布在大一、大二、大三的民法总论、物权法、合同法等民法学基础课程中，从而形成一个不间断闭环训练。如此多的课程融入该方法，必然面临着任务繁重问题，因此应当组建民商法教学团队。培育的内容和形式上，考虑到学生民法基础体系不完备以及教学进度安排的问题，特安排如下：教师在民法总论中的民法学习方法以及权利的作用分类知识点中，一般以课堂讲授的方式讲授鉴定式案例分析方法以及请求权基础思维框架；在各门民法基础课程中特定请求权基础知识点，则由主讲教师讲授该特定请求权基础的内部构成要件(成立——未消灭——可行使要件)，帮助学生掌握好特定请求权基础构成要件体系，教师设计好与该请求权基础相匹配的虚拟案例作为课后作业，在下次课程之前抽取 2~3 位同学进行交流报告，教师进行总结，学生根据交流情况修改案例分析报告并提交教师。为了有效促使学生能够有意识地运用该分析方法，可将鉴定式案例分析方法纳入平时和期末考核当中：平时作业的鉴定式案例研习报告以及抽取汇报的平时表现均会纳入平时考核内容，基于考核公平的考虑，每位同学在当学期均有机会被抽取作为报告人参与；期末考核中客观题应当考查该学期所出现的请求权基础的构成要件，主观题中的案例分析题以鉴定式案例分析题型为主，考核形式采用半开卷化模式，只允许学生携带法条。

(三)作为独立的必修实践课程开展模式的设计

对于一般院校的法学院系而言，课程体系基本饱和，因此该课程定位为法学本科生必修独立实践课程，一般配备 2 位教师，课时 2 周，授课对象为大四学生。该阶段的独立课程，主要是培训学生运用鉴定式案例研习解决大型综合性案例的能力。此阶段课程不但与大四知识基础相匹配，而且因其符合"挑战性教学"和"以问题为基础的学习"的性质一定程度上能够缓解因动力不足、挑战度不够而出现的"大四现象"。该课程的教学形式主要采用课下撰写案例研习报告和课堂报告交流的方式。学生虽然在基础课程中一定程度上经过了鉴定式案例研习的训练，但并不完整，在实践课程开始时需要系统教授鉴定式案例研习方法并且演示鉴定式案例研习方法解答案例的过程。在学生系统掌握该方法及应用后，教师布置若干案例，学生自愿组成小组选取案例，为避免教师批阅任务过重，要求学生以组为单位撰写研习报告，字数要求 5000 字以上。撰写完成后交由教师，教师通过批阅报告发现和聚焦问题，该报告的成绩占总成绩的 50%。同时为避免个别学生搭便车，在进行课堂汇报时教师课前可临时随机挑选汇报人。课堂汇报一般先由随机挑选的汇报人进行汇报，教师记录本组学生课堂表现，现场报告成绩占总成绩的 30%。汇报过程中，为避免冷场，教师可引导其他组同学参与该案例的讨论，最后教师进行总结。课堂报告后，要求各组根据上课讨论的情况以及教师的总结情况对自己的报告进行修改，并将修改后的报告交由教师，教师进行评阅，评阅成绩占总成绩的 20%。批改和评价案例分析报告主要考查的是请求权基础检索的顺序及完整程度，以及请求权基础的构成要件完整性方面。

参考文献

[1]于飞，吴香香.鉴定式案例研习：首届全国大赛优秀作品暨会议实录[M].中国政法大学出版社，2021：435.

[2]葛云松，金可可，田士永，黄卉.法治访谈录：请求权基础的案例教学法[J].法律适用，2017(14)：24.

[3]葛云松.法学教育的理想[J].中外法学，2014，26(2)：293.

[4]何美欢.法学教育的理想[J].清华法学，2006(9)：111.

[5]刘诚.面向"制度上游"的法学教育[J].法学教育研究，2021(3)：10-24.

[6]强世功.迈向立法者的法理学——法律移植背景下对当代法理学的反思[J].中国社会科学，2005(1)：109-122.

[7]夏昊晗.鉴定式案例研习：德国法学教育皇冠上的明珠[J].人民法治，2018(18)：34-35.

[8]张淞纶.作为教学方法的法教义学：反思与扬弃——以案例教学和请求权基础理论为对象[J].法学评论，2018(6)：136.

[9]刘亚娜，高尚. 德国请求权基础分析法论析——兼论对我国法学教育及司法考试改革的启示[J]. 法律方法，2012(12)：349.

基金项目　景德镇陶瓷大学教学改革研究基金项目：鉴定式案例研习教学改革与实践——以"担保法"为例(项目编号：TDJG-21-Q58)。

一流专业建设背景下课程体系建设的探讨

周员凡

摘　要：一流专业建设，内涵丰富，其所包含的内在要求众多，在这众多的要求中，专业课程体系建设非常关键，因为专业课程体系是专业建设的基础。本文基于一流专业建设的要求，围绕课程体系与一流专业内在逻辑关系，展开对课程体系建设的探讨，试图为一流专业建设路径提供参考与借鉴。

关键词：一流专业；课程体系；建设途径

一、一流专业的内在要求

一流专业内在要求众多，每一个要素都对专业的影响非常重大，衡量高校某一专业是否一流，不能简单从某一维度去考证，应多角度、多时点持续性去评价，那么，符合哪些要求的专业可以称为一流专业呢？笔者认为，可以从以下几个维度去评价。

(一)课程体系的科学性

课程是人才培养的核心要素，课程质量直接决定人才培养质量，这是教育部《关于一流本科课程建设的实施意见》对于课程重要性的概括性论述，从中可见课程体系对于人才培养的关键性作用。课程设置是否科学合理，主要从以下几个方面去考证：是否与国家和社会对于该专业人才的素质要求相吻合，课程之间是否存在严谨的逻辑关系，课程设置的调整机制是否完善等。

(二)专业师资力量

教师尤其是教学名师是高校的核心资源、稀缺资源，也是一个专业发展最基本的条件，师资力量的厚度，决定了专业发展的高度，因此，师资队伍乃是决定一个专业水平和发展后劲的关键指标。某一专业拥有多少各级各类"教学名师"

及"教学团队",该专业教师的学历结构、专业结构、年龄结构、职称结构等,都是衡量该专业教学水平的关键指标。

(三)人才培养质量

"人才培养,是高校的根本性工作,也是其基本要求与本质属性。专业建设的终极落脚点就在于人才的培养。"①如何衡量一个专业的人才培养质量,可以按照行业和地方经济建设对专业人才的综合要求,考证该专业毕业生的基本素质、基本能力、专业知识、专业技能是否符合要求,也可以从该专业学生的就业质量和社会用人单位对其评价去衡量。

(四)专业科研水平

一个专业实力如何?社会影响力怎样?除了教学水平、人才培养质量这两个指标,还有一个非常重要的指标,即专业教学团队的科研水平,科研与教学是相互促进的关系,因此,某一专业是否一流,还须从其专业科研水平角度去衡量,其标准为:"是否有原创性;在本专业领域是否走在前列,引领专业学术潮流;在本专业领域是否有重要的学术地位等。"②

二、课程体系的内涵及与专业的关系

(一)课程体系的内涵

所谓课程体系,是指一个专业不同课程的构成及比例关系,是专业教学内容的总规划,是教师进行教学活动的总体指导思想,课程门类及其排列顺序对于学生将获得哪些知识起着决定性作用。

课程体系存在显性与隐性之分,通常意义上的课程体系是指显性课程体系,显性课程体系是指明确的、事先编制课程的门类结构、性质结构、比例结构及其排列顺序;隐性课程体系则由对学生学习能力、社会品质的培养有密切关系的诸如学校组织运行方式、学校人际关系、校园文化等构成。关于课程体系的研究主要集中在显性课程体系,对于隐性课程体系研究则往往被忽视,其实二者对于学生的培养作用都非常明显,显性课程体系主要关注能力与素质的培养,而隐性课

---

① 周员凡.论公共事业管理专业课程体系的优化——以一流专业建设为视角[J].当代教育实践与教学研究,2021(11):155.

② 周员凡.论公共事业管理专业课程体系的优化——以一流专业建设为视角[J].当代教育实践与教学研究,2021(11):155.

程体系侧重于品质、习惯、态度等方面的培养。

(二)课程体系质量与专业水平的关系

如前文所述,课程体系本身科学与否,是衡量一个专业水平的关键指标之一,一般而言,课程体系决定了受教学者的知识结构、能力结构与素质结构,有什么样的课程体系,就有什么样的学生素质,科学合理的课程体系培养出素质全面的人才,反之亦然。

第一,课程体系中课程门类结构是否科学合理,决定着受教育者知识结构是否合理、是否全面,课程体系中是否把与专业相关的课程囊括,对于学生毕业后是否拥有完整的知识与能力结构影响重大,同时,课程体系中是否包含必要的人文素质及思想政治类课程,对于学生的素质培养会产生重要影响。

第二,课程体系中各门课程的排列结构决定了受教育者学习过程中知识的衔接性、知识结构的系统性如何,课程体系中既不能缺少必要的课程,但也绝不是必要课程的胡乱堆砌,各门课程的讲授有着非常严格的先后顺序,顺序的颠倒,不但实现不了课程教学目标,还会导致整个教学过程的紊乱。

第三,课程体系与人才培养目标的契合度决定了人才培养目标的实现度,课程体系必须紧紧围绕人才培养目标制定,根据人才培养目标对人才各素质的要求来设定具体的课程,不能因人设课、因特殊环境设课等。

总之,一个专业的水准如何,与其课程体系关系密切,因为课程体系在某种程度上决定着人才培养质量,而人才培养质量是衡量一个专业水准的核心指标,因此,我们在推动一流专业建设过程中,需要全面清理、理顺课程体系,对标一流专业对课程体系的要求,推进课程体系建设。

三、基于一流专业要求,推进课程体系改革建设

(一)课程体系建设的原则

1. 课程性质与社会需求相吻合的原则

课程体系是由一门门课程有机构成的,所有课程设置都围绕人才培养目标而设定。随着社会经济的发展,人才的内涵也在不断地发生变动,当前,社会经济发展迅速,变化巨大而剧烈,进而对人才的要求也发生了根本性的变化,对人的创新能力要求尤其凸显。因此,我们在课程体系的设置方面,必须因时而动,不能墨守成规,必须改变过去那种大部分课程是传授型课程的状态,而应该多设创

造型课程，创造型课程能将学生的学习由感知、记忆提高到想象与思维高度，注重思维模式、创造性和动手能力的培养，其与传授型课程有着本质的区别。

2. 重视综合化课程的原则

传统意义上的课程体系设置，其立足点更多是从专业角度出发，这种课程体系的设置原则是从属于几十年前行业属性单一性、分割性的实际。当今世界，行业间的联系越来越紧密，局限于狭窄的单一的专业划分难以适应社会与市场的要求，交叉与融合成为社会的主流，因此我们在进行课程体系建设的过程中，必须注意这种改变，更加重视综合性课程的作用，综合性课程提供给学生的是完整的知识模块，而非传统意义上的碎片化的知识结构。

3. 课程的多样化原则

传统的课程体系非常强调整齐划一，同样的专业或同类的专业都是学习基本相同的课程，结果造成人才培养的同质化，单一的课程设置阻碍学生个性的发展，扼杀了学生创新能力，不适合市场对人才的要求。因此，我们应该在立足于专业的基础上，尽可能多地开设各种模块化的选修课程，这样既能保证学生知识结构的系统性、完整性，又能满足学生个性化发展的要求。

(二)立足一流专业建设，推进课程体系建设

1. 确保符合教育主管部门相关标准，促进人才培养目标的实现

课程体系的设置，教育主管部门都有相应的规范要求。因此，我们在进行课程体系设置时，不能随心所欲，必须在一定的框架范围内进行，这一框架就是教育主管部门的相关规定要求，比如一些专业核心课程和公共基础课，这些课程是不容随意更改的。教育主管部门相关课程要求呈现在课程体系中，也是确保高校人才培养目标实现的根本保证，保证我们能正确回答"培养什么样的人？为谁培养人？"这一重大问题。

2. 结合国家一流专业建设标准，选修课程进行模块化设置

针对国家加强复合型人才培养的要求，我们在选修课程的设置方面，必须呈模块化，以实现学生知识的融合化。选修课程的模块化，其本质就是要突破传统意义上的选修课程的碎片化，碎片化的结果就是"学生学得累，但感觉没学到东西"。选修课程的模块化，是指围绕某一明确性目标而设置一系列的选修课程，即学生选课时选的是模块而非课程，有点类似"小专业"的意思，当然，课程的

模块化更看重的是学科的融合与交叉，体现新学科理念。

3. 面向业界，完善实验实训课程体系

一流专业对于人才的培养质量提出了更高的要求，一流的人才培养质量乃是一流专业的应有之义，高质量人才除了具备扎实的理论功底外，还需具备一个重要的特征，那就是面向业界的实践能力。实践能力的培养，仅靠传统的零碎化的几门实习课程是远远不够的，因此，欲打造一流专业，在课程体系的构造过程中，要重视实验实训课程类的设置，把传统的一些对于专业实践能力的培养不是特别明显的课程调整为前瞻性和实操性更强的实践类课程。至于具体如何调整，需要结合每个专业的不同特点与要求进行，并没有适合于所有专业的统一模式。

4. 对接国家一流专业建设标准，明确课程教学效果和教学评估

科学合理的课程体系除了科学的课程构成和比例关系外，对于每门课程的教学效果和教学评估也要有明确的规定，传统的课程体系，对这一要求往往忽视，结果导致有相当数量的课程呈"孤立"状态，无法体现课程设置的初衷。因此，课程体系的设置，须对接国家一流专业论证标准，确定专业课程的评价体系、考核体系，明确每门专业课程要和专业整体培养目标、毕业内在要求的有效对标和衔接，使课程体系成为真正意义上的整体体系。

参考文献

[1]虞国庆，漆权. 高等教育学[M]. 江西高校出版社，2008.

[2]周员凡. 论公共事业管理专业课程体系的优化——以一流专业建设为视角[J]. 当代教育实践与教学研究，2021(11).

[3]陈立乾，高亮. 培养目标与课程体系在人才培养中的作用及关系[J]. 赤峰学院学报(自然科学版)，2014(2).

基金项目 景德镇陶瓷大学教学改革研究基金项目：一流专业建设背景下公共事业管理专业课程体系优化研究——以景德镇陶瓷大学为例(项目编号：TDJG-20-Y40)。

大学数学课程思政教育的误区分析及对策

胡　祎　操　群　崔永琴

　　摘　要：课程思政教育作为新时代的全新教育理念已全面纳入了高等学校思想政治教育的体系之中。为更好地做好大学数学的课程思政教育，本文就大学数学的课程思政教育在实操中的误区进行分析，并提出相应对策，其中的研究思路与方法可以在其他学科的课程思政教育中进行推广。

　　关键词：课程思政教育；大学数学；误区分析；对策

一、大学数学课程思政教育的现实意义

　　课程思政是指以构建全员、全程、全方位育人格局的形式将各类课程与思想政治理论课同向同行，形成协同效应，并把"立德树人"作为教育的根本任务的一种综合教育理念。习近平总书记在全国高校思想政治工作会议上要求我们"坚持把立德树人作为中心环节，把思想政治工作贯穿教育教学全过程，实现全程育人，全方位育人"[①]，在全国教育大会上习近平总书记进一步强调："要把立德树人融入思想道德教育、文化知识教育、社会实践教育各环节。"[②]现如今，实施文化强国，让世界读懂中国，讲好中国故事已经成为国家的战略需求，因此我们除了要把自己的专业课程很好地传授给学生，每个人都要"种好责任田"之外，还要注意与思想政治理论课同向同行，协同发力，让大学生掌握更多的政治理论知识，这样的大学生才能在掌握专业技能的同时还具备更加坚定的民族意识、爱国精神与奋斗情怀，知行合一，自强不息，成为德智体美劳全面发展的社会主义建设者和接班人。

---

　　①　习近平谈治国理政(第二卷)［M］．外文出版社，2017：376.
　　②　习近平著作选读(第二卷)［M］．人民出版社，2023：203.

二、大学数学课程思政教育的误区

课程思政教育已蔚然成风，并且这股改革之风已渗透到各个学习阶段的学生中和课程里。但是立足于社会主义核心价值观，本着立德树人的原则，我们不难发现大学数学系列课程在实施课程思政教育过程中或多或少地出现了这样或那样的误区，对此我们要引以为戒，尽量避免。

（一）把课程思政教育当成任务来完成

课程思政教育是为把学生培养成为有坚定的民族意识、爱国精神和奋斗情怀的德智体美劳全面发展的社会主义的建设者和接班人而提出的现代教育理念，这是一种责任。正因为如此，诸如学时不够，教学任务繁重，思政教育无法加入等说法都是错误的，课程思政教育应该是全程教育、全方位的教育，是和大学数学专业课程的教育同向同频的。当我们把课程思政看成一种责任的时候，那么课程思政就不再是短促的几句话，不再是生硬的几声口号了，教师也不会纠结于什么时候进行思政教育，又进行多久时长的思政教育，而会把思政教育有机地自然地融入大学数学的专业教育中去，教师与学生将有更多的共鸣共振与共情，这种美好的沟通、引领与影响将不再是短暂的而是长久的，教育教学的效果自然会得到极大的提升。

（二）为思政而强行植入思政元素

门门课程里都有思政，但不是堂堂课上都要强行思政，尤其是对于大学数学这样一类具有极强抽象性和逻辑性的课程，要让学生明白其中某个概念或者定理，这本身就需要一个严密的论证过程，而这个过程是需要学生专注投入一定时间才可行的。倘若在论证过程中为了思政而思政，强行植入思政元素，就会使得专业课程不伦不类，容易引起学生反感，甚至误解思想政治教育的动机而产生抵触情绪。其实有些章节比如向量的线性相关性、随机事件发生的概率等是可以不必特意地塞入思政元素的，因为讲清楚其本身的科学研究过程就是在向同学们展示思政元素，而且在展示的过程中还可以培养学生严谨的思辨能力。因为学术的力量、自然科学的奥妙、独特的发明创造都可以成为思政的元素，这些思政元素在老师认真地讲解，学生专注地领会过程中完全可以以润物细无声的状态让学生接受与吸收。说到底，大学数学的课程思政教育绝对不是给课程内容机械地贴标签，更不是往专业课程里做简单的思政加法，而是一种提高课堂抬头率并立德树人的方法。

(三)思政教育成为散点的填鸭式教育

为了在每堂数学课上都有思政教育，有不少老师会就大学数学内容一点一点地挖掘它的思政元素，而授课内容一旦被分割开来，其所能传达的思政内容就很有限，加之自然科学中的思政教育元素本就不十分明显，致使老师们在进行课程思政的过程中常常会人云亦云，拾人牙慧，传授给学生的方式也多刻板僵硬，把大家都说的思政元素在导课时或者总结时提及一下就算是有了思政教育。其实，大学数学的课程思政教育既要有立德树人的基石，更要有系统性的内容和恰当的传授方式。如果能把大学数学的整个专业课程的内容在学生愿学能学的前提下系统性地传授给学生，就已经在潜移默化中对学生进行了勇于挑战难题、敢于攻坚克难的科学创新精神的教育，这本身就是思政教育的重要内容。同时，思政教育也应该与政治时事相关联，这就要求老师要有政治敏锐度，多关注时政，多关心学生，多关注科技前沿知识，如此一来，大学数学思政教育的内容就非常丰富而自然了。另外，对大学生不能再采用填鸭式教育的方式来灌输思政教育的内容，而应该以包容的心态让学生们去体悟思政元素，允许学生有不同的声音和见解提出，但又要给学生们展现主流的思想与方法，这样才能让思政教育入脑入心，立德树人目标才能最终实现。

(四)思政教育只重视第一课堂，忽视第二、第三课堂

高校课堂由三个课堂构成，第一课堂就是根据教学大纲的安排在规定时间里进行的课堂教学活动；第二课堂是指在第一课堂之外的校内进行的教学科研活动；第三课堂则是指在校外进行的教学科研活动。大学数学系列课程大都学时较长，门数较多，上课的学生分布较广，为了让思政教育做到全员全程全方位，教师们在实际操作时应该充分发挥第一课堂的主阵地作用，既做好知识传授，又做好思政工作，把立德树人真正落到实处。但是如果由此便忽视第二、第三课堂对第一课堂的有效补充作用，不能把第二课堂活跃起来，并延伸到第三课堂，那就不能把学生在第一课堂学到的知识运用起来，也就不能体会到理论与实践相结合的研究方法带给自己的成就感，学以致用、知行合一这些研究理念学生就无法得到体悟，这种缺乏实践锻炼的成长是很难将立德树人落实到位的。特别是大学数学课程中的数学建模，它更需要把第一课堂的思政教育延伸到第二、第三课堂，让教师带领学生参与调查研究，参与科学论证，参与实践证明，在这个过程中学生们能够感悟与获得的思政教育将是丰富而有效的。

(五)课程思政教育就是用大道理来对学生进行规训

大学数学系列课程的讲授要力求表达得严谨准确，要通过学科专业知识的规

范形式来让学生理解和掌握大学数学内容的逻辑进程，但是这并不代表大学数学课程思政教育必须是严肃而生硬的，必须用很多大道理来对学生进行提醒与规训。习近平总书记在全国高校思想政治工作会议上指出："思想政治理论课要坚持在改进中加强，提升思想政治教育亲和力和针对性。"①思想政治教育的过程是教师与学生之间传递信息并获得共鸣共情的过程，大学数学课程思政教育要力求提高思想引领力和政治认同力以及教育感染力，不断推进师生之间的政治认同与文化认同，这样才能更好地解决在学生中有可能产生的听觉疲劳和心理排斥。因此在大学数学课程思政教育的过程中不要陷入纯粹独白式的规训，完全可以融入情感式的交流，让教育的语言充满温度，让教育的环境充满和谐，这样才能让学生积极投入到学习中来，增强接受思想政治教育的自觉性和高效性。

三、大学数学课程思政教育对策

其一，大学数学课程思政教育首先要有"大思政"的观念格局，要从使命责任的政治高度来认识大学数学课程思政教育。它必须以社会主义核心价值观作为立足点，以立德树人为目标，把大学数学系列课程的思政教育联系贯通起来形成一个整体，一个系统，甚至可以从全员全程全方位的思政角度来打通大中小学的数学课程的思政教育。在这里，它需要专职教师能够涉猎更多的传统文化和思想政治教育理论，特别是对于数学发展史以及数学发展的前沿成果都能了解并传授给学生。这样教师就可以通过精心设计和有效教学以润物细无声的方式让学生既学到专业知识、拓宽知识面又得到思想认识的升华，将立德树人真正落到实处。

其二，大学数学课程思政教育要有"大思政"的宏观指导，更要有具体学科内容的微观分析。在大学数学系列课程中高等数学这门课程具有学时最长、内容最多，且学生大都为大一新生的特点，如果在第一课堂能利用好这些特点将对思政教育产生非常有利的促进作用；数学建模这门课程具有非常强的应用性特点，在这门课程中学生可以把理论与实践密切结合起来，可以在实训中不断提高自己分析问题解决问题的能力，从而让学生可以获得更多的科研能力与文化自信，如果对数学建模这门课能在夯实第一课堂的同时做好第二、第三课堂的补充和延伸，那课程思政教育将会在潜移默化中得到渗透与融合。

其三，对本科学生合理采用导师制的培养方式在一定程度上能促进大学数学课程的思政教育。一名合格的导师可以在对学生的观察培养中因材施教，既传授给学生专业知识，又在日常相处中，在引导做科研的过程中，通过耳濡目染和亲

---

① 习近平谈治国理政(第二卷)[M]．外文出版社，2017：378．

身示范的方式让学生体悟到科研精神与科学操守，这也恰恰是课程思政教育的主要内容。同时，教学相长，导师制的培养方式同样可以反过来促进教师不断提升自身素养和专业素质以及思想水平，从而在师生的交流学习中形成良性循环，立德树人有了可靠的保证。

其四，课程思政本就是个大课题，而大学数学系列课程又门数众多，学时较长，所以大学数学课程思政教育应该有一个组织来负责运行，教师党支部比较适合承担该重任，可由其有目标有规划有分工地把思政教育工作落实下去，让大学数学的课程思政教育从种子工程不断发展壮大到花园工程，最后呈现燎原之势去影响其他学科领域乃至整个教育体系的课程思政。这样我们的学生不但能学到专业知识，而且明白做人做事的基本道理，懂得社会主义核心价值观的基本要求，为实现民族复兴而承担起每个中国人都应该有的责任，自觉学习，努力奋斗。

其五，大学数学课程思政教育的研究方法可以推广到其他专业学科上，比如外语、计算机等。但是在推广过程中要注意学科间的专业元素差异带来的思政教育的改变和相应内容的调整，不可生搬硬套。

四、大学数学课程思政教育小结

本文是基于课程思政教育的研究，所以不论是误区分析还是教育对策都一定要有个立足点，否则就偏离了方向，也只有立足于社会主义核心价值观，并紧紧围绕立德树人的目标，进行以上分析与对策研究才有实际意义与成效，同时我们更要牢记习近平总书记提到的课程思政要坚持在改进中加强，不能满足于现状，要不断实践，不断突破，努力让我们的课程思政教育更上一层楼。

参考文献

[1]田鸿芬，等. 高校专业课教学融入思想政治教育的实践路径[J]. 未来与发展，2018(4)：99-103.

[2]朱聿铭. 高等数学课程思政建设探索与实践[J]. 佳木斯职业学院学报，2022(11)：100-102.

[3]肖小燕，等. 思想政治教育融入高等数学课堂的教学探索[J]. 教育教学论坛，2021(43)：152-155.

[4]吴楠. 高等数学课程思政建设探讨[J]. 河北工程大学学报，2020，37(4)：61-65.

[5]刘璐，等. 课程思政在"高等数学"课程教学中的实践探索[J]. 教育教学论

坛，2021(52)：117-120.

[6]高明．高等数学课程思政教学探索[J].天津市教科院学报，2019(3)：
60-66.

[7]陈华栋，等．课程思政教育内容设计要在六个方面下功夫[J].中国高等教
育，2019(23)：18-20.

基金项目　1. 景德镇陶瓷大学教学改革研究基金项目："德识能"三位一体
数学建模课程思政与混合式教学双向促进的研究与实践(课题批准号：TDJG-21-
Y31)。

2. 江西省高等学校教学改革研究课题：基于翻转课堂模式的高等数学教学
改革与实践研究(项目编号：JXJG-21-11-17)。

3. 景德镇市社科联社会科学规划项目：景德镇市职业教育高质量发展对策
研究——以高等数学课程思政教育为例(项目编号：202232)。

高校"原理"课亲和力和针对性提升问题研究

徐　慧

摘　要：马克思主义基本原理课（以下简称"原理课"）是高校思想政治理论课的核心课程，旨在对大学生进行系统的马克思主义理论教育，是一项既有理论传授又有实践强化的特殊教育活动。亲和力和针对性是实现理论育人的关键所在，是推动高校思想政治理论课改革的重要指向。新时代增强高校"原理课"的育人实效，就是要融入"培养什么人、怎样培养人、为谁培养人"新目标，提升"原理课"的亲和力；把握"八个相统一"新要求，提升"原理课"的针对性；加强教学队伍建设，构建协同机制，提升"原理课"实效性，使"原理课"真正成为大学生喜爱的课程。

关键词：新时代；"原理课"；亲和力；针对性

习近平总书记在学校思想政治理论课教师座谈会上强调："思政课是落实立德树人根本任务的关键课程。……推动思想政治理论课改革创新，要不断增强思政课的思想性、理论性和亲和力、针对性。"①这一高瞻远瞩的论述为新时代高校思想政治理论课改革创新提供了基本遵循，指明了目标和方向。作为高校办学方向重要保证的马克思主义基本原理课程，是落实高校立德树人根本任务的关键课程，推进"原理课"改革创新，就要深刻领会、准确把握习近平总书记的重要讲话精神，聚焦立德树人根本任务，坚持问题意识，把握"八个相统一"新要求，提升"原理课"的针对性；加强教学队伍建设，构建协同机制，提升"原理课"的实效性，使"原理课"真正成为大学生喜爱的课程。

一、融入新目标任务，提升"原理课"亲和力

亲和力是指让教育对象主动接受、积极接纳、高度认同的一种吸引力、感染

---

①　习近平主持召开学校思想政治理论课教师座谈会强调：用新时代中国特色社会主义思想铸魂育人　贯彻党的教育方针落实立德树人根本任务[N]．人民日报，2019-03-19.

力和影响力。亲和力对于课程教学目标的实现、教学内容的传授和教学效果的达成都有着非常重要的促进作用，是影响课程教育效果的重要因素。"原理课"要达到教书育人的教学目标，首要任务就是要提升"原理课"的亲和力。从总体上看，全国各大高校大学生对"原理课"的喜爱程度不容乐观。到底是什么因素导致"原理课"的亲和力难以提升呢？首先，"原理课"自身的理论性特点影响亲和力。"原理课"相对于其他思政课而言，理论性更强，更加难以理解和把握。作为一门公共必修课程，其授课对象基础参差不齐，学生对教学内容的把握和理解也就高低不同。其次，传统满堂灌的授课方式也影响亲和力的提升。各大高校的"原理课"教学仍存在不少单向灌输的现象，教师的教学方法有待创新和发展。最后，理论和实践的结合方面也有待加强。在教学过程中既要注意用理论支撑实践的必然性，又要用实践证明理论的科学性，理论和实践的有机结合才能进一步提高学生分析问题、解决问题的能力。

"培养什么人、怎样培养人、为谁培养人"是新时代以习近平同志为核心的党中央对大学生思想政治理论课提出的新目标要求。将"培养什么人、怎样培养人、为谁培养人"新目标任务融入"原理课"，意味着在历史和现实的深刻反思中将理想信念教育渗入学生灵魂，并最终指向理论的亲和力和感染力。"原理课"必须要聆听时代的声音，回应时代的追问，认真回答并解决学生所关切的一系列重大问题，不回避、不惧怕、不含糊问题，给学生讲清楚中国特色社会主义发展中所面临的一系列问题，以理服人，引导学生坚定马克思主义信仰和共产主义理想信念，助力大学生积极践行，将理想、价值目标转化到实际的行动中，增强大学生的现实体验感，提升"原理课"的理论感染力，最终让"学生自觉把个人的理想追求融入国家和民族的事业中，勇做走在时代前列的奋进者、开拓者"①。

二、把握新要求，提升"原理课"的针对性

针对性是指事物的指向性，是对确定对象采取的具体措施。"原理课"教学活动进行的是育人的活动，学生是整个"原理课"教育教学活动关注的中心和关键点。要提升"原理课"的针对性，就要立足于受教育者的需求和发展特点，把握规律性，始终遵循习近平总书记在学校思想政治理论课教师座谈会上提出的"政治性和学理性""价值性和知识性""建设性和批判性""理论性和实践性""统一性和多样性""主导性和主体性""灌输性和启发性""显性教育和隐性教育"等

① 习近平在全国高校思想政治工作会议上强调：把思想政治工作贯穿教育教学全过程 开创我国高等教育事业发展新局面[N].人民日报，2016-12-09.

"八个相统一"的新思想要求，切实提高"原理课"的针对性和指向性。

"八个相统一"新要求涉及"原理课"教学方方面面，概括起来至少涵盖以下三个维度。

从"原理课"的教学内容、原则性和价值性层面来看，首先，必须坚持政治性与学理性相统一。不论是从"原理课"本身的性质和功能看，还是基于当下高校意识形态安全的紧迫性看，"原理课"教学都必须加强方向引领。马克思主义是中国特色社会主义的意识形态和上层建筑，有其鲜明的阶级性和政治性。同时，要注意到意识形态性并不等同于意识形态化，马克思主义理论本身具有科学性，有其内在的逻辑和学理性。所以，"原理课"教学必须强化马克思主义原理的学术品格。坚持政治性与学理性相统一是"原理课"教学的应有之义。

其次，要坚持价值性与知识性相统一。"原理课"的重要功能之一就是塑造青年学生的价值观。价值观是人们进行价值评判和选择的基本原则，对每个人的一生都产生极为深远的影响。青年大学生正处于世界观、人生观和价值观形成的重要阶段，将价值引领贯穿于"原理课"教学过程始终，"有利于培育和弘扬社会主义核心价值观的生活情景和社会氛围，使核心价值观的影响像空气一样无所不在、无时不有"①。

最后，要坚持建设性与批判性相统一。建设性是"原理课"的基本方向。"原理课"就是要用马克思主义理论来武装学生的头脑，为当代大学生构建起正确的思想观念体系。同时，批判性也是马克思主义的本质特征。马克思主义从诞生之日起就是在同各种错误的观点和思潮斗争中发展起来的，所以"原理课"要传播真理、以事明理，引导大学生对中国共产党、马克思主义主流意识形态以及社会主义制度的认同感，使建设性与批判性相统一。

从"原理课"教学方法改革创新来看，第一，要坚持理论性和实践性相统一。理论性是"原理课"本身所具有的属性。马克思主义理论是科学理论，有其内在的理论体系结构。同时，马克思主义理论不同于其他理论之处就在于，它本身就是在指导全世界无产阶级和中国人民革命斗争的实践中形成和发展起来的，所以，其实践性也是不容置疑的。

第二，要坚持统一性和多样性相统一。"原理课"教学事关高校意识形态阵地安全，因此"原理课"教学在教学方面要有统一的标准，必须注意教学的规范性。但是，在具体的教学过程中，教师要注意解决教材体系如何转化为教学体系的问题，面对不同的学生，做到因材施教，实现统一性与多样性的辩证统一。

---

① 把培育和弘扬社会主义核心价值观作为凝魂聚气强基固本的基础工程[N]. 人民日报，2014-02-26.

第三，要坚持主导性和主体性相统一。任何教学活动都必须处理好"教"与"学"两个方面的关系。按照传统教学理论，在教学过程中教师一般是主导，学生是学习活动的承担者。但就"原理课"本身的特点而言，它具有很强的抽象性、理论性，需要积极调动学生的学习主动性，才能更好地学好、学懂这门课程。

第四，要坚持灌输性与启发性相统一。灌输是理论教育的基本方法，是必须的。但是，灌输并不排斥启发。我们可以在灌输中启发，在启发中灌输。在教学过程中进行灌输的同时，启发引导学生去发现问题、分析问题、解决问题。所以，灌输性与启发性也是相统一的。

从"原理课"与其他课程的关系来看，必须坚持显性教育与隐性教育相统一。"原理课"是高校思想政治工作的主阵地，是落实高校立德树人根本任务的关键课程，所以"原理课"开成显性课程是理所当然的。同时，我们要处理好"原理课"与其他课程的关系，"使各类课程与思想政治理论课同向同行，形成协同效应"①，从而实现显性教育与隐性教育的有机统一。

三、构建协同机制，提升"原理课"的实效性

习近平总书记在全国高校思想政治工作会议上指出，所有课堂都有育人功能，不能把思想政治工作只当作思想政治理论课的事，"其他各门课都要守好一段渠、种好责任田"②。这段话明确指出了各类学科应当保持与思想政治理论课同向同行，助力理论课的育人效果。具体到"原理课"的教育教学，要提高"原理课"的实效性就必须不断强化教师群体责任意识，推进"原理课"与其他学科的融合，形成协同效应，共同助力提升铸魂育人的实效性。

首先，要加强组织领导。必须重视"原理课"建设，树立问题导向意识，齐心协力破解"原理课"短板，提高"原理课"的教学实效性。统筹规划，订立和完善"原理课"建设标准，增强相关课程教学之间的科学衔接和整体协调。

其次，要加强教师队伍建设，强化教师主体责任感。加强"原理课"教师队伍建设是提高"原理课"实效性的关键问题。"原理课"教师承担着为青年大学生进行价值引导和理想信念培育的重要使命和责任，教师的言行直接影响铸魂育人的质量。所以，"原理课"教师必须不断进行自我提升，提高自身的理论素养、教学水平和教学质量。

---

① 习近平在全国高校思想政治工作会议上强调：把思想政治工作贯穿教育教学全过程 开创我国高等教育事业发展新局面[N]. 人民日报，2016-12-09.
② 习近平在全国高校思想政治工作会议上强调：把思想政治工作贯穿教育教学全过程 开创我国高等教育事业发展新局面[N]. 人民日报，2016-12-09.

　　最后，要促使各类课程与"原理课"同向同行，形成协同效应。其他课程的教学目的尽管和"原理课"铸魂育人的目的不同，但是在学生的成长过程中依然可以起到非常重要的引导和推进作用。加强其他学科与理想信念教育的融合，可以打破学科壁垒，保证"原理课"与专业课在核心价值观与理想信念教育中的统一协调性。

　　基金项目　景德镇陶瓷大学教学改革研究基金项目：微视频创作融入马克思主义基本原理概论课程教学研究（项目编号：TDJG-20-Y23）。

"以学生能力培养为导向"的
半导体器件物理课程教学模式研究

高　皓

摘　要：半导体器件物理是电子科学与技术专业学生从理论学习走向实践应用的一门关键课程，它既有自身的理论体系，又有很强的实践性。教师在进行教育教学活动时，将工程教育认证中"以学生能力培养为导向"的理念引入课程教学中，有助于提升学生的实践动手和团队协作能力。这里主要就教学设计改进、课程内容建设、学生观念转变、考核体系建立等方面的教学模式创新和实践进行分析探讨，以培养学生发现问题、分析问题和解决问题的能力。

关键词：半导体器件物理；能力培养；主动学习；差异化考核

随着经济全球化程度的提高，社会对工程技术人员的知识水平和适应能力的要求也越来越高，发展工程教育对高等教育提高人才培养质量具有引导和示范作用。

为加强工程教育和工业界的紧密结合，培养极具竞争力的一流人才，我校电子科学与技术专业近年来积极申报工程教育认证，并对一系列的相关课程进行教学改革。工程教育认证的核心思想是"以学生能力培养为导向"。半导体器件物理作为电子科学与技术专业的核心专业课程之一，是该专业学生从理论学习走向实践应用的一门关键课程。本课程开设于本科三年级上学期，它既有自身的理论体系，又有很强的实践性。但传统的教学手段以课堂授课为主，考核方式单一，导致学生缺乏对现代企业文化和工作流程的了解，缺乏团队合作经验，实践动手能力较差。

为解决上述问题，我们以工程教育认证为契机，将"以学生能力培养为导向"的理念引入到半导体器件物理课程的教学中来，为培养学生发现问题、分析问题、解决问题的能力，我们在课程建设方面作了以下一系列改进。

一、教学模式的改革

(一)教学设计的改进

"以学生能力培养为导向"教学模式的顺利开展，关键在于教学设计的合理性。由于半导体器件物理的部分课程内容较难，传统教学方式很难调动学生学习的主动性和积极性。教师在教学过程中应该尽量弱化书本上那些对数理基础要求高且繁杂琐碎的知识点，将"材料特性—器件结构—能带模型—载流子输运—电学性能"这条主线梳理清楚。另外在教学设计中，应该多设计有效情境问题，引导学生将自己代入所学的知识环境背景中，最后再对整个教学过程和结果进行评价、总结和反思，在实践中总结，不断改进教学方法。

(二)课程内容的建设

新的教学模式使半导体器件物理课程课后部分的比重加大。课后的教学内容包含教学视频、教学课题、教学资料、习题、互动讨论等部分。针对课后内容，首先应整合网络资源，充分利用学习通、慕课、国家精品课程等网络资源并进行优化和改进，再以实际范例和往届学生的成果为补充建立课程教学选题库和数据库，让学生觉得知识就在身边，知识可以应用，充分调动他们学习的积极性和主动性。同时还应建立本课程的网络交流互动平台，方便学生在交流讨论时碰出思维火花。最后结合本专业人才培养方案，通过对课程内容的不断补充和改进，重新编写教学大纲等教学文件，完善本课程的教学模式。

(三)学生观念的转变

"以学生能力培养为导向"的教学模式改革最大障碍来自学生的意愿。形成一套合理的教学过程，引导学生将学习意愿从被动接受转换成主动探索是破解教学改革的关键。学生能力的形成是一个发展过程，教师应通过参与和引导学生之间的互动，让学生的学习意愿进行自然的转变。

围绕半导体器件物理课程，教师可对学生所学的几个核心知识能力模块，根据每个核心知识能力模块的特点，按模块、课程、知识点等层次构建学习实践项目，包括查阅资料、阅读文献、小组研讨、撰写报告等环节，以灵活多样的方式鼓励学生参与，激发学生的兴趣和主动参与意识；将学生分成小组，进行老师与学生之间、学生与学生之间的充分交流互动，通过小组边学习、边讨论的方式训练学生交流表达及协作等能力。学生在完成项目的过程中，进一步掌握了所学知识，其运用知识的能力、设计能力和解决工程问题的能力等得到系统的培养。

(四)合理考核体系的建立

在课程学习的各个阶段，教师会对相关指标点的达成度进行评价，实施"作业，分组报告，考试"等多种组合评价考核体系。"作业"考查学生的学习态度和对基础知识的掌握程度，"分组报告"考查学生知识收集整理和团队协作的能力，这些与"考试"一起汇总形成最终的成绩，能够很好地将学生对知识掌握的程度表现出来。反过来，通过差异化考核机制的建立，能进一步激发学生对课程的兴趣，进而提高学生的动手能力和动手积极性，有利于强化学生对课程内容与实际应用的思考，帮助学生在所学理论知识与实践之间更好地建立起联系。

二、教学方法的革新

本课程的教学采用课堂讲授、线上学习与专题分析相结合的方式。在课堂讲授中，采用启发式教学，激发学生主动学习的兴趣，培养学生独立思考、分析问题和解决问题的能力，引导学生主动通过实践和自学获得自己想学到的知识。采用电子教案，多媒体与传统板书、教具教学相结合，提高课堂教学信息量，增强教学的直观性。线上学习时，充分利用网络学习工具——学习通，理论教学与工程实践相结合，引导学生应用数学模型、物理概念和工程科学的基本原理，采用现代设计方法和手段，进行微电子器件原理的分析、性能的理解，培养其认识、理解和掌握微电子产品制造工程问题的思维方法和实践能力。

围绕各章教学重点内容，我们除布置一定数量的课后作业外，还设置专题分析环节。该环节要求围绕某一新型微电子器件自拟题目，报告内容包括分析器件工作运行原理、关键材料结构性质、关键制造工艺技术、成本分析、目前面临的问题、产业化的影响等。培养学生综合应用数学、自然科学、工程科学以及电子科学与技术专业知识与技能等，对微电子器件性能原理及相关制造工艺进行表述，并结合所研究课题进行报告和设计文稿的撰写，提高清晰陈述观点和回答问题的能力。该任务在18级电子科学与技术专业相关班级布置下去之后，激发了学生们的学习兴趣，他们分成八个小组，通过网络、图书馆等方法手段查询资料和文献，分别对电子科学技术领域8个不同的前沿问题进行了详细调研(表1)，形成了完整的课件和论文，并且根据学院已有的条件，选择一个较为优秀的小组进行了具体实施，目前已取得阶段性进展。

表1　电子科学与技术专业专题研究自选课题一览

专题组	第1组	第2组	第3组	第4组	第5组	第6组	第7组	第8组
专题名称	柔性压力传感器	钙钛矿太阳电池	超级电容器	固态硬盘	手机控制智能家居原理以及应用	异质结双极晶体管（HBT）	电荷耦合器件（DDC）	鳍式场效应晶体管（FinFet）

三、教学总结

"以学生能力培养为导向"是以学生自主探究为主的学习方式，即学生在教师的指导下，在学习过程中积极主动地选择学习方向和目标，用研究的态度主动收集信息、分析信息、获取知识、应用知识、解决问题，重点是塑造学生的独立自主性，培养创新能力。

在景德镇陶瓷大学电子科学与技术专业，半导体器件物理课程开设于大三上学期，该理念的教学最早实施于2018级的学生，取得了较好的教学效果。2021年，该专业多名同学荣获江西省大学生创新竞赛奖项。至2022年毕业时，总共68名同学考取了硕士研究生，获得了27%的良好考研率，其中不乏华中科技大学、大连理工大学等985名校。

参考文献

[1] 郑雁公. 半导体物理与器件课程的课堂教学模式改革探索[J]. 高教学刊(博士论坛)，2021(22)：103-108.

[2] 钟英辉，浅谈"半导体器件物理"教学改革[J]. 电气电子教学学报，2021，43(2)：27-29.

[3] 孙小燕. 线上教学模式的实践与思考[J]. 学园，2021(4)：28-30.

基金项目　景德镇陶瓷大学教学改革研究基金项目："以学生能力培养为导向"的信息电子技术基础课程教学改革与实践研究(项目编号：TDJG-20-Y39)。

企业经营沙盘模拟课程改革探索

黄 琛

摘 要：企业经营沙盘模拟是当前经济管理类学生普遍开设的一门综合类实验课程。通过对景德镇陶瓷大学管理与经济学院开设企业经营沙盘模拟课程的调研探讨，本文总结出我校企业经营沙盘模拟课程实践存在的问题并提出改革建议。

关键词：沙盘模拟；企业经营；课程改革

1811 年，普鲁士文职军事顾问冯·莱斯维茨用材料堆制成战场模型，进行军事游戏。此后莱斯维茨的儿子利用沙盘、地图表示地形地貌，按照实战方式进行策略谋划，这种"战争博弈"就是现代军事战争沙盘。军事战争沙盘推演通过指挥员模拟操作敌我双方在战场上的力量对抗，发现各自战略战术的缺陷，从而提高指挥员的作战能力，在第一次世界大战之后得到广泛应用。

英、美等国商学院和管理咨询机构在研究了军事战争沙盘模拟推演后，认识到沙盘模拟在商务、培训、锻炼等领域中的作用。1978 年瑞典皇家工学院 Klas Mellan 开发出企业经营沙盘，尔后迅速风靡全球，成为提高职业经理人、经济管理类学生在实际经营环境中决策和运作能力的工具。

一、企业经营沙盘模拟简介

企业经营沙盘模拟与地理、军事等领域将实物按照比例缩小做成的沙盘相同，它也是利用沙盘的原理，将现实中的竞争环境和企业按照规则简单化，将其搬进课堂，实现模拟经营的目的。企业经营沙盘模拟将企业合理简化，通过沙盘形象展示厂房、仓库、资金、上下游等信息，让学员站在最高层领导的位置来分析、处理企业面对的战略制定、组织生产、整体营销和财务结算等一系列问题。企业经营沙盘模拟的特点包括以下几点：

(一)直观易懂

企业经营沙盘模拟在一个虚拟的竞争环境模拟一家企业，团队成员共同协作完成各个模块的操作。物理沙盘生动形象地把整个企业的运营浓缩到一个沙盘盘面，把复杂的企业组织结构和抽象的管理模式以最直观的方式展现在学生面前，学生通过亲身实践来真实感受企业整个运营流程，在沙盘模拟中获得真实的团队协作体验和经营运作经验。

(二)生动有趣

企业经营沙盘模拟以游戏的形式展开，融理论与实践于一体、集角色扮演与岗位体验于一身，使团队成员完成从课堂知识到操作技能的转化，寓教于乐，增强课堂教学的娱乐性和趣味性，让学生从被动学习转向主动学习。

(三)团队协作

企业经营沙盘模拟采用简化的企业组织结构，把参加课程的学生分成若干个团队，每个团队模拟经营一家工业企业，连续从事 4~6 年的经营活动。每个团队 5 人，分别担任执行总监(CEO)、财务总监(CFO)、生产总监(COO)、营销总监(CMO)和采购总监(CPO)。各岗位各尽其职，各尽其责，及时沟通和协调，进行团结协作，统筹确定企业运营方案。

(四)综合性强

企业经营沙盘模拟是一项综合实践教学环节，涉及企业战略规划、市场预测、全面预算、财务运作、会计报表编制、采购管理、生产运营、营销策划等多学科理论知识和实践技能，旨在使学生熟悉企业财务管理、财务运营的全过程，提高经营管理的实践能力。

二、我校企业经营沙盘模拟课程存在的问题

我校管理与经济学院从 2014 年开始引入企业经营沙盘模拟课程，首先在 ERP 创新协会通过第二课堂试点，2016 年后针对财务管理专业开设实验课，课时为 16 学时。每年在校内开展企业经营沙盘模拟比赛，选拔学生参与省级和全国沙盘大赛。我们针对 2018 级财务管理专业学生发放调查问卷，了解学生参与体验企业模拟经营的兴趣，以及企业经营沙盘模拟课程对大学生各项能力的提升情况，此次调查共发放问卷 62 份，实际收回 61 份，有效问卷 60 份。

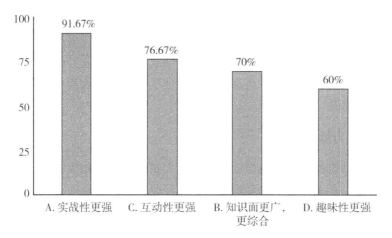

图 1　企业经营沙盘模拟相比传统实验教学模式的优势

从问卷结果来看(图 1)，相比传统实验教学模式，91.67%的学生认为企业经营沙盘模拟的实战性更强，76.67%的学生认为互动性更强，70%的学生认为企业经营沙盘模拟的知识面更广、更综合，60%的学生认为其趣味性更强。

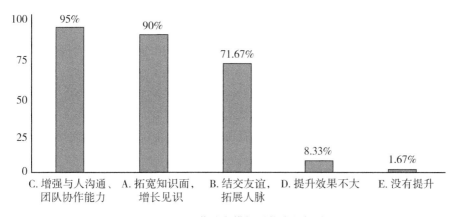

图 2　企业经营沙盘模拟对能力的提升

从图 2 可以看出，95%的学生认为企业经营沙盘模拟能够增强与人沟通、团队协作能力，90%的学生认为企业经营沙盘模拟能够拓宽知识面，增长见识；71.67%的学生认为企业经营沙盘模拟能够结交友谊，拓展人脉。

在开展企业经营沙盘模拟课程的过程中，我们也发现以下问题：

（一）课程内容缺乏创新性

物理沙盘盘面老旧，对于不同专业、不同年级的学生，采用统一的课程内容和运营规则，无法突出不同专业的不同能力要求，导致企业经营沙盘模拟课程在使用和改革上缺少创新点和学科高度，与其他学校的同类课程相比大同小异，没有凝练出课程特色。

（二）师资力量短缺

企业经营沙盘模拟课程的教学内容涉及大量的经管类相关知识，要求授课教师掌握经管类的相关理论知识和较强的实践经验，熟悉企业的真实经营环境和各个岗位的工作内容，但大部分教师只精通自己所研究的领域，实践经验不足。

（三）成绩考核缺乏科学性

企业经营沙盘模拟重视团队考核，以沙盘模拟经营的成绩和排名作为学生考核的唯一依据，忽视了对学生个人成绩的评定，无法全面反映学生的管理才能，成绩评定缺乏客观性、科学性。

三、对我校企业经营沙盘模拟课程的改革建议

针对上述企业经营沙盘模拟课程开展过程中存在的问题，我们提出几点改革建议。

（一）创新盘面和课程内容

（1）利用学校在陶瓷行业的优势资源，开展校企合作，开发创新"建陶企业模拟经营沙盘"。

（2）分模块分专题进行讲授和学习，把课程内容分解为供应链模块、生产模块、财务管理模块和市场营销模块等，针对不同年级不同专业的学生分专业分模块教学。

（二）提升师资力量

（1）充分利用现有师资力量，跨专业组建教学团队，每位教师讲解自己擅长的专业领域知识。

（2）对授课教师进行专业知识和技能的培训，并建立有效的激励机制，提高教师教学的积极性和创造性。

(三)优化考核体系

为保证考核的合理性和科学性，构建团队考核和个人考核相结合的考核体系，如表1所示。团队考核包括团队的财务状况与经营成果以及团队整体排名，个人考核包括团队精神与合作效果以及个人实验材料。

表1 企业经营沙盘模拟考核体系

评价项目	财务状况与经营成果	团队精神与合作效果	实验材料	出勤	总分
所占比例(%)	45	20	15	20	100

参考文献

[1]张蕊. 企业经营沙盘模拟实训与大学生创新创业能力培养研究[J]. 文化学刊，2019(1)：187-189.

[2]王彦长. 基于创业能力培养的 ERP 沙盘演练课程创新研究[J]. 安徽工业大学学报，2017，34(3)：85-87.

[3]魏国华. ERP 沙盘模拟实践改革与创新探索[J]. 现代企业，2018(7)：108-109.

[4]刘毅豪. 关于 ERP 沙盘模拟课程进行盘面及其内容自主创新的探讨[J]. 科教之窗，2017(7)：151-153.

[5]宋龙飞，吴昊，谭嵩. 虚拟商业环境下 ERP 经营沙盘模拟教学改革实践与评价研究[J]. 中小企业管理与科技，2019(1)：75-76.

基金项目 景德镇陶瓷大学 2016 年校级一般教学改革项目："基于行业特色的企业经营沙盘模拟实验内容整合与创新研究"。

工程教育专业背景下大学生课外实践体系的课程化研究

韩　文　汪　伟　刘　艳　吴　桐

摘　要： 大学生课外实践已纳入我校的本科专业人才培养方案中，但存在着教学目标不具体、课程内容实践性不强、课程评价不合理等问题。本文基于 OBE 的教育理念构建了本科专业课外实践体系，并从课程化的角度进行探索与实施。实践效果表明：课外实践活动的课程化极大地帮助学生明确了专业培养目标、消化了专业理论知识和提升了就业能力，使学生能快速适应社会及企业的需求。

关键词： 课外实践体系；工程教育；课程化

大学生课外实践活动是指高校在课堂教学以外对学生进行的有目的、有计划、有组织的教育活动。大学生课外实践活动既是课堂教学的延伸，又是一种理论联系实际的有效途径之一，对于提高第一课堂教学质量，培养学生正确的世界观、人生观和价值观，为大学生提高自立自强能力及适应社会能力提供了必要的锻炼机会。

一、目前存在的主要问题

当前高校大学生课外实践活动在主观认识层面和实践层面都存在一定的问题，具体如下：

(1) 课外实践活动的目标不明确。课外实践整体目标是让学生"受教育、长才干、做奉献"，但是如何明确课外实践活动的具体目标却很困难。不少课外实践活动无法真正让学生去动手实践，无法让学生得到真实的体验感知。

(2) 学生主体认知不足。很多学生未能深刻认识到课外实践活动的本身属性或不清楚课外实践活动的目标，又限于学校的制度和学分要求，常常消极应付，缺乏自觉主动，课外实践表现为"走马观花"或"坐井观天"，重表现过程，轻个人获得，缺乏深度融入。

（3）组织规划不力。实践活动的组织者没有进行系统规划和组织，使得学生对课外实践活动的重视程度不够。

（4）课外实践活动的评价不完善。不少高校对于课外实践活动仅停留在"立项、结题"上，缺乏系统考量的标准和有效形式，从而使得课外实践活动常常流于形式。

二、基于工程教育专业认证的课外实践体系顶层设计

（一）工程教育专业认证的理念及课程化要求

工程教育专业认证（后简称"专业认证"）是国际通行的工程教育质量保证制度，也是实现工程教育国际互认和工程师资格国际互认的重要基础。其遵循三大基本理念：①强调以学生为中心，面向全体学生。②强调以学生学习产出为导向，对照毕业生核心能力、素质要求，评价专业认证教育的有效性。③强调评价与质量的持续改进。专业认证强调工程教育的基本质量要求，是一种合格评价。

1. 突出以学生为中心

专业认证强调学生的"学"是核心，是主体的主动行为。实践教学中学生是突出的中心主体，学生"学到什么"是关键，体现于学习成果和教育效果。对课外实践来说，课程学习是学生以亲身体验直接获取经验和感受认知。

2. 注重以产出为导向

专业认证提出教学设计和教学实施要以学生接受课程教育后所取得的学习成果为导向。

3. 强调持续改进机制

专业认证倡导要建立有效的质量监督和持续改进机制，要以改进措施推动教育教学的实效和人才培养质量的不断提升。这就要求对课程质量进行严格的监督管理，建立教学过程质量监督机制。

（二）课外实践体系的构建

课外实践既是高校人才培养体系中的一部分，是实践体系的重要组成部分，也是作为高校课堂教育教学工作的有效延伸和实践育人的平台，是拓宽学生视

野、激发学生学习兴趣、培养学生能力、提高学生综合素质的有效途径，在人才培养过程中承担着重要角色。

我校将课外实践分为"思想政治引领""审美与人文素质提升""体育活动""创意创新创业实践"和"社会活动"5个模块(图1)。

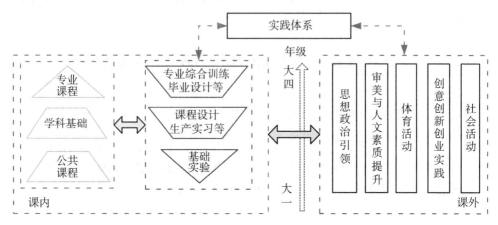

图1 课内实践与课外实践的关系图

我校课外实践在总体设计上注重体现"立德树人"，突出专业能力和创新能力的培养，构建了"立德树人、成才奉献"的课外实践培养体系。把课外实践活动分为思想政治引领、审美与人文素质提升、体育活动、创意创新创业实践和社会活动等5个独立的模块，每个模块设多项具体活动项目，引导学生选择相应模块。

课外实践的整体目标体现了"知识、能力、精神"三个层次。知识层面，即引导学生亲身接触课外，深刻认识社会或企业对知识需求，真正了解社会或企业。能力层面，即让学生在实践中掌握知识、提升能力、提升素质，以具备适应社会的本领和能力。精神层面，即让学生通过实践懂得如何回报社会、奉献社会，增强其建设社会的担当意识并付诸行动。

在实践内容上，一年级学生的实践活动以团队角色体验为主，社会角色体验为辅，鼓励参加志愿类活动与校内助岗类工作，重点是培养学生的实践意识、动手能力和感恩意识。二年级学生实践活动以社会调研类为主，尽量结合学生所学专业特点，重点是接触社会百态，体验社情民生，培养学生的社会责任感与沟通交际能力。三年级学生以增强专业技能和实践能力的专业素质拓展为主，充分利用学院、专业课教师的资源和提供的支持，参与岗位体验，重点培养学生的专业意识和实践能力。四年级学生面临就业，需要完成从学生到社会人与职业人的转变，学校积极安排学生进行实际从业环境的岗位体验，全方位提升其综合能力。同时，根据实践活动内容的不同，给学生不同课外实践的指导和引导。

三、课外实践活动的课程化

(一)课外实践活动的课程目标

课外实践活动的课程化就是将课外实践活动按照工程教育专业认证要求，与理论课程一样建立与毕业要求相对应的课程目标、教学内容和教学评价。建立科学的课程目标是推进课外实践活动课程化改革的关键步骤之一。

课外实践活动的课程目标不仅仅建立与毕业要求相对应的目标，还要具体、细化到可执行、可考量地贯穿于整个教学的全过程。

以我校"机械设计制造及其自动化"专业为例，首先确立专业培养方案中毕业要求与课程支撑关系矩阵表，即5个课外实践模块的课程目标必须支撑毕业要求指标点1"6.2能够分析与评价专业工程实践与复杂工程问题解决方案和社会、健康、安全、法律及文化等制约因素的相互影响，理解工程师应承担的责任"、毕业要求指标点2"7.2能够从环境保护和社会可持续发展的角度，评价机械工程领域工程实践对环境、社会可持续发展的影响"和毕业要求指标点3"12.1认识到自我锻炼、自我学习和终身学习的必要性，以适应社会经济发展"。

将"思想政治引领""审美与人文素质提升""体育活动""创意创新创业实践"和"社会活动"5个模块分别对应毕业要求指标点进行对照，具体见表1所示。

表1　各课外实践活动模块的课程目标与毕业要求指标点的对应关系

课外实践模块	毕业要求指标点 6.2	毕业要求指标点 7.2	毕业要求指标点 12.1
思想政治引领模块	▲		▲
审美与人文素质提升模块		▲	
体育活动			▲
创意创新创业实践模块	▲		
社会活动		▲	▲

说明：▲——表示强支撑

(二)课外实践活动的教学内容和评价

为体现课外实践活动的课程目标,需完成对应的教学设计,并构建和实施面向产出的教学评价和标准,既明确了以学生为中心的各项活动内容和要求,又规范了对学生的评价过程和评价标准。

以"社会活动"为例,采取参观实践、实地调查、分组讨论等方式充分调动学生的积极性,引导学生对理论知识的转化和拓展,增强学生运用知识解决实际问题的能力。

指导老师和企业分别从学生实践专业获得感和职业发展两方面,对课程目标达成度进行定量和定性评价。(1)指导老师的评价:通过学生撰写的实践日记、实践汇报、实践总结三个方面考查学生实践效果;(2)企业方面的评价:企业指导老师会根据学生的实践过程表现情况,给出一个综合评价。

四、成效

我院自 2019 年按照工程教育专业认证的理念,从顶层上完善了课外实践活动体系,按照课程化的建设思路,突出学生为主体,制定了课外实践活动的教学大纲。这既有利于帮助老师积极开展各类实践活动,也提高了学生参与课外实践活动的积极性。仅 2021—2022 学年我院分别有 2431 人次学生参加了思想政治引领模块、审美与人文素质提升模块、创意创新创业实训模块等。其中共 319 人次本科学生参加创意创新创业实践模块,获得国家级一等奖 8 项,二等奖 14 项,三等奖 10 项,省级一等奖 20 项,二等奖 20 项,三等奖 32 项,优秀奖 1 项。

课外实践活动的课程化不仅有利于学生直接获取经验和感受认知,同时也有利于学生由"自发"向"自觉"的行为转变,提升学生的主动行为,真正达到立德树人的效果。

参考文献

[1]陈勇,黄梅学.大学生社会实践活动纳入课程管理体系探究[J].高教学刊,2015(10):60-61.

[2]张志博.高校课外教育课程化研究[D].天津大学,2017.

[3]潘菊素.实践教学"三课堂"联动 培养高技能人才[J].中国高教研究,2008:5.

[4]林良盛,黄成忠.基于 OBE 理念的大学生社会实践课程化改进策略研究[J].

教育教学论坛，2019(3)：4-7.

[5]宋薇. 基于应用型专业创新能力提升的大学生社会实践研究[J]. 安徽科技，2019(1)：42-44.

[6]刘洋. 大学生社会实践课程化建设探究[J]. 中国校外教育，2014(12)：48.

[7]安娜，邓西录，黄杰锋. 基于专业素质能力培养的暑期社会实践活动创新探讨[J]. 中小企业管理与科技(下旬刊)，124-125.

基金项目 1. 江西省高等学校教学改革研究课题：基于 OBE 理念下工科学生专业社会实践课程化的研究——以机械类专业为例(项目编号：JXJG-20-11-12)。

2. 江西省教育科学"十三五"规划 2020 年度课题：基于 OBE 理念下大学生课外实践课程化教学评估体系的研究(项目编号：20YB158)。

数学建模课程思政的探索与实践

操 群 周永正

摘 要：本文论述大学数学类课程开展思政教育的意义和作用，通过一些案例说明数学建模作为一门强调实践能力的综合类数学课程，应挖掘思政元素，创新教学方式，将思政教育充分融入到课程教学中去，在传授专业知识的同时，达到学生道德养成和提升科学素养的目标。

关键词：数学建模；课程思政；案例教学

对于大学生而言，大学阶段是世界观、人生观、价值观形成的重要阶段，思政教育离不开专业课程潜移默化的影响。2016年，习近平总书记在全国思想政治工作会议上指出，所有课程均要利用各类课程的特点，开发出适合大学生成长，符合大学生期待的思政内容，在思政教育上形成合力，同向而行。

2020年5月，教育部印发了《高等学校课程思政建设指导纲要》。《纲要》明确指出"培养什么人，怎样培养人，为谁培养人"是教育的根本问题，立德树人成效是检验高校一切工作的根本标准。落实立德树人根本任务，必须将价值塑造、知识传授和能力培养三者融为一体、不可割裂。全面推进课程思政建设，就是要寓价值观引导于知识传授和能力培养之中，帮助大学生塑造正确的世界观、人生观和价值观。

《纲要》进一步要求理学、工学类专业教师要在课程教学中把马克思主义立场观点方法的教育与科学精神的培养结合起来，提高学生发现、分析和解决问题的能力。数学建模课程兼具理学类和工学类课程的特点：一方面要注重科学思维方法的训练和科学伦理教育，培养学生探索未知、追求真理、勇攀科学高峰的责任感和使命感；另一方面要注重强化学生工程伦理教育，培养精益求精的大国工匠精神，激发学生科技报国的家国情怀和使命担当。

一、数学建模课程开展思政教育的意义和作用

大学数学教育是高校课程体系中的重要组成部分，在学生思政素养的培养中

发挥着重要作用。大学数学课程处处体现了马克思主义和自然辩证法的思想。如一个变量的变化规律可通过自身和其他变量的多元函数表示，其数量变化规律可由"偏微分方程"描述，这体现了自然辩证法主张从万事万物的普遍联系中看待事物的产生、发展、灭亡过程的观点。正是出于这一思想，马克思科学预言了科学数学化的趋势，他认为"一种科学只有在成功地运用数学时，才算达到了真正完善的地步"。

数学建模是联系数学与应用的重要桥梁，是数学走向应用的必经之路，是发展现代应用数学的重要突破口和核心内容。相比其他大学数学课程，数学建模的教学内容很多来源于学生们感同身受的实际生活，包含更多思政元素，容易得到学生的认同。例如在学习微分方程建模时，一个经典的模型就是传染病模型。通过学习该章节，结合新冠疫情，向学生介绍新冠病毒的危害性和传播途径，提醒学生注意防护；引导学生积极防疫，如通过戴口罩、隔离等来改进模型；最后引入思政元素，将我国防疫取得的巨大成就与其他欧美国家的现状进行对比，彰显中华民族同舟共济、守望相助的家国情怀，让同学们深刻体会伟大祖国制度和文化的优越性。同时数学建模的教学模式更适合开展课程思政。在数学建模的教学中，教师可以案例教学为主，采用问题驱动式的教学方法，以有深度的社会热点问题或科学工程中的实际问题引入正题，通过提出问题、建立模型、分析与求解模型、解决问题等步骤组织学生学习、探究和讨论，借以充分发挥学生的自主性和参与性，培养学生的创新思维和能力，增强学生"四个自信"，有利于培养高素质综合性人才。

二、数学建模课程开展思政教育的实施路径

(一)总体实施思路

笔者十余年来一直从事数学建模课程的教学，参与全国大学生数学建模竞赛指导，致力于课程教学改革，逐步形成数学建模课程思政总体实施思路，即按照"坚持立德树人，把培育践行社会主义核心价值观融入教书育人全过程"的根本要求，将数学建模课程教学、数学建模竞赛活动转化为育人资源，真正实现价值引领、知识传授和能力培养的有机统一，努力构建立体化育人模式。

(二)革新教学理念与教学目标

景德镇陶瓷大学的数学建模课程经过20多年的建设，于2022年1月被认定

为江西省一流本科课程。在不断的教学改革和实践中，教学团队对照"两性一度"的金课标准，不断进行教学分析和学情分析，及时发现课程存在的痛点问题。针对这些痛点问题，我们对教学理念进行了更新，提出"以学生为主体，以教师为主导，以学习成果为目标导向"的学研用三位一体的教学理念。

遵循这一理念，我们基于布鲁姆的教学目标分类理论，对课程教学目标进行了更新设计。

总体目标：落实立德树人根本任务，培养具有扎实数学知识、深厚数学素养、实践创新能力的优秀人才，为学生专业课程学习、个人成长和发展打下良好数学基础。

知识目标：使学生理解和掌握数学建模的基本思路及一般步骤，掌握几类常用模型的建模技巧及方法，熟练掌握综合建模知识。

能力目标：使学生具备将复杂的实际问题转化为数学问题，以及用数学建模思想方法和计算机工具解决问题的能力，培养学生善于归纳、类比、联想的创造性思维能力。

素养目标：培养学生创新思维，建立和强化模型意识；体会数学的系统性、严密性，应用的广泛性；提升数学抽象、逻辑推理等数学核心素养，体会科学精神和数学的人文价值；培养探索未知、追求真理、勇攀科学高峰的责任感和使命感，实现立德树人目标。

总之，从知识到能力到素养，由低阶到高阶，相互融合、层层递进。从问题解决出发，在仔细思考的基础上，实现知识与技能的内化吸收，最终升华为情感价值观的培养，形成了多层次教学目标体系。

(三)课程思政教学体系设计

作为地方特色院校的公共基础课，结合学校特色和专业设置，我们充分发挥课程面向专业需求的育人功能，遵循"脑手并用、科艺结合、专攻深究"的育人原则。打铁还需自身硬，育人先育己。教师是学生学习的引导者和陪伴者，教师严谨求实的科学素养、潜心教书育人和追求教学艺术的初心是最好的课程思政育人元素。本课程从学科基础(学科方法、学科思维、学科历程)、学科精神(科学态度、科学创新、协作探究)和学科情怀(科技伦理、人文情趣、家国意识)等三个方面九个维度深度挖掘数学建模课程思政育人元素。

教学团队对2020版教学大纲进行了重新修订，围绕教学知识点，将思政内容有机融入进去，优化了课程内容，突出了思政比重，部分内容见表1。

表 1　课程思政内容与知识点的衔接（部分章节）

一级章节	二级章节	课程思政元素
绪论	从现实对象到数学建模 什么是数学建模 数学建模的基本方法和步骤 数学建模与各学科 怎样学习数学建模	自然辩证法中的数学 数学建模中运用自然辩证法与马克思主义哲学 科技发展与数学建模的关系
线性规划	线性规划基本概念 企业生产规划 企业管理中的人文关怀：企业生产弹性控制 企业管理中的边际效益	科学管理在企业生产中的应用 人文关怀在企业管理中的融入 边际效益对员工和企业效益的影响
整数规划	整数规划的基本概念 中国制造 2025：汽车生产计划，节约型社会，原料下料问题	制造强国的提出、内涵和目标 中国制造 2025 的提出、内涵和实现路径 生态文明建设与节约型社会
非线性规划	非线性规划概述 以人民利益为中心的无人机基地选址问题研究 多目标规划概述 引领时代发展的 5G 基站选址问题研究	以人民利益为中心的应急救灾大爱思想 互联网时代的迅猛发展，引领时代的技术 中国 5G 发展战略与面临的挑战，科技强国思想
图论	图论概述 乘坐高铁观光的最低票价：最短路问题 江西旅游线路的最佳选择：旅行商（TSP）问题	我国建设的川藏铁路 中国高铁的伟大成就，高铁走出国门，新四大发明 "一带一路"倡议，爱国思想 习近平视察江西，乡村旅游，高质量跨越式发展
微分方程	微分方程概述 发射卫星为什么用三级火箭 传染病的传播与防控	中国运载火箭的发展历程 中国航天的重大成就，爱国情怀，科学精神 科学探究与人文关怀
差分方程	差分方程概述 人口总量与年龄结构预测模型	人口问题的极端重要性 中国人口的现状和人口政策的调整目标
评价模型	综合评价模型的概念 综合评价模型中的数据预处理 空气质量指数 AQI 综合评价研究	我国生态文明建设取得的伟大成就 建设美丽中国 人与自然是生命共同体

一级章节	二级章节	课程思政元素
概率模型	概率模型的基本概念 向科教强国大步迈进：大学生就业的最优选择 核酸分组检测原理	科学家和大学生的爱国情怀 科教兴国战略、人才强国战略 以人民为中心，伟大的抗疫精神

(1)结合具体教学内容，穿插讲授数学发展史与数学理论的建立过程，引导学生领悟数学思想和科学的思维方法，树立辩证唯物主义世界观和方法论。

(2)结合具体知识点，介绍我国古代、近代科学成就中的数学和数学家的故事，激发学生强烈的民族自信心和自豪感，弘扬以爱国主义为核心的民族精神，激发人生情怀。

(3)结合我国科技发展前沿和巨大科技成就中的数学应用，培养学生探索未知、追求真理、勇攀科学高峰的责任感和使命感，激发学生科技报国的家国情怀和使命担当。

(4)通过数学建模综合实验设计和案例协作探索，增强学生团队合作意识，培养敢于质疑和批评，勇于实践和探索，实事求是、追求真理、精益求精的科学精神和创新意识。

(5)将思政认知考评纳入考核评价体系，把握定量与定性相结合，定性为主、定量为辅的原则。线上各类测试中增加与思政内容有关的客观题，作为定量测试。线下面授学生在自主探索，互动协作完成任务的同时，实现思政认知，初步形成显性育人和隐性育人结合、课内育人与课外育人结合、系统化及规范化的课程思政体系。

三、总结

新时代的高等教育对高校教师提出了更高的要求。课程思政是一项充满挑战性和创造性的工作，教学团队根据数学建模课程的特点，挖掘知识点中蕴含的思政元素，创新教学设计，从而达到"三全育人"的目的。通过在教学实践中不断摸索，不断改进，从学生层面来看，提升了学习兴趣和学习能力，增强了数学应用能力和科学精神，为学生参加创新实践活动、学科竞赛及毕业论文的写作打下了良好的基础；从教师层面来看，促使教师不断提升自身素养，提升了创新教学的能力，真正做到专业知识与思政教学的有效融合。

同时还应该看到，课程思政教学改革任重道远。随着线上学习资源的不断开发和应用，线上线下混合式教学模式正逐渐成为一种主流趋势。高校教师应提前思考，构建课程线上线下混合式教学模式，并与课程思政有机结合，提升课程思政教学效果，不断助力课程思政教学改革取得更多更新的成果。

参考文献

［1］王松，王晓明．辩证唯物主义思想融入高等数学课程思政［J］．现代职业教育，2019(27)：69-71.

［2］张云飞．论马克思的"自然辩证法"思想实验［J］．中国人民大学学报，2018(5)：111-121.

［3］李大潜．数学建模是开启数学大门的金钥匙［J］．数学建模及其应用，2020(3)：1-8.

［4］朱婧，申亚男，张志刚．数学模型"课程思政"的思考与教学实践［J］．大学数学，2019，35(6)：27-31.

基金项目　景德镇陶瓷大学教学改革研究基金项目："德识能"三位一体数学建模课程思政与混合式教学双向促进的研究与实践(项目编号：TDJG-21-Y31)。

思政课程与课程思政协同育人的内涵研究

刘冰峰

摘　要：思想政治教育在专业课中的"延伸"是对新时代德才兼备人才需求的回应。本文界定了思政课程与课程思政及其协同育人的内涵，提出思政教育不仅要在思想政治理论课程中开展，也要与其他各课程结合起来，实现显性教育与隐性教育的统一，两者同向同行，形成协同效应。

关键词：思政课程；课程思政；协同育人

从教育学理论视角来看，广义的课程指所有教学科目的总和，狭义的课程仅指一门教学学科。"课程思政"要求各领域各学科的课程发挥作用，因此本文讨论的是广义的"课程"。人的社会属性、社会发展之诉求，从理论和实践两个层面使课程具备双重功能：知识传授与价值观教育。

人的本质属性决定了课程承担双重功能的内在要求。人具有劳动创造性和目的意识性，这两个方面共同构建了人的社会属性，即人的本质属性。知识教育使受教育者有意识地掌握技能和本领，在劳动创造中创新、探索，实现自我超越、自我实现。

社会发展的现实需求推动课程承担双重功能。新时代背景下，我国将面对一系列挑战，危机中亦蕴含着机遇。思想政治理论课要坚持在改进中加强，其他各门课都要守好一段渠、种好责任田，使各类课程与思想政治理论课同向同行，形成协同效应。

一、思政课程与课程思政的内涵

思政课程主要指高校的思想政治理论课，其主要功能是通过对专业化、系统化、理论化的思想政治知识的传授，实现对学生思想意识和道德品质的教育与引导。具体而言，思政课程的主要内容涵盖了马克思主义科学思想与中国共产党科学执政的各个方面，这是对大学生进行思想政治教育的主要途径。课程思政不同于思政课程，思政课程是指某一门或某一类的特定课程，而课程思政是一种综合性的教育教学理念，从基本的涵义来看，课程思政是将大学的各类课程与思政课程相结合，在对学生进行专业知识传授的过程中，同时实现对学生思想政治素养的教育，进而引导学生实现人生价值，帮助其树立正确的世界观、人生观和价值观。从本质上看，课程思政体现了"立德树人"这一根本的教育任务，将各类专业"课程"与"思政"进行巧妙结合是课程思政的目的之所在。

课程思政的"课程"主要是指除开思政课以外的所有课程。从传统的课程性质来看，大学的课程一般分为专业课与公共课。一般来讲，专业课主要向学生传授某一领域的专业知识或专业技能，旨在培养学生的专业能力；而公共课又包含了思政课、体育课等这一类的综合课程，这类课程以培养学生的思想政治素养和综合能力为主要目标。从根本上来看，两类课程各有侧重，分别承担培养学生专业能力和综合素养这两大任务。但课程思政中的"课程"兼具专业知识传授与思想政治教育这两大任务。值得强调的是，课程思政中的"课程"不再是人们传统认知中的以理论讲授为主的静态教学过程，而是一种在教师与学生的双向互动中实现价值塑造的动态过程。这种动态过程主要是将各类专业课程与思政课程有机融合的过程，在这个过程中，除专业知识以外，学生的价值认知与塑造也被纳入了课程的考量范围。

课程思政中的"思政"是指思想政治教育，具体而言，是指蕴含在各类课程知识体系中的文化基因和价值范式。但课程思政中的"思政"不同于思政课。课程思政中的"思政"是将蕴含于各类课程中的思政教育资源转化到课堂教学之中去，通过在课堂教学中强化蕴含于知识体系中的文化基因和价值范式，来协同推进知识传授与价值塑造的双重格局。这里值得强调的是，课程思政并不是要将专业课上成思政课，也不是要一味追求思政效果，而是要将各类课程与思想政治教育进行巧妙结合，挖掘蕴含于课程体系中的文化基因，进而实现专业知识传授与思想政治教育的协同推进。例如，教师在传授学生知识的过程中，除了传授学生专业知识与技能外，还应深入浅出、由表及里地引导学生感知蕴含于知识体系中的文化基因与价值范式，在这一动态的过程中，既要实现对学生专业能力的培养，传授学生丰富的知识，又要实现对学生的价值塑造，引导学生在精神层面有正确的理想信念。

因此，从本质上来看，思政课不同于课程思政，思政课是思想政治教育课，而课程思政不仅是一种综合性的教育教学理念，更是一种有机的思维方式。"课程"与"思政"的结合赋予教师新的职责与使命，教师在教学过程中要有意识、有目的地实现对学生的思想政治教育，将"立德树人"这一根本任务贯彻到教学的全过程，形成全员、全程、全方位育人的协同效应。在各类课程向课程思政转变的过程中，教师承担了重要的角色和任务，思维方式的转变是其实现课程思政的基本要求。此外，教师还要全方位、多角度、深层次把握课程思政的根本特征与核心要义，应在教学的全过程中全方位呈现课程思政的教学观。

二、思政课程与课程思政协同育人的内涵

要理解思政课程与课程思政协同育人，首先要理解"协同"与"育人"的含义与关系。从字面意思来看，"协同"有合作、协作、协调之意，多指两个或两个以上的主体共同合作完成某一目标的过程；"育人"有教导、指导、引导之意，通常指某一主体通过有目的、有计划的训练达到教化人的目的。因此，协同育人也就是指两个或两个以上的主体，通过有计划、有目的的训练或活动来实现教育、教导、教化人的共同目标。从思政课程与课程思政相结合的角度来看协同育人的内涵，就是指充分挖掘和发挥各类课程的育人功能，将专业课程中蕴含的文化基因和价值范式转化为社会主义核心价值观生动化、具体化的载体，在知识传授的过程中，发挥思政课堂的特点，进而实现对学生的精神指引与价值塑造。总体来讲，思政课程与课程思政重在协同育人，而协同育人强调多方协同形成齐心育人的合力作用。

思政课程与课程思政的有机结合，旨在形成多主体协同育人的格局。育人是各类课程都应承担的责任与使命，无一例外。实现协同育人就要有效整合教育资源，在教育系统内部实现多个主体互动、多种资源协调，进而通过资源的整合与调配来实现合力育人的格局。"培养什么人、怎样培养人、为谁培养人"一直是教育的首要问题，亦是课程思政协同育人要解决的首要问题。在全国高校思想政治工作会议上，习近平总书记强调，要坚持把立德树人作为中心环节，把思想政治工作贯穿教育教学全过程，实现全程育人、全方位育人，努力开创我国高等教育事业发展新局面。思政课程与课程思政协同育人的教学观全面贯彻了新时代的教育理念。在协同育人的过程中，要正确处理与把握两大关系：一是知识传授与价值引领的关系。从教育层面来看，"立德树人"是教育的根本任务，"德"引领着教育的格局与方向，在协同育人过程中，教师要完成在知识传授中对学生进行价值塑造的任务；从现实层面来讲，要传授学生专业知识，让学生做到学以致用；从精神层面来讲，要在知识传授中指引学生的理想信念，潜移默化地对学生进行价值塑造。协调好知识传授与价值引领二者之间的关系，对于实现思政课程与课程思政协同育人至关重要。二是显性课堂与隐性课堂的关系。显性课堂是指思政课堂，这类课程是对学生进行思想引领和价值塑造的主渠道。隐性课堂是指课程思政课堂，即各类课程与思政教育相结合的课堂，在课程思政过程中，各类

课程所蕴含的文化基因与价值观念成为思想政治教育的主要资源，是在隐性课堂实现隐性育人的主力，亦是推动思政课程与课程思政协同育人的重要力量。正确处理显性课堂与隐性课堂的关系，并将二者进行巧妙结合，有助于实现思政课堂与课堂思政同向而行、协同育人的教育格局。

协同育人是思政课程与课程思政的重要目的，这一过程离不开知识传授与价值引领的结合，也离不开显性课堂与隐性课堂的结合。因此，在思政课程与课程思政协同育人的过程中，要充分发挥思政课程的特点，通过资源整合来助力课程思政的建设与发展，在两者的双向互动中切实推动思政课程与课程思政同向而行、协同育人。

参考文献

[1]李金萍．高校课程思政与思政课程协同研究[J]．甘肃教育，2023(13)：15-19.

[2]高杨．高校"课程思政"和"思政课程"协同育人研究[J]．金融理论与教学，2023(3)：113-114，118.

[3]吴元元．课程思政与思政课程的协同育人[J]．上海教育，2023(18)：64-65.

基金项目 江西省高等学校教学改革研究课题：高校课程思政与思政课程协同育人的研究与实践——以景德镇陶瓷大学经管专业为例(项目编号：JXJG-22-11-8)。

思政课程与课程思政协同育人的实现路径研究

闫宁宁

摘　要：育人是一项复杂的系统工程。构建完善的思政课程与课程思政协同育人体系，完善思政课程与课程思政协同育人的保障机制，能最大化实现课程思政的效果，推动高校落实立德树人的根本任务。

关键词：课程思政；协同育人；实现路径

"课程思政"这一理念是我国在教育综合改革中逐步探索形成的，是指思想政治教育在专业课程的教授中进行延伸，并成为课程的灵魂，寓德于课，与思政课程"主渠道"同向而行，畅通以专业课为主体的育人"微循环"。其目的在于使学习者在专业知识、技能的学习过程中明确学习的意义，自觉加强思想道德修养，提高政治觉悟，深刻理解社会主义核心价值观，并在实践中去实现。基于此，我们需要对课程思政的内涵进行详细阐述，明确其核心要义，为育人实践开辟新渠道、注入新活力，完善思想政治教育学科理论谱系。

一、构建完善的思政课程与课程思政协同育人体系

（一）建立显、隐课堂结合的协同育人课程体系

对于高校而言，教学课程大体可分为思政课程和专业课程两部分，思政课程是协同育人的显性课程，课程思政是实现隐性育人的主要渠道，将显性课堂与隐性课堂巧妙结合，可以推动对大学生的思想政治教育，进而实现思政课程与课程思政同向而行的大思政格局。

一方面，思政课程是承担"立德树人"这一教育根本任务的主要课程，承担着传播马克思主义理论的重任，助力培养社会主义事业的建设者和接班人，在人才培养上有着无可替代的地位。它的特点是以"显性"的方式，以旗帜鲜明的方式，凸显思想政治教育的"外化"效果。另一方面，专业课程蕴含了丰富的教育

资源和教育作用。专业课在整个教育体系中所占的比重最大，专业课如何有机地与思政课相结合，是课程思政所要面对的第一个问题。事实上，课程思政是教育方法与教育理念的创新，不能单纯地把课程思政理解为额外增加的课程或者活动，更不能认为是要把专业课程改为思政课，这样理解就本末倒置了。它的要求是充分发挥各学科的育人作用，把思想品德教育有机地融合进去，在不知不觉中对学生进行教育、感染，它的特点就是以"隐性"的"润物细无声"的方式来实现。课程思政就是要把各类课程中蕴含的"思政"要素充分挖掘出来，既要将知识的传授、能力的培养与价值观的塑造有机地结合在一起，又要把思想政治教育的各个环节、各个方面有机地融合在一起。因此，高校要牢牢把握机遇，将思政课程与课程思政相结合，同向同行，形成功能互补的课程体系，从而推动高校实现立德树人的根本任务。

"课程思政"与"思政课程"在高校教育中的共同点是都重视对大学生的思想政治教育，二者虽然在内容上存在着一定的差别，但目标是一致的。所以，要实现"大思政"，关键就在于处理好思想政治教育的效果，提高课程思政与思政课程协同育人的落实程度。高校协同育人是一项系统性的工程，非一朝一夕之功，必须从长远角度出发，认真履行高校"思政课程"与"课程思政"协同育人、同向而行的目标，不断建立健全高校"思政课程"与"课程思政"协同育人、同向而行的保障机制机制，统筹高校各环节的人力、物力、财力，使高校协同育人工作得以顺利进行，从而为高校协同育人的实现提供全面的指引。

(二)构建全面发展的协同育人教育内容体系

从教学内容来看，思政课程与课程思政的内容是相辅相成、互相转化的关系。对于课程思政而言，思政课程在其意识形态上起指导的作用；从思政课程的角度看，课程思政则是其传达思想价值的一种方式和手段。两者之间的思政内容互相补充、相辅相成，共同构建培养德智体美劳全面发展的思想政治教育内容体系。

一是对学院的人才培养计划和各专业的课程进行调整，对各专业的思想政治教育目标、内容、要求进行明确，并将思政课内容与课程内容有机地结合起来。二是要对其进行深刻的理解，并对其进行合理的设计，实现二者的有机融合。三是要按照不同的学科门类，在专业课程中有机地融入思政的教学，通过历史与现实，理论与实践相结合，以习近平中国特色社会主义思想为指导，使学生对社会主义核心价值观有更深刻的认识，对中华优秀传统文化、革命文化和社会主义先进文化有更深的认识。在课堂教学过程中，既要向学生传授马克思主义的立场、观点与方法以及中国共产党科学执政的理念，也要锻炼学生主动认识问题、分析问题、解决问题的能力，这不仅是讲好一门专业课的重要目标，还是讲好一门思政课的重要环节。

（三）加强思政课程与课程思政师资队伍建设

高校全体教师都有责任履行好育人育才的使命，提高教育素质。首先，思想政治教育要与职业教育、公共教育融合，形成"双向协作"的教育模式。在思想政治教育中，思想政治教育教师和其他教师分别是显性教育和隐性教育的主体，通过继续教育培训，发挥隐性教育的功能，形成双向教育协同机制。其次，需要加强思想政治教育师资队伍建设，提高思想政治教育教学质量。在大学生思想政治教育过程中，思想政治课教师主要承担对学生进行系统的马克思主义理论教育的任务，但实践能力较弱；在高校中，大学生思想政治教育辅导员主要承担班级学生日常思想政治工作，但理论知识十分匮乏，难以满足学生的科学理论需求。因此，可以采取思想政治课教师担任辅导员，辅导员讲授思想政治课理论的方式，解决双向合作育人的问题。

高校教师是大学生成长历程中的指导者，是"思政课程"和"课程思政"共同育人的重要中介。在教育的过程中，除了外部条件，任课教师自身的教学能力、学习素养、思想觉悟等也会直接影响思政教育的效果。因此，要想把思政课程和课程思政的协同育人做好，就不能忘记对教师各个方面的培养，尤其要培养教师的创新理念。

做好课程思政与思政课程协同育人，关键在教师，要紧紧抓好教师队伍。抓好教师队伍，重点要做到以下几点：一是要加强思政课教师队伍建设，加强人才引进。与此同时，坚持创新，思政教育的方式不是一成不变的，高校的思政教师应不断提升自己的思政素养、学识以及教学能力，完善自己的教学方法，以期更好地适应当代学生的需求，提升对大学生的思政教育效果。二是要强化专业师资力量，将课程思政理念融入到师资教育和日常训练中，从各个方面培养出一支成熟的师资队伍。

二、完善思政课程与课程思政协同育人的保障机制

客观来讲，课程思政建设工作是一个综合复杂的系统工程，需要各教师、各部门协同合作。同时，结合学生的实际情况和学习技能，因材施教，因地制宜，综合考虑各方面因素制定合理且完善的实施方案。

首先，完善保障机制的首要工作就是健全相应的法律法规，从而确保高校思

想政治工作的顺利开展。一要优化高校教师的评价体系，在评价内容中增加课程思政的授课情况，并按照相关条例细化评价细则。为保障实施效果，其评价结果应与教师的薪资、评奖评优、职称评定等相关联。二要完善思政教师队伍的管理体系，从课题申报到思政示范课评选等都要严格遵守相关细则的规定。其次，要建立相应的组织机构，以保证教学活动的顺利进行。第一，建立一个由多个部门共同参与的课程思政建设领导小组；第二，在协同育人视野下，建立课程思政教学研究中心，对协同育人视野下的课程思政教学工作进行深入探讨；第三，成立专业的思政课教学研究组，将思政课的理论研究成果付诸实践。最后，凝聚育人合力，共建课程思政教育。高校应牢牢把握住各方力量与各个要素，凡是有助于课程思政建设的，都应抓住，建立起多维度大思政育人的模式，保证思政育人各个环节之间的密切联系，对学生的价值观进行全方位的引导。

此外，因为课程思政教师队伍中除了思想政治教育教师，还有通识课教师、专业课教师等，各教师不仅学科背景不同，专业性质不同，工作内容也不同。因此，为了提升课程思政实施的实效性，高校应该对教师的工作进行详细划分，并且完善其工作职能，从而合理分配教师，助力课程思政工作的开展。

三、构建思政课程与课程思政教师互动机制

加强教师的互动与交流有利于实现思政课程与课程思政协同育人的目标。首先，学校应定期组织教师进行学术研讨，加强思政课教师与各类专业课教师、通识课教师之间的学术交流，在多主体互动的过程中，实现各个学科的资源共享，让每个教师都能真正地参与并推动这些课程，充分发挥思政教育的作用。其次，高校应该鼓励不同科目的老师相互交流，以了解其他科目的教学内容和特色，加深对其他科目的认识。最后，构建不同学科的教师互帮互助式的教学模式。比如，在教学过程中，针对不同专业教师学科的特性，激励老师们根据自己学科的独特性，按照自己对思政教育的理解为学生授课，创新并补充其授课的内容；同时，各类专业课程老师还可以加强与思政课老师的交流与合作，持续深入学习马克思主义理论、党的最新方针政策等内容，将思政知识内化于心、外化于行，然后再结合自己的学科特色，作有针对性的讲解，从而更大限度地落实思政教育的作用。

总而言之，高校应积极推动各学科专业教师和思想政治教育教师协同合作，定期开展学术研讨，推动各学科教师形成教育合力，为思政课程与课程思政协同育人建设贡献自己的力量。

参考文献

［1］葛晨光，朱清慧，张水潮．高校课程思政与思政课程协同育人的基本要求及实现路径［J］．学校党建与思想教育，2023(10)：25-28.

［2］张文强．高校课程思政与思政课程协同路径研究［J］．中州学刊，2023(5)：26-32.

［3］李波．协同理论视角下高校课程思政建设的有效路径研究［J］．黑龙江教育（理论与实践），2023(3)：67-69.

基金项目　江西省高等学校教学改革研究课题：课程思政视域下专业教师与思政教师协同育人路径研究(项目编号：JXJG-21-11-16)。

教学改革篇

JIAOXUE GAIGE PIAN

试论专题式教学法在高校思想政治
理论课中的教学与设计
——以思想道德与法治课为例

王文生

摘　要：专题式教学法是以教材为依据对教学内容的再设计，将教材体系转化为教学体系的一种方法。专题式教学法首先要找准问题。问题应该由教师深入调研，归纳提炼学生的理论和现实困惑，通过教学设计，实现学生关注点和教学专题的耦合。其次是坚持学生的主体地位。将专题教学设计成学生讨论和辩论的焦点问题，再通过教学内化给学生。专题式教学法的关键是教学设计。专题教学设计要坚持思维逻辑与教材内容逻辑相统一。在思想道德与法治课中，笔者按照教材的内容结构逻辑，设计了由 4 个板块、16 个专题构成的专题教学内容。全部内容由世界观、人生观、价值观到道德观再到法治观，勾勒出了专题教学内容的逻辑进路。每个专题又可划分为若干个单元，每个单元的教学内容安排，遵循由抽象到具体、由理论到实践、由思想到行为的逻辑进路。

关键词：专题式教学法；思想政治理论课；教学设计

2022 年 4 月 25 日，习近平总书记在中国人民大学考察时明确提出"思政课的本质是讲道理"。这一重要论断，深刻揭示了思想政治理论课的本质属性，为学校办好思想政治理论课、教师讲好思想政治理论课，落实立德树人根本任务，指明了前进方向和提供了根本遵循。思想政治理论课教师要从百年未有之大变局和中华民族伟大复兴战略全局的高度，思考思想政治理论课为什么要讲道理，讲什么道理，怎样讲好道理。专题式教学法能较好地将道理讲深、讲透、讲活。

专题式教学法是以教材为依据对教学内容的再设计，将教材体系转化为教学体系的一种方法。它从纵横两个方面将教学内容及学科知识点进行整理、归并、提炼与升华。在纵向上以教学结构中螺旋反复为指向，走"积极前进，循环上升"之路；横向上则以教学内容中知识的相互作用为指向，走知识结构与认知结构相结合的道路。专题式教学法侧重于将一个阶段的教学内容进行系统的整合，为学生提供以专题为单位的知识系统梳理和理念深度把握，能够将所教的理论与学生的认知特点、关注热点和实用需求契合起来。专题式教学法要求教师在教学中能以专题为中心，充分利用与之相适应的教学案例，并通过相应实践活动的开展让学生通过真实的情境进行学习认知。该法有利于提高学生学习自主性，有利于提高学生学习中的自我修养，有利于提高教学效果。

一、专题式教学法的教学设计逻辑

马克思指出，理论只要说服人，就能掌握群众，而理论只要彻底，就能说服人。所谓彻底，就是抓住事物的根本。而人的根本就是人本身。思想政治理论课讲的不是一般的道理，道理连着哲理，连着学理，连着事理，连着情理，而问题恰好可以把哲理、学理、事理和情理串起来。专题式教学法的首要工作是找准问题。问题应该由教师深入调研，归纳提炼学生的理论和现实困惑，通过教学设计，实现学生关注点和教学专题的耦合。

(一)专题式教学法整体设计思路

专题式教学法设计坚持思维逻辑与教材内容逻辑相统一。按照教材的内容结构逻辑，我们设计了由 4 个板块、16 个专题构成的专题教学内容。第一个板块即专题一，在专题教学中具有导论的地位和功能；第二个板块由专题二至专题九共计 8 个专题构成，属于世界观、人生观、价值观教育层面的内容；第三个板块由专题十至专题十二共计 3 个专题构成，属于道德观教育层面的内容；第四个板块由专题十三至专题十六共计 4 个专题构成，属于法治观教育的内容。全部内容由世界观、人生观、价值观到道德观再到法治观，勾勒出了专题教学内容的逻辑进路(表 1)。

表 1　专题教学内容

专题号	专题主题
专题一	做担当民族复兴大任的时代新人
专题二	确立高尚的人生追求
专题三	科学应对人生的各种挑战
专题四	理想信念的内涵与作用

专 题 号	专 题 主 题
专题五	确立崇高科学的理想信念
专题六	中国精神的科学内涵和现实意义
专题七	弘扬新时代的爱国主义
专题八	坚定社会主义核心价值观自信
专题九	践行社会主义核心价值观的基本要求
专题十	社会主义道德的形成及其本质
专题十一	社会主义道德的核心、原则及其规范
专题十二	在实践中养成优良道德品质
专题十三	我国社会主义法律的本质和作用
专题十四	坚持全面依法治国
专题十五	培养社会主义法治思维
专题十六	依法行使权利与履行义务

2021 年，《思想道德与法治》教材进行了改版，将原来的《思想道德修养与法律基础》(2018 年版)改为现在的《思想道德与法治》(2021 年版)。整体来看，新版书的文字篇幅增加了很多，从原来的 195 页增加到 241 页(不算后记)，增加了 46 页，增加了一些活泼的模块，比如"拓展""明辨""图说"和名人名言等，形式变得生动活泼。很多章节的逻辑结构梳理得更清晰整齐了，内容的删减较少。具体来看，第三、四、六章改动较大，其次是第二、五章，最后是绪论和第一章；从文字篇幅上看，第一、二、四章页数增加很多，其次是绪论和第三章，第五章、第六章有新增内容、有删减内容，逻辑架构变得更加简洁，节数虽有所减少，但是文字篇幅与上一版基本持平。

通过一年的教学实践，笔者在系统总结教学及与学生深度访谈后，进一步增加了问题意识，除了将原来的 16 个专题拓展到 19 个专题，每个专题主题都以问题形式出现，直指学生困惑。2022 年，笔者对这门课程的教学进行了改革创新，采取问题式专题化教学模式，问题的选取主要来自两个方面，一是对教材中重难点的凝练；二是来自学生思想上的困惑点。老师们以问题为教学的起点，以问题链引导教学过程，将整本书凝练为 19 个专题 50 多个问题链。在教学过程中通过问题链的展开和讨论，增强教学的思想性、理论性和亲和力、针对性，实现教材内容体系向教学内容体系的有效转化(表2)。

表 2　基于问题的专题教学内容

章节	专题
绪论	专题一：如何认识新课程？
	专题二：如何认识新时代与新使命？
第一章	专题三：人为什么活着？
	专题四：人应该怎样活着？
	专题五：如何成就出彩人生？
第二章	专题六：为什么要坚定理想信念？
	专题七：如何坚定理想信念？
第三章	专题八：为什么要弘扬中国精神？
	专题九：什么是中国精神？
	专题十：怎样弘扬中国精神？
第四章	专题十一：核心价值观为什么是价值观"最大公约数"？
	专题十二：什么是社会主义核心价值观？
	专题十三：如何践行社会主义核心价值观？
第五章	专题十四：如何理解马克思主义道德观？
	专题十五：如何理解社会主义道德？
	专题十六：如何投身崇德向善的道德实践？
第六章	专题十七：为什么要坚持全面依法治国？
	专题十八：如何坚持全面依法治国？
	专题十九：大学生如何培养法治思维、提升法治素养？

(二)专题教学内容的单元逻辑

教材的内容由绪论和六章构成，专题一对应绪论内容，其他 18 个专题对应教材本体部分的内容。以教材各章的内容为依据，除作为导论的专题一外，其他的每个专题又可以划分为若干个单元。每个单元的专题安排，遵循由抽象到具体、由理论到实践、由思想到行为的逻辑进路(表3)。

表 3　专题知识单元(部分)

专　　题	知 识 单 元
专题二：如何认识新时代与新使命？	1. 何谓新时代？ 2. 何谓时代新人？
专题三：人为什么活着？	1. 人是什么？ 2. 如何正确认识个人与社会的关系？ 3. 如何理解人生观？
专题四：人应该怎样活着？	1. 大学生应追求什么样的人生目的？ 2. 大学生应有怎样的人生态度？ 3. 什么样的人生才有意义？
专题五：如何成就出彩人生？	1. 如何对待人生矛盾？ 2. 什么是错误人生观？ 3. 如何成就出彩人生？

二、专题式教学法的运用与体会

(一)专题连问题，从"需求侧"找问题，找出真问题

专题无疑是所要讲授的理论专题，问题则来自学生，这就要求思想政治理论课教师要在系统把握教材理论问题的基础上，深入学生调研，了解学生的理论和现实困惑，了解学生的盲点和堵点，再将问题代入所要说明的理论和观点，把问题与学理串起来。专题式教学法从学生中来，到学生中去，能有效激发学生学习的主动性和积极性。

(二)专题连传授，从"供给侧"讲授，有效供给

思想政治理论课不是"一言堂"，而应坚持教师的主导地位和学生的主体地位，将学生作为课堂的主人。专题式教学法要求教师将专题教学设计成能够引发学生广泛讨论和辩论的焦点问题，学生将教材的学理，结合自身体会到的事理进行讨论。教师在讨论和辩论的过程中当好引导员和裁判员，把哲理贯穿始终，把学理讲透，把事理讲清，把情理讲活，真正将理论知识内化为学生的实际行动。

(三)专题连实践，再从"需求侧"的角度解惑，达到"情"与"理"的融合

专题式教学法要求教师带领学生深入社会感悟生活，通过实践来反思学理，知行合一。在 2021 年的教学中，我教授艺术专业学生，我发挥他们的专业优势，

组织学生开展"随手拍"实践活动。在 2022 年的教学中，我教授信息统计专业学生，我组织学生开展"大学生闲暇时光调查"，学生利用统计知识，分析了学校学生闲暇时光的情况。学生在上述实践活动中进一步体会到了"情"与"理"融合的乐趣。

三、专题式教学的保障

思政课不仅应该在课堂上讲，也应该在社会生活中来讲。因此，思政课要在课堂理论传输的过程中，引导学生理论联系实际，在对实际问题的深度思考中实现理论和实践的有机统一。如此，思政课才能更加鲜活、饱满和坚韧。专题式教学法也是如此，应把思政课堂与社会课堂结合起来。根据思想道德与法治课的实践，我们提出了相关意见与建议。

我校非常重视并大力推进思想道德与法治课的实践教学。由于教育部对本实践课的方式和内容并无统一规定，所以我们在考察和借鉴江西乃至全国思想道德与法治实践教学的基础上，并根据我校在这一课程实践方面多年来的经验，制定出了适合我校实际情况的实践方法和内容。这不仅能完满地完成思想道德与法治实践课程的教学任务，而且还能锻炼学生能力，提高他们认识问题、分析问题、解决问题的能力，成为社会主义建设的合格者。

思想道德与法治实践课实习内容分为两大部分，一是我校传统的实践课项目——"道德法治剧"；二是社会调查实践。教师可根据实际情况，选择适合的教学方式。"道德法治剧"通过小品、短剧等表演形式诠释思想道德与法治教学内容，把教师的"讲坛"变为学生的"舞台"，将教学内容潜移默化于学生并内化为学生的自觉观念。在思想道德与法治主体课程完成时，由学生结合教材内容，将身边发生的故事原型加以改编，或重新演绎经典的哲理故事，自编、自导、自演，把小品、短剧搬上课堂，通过小品、短剧这一喜闻乐见的形式展示"真善美"，针砭"假恶丑"。每个小品结束后，教师组织讨论，引导学生思考作品反映的问题，并挑选优秀剧目在全校公演，使更多的学生受益。道德法治剧改变了以往"灌输式"的教学方式，把抽象的学理变为具体生动的事理和实践的情理，从"大事"走向学生的身边"小事"，使学生在亲身实践和情境体验中感悟道德与真情。

思想道德与法治实践课到底该怎样搞才能既受欢迎又有效？"道德法治剧"要从知识性、理论性、价值性的维度去思考和谋划，既要顶天立地又要脚踏实地。

首先，要坚持实践性与理论性相统一。实践性是实践教学的生命。实践既不能脱离实际也不能脱离理论。因此，要从供给侧布局，从思想道德与法治课的知识体系出发，设计符合学生实际的道德法治剧剧本，根据学生实际设计低阶的实践环节和高阶的实践环节，以思想道德与法治理论知识为引领带动实践教学体系化、实效化、生动化、有趣化，逐步探索理论性与实践性的有机统一。

其次，要坚持主导性与主体性相统一。实践是人的有意识活动。实践课不是"放羊课"，需要教师的主导，更需要发挥学生的主体性作用。缺乏教师主导的实践教学容易走偏，没有学生参与的实践教学就没有生机。通过构建教师主导、学生参与的实践教学可以调动"两个积极性"，避免"一头热"现象。教师要参与到学生创作剧本中去，尤其是在选题和结构上要帮助学生谋篇布局。

再次，要坚持价值性与知识性相统一。知识教育以知识传授、科学精神的培育、智力开发为其主要目标，属于认识论的范畴；而价值引导是以人性的养成、人格的塑造、人的价值开发等为目标，属于价值论教育的范畴。道德法治剧的创设要求以知识传授为载体，以价值引导为核心；以知识教育来支撑价值引导，以价值引导来引领知识传授。没有知识性的剧本就是无源之水，无本之木；缺乏价值性的剧本就是空洞的说教，难免落入俗套。

最后，要坚持学校发展与行业特色相统一。实践教学具有明确的目标性，实践教学的创设要凸显学校办学特色，体现地域性和行业性。景德镇陶瓷蕴含丰富的德育资源，我们要立足景德镇，突出陶瓷名片，深度阐发陶瓷德育资源，不断丰富其行业特色和时代价值，以瓷喻德，以瓷涵德，以瓷养德，以瓷育德。

总之，思想道德与法治课的实践教学要理直气壮、轰轰烈烈地开展，要以学生为中心，强调学生的主观能动性；要以问题为导向，提升解决实际问题的能力；要以情感为立足点，通过剧本温暖学生心，浸润学生情，规范学生行。

参考文献

[1]卫志民.专题式教学在硕士研究生思想政治理论课中的运用与完善[J].思想理论教育导刊，2014(12)：58-63.

[2]苏珍梅.高校思政课专题教学模式的优化路径探析[J].法制与社会，2019(9)：192-193.

[3]荆钰婷，谭劲松.高校思想政治理论课专题式教学模式新探[J].思想理论教育，2010(23)：54-57.

[4]陈若团.高职"基础"课专题式教学的实践与应用[J].学校党建与思想教育，2011(33)：46-47.

[5]刘寿堂.道德教育与法制教育融合的专题式教学探讨[J].黑龙江高教研究，

2014(11)：146-148.

[6]沙占华，柴素芳．专题式教学在硕士研究生思想政治理论课中的运用[J]．河北大学学报(哲学社会科学版)，2016，41(5)：144-148.

基金项目　江西省高等学校教学改革研究课题：专题式教学法在高校思想政治理论课中的研究与应用——以思想道德修养与法律基础课为例(项目编号：JXJG-20-11-19)。

略论新时代高校思政课在地化教学的路径

王磊峰

摘　要：通过分析新时代大学生思政课在地化教学现状，我们发现高校思政课教学和新时代大学生需求之间不够契合。为满足新时代大学生对高校思政课因地制宜的要求，本文对新时代高校思政课在地化教学进行应然价值与实然图景分析，进而探讨新时代高校思政课在地化教学的路径。

关键词：新时代；高校思政课；在地化教学

习近平总书记在学校思想政治理论课教师座谈会上强调："推动思想政治理论课改革创新，要不断增强思政课的思想性、理论性和亲和力、针对性。"在地化教学作为一种开发课程和实施教学的方法，在新时代高校思政课教学中的应用，契合了新时代背景下坚持统一性与多样性相统一的必然要求，是进一步推动高校思想政治理论课教育及教学改革创新的重要途径。

一、新时代高校思政课在地化教学的应然价值

新时代高校思政课在地化教学是构建整合国家与地方性知识相结合的、满足大学生个体需求的、加大对乡土教学资源开发与运用的教学体系，这种教学可以促使教师教研转向，凸显地方思政特色；培养学生在地认同，服务地方思政建设；促进地方文化传承，传播思政文化资源，从而助力新时代高校思政课教育及教学质量的发展。具体来说，其必要性包括：

（一）理论变革的需要

新时代高校思政课在地化教学可以帮助大学生了解当地思政资源，培养其乡土情怀，增强学校与地方的联系，对新时代高校思政课教学改革产生重要的理论价值。

（二）实践研究的需要

新时代高校思政课在地化教学可以有效引导大学生认知、运用和传承地方性知识，可以提升教学的生动性，提高新时代大学生的学习兴趣，增强学校与社会的互动，切实提高新时代高校思政课质量和水平，对于努力培养担当民族复兴重任的时代新人有着重大现实意义。

二、新时代高校思政课在地化教学的实然图景

（一）可行性

新时代各高校不乏个性鲜明、特长突出、具有强烈求知欲望和创新意识的学生，这些学生既需要得到有意识的训练和培养，更需要得到充分施展才华的机会，学生课外科技创新活动与创新创业活动等就为这些学生提供了展示个性、发挥才能的阵地和舞台。

1. 教育教学资源层面，丰富的地方教学资源为高校思政课在地化教学提供了资源保证

新时代是一个资源共享的时代，在地化教学可以采用当地优秀传统文化资源、革命文化资源、社会主义先进文化资源等教学资源。比如，景德镇有红十军的战斗历史、十大瓷厂历史，有中国陶瓷博物馆、三宝国际瓷谷等资源，不同的地方教学资源，需要高校不断对其开发与利用，比如，对红色陶瓷文创产品的开发与设计，利用好红色文化资源、弘扬好红色传统、赓续红色基因，让红色文化资源成为大学生入脑、入心、入生活的优秀思政资源。

2. 学习者层面，部分大学生对在地化教学的需要为高校思政课在地化教学提供了主体条件

新时代大学生是高校思政课教学的对象，也是被教育的主体。近年来，新时代大学生注重深化理论学习与实践相结合，积极参与各种地方实践活动。一是通过暑期实践活动，以红色研学、红色调查等方式，对在地化的思政资源有了更为清晰的认识，较为深刻的理解；二是通过红色走读、理论宣讲、"一线课堂"活动，学生把所学所知的地方相关知识通过演、讲、拍的方式予以传播，实现了思政资源的本土化。同时，新时代大学生希望在创新创业中，增强为社会服务的能力，助力乡村振兴的发展，这些有助于提升思政课教学效果，满足大学生对在地

化教学的要求。

3. 教师层面，部分教师对在地化教学的实施为高校思政课在地化教学提供了主导条件

新时代部分高校思政课教师不断推进教学改革创新，在理论授课中融入地方资源，把实践活动放到社会中开展，为高校思政课在地化教学奠定了理论需要与现实可行性。部分教师深入挖掘"红色、绿色、古色"等地方资源所蕴含的思政元素，并结合地方实际，有效融入新时代高校思政课程教学体系中，强化"三色"化人设计，注重有针对性的引导，深入推进新时代高校思政课改革与创新，精心打造三位一体课堂（"第一课堂""第二课堂""第三课堂"）与"研究型+互动型"教学两翼的"一体两翼"模式，取得了较好的效果，逐渐构建符合"三全育人"要求的高校思政课教育教学体系。

4. 机制保障层面，网络技术等的运用为高校思政课在地化教学提供了保障条件

如今全国不少高校开始利用 VR 等技术对思政课教学进行创新，以便提高思政课教学的有效性、时代感和吸引力。一是创新思政课在地化教学知识。通过进入虚拟现实的环境，学生对知识点的理解更直观，有利于更好地表现在地化内容场景。二是创新思政课教学方法。信息化手段是增加教学感染力、增强学生获得感的有效手段，开拓高校思政课教学新途径，有利于思政课实现师生+生生互动教学。三是创新思政课网络教学机制。完善高校思政课教学网络载体，凸显学生的主体性与自主性，激发学生学习兴趣，可以更好地发挥思政课引导新时代大学生成才成长的育人功能，从而最终达到提高高校思政课教学效果的目的。

(二)困境

1. 高校思政课在地化教学与教育质量之间的矛盾

新时代高校思政课在地化教学尊重大学生已有思政认知与实践经验，将思政教学与地方思政资源联系起来，将地方思政教育资源贯穿于思政教学，鼓励大学生主动式与体验式学习，倡导课堂教学与地方实践的有机衔接。党的十八大以来，高校党委落实思政课建设主体责任，把办好思政课提上重要议程。在地化教学作为高校思政课教学创新中的重要一环，可以有效推动高校思政课改革创新，为高校思政课教学的发展注入新资源，但在推动教学高质量发展方面，由于部分高校在地化教学不深入，较难从整体上推进教学的深层次变革。

2. 教育统一性与在地化教学之间的矛盾

目前，我国出版了《马克思主义基本原理》《思想道德与法治》《中国近现代史纲要》等通用高校思政教材，以上通用化(统一性)教材，虽然理论呈现前沿性、案例具有经典性与时代性，对建构新时代高校思政知识体系，特别是开拓新时代大学生的思政学术视野具有重要作用，但新时代高校思政课通用化(统一性)教材难以充分体现地方性，一定程度上存在着与地方思政资源相脱离的实际情况。部分高校教师在讲授通用思政内容时，没有很好地处理理论与实践的脱离问题，同时在授课中地方思政资源与案例等方面的缺失，致使部分大学生因缺乏相对熟悉的思政资源，无法学深悟透所学相关思政知识，难以有效地从事思政实践活动。

3. 在地化教学个性化与大学生全面发展之间的矛盾

"05 后"已成为新时代大学生思政课受教育的主体，这批学生一定程度上展现出自信自强的独立个性。在地化教学要求新时代高校思政课教学要充分考虑"05 后"大学生的特征，帮助他们把所学理论知识与服务地方社会相结合，在为地方发展服务中实现自身价值。为此，紧紧围绕地方思政资源，一方面，在着力进行在地化理论教学的同时要兼顾全球化视野，引导新时代大学生形成全球化视野与发散式思维方式，为在地化教学提供思维动力；另一方面，在思政课教学中注重多样化与个性化，同时注意培养大学生的社会责任与爱国情怀，处理好学生的个性化与全面发展的关系，助力他们成长为德智体美劳全面发展的时代新人。

三、新时代高校思政课在地化教学的路径探析

深入学习贯彻习近平新时代中国特色社会主义思想和习近平总书记在学校思想政治理论课教师座谈会上的重要讲话精神，按照思想政治理论课改革创新坚持统一性和多样性相统一，又秉承因地制宜、因时制宜与因材施教的要求，为此，学校要在课程内容融通、师生关系融合、教学平台融合、学科跨界融通上下功夫，推动新时代思政课教学取得良好效果。

(一)重构大学生思政课程内容体系，有机统合课程目标

教师要明晰自己的教学目标，精心设计教学内容，熟悉所要讲授的专题内容。比如，部分高校按照问题式专题化教学改革要求编写教案和制作课件，以教材为根据但不拘泥于教材，教案所有章节目都必须问题化，大问题带出小问题，形成问题链，有精当的案例和内容恰当的短视频(时长不超过 3 分)，有问题设置

和师生互动环节，课件界面简洁美丽，内容图文影音齐全，地方元素丰富，有丰富的教学环节和教学方法，便于开展在地化教学，从而达到很好的课程内容育人目标。

(二)转变师生角色关系，鼓励学生主动参与

师生之间要多换位思考，教师由知识的讲解者转变为问题的设计者、学生体验的帮助者与学生研讨的引导者，教师要钻研、跳出与拓展教材，合理整合思政资源，创造性地使用在地化资源，让教材里的思政知识成为学生"三观"形成的根基。教师不仅是学生成长的激励者、引领者，更是其合作者，帮助学生建构主动的学习机制。学生主动参与是思政课在地化教学发挥效用的首要条件，教师应合理组织课堂环节，不断打磨思政课堂，让学生积极参与其中，做到每一节思政课都有创新，学生每一节课都有收获。

(三)延伸思政课教学活动空间，推动学科跨界融通

在地化教学将思政课教学活动空间拓展至第一课堂(教室)之外，延伸到第二课堂(实践基地)现实场景当中，实现思政教学与现实生活的融合，让学生在在地化教学中突破学科局限，锻炼应用知识的能力。延伸思政教学活动空间，让思政教学在实践基地发生，有利于保证教学情境的真实性，有益于学生在实地体验中综合运用各种知识，并锻炼其能力。比如，学生不仅要把思政知识与乡土文化相结合，还要把思政知识与现代技术结合起来，在多学科结合中拓宽自己的眼界并提高认知，从而通过在地化教学不断提高学生的兴趣和自我效能感，培养学生的系统思维，帮助学生融会贯通各种学科知识，在学以致用中实现自身价值。

新时代思政课人才培养要与社会发展的需求相契合，要把培养融通型的大学作为目标，要在加强校地合作的要求下开展丰富的在地化教学，并及时将教学中涌现出的新问题进行理论研究和实践研讨。高校要及时将教学研究成果反哺于地方的发展，从而"努力把办学思路真正转到服务地方经济社会发展上来，转到产教融合、校企合作上来，转到增强大学生就业创业能力上来"，从而有助于为国家培养出更多的时代新人，更好地推进我国校地合作的可持续发展。

参考文献

[1]本书编写组．中国共产党第十九次全国代表大会文件汇编[M]．北京：人民出版社，2017：15.

[2]习近平主持召开学校思想政治理论课教师座谈会[N]．人民日报，2019-03-19(1).

［3］习近平对研究生教育工作作出重要指示［N］. 人民日报，2020-07-30(1).

［4］徐光明. 江西 10 所本科高校试点转型发展［N］. 中国教育报，2015-04-02 (3).

［5］刘雨田，等，美国在地化教学改革及其启示［J］. 外国教育研究，2021 (2)：109.

基金项目　1. 景德镇陶瓷大学教学改革研究基金项目：基于大数据的大学思政课差异化教学探索与实践研究(项目编号：TDJG-20-Y48)。

2. 景德镇陶瓷大学思政专项课题：新文科语境下"形势与政策"课四元教学模式研究。

3. 景德镇市社会科学规划项目：新时代大学生传承红色基因的在地化路径研究(项目编号：202223)。

基于OBE的"三位一体"学术英语阅读教学研究
——以陶瓷学术英语阅读为例

邬玲琳

摘　要：本文以成果导向教育(Outcome-based Education，OBE)为理论基础，以陶瓷学术英语作为阅读资源，将传统的英语阅读课堂教学和现代信息技术手段相结合，从教学目标、教学环境、教学内容、教学方法、教学组织以及教学评价六方面出发构建一种新型的"三位一体"学术英语阅读教学模式，从而满足学生学术英语学习和能力发展的需求，增强学生英语学习内驱力，进而有效提升学生的学术英语阅读水平。

关键词：OBE；三位一体；陶瓷学术英语阅读

一、引言

学术英语阅读能力是学生顺利开展学术研究的基本前提和重要保障，提升本科生和研究生英语学术阅读能力是目前我国大学英语教学面临的紧迫任务之一。

学术英语阅读教学相关研究当前国内外均较少，截至目前知网仅有学术英语阅读学位论文12篇，期刊论文48篇，其中未有关于陶瓷学术英语阅读教学相关研究。虽然学术英语阅读的重要性已获得普遍认同，具体的教学内容与方法也得到了广泛研究，但是对学术英语阅读教学进行探讨的维度还不够全面，特别是基于OBE以及"三位一体"教学的陶瓷学术英语阅读教学的具体模式和实际效用研究鲜有涉及。

二、理论框架

为了考查和验证基于OBE的陶瓷学术英语阅读"三位一体"教学模式设计的有效性，本文将以成果导向教育(OBE)以及"三位一体"教学模式作为本次研究的理论基础。

1. 成果导向教育

"成果导向教育"最先于 20 世纪 80 年代由美国教育家 Spady 在其《成果导向教学管理：以社会学的视角》一文中提及，之后得到广泛关注和应用。经过大约十年的发展，成果导向教学法已经形成了较为完整的理论体系，成为美国、英国、加拿大等国教育改革的主流教学理念。中国在 2013 年成为"华盛顿协议"签约成员后，也开始广泛利用成果导向教学法引导工程教育改革，而这种教学理念也很适合以工程科学为基础的学术英语阅读教学。

"成果导向教学法"是指以学生通过教育过程最后所取得的学习成果作为教学设计和教学实施的目标，主要包括以下五点内涵：第一，OBE 认为尽管不同的学生使用不同学习方法，但所有学生都能够通过学习取得成功，也就是说成功学习就能促进更加成功的学习。第二，OBE 采用个性化评定方法。针对不同学生的个体差异，教师制定个性化评价标准，进行实时评定，有效掌握学生的学习状态，从而及时改进教学方法。第三，OBE 提出以每位学生都能掌握的教学内容为前提，不划分等级，强调只要有适宜的学习机会，学生都能收获预期学习成果。第四，OBE 注重能力本位，以 OBE 为基础的教学注重培养学生应用于实际的能力，而不仅局限于学生所知、所了解的内容。第五，OBE 强调绩效责任，教师比学生更应该为学习效果负责，教师要根据实际教学状况及时改进教学方法，并提供有效改进依据。

依据"成果导向教学法"的五项内涵，教师在教学实施过程中应该根据确定学习成果、建构课程体系、确定教学策略、自我参照评价以及逐级达到顶峰这五个步骤来进行，只有实现这五个步骤才能真正突破传统教学的限制，实现以成果为导向，扩大成功机会。

2. "三位一体"教学模式

教学模式是指在一定教学理念基础上建立起来的稳定的教学活动框架和程序，教学活动框架从宏观上把握教学活动的整体性和各个要素之间的相关性，而教学活动程序有效证明教学模式的有序性和可操作性。

传统的"三位一体"阅读教学模式主要是指将教读课文、自读课文和课外阅读相结合的教学模式，但是随着科技的发展，我们已经可以实现将传统课堂教学与现代教育信息技术和手段相结合，在阅读教学中建构新型的"三位一体"教学模式，即让课堂教学、辅助教学平台(例如雨课堂、QQ、微信以及钉钉等班级群)以及阅读平台(Newsela 平台、中国知网平台外文资源总库、SpringerLink 外文数据库、JSTOR 数据库等)实现教学输入、成果产出的有机融合，从而紧密有效衔接为"一体",实现三者之间的相互关联、促进和平衡,从而形成课内课外、线上线下的教学合力。

基于"成果导向教学法"的"三位一体"学术英语教学模式有利于加强学生对学术英语阅读学习的需求分析,使学生真正实现语言水平与专业能力提升之间的良性互动,更好体现教学内容与教学目标之间的逻辑对应关系。

三、学术英语阅读平台介绍

网上阅读平台借助互联网与智能硬件改变了传统图书馆资源单一、交互性不强的弊端,不仅丰富了学习资源和空间,还能有效营造浓厚的阅读氛围,培养良好的阅读习惯。

(一)Newsela 平台

Newsela 平台是一个通过科学算法来判断每个学生的阅读水平,进而为学生推荐个性化的内容的智能新闻阅读平台,平台聚合各类热门媒体的新闻,并根据阅读难度分级,为不同年龄段、阅读水平和兴趣爱好的学生提供个性化的新闻阅读内容,包括陶瓷类新闻,这有助于英语水平中等的学生提高阅读理解能力、批判思考能力,并且能够帮助学生了解陶瓷世界的动向。

(二)中国知网平台外文资源总库

中国知网与 60 多个国家及地区 650 余家出版社进行了版权合作,收录外文期刊 57400 余种,图书 866000 种,共计 2 亿余条外文文献,内容涵盖理、工、农、医、人文、社会科学以及经管等各个学科领域,陶瓷学术文章为其中重要组成部分。

(三)Elsevier 外文期刊数据库(SD)

Elsevier Science 是全球最大的出版商也是世界公认的高品位学术出版公司。作为当今世界上最大的学术期刊出版商,其期刊涉及生命科学、物理、工程技术、社会科学等各个方面,通过 Elsevier 外文期刊数据库(SD),用户可访问 23 个学科近 2500 种电子期刊,11000 多种电子图书,1100 多万篇全文文献,为陶瓷学术英语阅读提供了大量的阅读资源。

(四)SpringerLink 外文数据库

SpringerLink 是全球最大的在线科学、技术和医学领域学术资源平台。凭借弹性的订阅模式、可靠的网络基础以及便捷的管理系统，SpringerLink 已成为各家图书馆最受欢迎的产品。Springer 是科学出版界的领导者，一直凭着其卓越表现而享有美誉。Springer 已经出版超过 150 位诺贝尔奖得主的著作。

（五）JSTOR 数据库

JSTOR 全名为 Journal Storage，是以政治学、经济学、哲学、历史等人文社会学科为中心，兼有一般科学性主题共十几个领域的代表性学术期刊的全文库。该机构鉴于期刊订费高涨，及过期期刊对图书馆所造成经费及存放空间等问题，有计划地建立核心学术性过期期刊的数字化存档，以节省空间，同时提供资料检索的功能，有效提高使用的便利性。

以上这五个阅读平台各有特色，都能提供大量的学术英语阅读材料，包括陶瓷学术英语，可以有效地将研究视域扩展到外语课堂环境下不同学科学术论文阅读，实现通用英语和学术英语的衔接和融合。

四、"三位一体"学术英语阅读教学设计

为了考查和验证 OBE 指导下的"三位一体"学术英语阅读教学模式的有效性，本文选取景德镇陶瓷大学 2021 级 1、2 班作为研究对象，将"三位一体"学术英语阅读教学融入英语课程，开展为期 12 周的教学实验。

在实施"三位一体"教学实验前，先对研究对象进行学术英语阅读水平的测试，并采取学术导师制，让学生在导师的指导下制订合理的学习计划，以确保教学实验的有效性。

2021 级英语课共 12 周，每周 4 课时，共 48 课时，每周安排 1 课时进行学术英语阅读教学，共计 12 课时。第一周为导入课程，主要向学生介绍"以学生为中心"的教学理念、OBE（成果导向教育）、"三位一体"教学模式、课程设计以及评价方式等，使学生可以清楚了解该实验的理论依据，并从根本上转化高中时期"以教师为中心"的学习观。随后 10 周，围绕陶瓷专题学术英语阅读开展"三位一体"教学实践，将学生按班级分为 5 人/组，自主选定组长，形成合作与竞争的良性机制，建立班级微信课程交流群，每周从以上 5 个数据库中选定一篇陶瓷相关的学术英语阅读材料，并在此基础上布置若干阅读教学任务，学生以数据库作为辅学平台，完成阅读任务，通过微信群进行交流和学习任务汇报，并提交读书报告。同时，以小组为单位为每位同学建立电子档案，包括学生个人信息、学习目标、学习日志、阅读任务成果和评价结果，作为过程性评价的重要依据。

五、"三位一体"学术英语阅读教学效果

为了解基于 OBE 的"三位一体"学术英语阅读教学是否具有实效,教学实验结束后我们对学生进行考试以及问卷调查。通过同水平测试成绩可见,学生学术英语阅读水平均有不同程度提高,且问卷显示 78% 的同学对该教学模式持肯定态度,认为这种教学模式新颖、实用,适应新时代学生的学习习惯。"三位一体"学术英语教学模式不仅转变了学生的学习观念,激发学习动力,增强学习信心,提高综合素质,且符合景德镇陶瓷大学外国语学院"外语+陶瓷"培养高素质复合型人才的办学定位。

(一)转变学习观念

OBE 的"三位一体"学术英语阅读教学提倡"以学生为中心",与高中时期"以教师为中心"的教学理念完全不同,促使学生的学习观念发生了重要转变,也激发了学生的学习动力。"以学生为中心"和"以成果为导向"的教学理念使学生不再是被动学习,学习内容也从普通英语变成了学术英语,更能与行业相结合,符合"新文科"人才培养目标。

(二)增强自信心

学术英语阅读"三位一体"教学模式的学习任务设计丰富多彩,不再局限于传统阅读理解模式,不再是单一的选择题和问答题,而是采用小组讨论、双人交流、个人展示等多种形式,赋予了阅读更多的趣味性。学生通过个人自主学习和小组协同合作有效完成学习任务后,产生很强的成就感,从而增强了学习自信心。

(三)提高综合素质

该教学模式不仅提高了学生英语阅读能力,拓展学生学术视野,并且增强学生团队协作能力、自主学习能力以及创新思维能力,使学生在拓宽视野、增长知识的同时,完善人格培养,促进学生综合素质的提升。

六、总结

《国家中长期教育改革和发展规划纲要(2010—2020 年)》提出,要培养具有国际视野、通晓国际规则、能够参与国际事务和国际竞争的国际化人才。高校英

语课程的价值就在于帮助学生掌握英语，用来满足未来学业和工作需要。基于OBE 的"三位一体"学术英语阅读教学模式不仅可以提升学生英语阅读能力，还能够拓宽学生的学术视野，对于推进学术英语教学改革和发展是一种创新性的探索和尝试。由于本次实验范围较小，时间较短，未来还需要对其进一步改进和优化。

参考文献

[1]蔡基刚. 中国高校实施专门学术英语教学的学科依据及其意义[J]. 外语电化教学，2018(1).

[2]蔡基刚. 中国高校学术英语存在理论依据探索[J]. 外语电化教学，2016(1).

[3]李芝，吴增欣，史宝辉. 农林类院校研究生学术英语教学模式改革研究[J]. 学位与研究生教育，2017(4).

[4]王学华，陈美华，李霄翔. 以学术英语为新定位的大学英语教学转型——问题和对策研究[J]. 外语教学理论与实践，2015(4).

[5]左秀媛，宁强. 21 世纪以来我国学术英语教学研究：回顾与展望[J]. 外语界，2019(2).

基金项目 景德镇陶瓷大学教学改革研究基金项目：基于 OBE 的本科生学术英语阅读"三位一体"教学模式建构研究(项目编号：TDJG-21-Z04)。

关于大学英语视听说课程混合教学的思考

江　丽

摘　要：基于"OBE 理念"和"混合式教学"国内外研究现状的基础上，本文为大学英语视听说课堂混合式教学改革提供一些建议。

关键词：OBE 理念；大学英语视听说课程；混合教学

2018 年以来，教育部提出本科教育"金课"建设要求，江西省为此开展双一流本科课程建设规划。同年 9 月，教育部正式提出要规划公共外语教学，主动服务"一带一路"建设，加强国际化人才培养工作。党的十八届三中全会强调利用信息化手段扩大优质教育资源，增强学生社会责任感、创新精神、实践能力，这在人才培养、教学课程建设、教学资源拓展层面对大学外语教学改革起到重要导向作用，对我国教育事业、高校及个人发展具有重要意义。

一、国内外研究动态

(一)基于 OBE 理念的大学英语视听说教学研究现状

OBE 理念已逐渐被国际教育认可，并被广泛应用于课程建设、课堂教学和评估体系等教育领域。知网搜索到一篇将 OBE 理念应用于大学英语视听说教学的研究。葛艳将"POA"和"OBE"理论相结合，通过媒体技术、互联网技术导入特定的交际场景，结合教学内容制定合理的产出任务。

(二)大学英语视听说课程混合式教学研究现状

国内外已有的研究成果表明，混合式教学能够在一定程度上提高课堂的教学效果，不同层次、不同学科、不同教学目标应该设计不同的线上线下混合式教学模式。国内刘小梅就某大学视听教学现状，并基于混合式教学和翻转课堂理论，设计了"网络自主学习+翻转课堂+传统教学"的新型混合式大学英语视听说教学模式。

上述研究肯定了 OBE 理念与混合式教学对大学英语视听说课程的积极作用。

二、英语视听说课程的现状特点

景德镇陶瓷大学是一所以陶瓷命名的多科性大学，是全国首批 31 所独立设置的本科艺术院校之一，现已发展成为全国乃至世界陶瓷人才培养、陶瓷科技创新和陶瓷文化艺术交流的重要基地。学校坚持以立德树人为根本，坚守为党育人、为国育才，不断强化"学生中心、产出导向、持续改进"的教育理念，着力构建有特色、高水平人才培养体系。全校本科生开设有公共外语教学，包括大学英语视听说课程，但在实践操作层面，未从 OBE 理念结合各层需求出发认识现有的大学英语视听说混合式教学现状问题，主要表现为，教学设计模式目标单一，以提升学生听说能力为主，未结合社会、学校、企业和学生个人发展需求；制定了一系列教学环节，却存在教学设计原则定位单一的问题，未能提供学生能力发展空间；依托教育网络平台进行资源建设，但资源欠缺且分散。

三、基于 OBE 理念的英语视听说混合式教学建议

在智能互联网时代，我们可以就当前的 OBE 理念与混合式教学经验来借鉴发展我校大学英语视听说课程，提高我国大学生的英语听说能力，主要有以下几方面内容。

第一，以学生为主体，关注学生未来专业发展。以学生为主体就是要在教与学的过程中，引导并支持学生主动学而非被动学。主动学背后的心理机制是我要学，被动学背后的心理机制是要我学，虽一字之差，却是天壤之别！以学生为主体的核心特征是独立性，独立性的核心是思维的独立性，即独立思考。以教师为引导的核心特征是启发性。英语教师要尊重学生情感、自由意志、已有知识经验和兴趣。作为教学活动的设计者、组织者、引领者，教师受到专门的培训，应有方法、有步骤地去分析了解学生学习中的水平、难点。学习过程中教师应通过各种课堂活动帮助学生由被动学习转化为主动学习，而不是忽视学生的直接体验，把知识强加给学生。那么在课程授课之初，了解学生的英语基础十分必要。

学校的视听说教学目的很明确，即教师并不是简单地呈现信息，而是能够和应该找到实际有效的方式来帮助学生通过听说来学习，也就是说教师充分利用课堂教学时间，使学生掌握听力技能和策略；同时，这种技能和策略可转移到其他领域当中，目的不仅仅是提高听力水平，更重要的是培养学生的思考习惯与学习习惯。

第二，泰勒认为："真正的教育目标并不是要教师从事某些活动，而是让学生的行为模式发生显著的改变。"传统的教学往往依赖于外部驱动力，而这里教师用互动的方式来激发学生的内在驱动力，促进学生听力能力和表达能力的提高。同时，为了全面提升学生的学习能力和效果，教师还可使用投影仪、电脑等进行教学，鼓励学生积极发言。

第三，教学结果的评估应采取过程性考核评估。教师可根据自己的授课情况和学生的学习情况自行制定考核方式和评分标准（需符合院系的统一评分标准）。所列出的考核项目包括：课堂参与、课堂讨论与小测、线上小测、期末笔试、口语测试等，这充分体现了教师注重学生的综合运用能力。教师也可根据授课内容布置针对性的课后作业如讲座汇报、听力报告等。虽然仅仅是一份报告，实际上对学生来说并非易事，学生花费的时间和精力远远超过一张期末笔试卷。

综上所述，在 OBE 理念基础上，我国高校教师应根据学生及教学的实际情况，找到适合视听说课堂教学的混合型教学模式。

参考文献

[1] 葛艳. "POA"和"OBE"理论体系下的大学英语课堂听说能力培养途径与教学策略研究[J]. 理论观察，2019(8)：158-160.

[2] 黄荣怀. 智慧教育的三重境界：从环境、模式到体制[J]. 现代远程教育研究，2014(6)：3-11.

[3] 何克抗. 从 Blending Learning 看教育技术理论的新发展(上)[J]. 电化教育研究，2004(3)：1-6.

[4] 何克抗. 从 Blending Learning 看教育技术理论的新发展(下)[J]. 电化教育研究，2004(4)：22-26.

[5] 胡加圣，陈坚林. 外语教育技术学论纲[J]. 外语电化教学，2013(2)：5-14.

[6] 刘小梅. 新型混合式大学英语视听说教学模式的探究——以北京化工大学为例[J]. 现代教育，2016(11)：101-107.

[7] 罗欢. 翻转课堂理念下的大学英语视听说教学实践与思考[J]. 教育现代化，2019(7)：58-60.

[8] 胡加圣. 基于范式转换的外语教育技术学学科构建研究[D]. 上海外国语大学，2012：92-96.

基金项目 景德镇陶瓷大学教学改革研究基金项目：基于 OBE 理念的混合式教学在大学英语视听说课程中的应用研究(项目编号：TDJG-20-Y27)。

关于金属学及热处理课程教学改革的一些思考

汤国兴　　刘文广

摘　要：为了推进工程教育改革，金属学及热处理课程教学改革也需要持续进行。本文针对景德镇陶瓷大学材料成型及控制工程专业的金属学及热处理课程教学过程中遇到的问题作了一些研究和思考，提出了课程教学改革首先必须明确教学目标，其次必须以提高教学效果为出发点，并就具体实施条例提出了一些改革建议。

关键词：金属学及热处理；教学改革；工程教育论证；教学目标

2021年底，景德镇陶瓷大学材料成型及控制工程专业(以下简称"材成专业")通过了工程教育专业认证。材成专业与机械设计及其自动化专业一起成为我校首批通过认证的专业。材成专业的目标是培养能够在材料加工理论、材料成型过程自动控制、成型工艺过程及装备设计等领域从事科学研究、技术开发、设计制造、生产组织及管理，具有实践能力和创新意识的复合型高级工程科技人才。要实现这一目标，学生必须掌握金属学及热处理这门专业基础课中的主要知识。金属学及热处理课程主要包括金属学原理、金属热处理原理及工艺、金属材料三大教学模块，内容围绕着"成分、组织、工艺、性能"四要素展开。这门课程的特点是专业术语多、理论抽象，实验相对较少，教师难教，学生难学。为了提高教学效果，达到工程教育认证下的人才培养要求，金属学及热处理课程教学改革需要持续进行。

以下是笔者在金属学及热处理课程教学改革实施过程中的一些思考。

一、明确教学目标

在基于学习产出的教育模式(Outcomes-based Education，OBE)中，学生学到了什么和是否成功远比怎样学习和什么时候学习重要。OBE教育系统中，教育者必须对学生毕业时达到的能力水平有清楚的预期，然后以预期的学习产出为中心组织实施和评价教学各环节，保障学生达到预期目标(图1)。金属学及热处理课程改革的核心是以产出为导向，教学目标是培养材成专业学生毕业时需要达到的能力：初步掌握材料的选择原则和方法、初步掌握热处理工艺的原理和工艺。所以，课程教学改革需要围绕让学生学会如何按设计需求去选择金属材料，以及合理安排热处理工艺这些内容去进行。

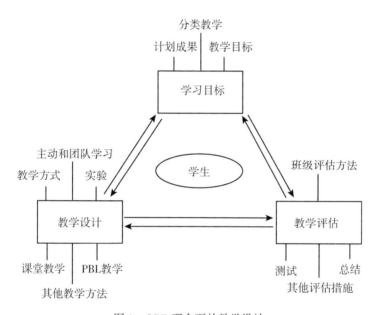

图 1 OBE 理念下的教学设计

二、以提高学习效果为出发点

OBE 理念中，学习效果是最重要的，所以，进行持续教学改革应以提高学习效果为出发点。如何提高学习效果，笔者认为可以从以下几方面入手。

第一，强化教育的育人功能。要提高学生学习效果，不仅需要学生有学习兴趣，社会责任感也必不可少。杜祥琬院士认为个人成长融入国家命运方有大成——"兴趣服从需要，需要产生兴趣。"他将人生动力比喻为两个轮子，一个轮子是社会需求，一个轮子是个人兴趣。需求好像前轮拉着你走，兴趣好像后轮推着你走，"两个轮子一起转动起来，才会有更强劲的力量"。金属学及热处理课程涉及的金属材料是我国民生的支柱之一，新材料对于支撑我国制造强国战略具有重要战略意义，所以需要将教书和育人有机结合，让专业知识学习和思想品德培养同步进行。在课程相关知识点的学习过程中融入国家重大科技发展成果，增强学生对国家的自豪感、归属感和责任感，提高学生的学习效率。

第二，提高学生学习兴趣。兴趣是杜祥琬院士所说人生动力的第二个轮子，如何激活学生的学习兴趣，是学好金属学及热处理课程的良好开端和动力，是提高学习效果最有效的方法之一。只有当学生的非智力因素（由动机、兴趣、情感、意志、性格等组成）参与到认知活动中后，智力才会真正地发挥作用。金属学及热处理虽是一门抽象性很强的学科，但金属学的发展历程中有很多有趣的历史故事和人物，老师可择优选择后穿插于课程知识的学习当中。只要教学设计恰当，必然能充分发挥学生的想象力，激活学生浓厚的学习兴趣，使他们产生强烈的求知欲，促进思维活跃，提高学习效率。

第三，完善激励措施。凯利·麦格尼格尔在她的《自控力》中提到一个观点：意志力也是消耗品，会越用越少。如果一门兴趣需要消耗大量意志力才能完成，那么它到最后往往难以为继。决定我们能走多远的，并不是勤奋和意志力，而是由正向反馈带来的持续努力。金属学及热处理课程要保持学生学习兴趣，同样需要不断给予他们适当的激励。

第四，丰富教学方法。教学方法越丰富，越可以用更合适的方法去实现不同知识点的教学。传统的讲授法仍然是非常重要的方法，但一定要以吸引学生的兴趣、调动学生的积极性为第一要旨。演示法是加深教学印象很有效的手段，通过简单的课堂演示来提高兴趣，如在介绍钢的热处理知识时可以进行一些简单的实践操作——几根缝衣针通过酒精灯加热和水冷等操作，再用弯曲等方法简单判断其性能变化，可以让学生快速直观地了解热处理工艺过程的不同和对性能的影响。此外，合理应用练习法、讨论法、学生讲授法等也都能起到较好的教学效果。

第五，合理利用信息技术。金属学及热处理课程中有很多知识点非常抽象，尤其是涉及微观结构等知识的时候，利用多媒体技术可以事半功倍，如相与组织的关系、金属组织从宏观到微观的变化等。依托互联网技术形成线上线下混合式教学也是极为重要的手段。此外，线上教学的优点，如优质资源共享、知识获取便捷、时空没有局限等使其在教学中必不可少，可以通过腾讯会议等进行线上直播教学，或利用慕课、超星学习通等网络教学平台进行课程学习。教师不需要在课堂上讲授所有大纲规定的知识，更多的工作是去梳理课程知识点，解决学生学习过程中的疑问。

三、结论

我校金属学及热处理课程改革的重点是如何让学生达成毕业相关要求。必须明确学生的学习目标，以学习效果为出发点，通过强化教育的育人功能、提高学生学习兴趣、增加激励措施、丰富教学方法以及合理利用信息技术等几个方面的改革，最终必将探索出一种符合 OBE 理念、符合我校实际情况的方法，为能更好地培养出满足毕业要求、适合时代需要的材成专业工程技术人才奠定坚实的基础。

参考文献

［1］顾佩华，胡文龙，等．基于"学习产出"（OBE）的工程教育模式——汕头大学的实践与探索［J］．高等工程教育研究，2014(1)：27-37.

［2］马煜林，葛彦伟，等．新工科背景下以 OBE 为导向金属学与热处理的课程教学改革——以材料成型及控制工程（铸造方向）专业为例［J］．铸造设备与工艺，2019(5)：49-52.

［3］邵建英．论激活学习兴趣之决策［J］．嘉兴学院学报，2002(S1)：184-186.

［4］雷宇．杜祥琬院士：个人成长融入国家命运方有大成［N］．中国青年报，2017-08-07(11).

基金项目 景德镇陶瓷大学教学改革研究基金项目：基于 OBE 理念的金属学及热处理课程教学改革研究（项目编号：TDJG-21-Y50）。

项目教学法与案例教学法在陶瓷文化英语教学中的互补应用研究

孙静艺　　王　伦

摘　要：项目教学法和案例教学法改变了传统的以教师为中心的教学模式，使学生成为学习的主体，提高了学生的学习参与热情和学习效率。在陶瓷文化英语教学中应用项目教学法和案例教学法，能够在理论和实践两方面综合提升学生的英语学习成绩，使该课程教学效果有很大的提高。

关键词：项目教学法；案例教学法；英语教学；陶瓷英语

随着学习方式和多样化教学手段的出现，以教师为中心的传统教学方法已经不能满足新时代大学生的学习需求，而以学生为中心的教育方法越来越受到学生的青睐。英语是我国高等教育的基础性学科，英语教学的改进、改革和创新是高校教育中的重要问题，英语教师必须与时俱进，作好充分准备，不断尝试新的教学方法以满足学生的学习需求。

陶瓷文化英语课程是景德镇陶瓷大学为第四学期大学生开设的 ESP 英语（专门用途英语）课程，该课程在学生前三个学期英语学习的基础上，以英语为工具，学习中国陶瓷文化，为学生的学业深造和未来陶瓷职业发展奠定基础；同时，该课程响应我国"文化走出去"战略，能够使大学生成为传播中国陶瓷文化的中坚力量。陶瓷文化英语课程与循序渐渐式的大学英语课程设置不同，它根据陶瓷文化的内容分为陶瓷历史、陶瓷景观、陶瓷绘画、陶瓷造型、陶瓷设计、陶瓷材料、陶瓷工艺、陶瓷技术、陶瓷展会、陶瓷思想和精神等多个方面，每个方面都可以看做一个项目，每个项目都可以涉及具体的陶瓷文化英语案例，因此以学生为中心的项目教学法和案例教学法能够为学生带来最佳的学习效果。

一、项目教学法及其特点

(一)项目教学法

基于项目的学习方法可以追溯到 18 世纪的欧洲劳动教育。当时，特别是在德国，一些教育家提倡自然教育；在自然教育中，教育者强调劳动的重要性，认为劳动不仅是一种经济价值，也是一种教育方法。项目教学法的形成与美国的"合作教育"也密切相关。1906 年，美国辛辛那提大学提出，一些专业和一些教育项目的学生必须花费一年中的四分之一时间在与其专业相对应的公司或企业实习，以获得必要的实践知识，这种课堂教学与工作实践相结合的教育方法被称为"合作教育"。2003 年 7 月，德国联邦职业教育学院制定了以行动为导向的项目教学法，这是一种让学生脑、手、心并用的教学方法，项目教学法逐渐变得系统化。

项目教学法是一种在教师指导下，学生自主完成学习项目的教学方法。在项目教学法中，学生自主完成项目的规划、实施和评估工作；学生们负责整个项目，掌握项目的每个环节；他们收集资料和数据，并在课堂上展示项目学习成果。项目教学法最突出的特点是：学生是学习过程的主体，而教师只是学习的引导者。虽然项目是在教师的指导下完成的，但学生是项目的主角，教师只扮演次要角色。

作为一种现代教育方法，项目教学法深受学生欢迎，因为学生可以根据自己的意愿积极开展项目学习，这种学习方法有利于培养学生的创造能力和创新能力，从而使学生积极主动，乐于获得更多的知识，不会像传统教学那样被动地接受教师传授的知识。在基于项目的学习中，学生通过团队合作，自己研究出项目的结果，而不是被教师诱导出结果，学生因此很有成就感，学习效率得到显著提高。

(二)项目教学法的特点

项目教学法改变了教师在教育中的主导地位，教师不再是教学的焦点，而学生成为学习的主体。与传统的课堂教学方法相比，基于项目的教学方法具有许多优点。

第一，通过项目教学法，教师可以激发学生的学习主动性。学生能够积极地发现知识获取过程中的问题，并在问题的指导下乐于寻求解决问题的方法。主动性是学生学习的最佳导师，学习主动性是这种学习方法的教学重点。因此，学生的学习效率高于传统的教学方法。

第二，项目教学法提倡双向交流。项目教学法不仅促进学生之间的交流，还能增进师生之间的交流。传统教学模式只强调教师的角色，在学习过程中很少进行交流，但在项目教学法中，学生与学生、教师与学生之间的交流得到充分体现，每个人都可能是彼此的老师，学生和教师相互学习、共同进步。

第三，采用基于项目的教学方法，除了获得知识外，学生还可以掌握其他技能，例如：如何进行团队合作、如何查找文献、如何分析问题和解决问题、如何撰写学术报告、如何开展项目辩论等，最终学生将掌握完成整个项目的总体能力，这对他们后期的学习深造至关重要。项目完成后，学生们对学习产生自豪感和成就感，他们将积极主动地进行下一个项目的学习。

项目教学法以建构主义、实用主义、多元智能等教育理论为基础。在教师的指导下，学生成为教育的主体，而教师只是教学的设计者或指导者，学生在教师的帮助下积极完成指定的项目。在这种学习氛围中，学生可以利用自己的方式构建自己的知识体系。

二、案例教学法及其特点

(一)案例教学法

案例教学法可以说起源于古希腊。当时，苏格拉底著名的讨论式教学法可以视为案例教学法的原始形式。1870年，哈佛大学法学院院长兰代尔(Langdell)首次倡导在法律教学中使用案例教学法，采用后在提高教学效率方面获得了成功。此后，哈佛大学迅速将这种学习方法推广到其他教学领域。20世纪20年代，这种基于案例的教学方式被哈佛商学院正式定为一种教学方法，并很快得到推广和普遍使用，哈佛大学为此已经积累了数万个案例。案例教学法以真实的案例作为教学材料，取代了传统的教材，并改变了传统的以教师为中心的教学模式，是一种以学生为中心的教育方式。

在案例教学法中，教师扮演着学习设计者和激励者的角色，鼓励学生参与案例讨论，这种教学方法改变了传统的以教师和教科书为中心的课堂教学。在案例教学中，学生是教学过程的积极参与者，案例讨论成为学习中不可或缺的部分。案例教学法是一种改革性的学习方法，学生在课堂上可以主动而不是被动地获取知识，因此可以大大提高学习效率。

(二)案例教学法的特点

案例教学法有利于学生主动获取知识，因此受到各学科教师的欢迎。与教科书中的知识不同，大多数案例都是生动具体的，教师可以用案例来把握学生的学习兴趣。一般来说，案例教学法具有以下特点。

第一，案例教学法把学生而不是教师作为教育的重点。通过案例，而不是理论知识，学生更容易参与学习过程。实际上，他们是基于兴趣而主动学习，学习效率很高。

第二，案例教学的目的不仅是掌握一些知识，而且是培养学生在实践中运用知识的能力。在传统教学中，教师将知识传授给学生，学生记住知识，然后通过考试检验学生是否牢记这些知识。传统教学的结果是学生毕业后很难做实际工作，课堂学习与实际工作脱节；而通过案例教学中的真实案例，学生可以在毕业前接触到真实的工作环境，并在学校将所学知识付诸实践，为学生未来的职业生涯奠定坚实的基础。

第三，通过案例学习，可以培养学生的批判性思维能力。在案例教学中，教师让学生分组讨论，讨论中会引发更多的想法，学生甚至可以在小组内进行辩论，有利于学生批判性思维的发展。通过案例讨论，学生可以对案例问题阐述自己的想法，他们的想法可能各不相同，但教师应鼓励学生为自己的想法辩护。讨论结束后，教师让学生在课堂上展示他们的想法，这样学生就会接触到各种各样的观点，它是拓宽学生视野的一个非常有效的方法，学生的批判性思维能力将逐步得到提高。

三、项目教学法与案例教学法在陶瓷文化英语教学中的互补应用

(一)项目教学法与案例教学法在外语教学中的应用

随着项目教学法和案例教学法在教育中的广泛应用，国内外许多外语教师和外语教学研究人员已经开始将其应用于教学中。外语教师应该根据学生的兴趣和语言使用情况为学生分配一些语言项目，邀请学生参与项目设计，以满足他们的真实语言需求，这种方法可以解决许多学生外语学习动力不足的问题。通过项目学习，学生可以根据自己的需求获得知识，并积极完成分配给他们的项目，学生的自主学习能力得到了很大提高。

此外，外语学习，尤其是语法学习，对很多学生来说枯燥乏味，所以外语教师应该找到合适的语法案例，使一些晦涩难懂的语法学习变得有趣、容易掌握。教师应根据不同的学习层次合理安排案例，使简单的案例成为更高一级案例的学习基础，并最终形成案例链方便学生逐步学习。案例学习可以使外语学习变得更容易，因此更受学生欢迎。

(二)项目教学法与案例教学法在陶瓷文化英语教学中的互补应用

在陶瓷文化英语课程中互补应用项目教学法和案例教学法，教师应该在课前对该课程涉及的学习项目进行合理规划，并在课中和课后发挥两种教学方法的优势，获得两种教学方法的互补应用效果。

1. 课前：项目教学法

陶瓷文化英语课程中的项目教学法要从课前开始，也就是说，在上课之前，教师应该把课程分成若干个学习项目，例如，陶瓷绘画英语、陶瓷设计英语、陶瓷展会英语、陶瓷材料英语等，然后将学生分成若干个小组，每个小组负责一个学习项目。在每个小组内，学生应合作完成项目的全部学习任务。例如，学生 A 负责搜集该项目相关的陶瓷文化资料，学生 B 负责搜集与这些陶瓷文化相关的英语资料，学生 C 负责将陶瓷文化英语信息进行分析，学生 D 负责总结项目并制作项目汇报课件，学生 E 负责在课堂上展示项目学习的成果。在课前教学阶段，主要应用项目教学法，教师布置项目学习任务，学生开展项目学习，并初步完成该项目。

2. 课中：项目教学法与案例教学法

学生在课前初步完成项目后，下一步就是项目教学法和案例教学法在课堂中的综合应用。与传统教学不同，在项目教学法和案例教学法中，教师不再是课堂的主要参与者，而学生则是整个课堂的主要参与者，这样才真正实现了"在做中学习"的理念，学生们全神贯注于课堂，不会分心，所以学习效率相当可观。

在课堂上，教师首先要求每个小组介绍项目学习成果，以及他们在项目学习中遇到了什么问题，如何解决这些问题等。通过项目介绍，学生可以加深对该项目学习内容的理解。每组汇报结束后，教师要求学生就该项目进行讨论，重点讨论该项目中陶瓷文化英语的特点和实际应用。例如，某小组分配了陶瓷展会英语的项目，教师可以让学生讨论陶瓷展会英语的词汇特点、陶瓷展会英语的句法特征、陶瓷展会英语的使用技巧等。教师也可以参与学生的讨论，讨论结束后，如果有一些问题尚未解决，教师应提供及时的帮助，直到该项目所有问题得到解决为止。

而后，针对某一项目的具体学习内容，教师还要讲解一些重点和难点，对于这些重点和难点的讲解，教师则要应用案例教学法。比如，针对陶瓷设计英语的项目，教师可以某个陶瓷作品为模型来讲解陶瓷设计英语，用生动形象的陶瓷实物来加深学生的学习效果。案例讲解结束后，教师要带领学生分组讨论，分析案例，教师要根据案例提出一些问题供学生讨论和回答。在学生讨论期间，教师可以参加讨论，提供一些帮助和指导。案例讨论结束后，每个小组对案例做出评析，并回答关于案例的问题，教师对案例和讨论进行总结评论。这样，在课堂授课中，教师将项目教学法与案例教学法有机融合，提高了陶瓷文化英语的学习效果，以及学生解决问题的能力和批判性思维能力。

3. 课后：项目教学法与案例教学法

课后，学生应就项目及其相关案例撰写反思报告。反思报告应包括：项目主要涉及陶瓷文化英语哪些内容？遇到了哪些语言问题？这些问题是否都解决了？以后还可以进行哪些相关的陶瓷英语学习？通过项目学习提升了哪些能力？此外，教师也可以提供更多的与该项目相关的陶瓷文化英语案例，巩固学生对该项目的认知，直到学生完全掌握该项目相关的陶瓷文化英语知识。最后，教师基于学生的项目学习、课堂表现、项目报告、案例报告、作业等对学生进行综合评价。

这样，在项目教学法和案例教学法的共同指导下，在教师和学生的合作下，某个陶瓷文化英语项目最终完成。

四、结语

项目教学法有助于提高学生的理论认知，并有利于培养学生自主学习能力和团队合作能力，使学生在完成项目的过程中主动发现问题，并学会如何独立解决这些问题。案例教学法有助于在课堂教学中通过实践来帮助学生解决重点和难点问题，使课堂学习更加有趣和高效。陶瓷文化英语课程教学既涉及理论学习又涉及实践学习，因此教师在教学中应将项目教学法与案例教学法有机融合，将两种教学方法互补互用，发挥出两者的优势，提高陶瓷文化英语课程的教学效果，提升学生的学习效率。

参考文献

[1]郑金洲. 教学方法应用指导[M]. 华东师范大学出版社，2006.

[2]刘昌明. 美国的合作教育模式评介[J]. 教学研究，2007(5)：197-199，210.

[3]郑璐. 基于项目教学法的大学英语阅读教学探究[J]. 海外英语，2020(6)：126-127.

[4]李香勇，王艳. 案例和项目教学法在"影视动画剪辑"课程中的运用[J]. 黑

龙江科技信息，2010(28)：172.

[5]刘婷婷，吕松博.案例教学法在高校英语课堂中的实践[J].海外英语，2020(11)：125-126.

[6]洪长礼.项目教学法的培训效果初探[J].管理与效益，1998(11)：42.

[7]文秋芳，宋文伟.综合素质实践课——从理论到实践[J].外语界，1999(3)：11-15，38.

[8]顾佩娅.网上英语写作与项目教学法研究[J].外语电化教学，2002(12)：3-7.

[9]顾佩娅.多媒体项目教学法的理论与实践[J].外语界，2007(2)：2-8，31.

[10]刘育东.外语教学中项目学习教学法的研究现状、问题与对策[J].河南大学学报(社会科学版)，2011(6)：133-138.

[11]赵素华.网络环境下案例教学法在英语公共演讲课中的应用研究[J].外语界，2011(5)：62-67，96.

[12]王鹏，郝春雷.依托项目的大学英语教学模式探索[J].中国成人教育，2015(10)：144-146.

[13]陈秀娟，杜桂敏.外语教学模式的创新与研究生学术素养的培养[J].继续教育研究，2018(11)：114-117.

[14]师文杰.基于财经报道的MBA商务英语案例教学研究[J].中国ESP研究，2020(1)：48-59，106.

[15]王海啸，王文宇.创新创优 共建共享——"项目式大学英语教学模式改革虚拟教研室"建设路径探索[J].外语界，2022(4)：8-15.

[16]李桂华.行之有效的教学方法——案例教学法[J].辽宁教育学院学报，2002(5)：55-56.

基金项目　1.景德镇陶瓷大学教学改革研究基金项目(项目编号：TDJG-20-Z10)。

2.江西省学位与研究生教育教学改革研究项目(项目编号：JXYJG-2020-168)。

3.全国研究生翻译专业学位教育项目(项目编号：MTIJZW202121)。

日用陶瓷艺术设计课程线上线下混合式教学模式研究

何科丁　　文　雪

摘　要： 本文以日用陶瓷艺术设计课程为主要研究对象，采用文献研究与案例分析等方法，探究日用陶瓷艺术设计课程的教学改革路径；通过对线上线下混合式教学模式的研究与分析，将新的教学模式融入传统的日用陶瓷艺术设计课程；分析日用陶瓷艺术设计课程框架中的主要构成元素，探讨其线上线下混合式教学模式流程与模式构建原则，进一步完善日用陶瓷艺术设计课程体系的完整度。

关键词： 日用陶瓷艺术设计；线上线下；混合式教学；原则

日用陶瓷艺术设计课程作为一门具有中国传统陶瓷文化内涵和现代设计方法的艺术类实践课程，其教学内容不仅涵盖艺术设计方面的理论知识，更注重学生的设计、制作和创新能力，但是，在大力发展新媒体和新文科的时代教育背景下，如何深化日用陶瓷艺术设计课程的教学目的，如何利用现代技术拓展日用陶瓷艺术设计课程的教学边界，如何更有效地培养专业能力强、创新能力强的复合型人才，是当前亟待解决的教育改革问题。通过线上线下混合式教学模式的嫁接，可以为日用陶瓷艺术设计课程的发展提供多元的选择和发展路径。

一、日用陶瓷艺术设计课程线上线下混合式教学模式概念释义

日用陶瓷艺术设计是以产品的使用功能为基础和前提，为用户提供具有一定审美价值的日常陶瓷用品设计工作。范围包括茶具、咖啡具、餐具、办公用具等种类，是广泛渗透于人们日常生活中的陶瓷用品，因此针对日用陶瓷的艺术设计工作需要涵盖较广范围和较多学科的知识，如人机工程学、设计心理学、设计美学、产品营销学等，而日用陶瓷艺术设计课程则是以日用陶瓷艺术设计为研究对

象，以理论研究与创作实践相结合的艺术教学与设计系统，理论研究部分包括对日用陶瓷艺术的适用场景及人群分析、造型比例尺度、装饰手法、色彩搭配等的艺术教学，艺术实践部分则包括产品用户画像调研、产品制图、3D 建模、模种模具制作、花纸印刷及贴花、上釉及烧成等。日用陶瓷艺术设计课程的最终教学评价是以学生的知识掌握度为导向，严查学生的综合实践能力以及艺术创新能力，结课作业通常需要考查学生的设计作品是否具备经济、实用和美观功能，是否具有创新价值和开发价值。

线上线下混合式教学模式是在"互联网+"时代背景下流行的一种新型教育模式，它将传统教育课堂与互联网技术相结合，不仅在教学方法和手段上有所突破，更为现代教育提供了更加广阔的教学空间。何克抗教授在《教育信息化十年发展规划》的解读中强调，信息技术对于现代教育体系的完整性和发展性具有颠覆性影响，其核心就在于原有教学系统的结构发生了质的改变，由此影响到人才培养的定位方向和最终效果。线上线下混合式教学模式，首先是打破了传统教学模式的时空限制，让老师和学生做到随时随地上课；其次是为教学内容提供了更广泛的资料数据及相关资源，并且利用更多元的教学技术丰富课堂趣味性，提高学生的自主学习动力。

线上线下混合式教学模式的出现不是取代传统模式，而是二者相互补充。传统教学模式是线上线下混合式教学模式的起点与基础，而线上技术与线下教学的融合则是对传统教学模式的补充，二者不存在冲突关系，相反，二者的共同目标和发展方向均是以完善现代教学模式为导向。在技术发展的时代下，线上与线下有机结合的混合式教学模式，能有效全面地培养出符合未来时代发展需求的全面复合型人才。

日用陶瓷艺术设计课程的线上线下混合式教学模式是符合艺术设计实践课程未来发展的教学改革手段。日用陶瓷艺术设计课程的传统课堂是依靠教师的自身学术知识储备及丰富的实践经验，结合理论教学和工作室、课题组项目式教学方式，向学生传输日用陶瓷艺术设计相关专业内容，最后以实践作业为评价对象，分析学生在课业过程中吸收到的知识是否灵活运用，在练习中获取的相关直接经验是否转化为创造力。但传统的日用陶瓷艺术设计课程存在一定局限性，在理论教学部分，日用陶瓷艺术设计课程采取其他理论课程模式，实施教师讲、学生听的"填鸭式"教学，学生在课堂中的角色更接近"信息接收者"，并且在加工信息和信息回弹的环节中，学生的热情程度较低。在实践教学部分，较为依赖教师自身的专业经验，教师主观性略高，无法更有效地发挥学生自身的个性特征。

通过与线上线下混合式教学模式的嫁接，日用陶瓷艺术设计课程可以科学有效地避免传统教学模式的弊端，提高教学质量。线上线下混合式教学模式可以为日用陶瓷艺术设计课程的理论与实践教学打开视野，通过对教前、教时、教后的全面线上线下融合，为原有的理论教学填充内容，丰富教学手段，带领学生从课堂和实践工作室中走出来，融合社会资源，提高学生的学习兴趣。因此，日用陶瓷艺术设计课程的线上线下混合式教学模式是未来的发展趋势，只有构建完善的混合式教学体系，才能在接下来的教学实践工作中把握时代机遇，保障学生学有所成，保障行业人才不断更新。

二、日用陶瓷艺术设计课程线上线下混合式教学模式要素

日用陶瓷艺术设计课程线上线下混合式教学模式的构成要素是在传统日用陶瓷艺术设计课程基础上，为原有要素提供补足性帮助，丰富其职能角色特性，增强各要素之间的联动。"日用陶瓷艺术设计课程的组成要素与其他工业设计学科类似，较为重视对学生技能水平的培养和提高，因此通常由具备理论与实践经验的教师，相关学科基础背景的学生，从书本课堂到实践课堂的教学内容、手段和环境组成。""而线上线下混合式教学模式的组成要素，是在传统课堂基础上融合进互联网技术及丰富的线上资源，构建起较为灵活的要素体系，并非局限在具象的物质要素，因此其要素主要包含学习态度、方式、交流、效果四个方面。"本文将日用陶瓷艺术设计的各要素与线上线下混合式教学模式各要素相互融合，提出以下要素。

(一)教师与学生的角色定位

日用陶瓷艺术设计课程线上线下混合式教学模式中的教师由教学领导者转为教学中介，学生由教学吸收者转为教学主体。传统的日用陶瓷艺术设计课程中，教师的角色定位通常是知识传递方，通过教师对知识进行信息加工，单一方向传递给学生。学生为知识接收方，自我加工后通常用后续的教学成果评价检验知识接收程度，与教师沟通交流的机会需依赖学生自我的主动性。整体形成的教师与学生角色是以教师为课堂主导方，掌握课程节奏和教学范围，以学生为课堂对象，形成"填充式教学"模式课堂。

日用陶瓷艺术设计课程线上线下混合式教学模式中的教师与学生的角色定位更具有灵活性和互动性，更强调师生之间的交流和信息互换。在混合式教学模式中，日用陶瓷艺术设计课的教师由传统的教学领导者转变为教学中介，学生则成为课堂的教学主体，教师借用线上教前任务给学生布置课前预习或准备，借用线上更多元的展示方式和互动方式提高线下课堂趣味性，线上课程作业展示丰富线下教学评价和教学互评，由此形成相辅相成的混合式教学模式，在提高学生自主

学习积极性的基础上，加深教师与学生之间的联系，教师可以实时收到学生信息接收情况反馈，进一步优化教学质量。

因此，在日用陶瓷艺术设计课程线上线下混合式教学模式中，教师可以通过视频展示、线上问答等方式丰富相关理论教学趣味，并且针对日用陶瓷的理论教学提供辅助，收集学生的共性问题和特殊问题，鼓励学生积极反馈学习效果，真正做到"以学生为中心"。

(二)教学内容的框架结构

日用陶瓷艺术设计课程线上线下混合式教学模式中的教学内容由传统的间接经验转为直接经验，加深延展性，突出学生的自主创新能力。传统的日用陶瓷艺术设计课程中，教学内容通常是理论知识和技术实践两大部分内容，理论内容包括日用陶瓷艺术设计概念、范围、造型尺寸、艺术审美等，实践内容包括设计制图和成品制作。教学内容的范围和深浅程度由教师统一把握，容易造成拓展内容边界窄的弊端。教师在教授理论知识后，学生只有在实践部分才能将理论知识的间接经验转化为直接经验，对于前期未解决的理论问题或者由于实践背景缺失，学生会在课后动手实践期间进行反复练习和实验，直到下一次课堂中再得到教师的反馈，需要消耗一定的时间精力。

日用陶瓷艺术设计课程线上线下混合式教学模式中的教学内容更具备拓展性和延伸性，通过将原有的书本知识叠加多元层次，使得原有知识内容体系更加丰富完整。在混合式教学模式中，日用陶瓷艺术设计课程的内容从原有的书本知识或口授指导转变为可实时更新的流动性内容，通过与线上海量知识库的嫁接、与社会资源的对接，获取更广泛的知识信息，包括对原有课本知识的活化、对技术理论的更新、对行业发展现状的补充等。教师在结合线上资源库的同时，融合自身专业背景，与其他关联专业取得联系，然后与线下课堂相互吸收，构建出更加完整的教学内容框架。

因此，日用陶瓷艺术设计课程的混合式教学模式内容，可以将原有课本知识和线上知识库、专业资源、相关联专业内容相融合，形成可实时更新的知识自建库，教师可以根据行业现状、时代需求以及学生整体水平选择相应的授课内容，真正做到"知识活化"。

(三)教学环境的多维立体

日用陶瓷艺术设计课程线上线下混合式教学模式中的教学环境突破了传统课堂的时空限制。传统的日用陶瓷艺术设计课程教学环境是从教室到工作室的双向迁移，教师在教室中对学生传授理论知识后，以项目或阶段性作业的方式将学生带入工作室环境，采用个人创作或小组创作的方式进行日用陶瓷艺术设计实践练习。在整个教学过程中，师生的教学场地是由学校提供的教室和实践工作室，无法更好地与社会和行业接轨，对师生双方的能力展示具有一定的限制性。

日用陶瓷艺术设计课程线上线下混合式教学模式下的教学环境是结合线上虚拟教学平台和线下实地课堂的多维立体式教学环境，拓展了传统教学课堂的边界，打破时间和空间的限制。在混合式教学模式中，日用陶瓷艺术设计课程的教学课堂从原有的"教室—工作室"两点式空间向多维空间延展，借助互联网技术构建的线上云端课堂平台，可以模拟教学演练等环境，进一步优化学生在后期实践阶段的容错率。在学生进入实践环节时，教师可以结合线下的自我训练和技术矫正，添加建模训练、线上互评等教学环节，更准确地掌握学生专业技术掌握程度。学生在完成设计作业的实物制作后，教师会借助线上平台展示学生作业，并且利用校园论坛、对接企业网络等方式向业内及大众进行展示，全方位对学生作业进行教学评价。

因此，日用陶瓷艺术设计课程线上线下混合式教学模式的教学环境是多维且全方位的，不仅渗透在教学过程中的各个环节，更是对学生线上环境的整合和线下环境的融合。教师可以根据学生的整体状态和实际需要调整课堂环境，进一步形成和谐的课堂氛围，真正实现"沉浸式教学"。

三、日用陶瓷艺术设计课程线上线下混合式教学模式流程与原则

引入混合式教学模式的日用陶瓷艺术设计课程，在要素构成方面形成了更具系统性和灵活性的框架结构，因此，其教学流程与教学原则会发生一定改变。要适应新的教学模式就应该明确其教学流程的改变方向和路径要求，树立更清晰的教学目的，才能更好地进行教学实践。通过前文分析，日用陶瓷艺术设计课程线上线下混合式教学模式的流程与规则可总结为以下三点：

（一）教学前的课程准备强调师生的互动性与目标性

教师在授课前的课件及资料准备需要以学生为中心，将日用陶瓷艺术设计课程的理论知识与线上行业发展情况、陶瓷艺术文化背景等内容有机结合，在培养学生技术能力的同时，鼓励学生以自我优势为起点，继承并发扬中国陶瓷艺术文化内核，与学生达成角色互动的教学效果。教师可以通过观察学生的课堂反应掌握与学生之间的互动距离，尊重每一位学生的情感体验，而学生在混合式教学模式下，有更高的自由度和选择权，由此减少了学生厌学等负面情绪。

(二)教学中的课程互动提升学生的个体性与协同性

日用陶瓷艺术设计课程是一门结合工业设计和艺术设计的多学科交叉课程,对学生的创造力具有一定要求。教师在教学过程中可以利用混合式教学模式的技术优势,全方位调动学生学习的积极性,提高课堂的活跃度;学生可以借助混合式教学模式提供的动态教学内容,选择与自己优势或兴趣相适应的日用陶瓷设计方向或信息,充分发挥自身优势,通过一系列的小组课业训练,加深个体意识和团队意识的建设。

(三)教学后的课程评价主张人才的全面性与创新性

日用陶瓷艺术设计课程不仅需要学生掌握相关专业知识和技术,更需要确保学生被日用陶瓷艺术设计行业和相关市场所接受。日用陶瓷艺术设计课程线上线下混合式教学模式,可以为教师和学生提供更多元的评价标准和评价建议,拉近学生与行业之间的距离,让学生身在校园就能切身感受到日用陶瓷艺术设计人员、企业和行业的运行状态。

总而言之,日用陶瓷艺术设计课程线上线下混合式教学模式应以传授日用陶瓷艺术设计知识和专业技术为基础,以学生自身发展为目标,以活学、活用为导向,为行业和国家输送更全面的日用陶瓷艺术设计人才。

四、总结

《关于加强普通高等学校在线开放课程教学管理的若干意见》指出,高校应做好构建新文科以及包括艺术在内的"四大课堂"教育体系,助力传统文科专业和艺术设计专业与现代信息技术的交叉,加快建设以数字化为特征的高等教育形态。在大力提倡教学改革的宗旨背后,其所提倡的是通过新的教学方式培养出符合时代未来发展要求的新型复合人才。日用陶瓷艺术设计课程作为与行业衔接紧密的艺术实践课程,有义务与责任将混合式教学模式引入教学体系之中,只有不断深化教学改革,不断探索日用陶瓷艺术设计课程的线上线下混合式教学模式的发展可行性,才能为学生的未来负责,切实为国家培养具有创造力的精英人才。

参考文献

[1]李雨苍,李兵.日用陶瓷造型设计[M].中国轻工业出版社,2000.
[2]李日铭.浅谈日用陶瓷美术设计的主导思想[J].中国陶瓷,1983(4):39-41.

［3］张策，徐晓飞，张龙，等．利用 MOOC 优势重塑教学　实现线上线下混合式教学新模式［J］．中国大学教学，2018（5）：37-41．

［4］吴颖琛．陶瓷艺术设计专业课程设置与教学模式创新——评《陶瓷创意设计》［J］．中国教育学刊，2021（10）：1．

［5］李华，魏一通．混合式教学中学生学习行为评估体系构建与应用研究［J］．中国电化教育，2020（10）：58-66．

［6］王辉．新冠疫情期间高校实践课程虚拟仿真的在线教学探索——以茶具设计课程为例［J］．福建茶叶，2020，42（12）：2．

翻转课堂下的大学英语教学的困境及对策探析

余剑虹　叶向舒　袁　艳

摘　要：随着互联网技术的发展和教育观念的转变，翻转课堂为突破传统大学英语的教学模式提供了较有成效的探索，对教学质量的提高意义显著。但在具体的实施过程中，也遭遇到一些困境与挑战。本文聚焦困境与挑战，以期为翻转课堂在大学英语教学中得到更好的实施提供建议。

关键词：翻转课堂；大学英语教学；困境；对策

随着我国经济社会的高速发展，目前传统的大学英语教学模式已不能适应时代的发展和人才培养的需求。翻转课堂以学生为核心，强调个体差异和因材施教，是对传统教学模式的革新，对提升大学英语教学效果具有积极的意义。然而在具体的实践中，其也面临一些困境，因此探究其问题及对策，很有必要。

一、翻转课堂在大学英语教学应用中的困境

（一）传统的大学英语教学理念阻碍翻转课堂的推进

受传统的教学理念和教学方式的影响，大学英语教师形成了主导课程进程的惯性，很难在短时期内实现主体身份的转变。有鉴于此，虽然翻转课堂在我国部分大学英语教学中已经开始实施，但大多数教师还是采取传统的先教后学的授课模式，教师教学中忽视了英语语言的交际特性和应用功能，缺乏和学生的沟通交流，学生仍处于被动接受知识的状态。

（二）大学英语课时设置和课程安排不合理

大学英语学习内容多，课时少，成为影响学生学习效果的重要因素。国内高校在英语学习时间安排上保持每周两至三节的状态，并另设一节听说课程；同时，很多高校在课程设置方面采取单双周上课的形式，导致学生英语学习的时间

进一步减少且缺乏连贯性。在有限的时间内，教师要实现对学生多方面英语能力的训练与提高，其效果可想而知。此外，大学英语教学目前采取大班授课、一对多的形式，教师实现针对性教学和因材施教显得困难重重。

（三）翻转课堂实际应用中滋生的问题

翻转课堂的应用优势是显而易见的，但我国缺乏相应的应用经验，在实施过程中难免滋生问题。首先，教师缺乏经验，盲目翻转，没有产生效用。很多教师初接触翻转课堂这一理论，缺乏深入学习和理解，也未根据教学情形合理调整，盲目将翻转课堂应用于英语教学，单纯给学生布置任务，缺乏必要的监督，使翻转课堂过于形式化，收效甚微。其次，在缺乏足够的人力、物力、资金投入的基础上，翻转课堂的共享平台难以有效建立，从而影响大学英语教学的整体效果。最后，翻转课堂依赖于教师整合教学视频和资料，在实现学生主体地位的同时增加了教师的工作量和工作负担。此外，翻转课堂的教学效果还要受制于教师的专业能力和网络技术素养。

（四）部分学生对翻转课堂持抵触情绪，缺乏学习的主动性

在缺乏必要监督措施的基础上，一些学生缺乏自主学习和时间规划能力，对课前视频学习持敷衍的态度。此外，教师采取翻转课堂教学的过程中，如果忽视学生个体的差异性，一些基础薄弱的学生可能会在课前学习阶段就遭遇理解困境，学生一旦出现畏难情绪，便会产生抵触心理，翻转课堂的形式再新颖也无助于解决学生的学习困境，学习效果也就无法得到质的提升。

二、对策

翻转课堂的课前准备、课中互动、课后巩固三个环节紧密结合可以提高学生的英语学习效果，也可以提升学生的综合素养。针对现行大学英语教学中翻转课堂实施的阻碍因素，本文提出以下建议：

（一）教师要做好翻转课堂的课程设计

首先，课前环节教师要根据学生的具体情况，选择翻转课堂的教学内容，避免"一刀切"。大学英语教学以单元课文学习为单元，可针对词汇记忆、语法掌握、课文内容理解、写作等内容进行翻转。而对于难度较大的学习内容，可以采用传统的讲授方法。教师还要向学生提供足够的学习资料，包括教学视频及学生自学资料。视频录制要力求形式新颖，内容贴近现实，难度适中，以免给学生学

习造成较大的困难。教师在这一过程中还可以建立自学小组，建立微信群来探讨预习效果，通过学生之间的知识共享、相互答疑，提高自学效果。其次，课堂讨论是学生进行观点碰撞、实现智慧共享的过程。教师在这一过程中可以针对任务，组织学生进行分组讨论，通过交流共同攻克知识的重难点。此外，这一环节中，教师要善于运用评价激励机制，针对小组的答疑成果，引导学生进行自我评价和问题总结，激励学生在之后的课堂中再接再厉。

（二）转变教学理念，调整教学方法

翻转课堂取代传统的大学英语教学模式是外语教育发展的新态势，因此，教师必须根据实际情形调整教学理念及方法。具体来讲，即要将翻转课堂落到实处，避免形式化。教师要立足于翻转课堂的内涵和应用方法，建立符合学生认知规律的翻转课堂体系，在实施的过程中，突出学生的主体地位，实现学生自主安排学习时间、自主解决知识问题、自主构建知识网络的教学目标。

（三）提高学生的自主学习能力

翻转课堂成功应用的关键在于学生对知识的转化吸收，学生自主学习能力会直接影响知识内化的效果。教师首先应当引导学生认清英语学习的价值，帮助学生树立学习目标，及由目标所衍生的动力推动学生自主学习。教师还要传授一些自主学习英语知识的技巧，公布一些英语资料查找的便捷网站，帮助学生提高自主学习的效率。此外，在大学英语学习的过程中，教师还可以鼓励学生积极参与一些英语活动、比赛，营造良好的英语学习氛围，提高学生英语语言应用能力。

（四）提高教师的信息技术应用能力和专业素养

翻转课堂的推进以网络新媒体的发展为支撑，高校英语教师必须提高自身的网络技术应用能力，实现应用技术和英语教学的融合，提高翻转课堂的效率。高校在教师培训项目中，应当加大对英语教师的网络技术应用、课件制作、教育软件应用等方面的训练，以帮助教师适应不断变化的翻转课堂教学的需要。

（五）构建翻转课堂教学评价的新模式

在翻转课堂模式下，在对大学生的英语成绩进行考核及评价中，除笔试成绩、考勤状况、实践活动等传统指标外，还应当针对翻转课堂的环节，实行课前、课中和课后的动态评价，合理分配分值比例。翻转课堂下大学英语教学的多元动态评价模式的合理构建，有助于调动学生的积极性，激励学生自主学习，提高教学效果。

三、结语

实践证明，翻转课堂作为新型教育模式，可以有效提高大学英语教学质量。然而在具体的实践中遭遇到诸多困境：教师相关理念滞后或盲目全盘照搬、课程安排不合理、基础设施不够和学生基础薄弱、自主学习能力弱等。针对以上困境，教师要转变教学理念，根据学情做好翻转课堂的课程设计，调整教学方法和设计多元动态合理的评价模式，以激励和优化学生自主学习能力，与此同时要提高教师信息技术素养，以保证翻转课堂在大学英语教学应用中的积极价值。

参考文献

[1]李冬燕．翻转课堂在大学英语精读教学中的应用分析[J]．科技风，2018（36）．

[2]邓笛．翻转课堂模式在大学英语教学中的应用研究述评[J]．外语界，2016（4）．

[3]陈芳芳．翻转课堂教学模式在大学英语教学中的应用研究[J]．丝路视野，2017（17）．

[4]张悦，赵秀艳．翻转课堂教学模式对英语专业学生自主学习能力的影响研究[J]．语言教育，2017（4）．

基金项目　景德镇陶瓷大学教学改革研究基金项目：基于翻转课堂的大学英语自主学习能力培养模式探究——以英语读写课程为例（项目编号：TDJG-20-Y46）。

基于 CDIO 模式的陶瓷热工类课程项目一体化教学改革的研究与实践

陆　琳　冯　青　汪和平　周露亮　江　丽

摘　要：陶瓷热工类课程是景德镇陶瓷大学的特色课程群，主要针对材料学院的能源与动力工程专业和无非、材化、材物、粉体等专业和美术学院的陶艺专业开设，本项目基于 CDIO 模式，对陶瓷热工类课程项目一体化教学改革进行研究与实践，建立比较完整的陶瓷热工类课程教学内容及体系，以案例为载体，项目驱动为核心，现场教学和实习实训为抓手，强化了学生实践动手能力，同时构建了实践性课程的多元实践教学考核方法，着重培养学生的工程实践能力和创新能力。

关键词：CDIO 模式；陶瓷热工类课程；项目一体化；实践性环节

我国能源动力类热能与动力工程专业形成于 20 世纪 50 年代，现有 120 多所高校设有热能与动力工程专业。20 世纪 90 年代以来的热能与动力工程专业教育教学改革，使热能与动力工程专业的人才培养口径大大拓宽，学生基本知识面得到拓展。但在人才培养的教学改革过程中存在着强化基础、弱化专业教育的不足与缺陷，在教学内容、教学方法、课程体系建设等方面与工程人才培养目标存在着某些脱节的现象；偏重课堂理论教学，不注重工程人才的能力培养；在实践教学环节上，实习仅停留在普教学生的生产实习、毕业实习的水平上，校内实训基地缺乏仿真生产现场的环境，校外企业实习时，因企业生产和经济的原因学生难以上岗实训；培养过程沿袭传统的普教模式，学生的就业竞争能力、实践动手能力、工程适应能力，以及最能体现设计开发型工程人才应具备的职业素质和技术技能，未得到真正的体现。近年来，随着新技术、新工艺及相关热能工程技术的广泛应用，企业对既有扎实理论基础又有较强实践能力的工程应用型人才的需求更为迫切，对能源与动力工程专业人才培养的质量提出了新的、更高的要求，需要进一步加强学生的工程实践能力、工程创新意识及团队精神培养的力度。

CDIO 工程教育模式是近年来国际工程教育改革的最新成果，是为了适应现代工程教育理念引导并协调学生进行一体化学习而提出的一种教育模式,其特点是针对单门或多门课程由多位教师构成教学团队,通过 CDIO 教学过程融合指导学生学习学科知识和培养 CDIO 能力。与传统的教学过程相比,此种学习模式,需要教师通过 CDIO 教学过程一起协同教学,强调能力集成和课程综合。

本文基于 CDIO 模式,对陶瓷热工类课程项目一体化教学改革进行研究与实践,陶瓷热工类课程主要针对材料学院的能源与动力工程专业及无非、材化、材物、粉体等专业和美术学院的陶艺专业开设,主要内容包括硅酸盐工业窑炉、热工过程及设备、烧成技术及设备等,本项目主要内容就是针对这些课程进行项目一体化教学改革的研究与实践,建立比较完整的陶瓷热工类课程教学内容及体系,以案例为载体,项目驱动为核心,现场教学和实习实训为抓手,强化学生实践动手能力,同时构建实践性课程的多元实践教学考核方法,着重培养学生的工程实践能力和创新能力。

一、项目一体化教学改革的整体思路

景德镇陶瓷大学是江西省本科高校应用技术型大学转型发展试点高校,在CDIO 人才培养模式下,通过课程改革可以不断健全应用型人才培养质量保障体系,并结合陶瓷行业特色,让学生具备陶瓷热工工程领域扎实的理论基础、较强的实践能力和计算机应用能力,一定的硅酸盐工业热能工程及设备设计和管理的能力,成为行业内应用型高级工程技术人才,同时,CDIO 模式的课程改革使我校应用型人才培养质量走在国内同类高校前列,能满足绝大部分陶瓷行业企业的需求,改革的主要思路为:

(1)课程教学构思。以关键课程为单位,组建项目一体化教学团队,并指定团队负责人来负责关键课程的教学筹划、沟通与协调。通过教学团队的协商讨论,依据现有教学基础设施和学生 CDIO 能力现状,结合 CDIO 工程教育理念,进一步明确关键课程的教学内容以及相应学习效果,并进行教学分工。

(2)课程教学设计。项目一体化教学团队一起讨论各成员提出的有关教学方案及协作请求,整合教学资源,共同讨论课程内容及衔接、课时分配、教学方法和教学手段运用以及合作方式,共同设计教学案例和各课程实验实践项目等,明确教学效果评估的方式、方法和手段,定义教学风险及管理策略,进一步优化设计教学流程,以确保相应学习效果在方案设计中均得到体现而且可行。

(3)课程教学实施。团队成员各自进行资料收集和讲义撰写,协同制作教学媒体和教学工具,构建教学案例,检查教学设施,对实施阶段遇到的问题和难点共同研究讨论并予以解决。

（4）课程教学运作。教学团队各成员以合作的方式按照设计的教学流程开展教学，引导和协调学生的一体化学习，并在整个过程中对学习情况、学习效果进行评价和讨论，及时发现教与学过程中存在的问题并启动教学风险管理策略。这有助于团队协作，灵活地实现多元化教学，而且可以减轻学生的学习负担，形成开放、多元和共享的学习文化。

二、项目一体化教学改革的举措

（一）更新教学内容，完善教学环节

针对陶瓷热工类课程的专业特色，依据能力集成和课程综合的教学需要，组建陶瓷热工类课程项目一体化教学团队，并指定团队负责人来负责关键课程的教学筹划、沟通与协调。通过教学团队的协商讨论，依据现有教学基础设施和学生 CDIO 能力现状，结合 CDIO 工程教育理念，进一步明确关键课程的教学内容以及相应学习效果，并进行教学分工。

教学内容坚持以"学生为中心"的原则，遵循学生的认知规律，激发其学习兴趣，部分课程内容采用专题研究形式，以"项目案例"教学来驱动、启发学生自主学习。

教学内容上理论教学与工程实践相结合，引导学生应用数学、自然科学和工程科学的基本原理，采用现代设计方法和手段，提高无机非金属材料类专业相关工程问题的思维方法和实践能力。此外，从事陶瓷热工类课程教学的教师要注重理论联系实际，面向实际应用，不断研究和改革教学方法和手段。当然，教学方法与手段要服从于教学内容，要着眼于人才培养。对不同类型的课程，对同一课程中不同教学内容，应该设计不同的教学模式与教学方法。考虑到陶瓷热工类课程的实践性环节十分重要，因此要注重加强实践教学的力度。

（二）以案例为载体，创建立体式课程体系，注重学生"过程"能力培育

我们将 CDIO 工程教育模式运用到陶瓷热工类课程建设中，提倡"做中学""学中思""思中辨"的教育思想。在应用型本科专业教育中，案例的需求、运用、设计是关键性因素，因此，陶瓷热工类课程的项目案例选取，应做好以下几方面工作：一是案例的选取应与陶瓷热工类课程教育具有一定的关联性，根据陶瓷热工类课程内容，选取与课程相关的真实案例，将案例贯穿于整个教育设计中，包含理论部分、实践部分、实训部分等；二是案例的选取应具有一定的背景性，便

于学生理解与参与，以案例促分析、思考，促进学生实践，增强学生案例实践能力；三是案例应具有一定的启发性，使学生能参与到案例中，能够发散思维，达到良好的案例教育效度。

针对陶瓷热工类课程，结合陶瓷生产示例，项目一体化教学团队一起讨论各成员提出的有关教学方案及协作请求，整合教学资源，共同讨论研究课程内容及衔接、课时分配、教学方法和教学手段运用以及合作方式，共同设计教学案例和各课程实验实践项目等，明确教学效果评估的方式、方法和手段，进一步优化设计教学流程，以确保相应学习计划在方案设计中均得到体现而且可行，因陶瓷热工类课程涉及的项目案例均和热工基础和陶瓷窑炉有关，故在此基础上设计项目案例，针对陶瓷热工设备原理和结构，培养学生逐步具有应用陶瓷专业知识解决复杂工程问题的能力。

（三）以项目驱动为核心，通过专题研究培养学生团队协作的能力

课程环节中围绕各章教学重点内容，除布置一定数量的课后作业外，设置专题研究环节，以项目驱动为核心，热工理论为基础，针对讲述的陶瓷热工设备原理和结构，培养学生逐步具有应用陶瓷专业知识解决复杂工程问题的能力，并结合所研究课题进行报告撰写。

组织形式及要求如下：

（1）学生从教师给定的题目中选择或自主确定选题，以小组为单位进行，每个人的分工与责任需明确，并在报告中提供小组研讨情况记录及说明。

（2）选题应结合典型陶瓷产品的烧成过程；研究不同窑炉设备的生产特点，给出烧成制备方案，撰写研究报告，并进行陈述与答辩。

专题研究以项目驱动为核心，分项目调研、项目实施和项目答辩三个环节进行(图1)，在课程案例学习的基础上，学生随机分组，分工合作，最终集中答辩，鼓励项目大胆创新。目前每年建成学生团队 16 个，项目 12 个。

（四）以现场教学和实习实训为抓手，逐步完善企业实践培养过程

现场教学是将课堂延伸到基地，针对陶瓷热工设备内容，我们选择在陶瓷工程实训中心现场讲述。学校建有国内领先水平的陶瓷工程实训中心，这已成为本类课程常态化的"教室"。

另外自 2013 年开始，我们充分利用与企业共建的工程实践教育中心，每年均在这些工程实践教育中心开展陶瓷热工类课程校外实践性课程的实践，充分与企业指导老师沟通，安排好与实践课程内容相关的所有细节工作，让企业指导老师现场为学生进行案例式教学，学生在工厂、车间动手实践，有问题及时向企业

项目调研	项目实施	项目答辩
1. 项目随机分组	1、增强团队意识	1. 项目集中答辩
2. 背景资料查询	2. 提高协作能力	2. 鼓励大胆创新
3. 理念融合互补	3. 角色分工合理	3. 主动评价考核

图 1　项目实施过程

指导老师请教，实践效果良好。

（五）构建陶瓷热工类实践课程的多元实践教学考核方法，并加以实施

多维的实践教学培养体系需要建立多元的实践教学考核方法。对于"硅酸盐工业窑炉"校外实践性课程的考核，课程总成绩由课程实践内容成绩和理论教学考试成绩组成，课程总成绩＝学校理论教学考试成绩×50%＋实践内容成绩×50%。

对校内实践性考核方式我们也进行了改革，在学校陶瓷工程实训中心完成了对学生的"陶瓷梭式窑引射式烧嘴火焰点燃与焰性调节"独立操作考核。这种以学生能力评价为主体、以应用能力培养为目的、开放灵活的"多元化"评价方法得到了参与学生的一致好评。窑炉施工与调试课程是陶瓷热工类的主干专业课程，最能体现专业特色。课程主要内容是陶瓷窑炉的施工、安装以及调试。课程重点培养学生的知识综合应用能力和工程技术能力，具有紧密结合工程实际、实践性强的特点。原课程大纲采用以期末闭卷考试成绩与平时成绩综合评定的考核方法，在这次教改过程中，项目负责人和参与者多次讨论课程考核方法问题，提出进行该课程考核方法改革，将期末闭卷考试变更为窑炉实践操作考核，并要求每位学生独立进行，以提高教学质量和实现人才培养目标。

三、结束语

本文针对我校能源与动力工程专业和无机非金属材料工程专业的陶瓷热工类课程进行改革，整合陶瓷热工类专业课程内容，使课程内容充分反映陶瓷工程领域发展趋势和卓越工程师培养计划要求。在陶瓷热工类课程教学体系的改革及制定上，构建以实验教学和实训为基础、以陶瓷为主线、以工程训练和科学研究为依托的实践教学体系，推动学生的实验技能、工艺操作能力、工程设计能力、科学研究能力、创新能力提升，提高人才培养质量。课程中进行项目一体化教学内容的设计，项目的内容和过程设计符合应用型人才培养需要，充分体现课程内容和实践技能。另外，构建了"硅酸盐工业窑炉"校外实践性课程的多元实践教学考核方法和"窑炉施工与调试"的校内实践实操考核方式，着重考查学生灵活掌握知识的能力，培养学生工程动手能力，提高学生对知识的掌握力度，有利于学生尽快适应生产实际。本课题研究成果对工科院校的 CDIO 模式课程实践改革具有重要的参考价值，部分实践教学改革成果已推广到本校的能源与动力工程专业及相关院系的工科专业。

参考文献

[1]连彩元. CDIO 工程教育模式下的应用型本科专业教学体系的探索[J]. 宁德师范学院学报，2021，33(2)：215-219.

[2]王建强. CDIO 工程教育模式在应用型本科专业建设中的实践与探索[J]. 高等教育研究，2020(36)：138-140.

[3]王晓煜. 基于 CDIO 理念的应用型人才一体化课程体系的研究[J]. 中国科技创新导刊，2013(1)：95-96.

[4]薛建飞. 基于 CDIO 的行业特色高校的可持续发展研究[J]. 教育与职业，2011(20)：24-26.

[5]李自成."新工科"背景下产学研教协同育人实践教学体系研究[J]. 人才培养和机制创新，2021(3)：25-28.

[6]张磊. 地方高校实践教学质量保障体系研究与实践[J]. 产业与科技论坛，2022(2)：277-278.

基金项目 江西省高等学校教学改革研究课题：基于 CDIO 模式的陶瓷热工类课程项目一体化教学改革的研究与实践(项目编号：JXJG-15-11-7)。

"生本教育"对高校素质公选课的适用性研究
——以景德镇陶瓷大学为例

胡菁慧　李　婧

摘　要：" 生本教育 " 理念顺应国家对素质教育的高度关注。" 生本教育 " 理念主要在中小学得到了积极应用，而在高校，尤其在素质公选课这个领域运用较少。本文结合景德镇陶瓷大学素质公选课的建设实际，就 " 生本教育 " 理念与高校素质公选课的适用性关系展开了理论和实践的双向探讨，发掘出适合学校素质教育发展的特色路径。

关键词：生本教育；素质教育；素质公选课；适用性；

时代呼唤素质教育，素质教育呼唤高素质的大学。党和国家始终高度重视素质教育，全面实施素质教育是党和国家做出的一项重大战略决策。2010 年，教育部出台相关文件，明确提出坚持以人为本、全面实施素质教育是教育改革发展的战略主题，是贯彻党的教育方针的时代要求。学校的素质决定学生的素质，高素质的大学才能培养出高素质的大学生。作为高素质人才培养的主要阵地，大学应从教育本位出发，以学生为本。这就要求大学应在明确自身人才培养目标的前提下，尊重学生的个性化发展，充分挖掘学生发展潜能，培育终身发展、持续教育的办学思维。

一、"生本教育"理念的提出

学术界对教育的本质观点不一，主要有以下几种观点：" 一认为教育是从属于经济基础的上层建筑的一部分；二认为教育是生产力；三认为教育具有各种不同的属性，应该把教育视为一个综合性的载体；四主张教育的本质是促进个体的社会化。" 顾明远教授则直接指明教育的本质所在，即提高生命的质量和提升生命的价值。高校是培养创新性人才的重要平台，只有构建以学生为主体的人才培养模式，才能培养出具有创新精神的复合型人才，这是高校教学改革的必由之路。

在全面推进素质教育的当下，"生本教育"理念因势而生。华南师范大学教科所所长郭思乐教授自 1999 年开始"生本教育"的研究，后主持"十一五"教育部重点课题"以生本教育推进素质教育及教育均衡研究"。经十年潜心研究，推行"生本教育"理念的实验学校从 15 所拓展到 200 所，遍及 9 个省市和地区，理论成果扎实，实践成果丰厚。

"生本教育"主张教育由"师本教育"向"生本教育"转化，即突破传统的为教师好教转为为学生好学的教育新导向，真正实现学生积极、主动、全面、健康地发展。"生本教育"的教师观是教师为学生学习的放牧者，而不是牵引学生的"纤夫"。教师在教学过程中尽可能隐藏自我，给学生创造最大的学习空间，任学生驰骋。它的课堂不同于考本、本本、师本的课堂，不是追逐短期行为、分数目标的课堂，而是人的发展课堂。"生本教育"鼓励先导学习，采用个人、小组和班级的多种自学方式，让学生提前学习，以学生自我学习的状态来确定教学方式和教学内容。

作为一种全新的教学理念和教学模式，"生本教育"理念高度重视发展人的情感和悟性，这区别传统高度重视基础知识和基本技能的学习指向。"生本教育"理念提倡把考试评价的主动权还给学生或课任教师，鼓励"为而不争"，鼓励学生用个体的生动、活泼、主动、大量积累和感悟获取终端考试成绩。在郭思乐教授的主持下，一些中小学开展"生本教育"理念的探索，部分教学水平薄弱的学校竟展现出全新的学习面貌。

"生本教育"理念进入大学教育相对较晚，主要以理论研究为主。随着"生本教育"理念日益深入人心，成效卓著，高等教育工作者纷纷发出"让生本教育走进高校课堂"的强烈呼声。笔者以为，"生本教育"理念走入高校首先需要转变教育理念，转换教育角色，接受学生是学习和教学的主体，教师的作用在于引导学生把书本知识和社会生活实际结合，激发学生学习的主动性和自觉性。其次，要自觉改变教学方法，确立"一切为了学生、高度尊重学生、全面依靠学生"的教育理念，让学生掌握发现问题、创造性解决问题的能力。教师讲授基础知识应精简，将更多的教学时间和空间让渡给学生，让学生充分思考、充分表达，让课堂真正成为教师和学生共同的舞台。最后，优化考评模式，突破传统的以考试为主的考评模式，倡导柔性、定性、定量相结合的综合评价方式，从而达到更加全面、准确评价学生的目的。

二、景德镇陶瓷大学素质公选课的开设现状

"素质教育是一种思想，着眼于受教育者的全面、和谐和可持续发展，体现

着教育的根本目的。"近年来，为全面推行素质教育，各大高校普遍开设了素质公选课。景德镇陶瓷大学自 1998 年将素质教育公选课纳入本科生教学计划，面向大学二年级和三年级学生开设。经过多年的教学实践，素质选修课紧跟时代的步伐，紧密联系改革开放的伟大实践、学校特色和当代大学生的思想特点，与时俱进地开设了大量课程，取得了较好的教学效果，开课教师在学校教师授课评价中大多获得学生好评。素质公选课建设立足学校"养成明白学理、精进技术之人才，以改良陶业"的办学宗旨，以扩大大学生知识面，开拓视野，努力打造脑手并用、科艺结合、专攻深究的陶瓷业服务尖兵人才为建设方向，着力打造富有陶大特色的素质公选课。

依据 2019 版本科人才培养方案，景德镇陶瓷大学素质公选课按照自然与科学文明、历史与文化传承、文学与艺术审美、经法与社会分析、素质与个体成长等五大类系列模块设置课程。2014 年课程建设目标为 100 门，目前已开设课程总数超 120 门。所有课程旨在开拓学生文化视野，扩大学生知识面，提升学生自然科学素养、人文素养、艺术审美能力、艺术设计能力或通过校外导师使学生掌握一项技能等。为突出校本资源优势，学校开设了一批具有鲜明特色的素质公选课，如景德镇陶瓷大学与中国陶瓷文化复兴、陶瓷文化与审美、陶艺欣赏、陶瓷生产工艺、陶瓷技术史、陶瓷釉制备技术、陶瓷与中国文化、古瓷品鉴、景德镇文化遗产研学等。通过开发校本资源，充分调动优势教学资源，学生在陶瓷大学受到了充分的陶瓷文化熏陶。

随着新媒体技术的发展，景德镇陶瓷大学在课程体系建设中投入了大量人力物力。一方面利用全国优质教学资源，建设线上公选课课程库，丰富学生的选课资源。2014 年学校购买慕课线上课程，并同时在全校范围推广。另一方面构建课程团队，打造一批有影响的在线课程。目前已在中国大学 MOOC 平台上上线了 5 门课程。从引入到自建，是学校扩大素质课程的努力，更是增强自身素质类课程开发的决心。值得关注的是，慕课线上课程的引入对传统的课堂教学模式产生了较大的冲击，知名学者、名校名师的授课内容进入我校学生学习的视野。面对冲击，景德镇陶瓷大学素质公选课如何在传统线下课堂教学中闯出素质教育的新路，"生本教育"理念的贯彻显得尤为必要。

三、"生本教育"对高校素质公选课的适用性

素质公选课是高校面向各专业学生开设的、由学生自由选学的课程。作为高校课程体系的重要组成部分，它已然成为高校拓宽学生知识面，提高学生综合素质的重要渠道。从"师本教育"走向"生本教育"，可以说是教育界实施真正有益

于素质教育的新型教学模式。提倡"生本教育"，就是要充分重视学生个人学习需求，根据学生未来人才培养模式的建设方向，培养出真正适应社会发展需求的创新性人才。全面理解和运用这种新型教育模式，对我国教育发展具有重要意义。

将"生本教育"理念与素质公选课建设关联，一方面是由素质公选课的独特性决定的，另一方面作为培养大学生综合素质的活力课程，素质公选课与其他专业课程相比，更需要充分贯彻"生本教育"理念。将"生本教育"理念融入高校素质教育公选课的课程教学中，使高校素质教育选修课不仅能够从课程内容等外在知识传授中提升学生的人文素养，更能够通过"生本教育"的课程模式改革，充分挖掘学生内在的天性和本能，内外结合提升学生的素质教育和文化修养。

鉴于素质公选课形态门类的多样性，在践行"生本教育"理念时不应生搬硬套某个教学范本，而应采取多维度、多形式的教学手段。为提升素质教育效果，景德镇陶瓷大学自2016年以来在素质公选课中尝试以"生本教育"理念开展教学活动，主要做法如下：

第一，以素质教育公选课的课堂教学设计为切入点，在课堂上真正体现"一切为了学生，高度重视学生，全面依靠学生"的核心理念。在课堂教学的设计中，由细密封闭的教转向粗狂开放的学，使课堂回归到"简单导入——小组交流，合作学习——小组展示，全班交流——教师点拨，总结评价"的简单而朴素的以"学"为核心的本质教育中。以体育舞蹈课为例，在老师做理论讲解和示范演示后，留出大量时间让学生消化知识。随后在分组交流中，教师进行辅助指导。

第二，以改变教学方法和教学措施为抓手，由单一的教师传授转向学生多元化的自主合作探究式学习。"以学定教，无为而为"，转变"师本教育"以教为中心的做法，由教转变为学，把"发现问题连同创造性地解决问题的光荣"交还给学生，让学生自己去探知、去感悟、去发散、去创造。如音乐欣赏课教师带领学生制作陶笛，将音乐与陶瓷结合，从认真欣赏扩展为手工实践，打造出知行合一的教学形态。

第三，以教学目标为重点，由着眼于一节课的高效转变为学生的长远发展。教育的最大价值在于点燃和唤醒，让学生认识到学习的重要性，进而迸发出势不可挡的学习能量，对今后的学习产生不可估量的积极影响。陶艺欣赏课教师带领学生走出课堂，在陶瓷博物馆中思考、探索更为博大精深的陶瓷文化，学生们感受很深，认为该课值得一学。

总而言之，"高校素质教育生本理念的本质就是保护每个学生的积极性和主动性，以受教育者的自身发展为成功标志，以学生可持续发展为教学之本"。实践证明，"生本教育"很好地适应了当前我国素质教育改革方向，牢牢把握住了当代学生的特点，展示出强大的生命力。这种教育理念对推进我国素质教育进程有着重要的意义。

参考文献

[1]韩筠．创新教与学　推动新时期高校教学改革[J]．中国大学教学，2017（6）：11．

[2]刘书林．论思想政治教育的本质——坚守"灌输论"的缘由[J]．思想理论教育导刊，2012(10)：38．

[3]顾明远．再论教育本质和教育价值观——纪念改革开放40周年[J]．教育研究，2018(5)：4．

[4]苏保中．生本课堂的内涵、特征及其实践路径[J]．教育理论与实践，2013，33(32)：51．

[5]刘智皓，袁娟．让生本教育走进高校课堂[J]．科教文汇，2014(3)：41．

[6]王平祥，程华东．加强公选课建设和管理 提高大学生综合素质[J]．华中农业大学学报(社会科学版)，1999，34(4)：65．

[7]徐春浩．高校素质教育中的生本理念浅析[J]．河南教育，2009(9)：72．

基于 OBE 模式的陶瓷艺术工作室
教学体系探索与实践
——以景德镇陶瓷大学为例

钦冯燕　詹　伟

摘　要：本文根据 OBE 理念制定出实践教育的理论体系，以景德镇陶瓷大学陶瓷艺术教学为基础，探讨高校陶瓷艺术工作室教学的方式和方法，通过调整培养方案、毕业要求等教学方案和改革措施，形成符合新时代人才培养规律的本科教育模式。

关键词：OBE；陶瓷艺术；工作室

由于公共问责制的兴起，最早由美国提出"成果导向教育"——基于学习产出的教育模式（Outcomes-based Education，OBE），该理念"清晰地聚焦在组织教育系统，确保学生获得在未来生活中获得实质性成功的经验"，在美国、英国等国家成为教育改革的主流理念。

作为陶瓷艺术人才培养方面的特色院校，为了更好地适应当前陶瓷行业对人才的需求趋式，导入 OBE 模式，推行如"工作室"制一系列符合当前多元化社会需求的教学体系改革势在必行。

"工作室"一词最早源于西方艺术创作领域的"作坊"，是文艺复兴时期艺术家们从事艺术创作、生产和销售作品以及培养未来艺术家的基本单位。在包豪斯设计学院的推动下，学校各类工作室与企业广泛合作，营建了良好的实践教学环境，理论教学和实践教学互补，极大地提高了学生的综合能力。在当时的历史条件下开创的这种全新的教育模式，对现代教育产生了深远的影响。进入 21 世纪的知识经济时代，按"工作室制"为基础发展起来的现代工作室制度也成为"工作坊"教育的延伸与深化。在国内，自 1995 年前后，中央美院、中国美院、广州美院等诸多院校也开始推行"工作室"制，并在艺术人才培养方面取得了良好的效果。作为陶瓷艺术教育人才培养的特色院校，本文以景德镇陶瓷大学为例，按照成果导向教育理念，从教学模式、课程设置、教学平台等方面对我校陶瓷艺术工作室建设及其发展方向展开探讨。

一、以教育成果为导向，制定学科交叉融合发展的陶瓷艺术教学模式

不同于中央美院、中国美院等单一设置的纯艺术类院校，景德镇陶瓷大学作为拥有全日制在校生2万余人，其中艺术类学生约5千人的综合性本科院校，存在学校地理位置不优越、学生基数庞大、教学资源相对紧张等一系列问题，作为最具特色和影响力的陶瓷艺术教学，如何在新形势下顺应"双一流"建设需要，确保一流的教学质量，培养"为陶瓷业服务的尖兵"，形成"人才培养突出实践能力，学科专业坚持艺工并重，科学研究注重行业需求，艺术创作不断开拓创新"的办学特色，学校面临着巨大的压力和挑战。因此陶瓷艺术工作室必须建立在学校当地特色和实际情况的基础上，摸索出以陶瓷特色课程群教学为主，具有陶大特色的工作室制建设模式，并结合现有的办学条件实现软硬件教学资源的合理化。

OBE教育模式中，教育者必须对学生毕业时应达到的能力及其水平有清楚的构想，然后寻求设计适宜的教学结构来保证学生达到这些预期目标，这一理念和工作室制明确的教学目标高度契合。工作室制教学最大的特色是专业目标明确、课程设置系统连续，学生进入工作室后能最快了解和熟悉本专业的要领。陶瓷艺术工作室教学以"特色课程群"为主分为专业基础课程、专业方向课程、专业核心课程三大类，具体做法为一、二年级实行班建制，一年级课程打通，以陶艺基础、国画基础、设计基础、雕塑基础、书法、素描、色彩为基础练习，重点培养专业基础能力。二年级开始学习包括新彩、粉古彩、青花、模具成型等陶瓷方向专业类课程。三年级进入工作室学习，开设综合材料试验、金属与木艺、窑炉烧成与构建等差异化核心课程体系。四年级进入工作室完成专题性毕业设计的制作环节(图1)。

相对传统课堂教学，工作室制教学提供更具体、详细和明确的学习目标和毕业要求，注重学生产出，同传统上内容驱动和重视投入的教育形成了鲜明对比。通过突破多学科交叉融合中的屏障，将其他学科如信息学、材料学等融入到传统的艺术学科课堂教学中，有效地促进学生知识体系和学科结构从单一化向复合化的转变，逐步实现学生全方位互动，拓展了第一、二课堂所涉的知识领域，全面提升教学效果，构建更具有互动性、启发性和创新性的智慧教学模式。例如：陶瓷艺术设计专业下设的陶瓷艺术与工程特色班正是基于学科交叉融合发展的典型案例，是艺术与科学相互交叉融合跨界发展的教学改革试验示范。实践证明，学

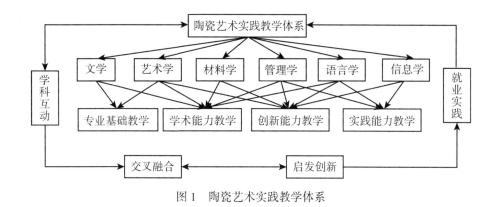

图 1　陶瓷艺术实践教学体系

科交叉融合下的陶瓷艺术设计专业教学模式使学生综合素质得到较大提升，解决问题的能力得到了极大的提高。

二、以优势资源为铺垫，打造陶瓷艺术优良教学平台

学校在具体实践办学过程中，因势利导充分挖掘景德镇地域优势，打造陶瓷艺术优良教学平台。

（1）学校拥有得天独厚的优势，自宋代以来，景德镇即"村村窑火，户户陶埏"。千年的制瓷历史、最高的制瓷水平、陶瓷产业的兴旺和陶瓷人才的汇聚，历千年而不衰，引举世之瞩目，迄今仍是全球最具影响力的陶瓷历史文化名城，拥有无与伦比的文化象征性与影响力。

（2）工作室制办学另一优势是人才优势。历史上景德镇就以"匠从八方来，器成天下走"而著称，陶瓷人才总量在全国居于领先地位。根据市人社局 2021 年最新数据统计，景德镇各类国家级陶瓷大师、技术能手有 140 余人，各类省级陶瓷大师 920 余人，各类市级陶瓷大师、研究员、美术师、高级民间手工艺人 1 万余人，各级非遗传承人 358 名，特别是高级陶瓷艺术人才优势凸显，全国占比近 1/3。瓷都独特的魅力至今仍吸引无数的人来学习制瓷技艺并在景德镇扎根，有超过 3 万名"景漂"在景德镇从事陶瓷创作，从业人员数量接近 15 万人，因此人才的大量汇聚也让景德镇在新世纪的制瓷竞争中拥有持续不竭的动力。

（3）学校利用景德镇丰富的人才资源，大量聘请景德镇国家级手工传承人、国内外专家来校担任工作室指导教师或客座教授；开展工作室"双师型"教学，同时通过校外专家和手工艺人的技术引进和学术交流，强化教师的实践动手能力、技术应用能力和融入社会的能力，建设具有教学水平高、实践能力强、专兼职结合、结构合理的双师型专业工作室。

（4）完善教学成果评定及奖励机制，打造优良的陶艺教学平台。学校狠抓陶瓷特色，以了解市场为基础，建立合理的教学评价机制，以展览、教学检查、实践教学评比等方式进行教学成果展示，成立专门的工作室教学成果评定小组，结合社会反响和学生评价，对课程教学管理、绩效评估、奖惩等进行细化、完善和修订，为工作室建设提供制度保障。

三、多层次评估体系，紧密对接市场对人才的新需求

在 OBE 教育模式中，学生学到了什么和是否成功远比怎样学习和什么时候学习重要，为保证工作室建设能够稳定有序地发展，我们成立了学生信息员、教研室、学院、教务处四级评估监控体系，由专项评定小组对工作室学习效果进行阶段性评估和评价，具体评价内容包括：

（1）评估内容包括教学计划、教学任务的完成情况，教学内容、科研绩效、校企合作情况，工作室管理、工作室的特色等。

（2）考查学生的综合实践能力是否确实提高，包括学生的学习成绩、学生获奖、举办展览的等级及次数、发表论文、申请获得的设计专利、创新成果、学生的满意程度等。OBE 强调合作式学习，将学生之间的竞争转变为自我竞争，即让学生持续地挑战自己，为达成顶峰成果而合作学习。通过团队合作、协同学习等方式，使学习能力较强者变得更强，使学习能力较弱者得到提升。

（3）学校根据评估情况将工作室分为优秀、合格、不合格三类。考核优秀的工作室学校将根据完成情况给予奖励，对能转化为企业、公司所用的教学成果加大奖励力度；考核不合格的工作室将取消专业工作室资格，通过借鉴企业的效能考核机制，使工作室运作合理，艺术实践教学成果突出。

（4）合理沟通包括玻璃、金属、木艺、漆器专业工作室的开放时间，利用实验实训平台，实现专业工作室与实验实训中心一体化。具体为开放实验实训中心，把专业工作室纳入到实验实训平台中，整合实验室资源，强化一体化工作室实践教学资源建设，打造一流的陶瓷艺术教学平台。

（5）大力推行课业展、优秀作品展、提名展等展览活动，鼓励学生积极参与各项实践与艺术活动，包括陶瓷创新评比、全国美展之类的业界大型比赛，评估工作室教学成果包括每学期的课业展览、每年的毕业设计展览及校外各类艺术活动及设计大赛等。

（6）对接企业，将企业真实的工作任务引入到课堂，以提高学生的知识运用能力和就业竞争力，通过企业的项目检验学生的设计能力。

利用 OBE 理念中工作室模式来引导学生的项目化教学方式，融"教、学、

做"于一体，有利于通过知识与能力并举、实践与创新并举，适应需求、深化特色，以创意、创新、创业"三创合一"的教育理念贯穿始终，让学生能够主动地学习、实践，促进了人才培养目标的实现，适应了市场对优秀陶瓷艺术类应用型人才的需求。

四、多渠道沟通，搭建具有国际化视野的陶瓷交流平台

OBE 要求学校和教师应该先明确学习成果，让学生通过学习过程进行检验，再根据结果反馈以改进原有的课程设计与课程教学。学校通过工作室制的人才培养模式开展高校与企业、社会深度合作，以企业项目为载体，用企业、社会反馈结果促进课程设置，提升高校人才培养质量，帮助大学生科技创业项目孵化、转化。这种新型的人才培养模式是适应市场需求、解决学生就业问题的有效途径，使培养的学生更加符合社会需求，更加符合学校特色办学的行业定位。

一方面，学校通过"引进来"加强高水平教学团队建设，通过引进行业名师、校外产业精英和指导老师共同承担实践教学任务，实现了校内教师与产业精英的对接，真正实现理论与实践的有机结合，有利于形成更加科学合理的课程体系，培养创新思维。

另一方面，学校通过"走出去"，与美国、日本、韩国、英国等国多所高校、顶尖文化机构建立了国际校级友好关系，通过互派教师讲学、学生研修、联合培养人才等方式，发挥陶瓷国际名片的优势，积极开展交流合作。

同时，工作室制教学模式强调以企业项目为载体、以工作室为空间依托、以专业教师为主导，在教学和项目任务的驱动下，在国际化视野的前提下，将产、学、研真正融为一体。教师和企业导师进行指导和互动，真正实现学校教育与陶瓷企业的"零接轨"，有效提高陶瓷艺术设计专业学生的知识基础和实践技能，逐步形成了"人才培养突出实践能力，学科专业坚持艺工并重，科学研究注重行业需求，艺术创作不断开拓创新"的鲜明办学特色。

五、结语

本文从 OBE 教学理论出发，探讨景德镇陶瓷大学陶瓷艺术工作室制在当前教育环境下实施的必要性及可操作性，并根据当前陶瓷艺术教育形势下高校存在的问题和我国陶瓷艺术教学的实际状况，在实践教学的基础上，以实际效果为依据，对影响陶瓷专业教学模式的创新性研究提出自身的看法和措施，期望引起陶艺教育界同仁的探讨和指正。

参考文献

［1］王受之．世界现代设计史［M］．新世纪出版社，1996．

［2］孙晓男．"工作室制"工学结合人才模式培养研究［J］．中国成人教育，2010（6）：65-67．

［3］卜旭芳，陈晓芳，李静．高校教育"双师型"教师队伍建设探析［J］．城市建设理论研究，2015（30）：139．

［4］杜欣．以校企合作为切入点的工作室制课程改革与研究［J］．工业设计，2018（12）：110-111．

基金项目　景德镇陶瓷大学教学改革研究基金项目：基于 OBE 理念下的陶瓷艺术类专业教学体系探索与实践——以景德镇陶瓷大学为例(项目编号：TDJG-20-Y18)。

有效搭建财会专业第二课堂教学体系
——基于与第一课堂的有效衔接

黄 蕾

摘 要：财会专业人才的培养应该以就业为导向，能力为本位，素质为核心，全面实现培养学生认知、能力和情感的目标。第一课堂教学课时有限，因此开展财会专业第二课堂教学对于学生专业应用能力、创新能力和综合素质的提升具有重要意义。着眼财会专业第二课堂人才培养，基于与第一课堂相衔接的视角，搭建开放式财会专业第二课堂教学体系是本文的主旨。

关键词：财会专业；第二课堂；衔接；教学体系

一、引言

第一课堂和第二课堂是高校育人系统的两个面。第一课堂是主渠道、主阵地，依据学校教学计划，按照教材和教学大纲，在规定的教学时间里进行有序的课堂教学活动；第二课堂是第一课堂的延伸和升华，将第一课堂所学知识融会贯通应用于实践，拓展第一课堂知识的深度和广度。

本文基于第一课堂和第二课堂有效衔接视角，首先，构建与财会专业课堂教学体系相匹配的第二课堂，不仅检验所学知识，训练学生独立学习主动思考能力，还可以提升专业素养，增强社会核心竞争力；其次，如果第二课堂改革成功，将引发大量学生对第一课堂的探索求知欲，推动第一课堂的良好学习氛围，并对上课方式、教学内容及教师提出更高要求，达到改革完善财会专业人才培养的目的。

二、与第一课堂有效衔接的第二课堂设计理念

(一)以学生为主，适时安排合理的开放式第二课堂

首先，第一课堂的特性导致上课显得比较沉闷，第二课堂属于开放式教学活

动，相比第一课堂没有压迫和沉闷感，在这里学生能释放压力，发挥自主能动性，积极参与各项活动。

其次，第二课堂要面向全体财会专业学生开放。开展的活动既要符合专业特性又要内容多元化、形式多样化，尽可能扩大活动覆盖面，供不同层面不同能力的财会专业学生选择。

最后，由于第二课堂的目的是为了把知识转化为能力，而这种能力必须建立在一定的理论知识基础之上，因此，第二课堂活动开设应该在第一课堂教学活动指导下，有目的、有计划、有组织、有步骤地进行，且第二课堂是教师与学生、学生与学生互动交流的平台，是拓宽专业视野、激发学习兴趣、培养自主学习的阵地，第二课堂开放时间应不受时间限制。

(二)能内化专业知识，提升综合素质和创新能力的第二课堂

财会第二课堂教学活动的开展必须是有针对性的。有面向所有财会学生开放的趣味活动，参与此类活动，能帮助学生激发专业学习兴趣、了解财会专业本质；有内化专业知识培养动手能力的技能活动，参与此类活动，学生可以把第一课堂遇到的问题带到第二课堂，根据自己知识储备和经验去探索，思维不停地碰撞，直至打通财会知识体系脉络；有培养创新能力，提高学生综合素质的综合性活动，此类活动任务的完成，对学生的创新意识、表达能力、操作技能、团队协作等均有一定的促进提升作用。

(三)能倒逼第一课堂进行教学改革的第二课堂

第一课堂改革主要围绕教师、学生、教学方式和内容进行改革，虽然也取得了很多成效，但学生课堂积极性不高，许多课程问题并没有得到实质性的解决。如果根据专业情况设计配合度较高的第二课堂教学活动，首先，学生参与到调研、作报告、学科竞赛中必然引发一系列困惑，带着这些困惑进入第一课堂有目的地寻求答案，不仅能刺激课堂学习氛围，还能引起教师的思考，使其优化财会课程，丰富教学内容。其次，第二课堂的顺利开展如果能引起积极反响，将提高学校的关注度，将第二课堂纳入财会专业教学计划，接踵而来的就是管理制度的出台，师资队伍的强化，学分的考核优化，师生的激励措施等，最终又反哺到学生身上，为社会输送具有较高业务能力和水平的应用型人才。

三、针对财会专业特点的第二课堂教学体系具体设计思路

开放式第二课堂教学体系依据财会专业学生人才培养方案中的授课时间顺序

定向构建，从基础能力的积累到专业能力的突破再到综合能力的提升，从而最终实现财会人才的培养目标。

关于第二课堂教学改革思路将通过第二课堂人才培养目标梯形图(图1)来体现：(1)基础阶段——专业概况输入。该阶段具有普惠性，目标是培养财会专业学生对本专业的认同感，适用对象为大一新生。该阶段主要任务是让学生了解财会专业的培养目标、培养规格、对知识结构的要求、专业课程的构成以及专业未来发展前景。对应的活动可以是会计职业道德素养活动、读书活动、学术报告会、财会晚会、学科研讨等。(2)成长阶段——知识和技能的巩固。目标是巩固第一课堂知识以及专业技能，适用对象为大二学生。该阶段的主要任务是进一步巩固和运用所学到的专业知识与技能，激发学生学习的主动性与创造性，提高学生判断决策能力和规划管理能力等。对应开展的活动可以是财会沙龙、财会知识竞赛、税法知识竞赛、点钞技能大赛、会计手工竞赛、电算化竞赛、ERP沙盘、创新创业大赛以及其他知识的延展小课堂等。(3)加强阶段——综合能力提升。这个阶段主要针对大三大四年级学生，是学生从课本理论知识走向专业实战的阶段。主要任务是安排有企业背景的指导教师为学生提供就业辅导与咨询；安排专业能力强的教师对学生进行考证辅导；安排有丰富竞赛经验的指导老师对学生进行专业相关各类竞赛培训。对应的活动有全国高等院校企业竞争模拟大赛、大学生科技创新与职业技能竞赛、沙盘模拟经营大赛、全国大学生财会职业能力大赛、全国大学生创业综合模拟大赛、大学生财务决策大赛、全国金融与证券投资模拟实训大赛等。

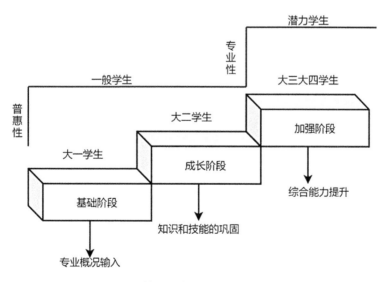

图1　第二课堂培养目标梯形图

四、结语

学生的成长既需要课堂小空间，也需要第二课堂大舞台。以财会专业学生为培养对象，通过设计丰富多元的第二课堂活动将重塑整个教学流程，拓宽学生学习的深度和广度，激发学生自主学习的能动性，引发教师对课堂教学方式和课业内容的反思。

尽管第二课堂教学培养体系在操作层面还有很多细节问题值得商榷，但相信随着第二课堂的开展，必定能更好地配合第一课堂教学，在培养人才方面发挥更大的作用。

参考文献

[1]余涛. 应用型人才培养模式下的会计实践教学环节改革探讨[J]. 财会学习，2017(2).

[2]王斌艳，王晓梅. 第一课堂与第二课堂互动模式实证研究——以浙江中医药大学为例[J]. 教书育人(高教论坛)，2017(18).

[3]严烨. 应用型本科院校会计专业开展第二课堂教学的实践探索——以江西科技学院会计专业为例[J]. 时代农机，2016(43).

[4]王欢，唐昊. 应用型高校大学生学习效能状况分析与对策[J]. 科技视界，2015(17).

[5]王琼. 高校财务会计综合实训课程的改革与实践[J]. 经贸实践，2017(7).

基于任务驱动+慕课模式的现场总线技术教学研究

曹 明 李 娇 邹力棒

摘 要：教学方式的改革和教学方法的创新，一直是教学领域研究的主要话题，现场总线技术(FCS)是自动化专业学生必修专业课之一，主要讲述工控领域的新理论、新知识和新技术。该课程的开设有利于电子信息类、通信类、自动化等专业学生更好地把握工控行业的发展进程，为其从事工控领域工作奠定重要基础。任务驱动型教学方法以学习者为中心，是一种以建构主义理论为基础的开放式、探究式教学模式。该教学在激发学生学习热情和主观能动性等方面具有常态教学无法比拟的优越性。将慕课与任务驱动教学方法进行有机结合，探索基于任务驱动+慕课模式的教学新模式，紧贴创新性人才和应用技术人才的培养要求，是目前现场总线技术教学研究的重要内容。

关键词：慕课；任务驱动；教学改革

现场总线技术(FCS)随着工业产业升级及生产实时化、规模化、智能化的发展，得到了全面、广泛的应用及发展，它从根本上突破了传统 DCS 系统(分布式集散)的点对点式通信模式，构成了一种全分散、全数字化、智能、双向、互连、多变量、多节点的通信与控制系统。现场总线技术课程的开设有利于电类专业学生更好地掌握控制、通信等领域的相关知识，了解时下工业发展状况和实际应用，把握现场总线的发展方向，为其从事自动化工控领域的工作奠定重要基础。

任务驱动教学是一种以建构主义理论为基础的开放式、探究式教学模式。它把以传授知识为主的传统教学方式，转变为以完成任务、解决问题为主的师生互动式教学方式，从而激发学生探究兴趣，使学生处于主动学习状态，根据对当前问题的理解和所掌握的知识、经验提出解决问题的方案，最终完成学习任务，达成学习目标。目前，任务驱动教学模式被广泛应用于国内外的理论教学和实验教学中，并取得了一定成效。实践证明，该方法在调动学生学习积极性，激发学生创新精神，尤其是学习方式、分析和解决问题能力等方面具有传统教学法所无法比拟的优越性。同时任务驱动教学也有利于教师教学方法的改进、教学模式的改革与创新。

"慕课"背景下"现场总线技术"的教学模式改革创新，并不是完全照搬"慕课"，而是结合专业课程具体性质和特点，借鉴"慕课"平台及"微课程"的教学技术，在专业课程中引入任务驱动的"微课程"教学单元。以"微课程"为基本教学单元，聚焦某一任务，直接指向具体问题，层层剖析，有深度、有思考、有效解决课堂教学改革中遇到的问题与困惑，是一种既可以发挥教师的主导作用，又可以满足学生自主学习需要的新型教学模式。

一、教学设计建设

在之前的现场总线技术教学中，采用的教学手段多为 PPT 演示，在 45 分钟的课堂内，基本上是填鸭式教学，偶有学生的互动，学生的主体性也很欠缺。封闭性的课堂教学使得学生的学习兴趣不大，往往是老师苦口婆心，学生一潭死水。很显然，教学形式单一、教学方法陈旧、教学氛围不活跃是这门课程教学当中存在的突出问题，这多数是因为教授不能一体的问题。

教学设计的合理性是顺利实施基于任务驱动+慕课模式的现场总线技术教学的关键，新型教学要基于教学设计有序开展，并基于教学反馈完善教学设计，做到相辅相成、循序渐进。基于之前的教学经验及数据总结，以及开展新型教学以来的各种效果反馈，新型教学应注重以下几方面的任务构建。

（一）应提出有效的建构主义学习理论

建构主义学习理论是任务驱动教学的基础，应通过实践探索出适合教学内容的任务驱动教学方法，同时借鉴其他有效的教学方法。

（二）优化构建课后教学平台

构建的课后教学内容包含短而精的教学视频、针对性练习、互动互评等部分。针对课后内容，首先应整合网络资源，并进行优化和特色化建设，建立符合本校实际情况的交流互动平台，以利于教学过程和结果的评价、总结和反思。

（三）尊重教师意愿，组建教师团队

慕课环境下的任务驱动教学改革的最大障碍来自教师，即教师意愿。应打破以讲授者为中心的传统思维方式，树立团队合作教学理念，以促进教学改革和创

新意愿。同时，推动教师专业化分工和集成化管理服务的发展，将教学从教师的个体劳动转化为团队合作。慕课环境下任务驱动教学的有效实现离不开高水平的教师及教师团队，而师资团队的增强包含转变教师角色、夯实教师内功和组建规范优秀网络教学团队等。

(四)优化教学流程

在教学中应用任务驱动＋慕课模式时，要对其教学流程加以优化。第一，结合任务驱动+慕课模式，向学生介绍课程教学体系，提出教学任务，设置教学目标，指导学生针对现场总线技术教学内容，进行独立性思考。第二，在明确教学目标后，针对学生的学习情况，设置教学任务，对学生的在线学习情况进行监督。同时，利用慕课实现对学生学习平台管理端的监督，督促学生主动学习知识，提交作业。第三，通过在慕课中对学生计算机知识自主学习情况的掌握，有计划地为学生组织计算机实训，提高其实践操作能力。

(五)建立教学评价机制

新的教学模式，要建立配套的教学评价机制，评价体制的建立应细分化、权重化、双向化，由学生及教师共同参与评价。同时应针对任务驱动教学方法重新编写教学大纲等教学文件。在之前的现场总线技术课程教学中，课程考核仅由两部分组成：平时成绩占30%，期末考试成绩占70%。简单的考核区分无法对学生的学习过程及学习成效进行有效监督，学生很有可能以应试的方式对待课程，因此，"教师根据实际教学条件来选择考核方式，可以避免学生平时课堂上人在心不在、期末考试临时抱佛脚的情况，通过技术手段来督促学生重视平时的学习积累，使考核的方式、结果更加客观和公正"。

基于网络大数据资源，我们借助以上的教学设计和教学内容的革新以及有效的评价机制，形成一套基于任务驱动+慕课模式的现场总线技术教学模式。该教学模式的成功实现可提供丰富的教学素材，进一步完善网络资源特色化建设；转变传统教学误区，实现因材施教，提高教学效果；充分调动学生的学习能动性，培养学生自学能力、创新能力及协作能力；突出专业特色，提高现场总线技术课程的教学效果，出色地完成相应的教学要求，实现培养专业知识扎实、富有创新能力的新型高素质人才目标。

二、总结与展望

将网络资源归纳归类，通过教学设计、教学内容的革新和有效评价机制的构建，有利于顺利开展任务驱动教学。在教学反馈的问卷调查中，新的教学模式取得了一定的成效，并得到同学们的正向反馈、好评，为我们提供了继续完善的信心及施教经验。同时开放式学习环境的构建可激发学生探索意识，提高现场总线技术课程的教学成效，促进教师角色的转变和教学理念的革新，加强优秀教学团队的组建，最终实现创新性人才和应用技术人才的培养目标。

参考文献

[1]李德贵，温新荣. 任务驱动型本科实践教学模式的探讨[J]. 教育现代化，2018(48)：237-239.

[2]曲辉，王春华，王琦. 基于任务驱动的教学法在机械设计基础中的研究与应用[J]. 机械设计，2018(S2)：333-335.

[3]杨永林，张世蓉，丁韬，等. 从"慕课"到"小微课"，看大数据在教学中的应用[J]. 现代教育技术，2014(24)：45-51.

[4]赵映川. 大学生慕课满意度及其影响因素的调查研究[J]. 高等教育研究，2018，39(2)：73-78.

基金项目　景德镇陶瓷大学教学改革研究基金项目：基于任务驱动+慕课模式的现场总线技术教学研究(项目编号：TDJG-20-Y38)。

课程思政理念下教学改革的探索与实践
——以概率论与数理统计课程为例

程　琨　周蓓蓓

　　摘　要：课程思政是高校落实立德树人根本任务的重要举措。概率论与数理统计是高等学校各专业普遍开设的一门处理随机现象统计规律性的基础课程。在课程思政理念下，在挖掘概率论与数理统计课程中思政元素的基础上，应积极探索将思政元素融入实际教学的有效路径。

　　关键词：课程思政；概率论与数理统计；教学改革

　　习近平总书记在全国高校思想政治工作会议上强调：立德树人为高校立身之本，坚持把立德树人作为中心环节，把思想政治工作贯穿教育教学全过程，实现全程育人、全方位育人。中共教育部党组于 2017 年 12 月发布了《高校思想政治工作质量提升工程实施纲要》，详细规划了"十大育人"体系。其中在课程育人质量提升体系中，提出要大力推动以"课程思政"为目标的课堂教学改革，实现思想政治教育与知识体系教育的有机统一。如何在概率论与数理统计课程中进行课程思政探索，本文将从课程思政的理念、概率论与数理统计课程思政建设的意义及其路径等几方面进行研究。

一、更新理念，在教学过程中落实立德树人的根本任务

　　立德树人是高校立身之本，针对如何在课堂教学过程中实现立德树人这一根本目标，习近平总书记在全国高校思想政治工作会议上指出，要坚持把立德树人作为中心环节，用好课堂教学这个主渠道，思想政治理论课要坚持在改进中加强，提升思想政治教育亲和力和针对性，满足学生成长发展需求和期待，其他各门课都要守好一段渠、种好责任田，使各类课程与思想政治理论课同向同行，形成协同效应。课程思政就是对习近平总书记所要求的"同向同行"和"协同效应"的一种积极回应，其要义在于强调高校各类课程都要发挥思想政治教育作用。

就目前总体形势而言，当今许多高校在教学中普遍存在这样一个误区：认为对大学生进行思想政治教育是马克思主义基本原理、思想道德与法治等六门思想政治理论课的教学内容，是思政课教师的教学任务，而自己的专业课程应该以学生专业知识的学习掌握与专业技能的提升为主要职责。诸如此类传统落后的教育观念在很大程度上导致了思政课与专业课的脱节，呈现出各自为政的局面，自然就起不到很好的育人效果。因此，专业课教师尤其是理工科教师应更新教育理念，在新形势下紧跟时代步伐，挖掘各类课程中的思政元素，在各类课程中融入思想政治教育的内容，形成育人格局，从而落实立德树人的根本任务。因此，概率论与数理统计作为高校理工科和经管类专业必修的一门数学基础课，任课教师要紧跟时代步伐，更新观念，探索有效路径。

二、概率论与数理统计课程进行课程思政的意义

概率论与数理统计是大学的重要通识课程之一，课程的目的是让学生具有概率论与数理统计的基础概念、基本理论和运算技能的能力，让学生掌握处理数理统计实际问题的能力，同时为今后研究自然科学、农业科学、生命科学、管理科学和社会经济学等领域中出现的统计问题提供有效的数学工具。

概率论与数理统计课程是大学本科生必修的一门重要课程，可以为学生后续专业课程的学习和以后的工作奠定基础。这门课程与现实生活结合紧密，具有极强的实践性，其中有许多思政元素值得思考、挖掘和提炼，教师在实际授课过程中可以将马克思主义哲学、爱国主义精神、社会主义核心价值观、树立崇高远大的理想信念等思政元素融入课堂，嵌入课程教学之中。在概率论与数理统计的课程教学过程中有机加入思政元素，可以在传授专业理论知识的同时，注重学生"三观"的引导，在培养学生数学方面的科学精神、逻辑思维的同时，进一步强化学生的爱国主义情感、社会责任感和肩负民族伟大复兴的使命感，真正完成"三全育人"的任务，落实立德树人的要求。

同时，概率论与数理统计是一门实用性非常强的课程，为很多专业提供数学基础，学生们对学习这门课程普遍是比较重视的，因此在课程中开展思想政治教育，可以达到更好的效果。另外，概率论与数理统计课程是所有理工农医及经管类专业的通识课，学生人数多，学生专业涉及面广泛，所以进行思想政治教育可以达到相对理想的效果，这也为思政教育提供了良好的平台。

此外，探索在概率论与数理统计课程中进行思政教育，可以打破传统教学模式，给数学课带来不同以往的面貌。就像国内著名数学家严加安老先生提出的"数学为诗"一样，在数学课中融入思政教育，就如将思政之"盐"融入数学之

"汤"中，使学生在接受科学知识的同时感受到人文之美，在春风化雨、润物细无声中既学习到科学知识，又接受思政教育，使教学效果得到升华。

三、概率论与数理统计课程进行课程思政路径探索

（一）思政观念入脑入心

作为理科教师，从一开始就真正接受并在实际课堂中进行课程思政具有极大的挑战性。但作为人民教师本就应该树立终身学习理念，教师应紧跟时代步伐，在新形势下加强自身理论学习，不断提高自身政治素养，让课程思政观念入脑入心。教师是学生思想进步的引路人，因此，教师应在日常生活中积极主动地关心时事政治，加强自身思政学习、政治理论学习，不断提高自身思政修养。只有不断提升教师自身的政治素养，才能在传授知识的同时，给予学生能力的培养和价值的引领。只有努力成为先进文化的传播者、党执政的坚定支持者，才能将核心价值观贯穿课程教学的全过程。

先进理论对实践具有指导性作用，在先进理论的指引下，在课程思政观念的指导下去探索课程思政实际教学的有效路径，是大势所趋。作为身处教育教学一线的教师，应树立新的教育教学理念，并将之付诸实践。

（二）思政元素入纲入课

"传授知识、举例说明、解答例题"这三部曲是传统的概率论与数理统计课程的教学模式，在实际课堂教学中思政教育元素的呈现往往一笔带过，致使本门课程仅仅只能完成教学目标前两项的知识目标和能力目标，育人目标往往不能达到理想的效果。这就导致本门课程在对学生进行正确的世界观、人生观和价值观的塑造上发挥的作用非常有限。因此在概率论与数理统计的思政课堂中，教师要把"育人"目标与"知识""能力"目标有机融合到一起，在课程的教学大纲设计时合理地挖掘思政元素，将思政教育融入教学大纲的每一个环节，确保正确的价值观、科学的哲学思想能渗透到实际课堂教学中。

教师在概率论与数理统计教学中沉下心来仔细钻研，就可以挖掘出许多思政元素。将专业课程与思想政治教育相结合，潜移默化地把思政元素融合于专业知识中，既可以让学生显性地学到专业知识又隐性地接受思想政治教育，真正做到"思政教育走进课堂"，实现知识传授与价值引领的有机统一。例如，数学中的很多定理、公式都是用人名来命名的，比如泊松分布、切比雪夫不等式、李雅普诺夫中心极限定理等，教师在介绍这些内容的时候可以讲讲这些数学家的亲身经

历，这样不仅可以提高学生听课兴趣，还能让同学们通过真实的故事感受到伟大数学家身上不言放弃、不懈追求的人格魅力，引导学生像这些科学家一样树立不断探索、勇于追求真理的精神。

笔者在教授以上知识点时，就有意识地多和学生分享其产生的背景及背后感人的故事，先在数学"情"上与学生产生共鸣，再将一些道理灌输给学生，往往能达到更好的育人效果。

(三)思政教育落到实处

正如我们前面所提到的，概率论与数理统计是一门实践性和实用性都很强的课程，因此本门课程可以更好地将思政教育落细落小，落入实处。例如，我们在讲授贝叶斯公式时可以引入耳熟能详的《狼来了》的故事。贝叶斯公式由英国数学家贝叶斯在 1736 年提出，是贝叶斯统计学中一个非常重要的工具，也是概率论与数理统计教学中的一个重难点内容，其作用在于"从结果找原因"，从而得到"后验概率"。首先记 $A = \{小孩说谎\}$，$B = \{村民们认为小孩可信\}$。不妨设村民们过去对小孩的印象为 $P(B) = 0.7$，$P(\bar{B}) = 0.3$，现在用贝叶斯公式来求 $P(B \mid A) = 0.1$，即小孩说了一次谎之后，村民们对他的可信度的改变。由于需要用到 $P(A \mid B)$ 和 $P(A \mid \bar{B})$，其分别表示"村民信任小孩"时小孩说谎的概率和"村民不信任小孩"时小孩说谎的概率。不妨设 $P(A \mid B) = 0.1$ 和 $P(A \mid \bar{B}) = 0.5$，这样第一次村民上山打狼发现狼没来后对小孩的信任度(利用贝叶斯公式)就变成了

$$P_1(B \mid A) = \frac{P(B)P(A \mid B)}{P(B)P(A \mid B) + P(\bar{B})P(A \mid \bar{B})}$$

$$= \frac{0.7 \times 0.1}{0.7 \times 0.1 + 0.3 \times 0.5} = 0.318.$$

这表明村民在第一次被骗之后对小孩的信任度从 $P(B) = 0.7$，下降到了 $P(B') = 0.318$。在此基础上我们再次利用贝叶斯公式算出小孩第二次说谎后村民对其信任度的改变：

$$P(B' \mid A) = \frac{P(B')P(A \mid B')}{P(B')P(A \mid B') + P(\bar{B'})P(A \mid \bar{B'})}$$

$$= \frac{0.318 \times 0.1}{0.318 \times 0.1 + 0.682 \times 0.5} = 0.085.$$

这样第二次说谎之后村民对小孩的信任度就很小了。这就导致当村民第三次听到孩子的呼叫时以为又是在说谎，所以没有上山，最终害了他自己。通过这个例子，让学生从理论上明白诚信的重要性。"诚于中，形于外。"诚实守信是中华民族的传统美德，诚信是人类社会普遍的价值追求，是个人立身处世的基本规

范，是社会持续发展的重要基石。因此我们可以通过贝叶斯统计教育学生要以诚待人，以信取人，说老实话，办老实事，做老实人。诚信对待周围人，才能更好地适应社会生活，实现自己的人生价值。

诸如此类的可挖掘的课程思政元素在概率论与数理统计课程中还有很多很多，老师除了将这些思政元素挖掘出来之外，更应该将它落入实处，最好是能够与我们实际生活产生联系，让学生在理解的基础之上，能够真正融会贯通、举一反三地将理论运用到实际的现实生活中，真正使思政教育落在细微处，落入实际中。

四、结语

概率论与数理统计课程思政教学改革的目的是通过充分利用本门课堂教学的主战场，充分挖掘该课程中蕴含的思政元素，并将思政元素渗透教学全过程，达到"三全育人"的目的。这就要求教师更新教育教学理念，让思政观念入脑入心，并在实际课堂教学过程中多方位多渠道探索概率论与数理统计课程思政的有效途径，尽量在保持课程原本严谨特色的基础上融入多元思政元素，落实立德树人的目标，为党和民族的复兴伟业培养合格接班人。

参考文献

[1]林群，薛晓欢．微积分与概率论的初步设想[J]．数学教育学报，2014(1)．

[2]唐玲．大数据时代提高"概率论与数理统计"课堂教学效果的策略[J]．数学学习与研究，2020(3)．

[3]周圣武，王亚军，张艳，等．应用概率统计[M]．中国矿业大学出版社，2014．

关于课程思政教学绩效评估的思考

童敏慧　熊亚丹　郭　伟

摘　要：课程思政是将立德树人和专业思政有效结合的教学理念，开展课程思政教学绩效评估对更好开展课程思政有着推动作用。本文在对课程思政教学绩效评估含义和具体内涵进行明确的基础上，考查了课程思政教学绩效评估的师德师风、备课思政化、授课思政化和课外思政化的四个具体内容，最后对如何开展课程思政教学绩效评估提出了明确评估原则、抓准评估重点、严格评估标准和加强反馈改进等四个建议。

关键词：课程思政；绩效评估；评估建议

一、引言

2016 年，习近平总书记在全国高校思想政治工作会议上强调，要坚持把立德树人作为中心环节，把思想政治工作贯穿教育教学全过程，实现全程育人、全方位育人。自此，在 2017 年《高校思想政治工作质量提升工程实施纲要》的指导下，在新时代社会主义现代化强国建设和高等教育快速发展的背景下，我国高校积极探索课程思政的教学改革。实际上，课程思政要想取得理想的教学效果，教学绩效评估才是发挥专业课教师课程育人主体作用的有力抓手，同时也是课程思政教学管理和改革的"牛鼻子"。为此，从课程思政教学绩效评估的角度入手，从"控制"的角度来提升教学效果，这对提高课程思政教学质量水平和提升教学效果有着更为积极的作用。

二、课程思政教学绩效评估

2020 年，中共中央、国务院出台的新中国第一个关于教育评估系统改革的文件——《深化新时代教育评估改革总体方案》（以下简称《方案》），指明了中国教育评估改革的目标和未来方向。那么，对于高校普遍推行的课程思政来说，也同样必须遵循《方案》提出的"坚持科学有效，改进结果评估，强化过程评估，探索增值评估，健全综合评估"的基本评估原则，从而有效实现在培养具有专业技能的大学生的同时也培养能够担当民族复兴大任的时代新人与德智体美劳全面发展的社会主义建设者和接班人这一目标。因此，课程思政教学绩效评估作为教育评估的重要方面也不容忽视。课程思政不是思政课也不是专业课，是专业课和思政课的有机结合，具有一定的特殊性，明确课程思政绩效评估的必要性、内涵并逐步构建起课程思政绩效评估体系，是今后一段时间内需要破解的一个课题。

三、课程思政教学绩效评估包含哪些内容

(一)课程思政教学绩效评估的具体内涵

课程思政教学绩效评估是对课程思政教学相关情况的必要检测，因此课程思政教学绩效评估会将课程思政教学过程中涉及的所有要素进行整合并依次衡量是否达到标准或在某种程度上达到标准。从本质上说，课程思政不是指一门课程的思政教学，而是一种教学理念，是适应现代教学发展产生的新式教学理念。因此，课程思政教学绩效评估不仅仅评估课堂教学，而应该从多个维度进行评估。具体来说，课程思政教学绩效评估应包括教师本身师德师风、备课思政化、授课思政化和课外思政化等四个方面：教师本身师德师风是课程思政的根本出发点，也是课程思政效果的有力保证，可以综合年度的师德师风培训情况、教育工作质量、学生教学评估、日常言行、工作态度和特殊贡献等综合评估得出；备课思政化是授课之前教学大纲、教案、讲稿和 PPT 等教学文件中包含课程思政要素的实时性和比例性等情况；授课思政化是授课过程中与备课思政的一致性及其思政授课效果；课外思政化是课堂之外教师在为学生提供知识、人生、情感和工作等解答时引导的正确性、积极性。

(二)课程思政教学绩效评估的主要内容

首先，师德师风。课程思政授课教师的师德师风是课程思政教学效果的有力保证，因此应结合教师的年度平时表现进行综合评估，具体包括师德师风培训情况、教育工作质量、学生教学评估、日常言行、工作态度和特殊贡献等六个方面：师德师风培训情况对教师每年度参与的师德师风培训次数、出勤情况、听课态度和参与讨论等表现进行综合打分；教育工作质量由教务部门、院系等管理者对教师授课的教学文件准备、课程授课、考核等情况进行抽查或全面评估；学生教学评估是学生对教师授课表现进行打分，一般在期中和期末展开；日常言行是

教师与教师、学生沟通的言行的评估；工作态度是对教师在授课及完成学院交付的其他任务时的积极性和完成度进行评估；特殊贡献则根据教师的科研奖励、教学奖励、竞赛奖励和社会贡献等进行评估。

其次，备课思政化。在课程开始之前的备课过程中，教师应当引入课程最新科研成果和国家政策等，使得教案、讲稿和 PPT 等教学文件不仅能讲透知识点，也能和国家政策和战略等与时俱进。备课思政化主要考查教学文件的知识点和政策、科研和育人联系的紧密程度及其分布状况，完备性、实时性和典型性是考查的重点。

再次，授课思政化。主要考核教师在开展课堂教学时采用的教学方法是否实现了课程思政的教学目标。教师可以采用集中或者分散的形式开展课程思政教学：集中形式是教师以 5~10 分钟的时间专门开展思政教育，当然必须与课程讲授内容高度相关，同时又具有一定的实时性和典型性；分散形式是教师将思政元素隐含在课程知识点中，学生在获取专业知识的同时也受到潜移默化的思政教育。

最后，课外思政化。课堂是教师与学生互动交流的集中场所，但课后教师也应为学生就课程知识点、作业、案例等教学内容及社团、竞赛、就业、考研、情感等人生问题进行答疑解惑，此时，教师应做好学生人生路上的引路人，引导其形成和塑造正确的人生观、价值观和世界观。教师要言传身教，运用鲜活的例子帮助同学们解决人生路上的难题。

四、怎样进行课程思政教学绩效评估

(一)明确评估原则

要想课程思政教学绩效评估取得既定效果，应当遵循以下四条基本原则：首先，忌机械。课程思政是将思政内容和专业内容进行巧妙结合的隐性教学，这与教师个人的感悟、教师授课风格和教学形式等息息相关，因此，课程思政教学绩效评估不能机械地对教学形式、教学内容和教学方法进行生硬规定，应当鼓励教师采用灵活的授课方式以促进课程思政教学目标润物细无声地实现。其次，倡综合。课程思政不仅贯穿于整个课堂教学，也贯穿于教师与学生接触的课后答疑等环节。因此，一方面，课堂上教师应当采用综合化的教学方法，如案例教学法、演示法和讨论法等，避免课程思政教学内容和教学方法上的单调与刻板。另一方面，课程思政也应综合考查教师日常的师德师风、备课和课外思政教育情况。最后，重感悟。课程思政重在对大学生的思想品格的塑造，只有引发他们的思想共鸣和情感促动才能真正促进他们关注自身专业学习和关心社会发展。因此，如何引发大学生的"感悟"及其程度才是课程思政教学绩效评估的重要方面。课堂之外教师要充分利用课余时间与学生多多沟通，把握当代大学生急迫解决的共性问题。

(二)抓住评估重点

在忌机械、倡综合和重感悟等评估原则基础上，课程思政教学评估重点应放在教学目标得当、思政元素到位、思政要素匹配和注重时效性等四个方面。首先，教学目标得当。习近平总书记提出了坚定理想信念、厚植爱国主义情怀、加强品德修养、增长知识见识、培养奋斗精神和增强综合素质等课程思政教学目标的六条判断标准。那么，课程思政教学目标得当与否就要考查教学目标与课程知识内容的匹配程度及其具体化程度：教学目标与课程知识内容的匹配程度主要和课程本身的学科属性和知识点有关；教学目标具体化主要是教学目标落实和细化到具体章节的情况。其次，思政元素到位。主要考查教师对课程思政元素挖掘的程度、深度和清晰度，即教师对专业课程和思想政治教育内涵的把握程度，同时也评估教师课程育人的积极性、主观性和能动性。这部分应由思政专家进行评判。再次，思政要素匹配。课程思政是将专业课和思政要素紧密结合的产物，因此专业知识和思政内容的有机融合才能够实现最佳教学效果，这主要考查课程思政的切入是否自然无痕，讲课过程中是否突出重点和深度融合。最后，注重时效性。时效性反映课程思政是否紧跟时代发展和理论创新的步伐，这对督促大学生关心国内外时事政治从而增强责任感有很大的推动作用，同时也能弥补教材内容的滞后性缺陷。时效性的考查主要包括课程思政是否囊括了国内外重要时事政治以及马克思主义中国化的最新理论成果。

(三)严格评估标准

评估标准的确立是课程思政教学绩效评估的重要基础性工作，主要包括评估时间、评估主体、评估内容、评估流程等。首先，明确评估时间。一般来说，师德师风可以和教师年度考核同时进行，备课思政化在课程开始之前或者在课程评价时同步进行，授课思政化和课外思政化在课程结束后及时进行。其次，设置360度的评估主体，使评估结果更全面。主要包括教学部门主管、教学督导、同行、学生以及思政专家等。再次，健全评估内容。课程思政主要是将思想政治教育的理论知识、价值理念以及精神追求等思想政治教育元素融入到专业课程中，从而对学生的思想意识、行为举止产生潜移默化的影响。因此，其教学绩效评估不仅是对课堂进行评估，而应综合包括教师本身师德师风、备课思政化、授课思政化和课外思政化等四个方面：师德师风是必备条件，占评估结果的 10%，出现不良事件的相关教师必须严惩，评估结果为不合格；备课思政化是前提条件，占评估结果的 20%；授课思政化是课程思政的主体，占评估结果的 50%；课外思政化是必要补充，占评估结果的 20%。最后，优化评估流程。虽然课程思政教学绩效评估是提升教学效果的必要手段，但是评估应适当简化或者包含在课堂教学评价里面，不要为了评估而额外增加人力、物力投入。

（四）加强反馈改进

课程思政教学绩效评估的目的不是为了得到评估结果，而是为了发挥评估结果对课程思政教学的优化和引导作用，因此，反馈改进环节是必不可少的。首先，将评估结果定期、及时和准确地反馈给教师，同时，根据评估主体的不同采用合适的反馈形式。具体来说，教学部门主管对教师师德师风进行年度考核，并将考核结果全院公示以共勉；教学部门主管和教学督导应在听课结束之后及时将教师课程思政教学绩效评估结果反馈给教师，教师根据评分结果和个人意见了解教学过程中的优缺点并及时予以优化；学生评估意见应该是学生意见汇总整理后，通过教学部门及时反馈给教师，教师也可以在课程教学过程中与学生加强沟通交流实时优化；同行交流评估应通过公开课、教学竞赛等形式开展集中交流，教师形成心得体会上交教学部门；思政专家则应最好采用集中交流的形式，对教师备课思政化和授课思政化的内容、形式和教学方法等进行逐一点评，并提出建设性的意见。其次，充分利用评估结果。评估是为了改进，为了更精准地提升课程思政教学效果。因此，教师在获得评估结果后应当思考如何优化教学目标、更新教学理念、调整教学内容和改进教学方法等，使思政元素与专业课实现更充分的融合。院系管理者在获得评估结果后应根据评估结果层次进行相应处理，优秀的给予适当奖励，从而起到激励的作用。教务部门则应汇总所有评估结果开展科学合理的分析，对一些共性问题提出解决办法并形成制度性文件下发，也可以针对特定问题进行课程思政培训，帮助教师改进和提升教学效果。

参考文献

［1］成桂英，王继平．教师"课程思政"绩效考核的原则和关注点［J］．思想理论教育，2019（1）：79-83.

［2］许耀元．高校课程思政教学评估体系构建［J］．智库时代，2020（3）：209-211.

［3］杜震宇，张美玲，乔芳．理工科课程思政的教学评估原则、标准与操作策

略［J］. 思想理论教育，2020（7）：70-74.

［4］陆道坤. 课程思政评估的设计与实施［J］. 思想理论教育，2021（3）：25-31.

［5］谢晗进，李鑫，江雯. 新时代高校教师的专业课程思政化评估研究［J］. 教育教学论坛，2019（23）：51-53.

［6］黄煜栋，徐莉君. "课程思政"下的课堂教学质量量化评估研究［J］. 科技通报，2019，35（10）：217-221.

［7］王岳喜. 论高校课程思政评估体系的构建［J］. 思想理论教育导刊，2020（10）：125-130.

基于问题学习(PBL)的教学模式对工科大学物理学习的探索

曾仁芬

摘　要：大学物理是理工类专业的基础学科，为后续的专业课程奠定基础。但大学物理教学一般采用传统的授课方式，即讲授结合 PPT 的方式，往往比较难以激发大部分学生的兴趣。为了更好地激发学生学习大学物理课程积极性，本文提出在现行的教学模式下结合基于问题学习(Problem-based Learning, PBL)的教学模式来增加学习兴趣，提高学习效率。

关键词：大学物理；基于问题学习的教学模式；工科

一、引言

物理学是对物质最一般的运动规律和物质基本结构研究的自然科学，涉及的范围非常广泛，是其他自然科学的研究基础。对于工科专业的大学生来说，大学物理(又名普通物理)是一门必修的基础课程。

2019 年，教育部在《关于一流本科课程建设的实施意见》中指出，课程是人才培养的核心要素，课程质量直接决定人才培养质量。一流课程建设，核心落脚点在于生动的课堂实践。1995 年，Robert Barr 和 John Tagg 在其文章《从教学到学习：一种新的本科教育范式》中，系统定义了以学为中心的教学范式。如何引导学生以学为中心，这是教师们需要思考的问题。大学物理作为理工科的基础学科，长期以来以传统的教学方法为主，由于大学物理概念及理论推导比较多，让学生们吃尽苦头。另外，我校大学物理的授课对象涉及粉体、无非、新能源、机械工程、自动化、机设等专业学生，一般采用大班授课，受课时少的影响，其互动较少，相关知识学生不易掌握，所以寻求合适的大学物理教学模式迫在眉睫。基于问题学习(Problem-based Learning, PBL)的教学模式广泛运用于不同领域并且取得了较好成绩，为了激发学生学习大学物理的兴趣，现尝试在现有的教学模式下，采用 PBL 教学模式来提高学生的学习效率。

二、大学物理 PBL 教学模式设计

大学物理传统的教学模式一直延续很多年，无论家长、学生还是教师都比较习惯这种教学模式，所以在推进 PBL 教学模式时，不能激进，需要缓慢推进。大学物理教学模式可以按图 1 所示的程序进行。

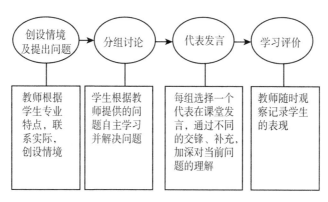

图 1　大学物理 PBL 教学模式

(一)创设情境及提出问题

大学物理 PBL 教学模式对教师提出了更高的要求，教师要能合理转变自己的角色，根据不同的知识点采用不同的方法创设情境，比如通过演示实验、联系生活实际、利用多媒体技术等创设情境。这样有利于激发学生学习的积极性，保证 PBL 教学模式的顺利实施。当然创设的情境要合理，既是学生能够独立完成的，又要难度适中。

(二)分组讨论

问题确定好后，老师根据学生所学知识提出问题解决策略，然后进行合理的分工。第一，所有小组成员先自行收集资料，进行自主学习，针对问题提出方案预设并收集相关的"证据"。即学生带着问题在课后收集相关的资料，形成对相关问题的答案。第二，通过组内成员的讨论，确认资料来源真实性、可用性及如何运用、整合这些资源，结合新旧经验确定问题解决方案。在此学习过程中，我们克服了传统的大学物理教学存在的重结论、轻过程的教学模式，有利于加深学生对大学物理课程知识的理解，解决乱套用公式解题的问题。

小组讨论的过程不受时间和空间的限制，可以让小组成员建立微信群或 QQ

群进行讨论，也可以让教师加入不同的群中，了解学生实时遇到的问题。

（三）代表发言

每个小组推荐一个学生代表在全班进行展示、总结，讲解他们对问题的探究过程及结果，同时也可以提出其他新的问题。这样的展示、总结活动一方面增强了学生对问题的理解程度，另一方面可以用来评价学生对有关知识的掌握水平、小组成员的合作探究精神和表达能力。

（四）学习评价

学生在展示成果时，可以采用各种不同的形式、工具和技能，如数学分析、图表、口头表达等来展示他们的理解。此过程有助于提高他们的交流和解释技能，同时促进学生对物理学科某些方面进行较为深入的学习，这种交流和解释技能对学生的求职也是至关重要的。教师可以组织学生对问题解决方案和成果进行评价，内容包括作品评价、过程评价和能力评价等。师生之间相互交流，不断反思，达到共同进步的目的。

三、结语

基于问题学习的教学模式是一种以信息加工理论和建构主义学习理论为理论依据的教学方式，此教学模式以问题为核心，让学生围绕"问题"展开讨论，学生通过解决问题，达到灵活掌握基础知识和发展高层次的思维技能的目的。PBL教学模式能够培养学生的自主学习、团队合作及语言表达能力，但在实施的过程中要注意采取正确的方法和策略。

参考文献

[1]董永涛，赵波，杨曼，等. PBL 教学法典型案例分析[J]. 云南民族大学学报（自然科学版），2020(2)：178-181.

[2]陈毅洋，吕琦. "互联网+"背景下基于 PBL 理论的高校教育模式探究[J]. 教育信息技术，2019(3)：47-50.

[3]Dewey J. *Experience and Education*[M]. New York：Collier, 1938：79.

[4]Albanese M A, Mitchell S. Problem-based Learning：A review of literature on its outcomes and implementation issues [J]. *Academic Medicine*, 1993, 68 (1)：52-81.

江西省高等教育教学成果奖的困境与启示

——基于近两届国家级教学成果奖的分析

曾赛阳

摘　要： 高等教育国家级教学成果奖是我国高等教育领域的最高奖项，对推动高校教学改革、提高人才培养质量具有重要意义。我们对近两届江西省高等教育国家级教学成果奖获奖情况进行分析发现：获奖成果占比低，江西省高校教育教学竞争力较弱；团队合作力度低，校企合作不够深入；获奖高校数较少，且地区分布不均。基于此，我们提出，省内高校应注重团队协作，完善教学成果奖的合作机制；完善激励政策，加强教学成果奖的培育及遴选。

关键词： 高等教育；国家教学成果奖；存在的困境

一、研究缘起

高等教育国家级教学成果奖是我国高等教育领域的最高奖项，是对我国高等教育人才培养工作、教学建设和教学改革成果的检阅和展示，代表我国高等教育教学工作和实践探索的最高水平和前沿成果。1988 年 4 月，原国家教委发布《关于加强普通高等学校本科教育工作的意见》，确定于 1989 年召开全国高等学校教学工作奖励大会，以后每四年进行一次，高等教育教学成果奖奖励制度自此建立，截至 2022 年底，已经开展八届评选。1994 年，国务院颁布《教学成果奖励条例》，明确了教学成果的意义内涵、奖励等级、申请者条件等内容。2014 年，高等教育教学成果奖扩展为国家级教学成果奖，包含基础教育、职业教育、高等教育三大领域，基础教育包括学前教育、义务教育、普通高中教育；职业教育包括中等职业教育和高等职业教育；高等教育包括高等教育阶段的学历教育和非学历教育。其他类型的教育根据其所实施的教育层次，申报相应的教学成果奖。2018 年，国家级教学成果奖评审委员会接受香港、澳门地区申报。国家级教学成果奖分特等奖、一等奖、二等奖三个等级，特等奖由国务院批准，一、二等奖由教育部批准。

本研究通过对教育部公布的第六届(2014年)和第七届(2018年)总计904项高等教育国家级教学成果奖进行分析,从成果数量情况、成果合作情况、成果申报学校等3个维度对两届高等教育国家级教学成果奖进行分析,了解江西省高等教育国家教学成果奖获奖情况,分析江西省高等教育教学改革存在的问题,以期为江西省高校教育教学改革提供相应的政策建议。

二、江西省高等教育国家级教学成果奖获奖情况

(一)成果占比低,江西省高校教育教学竞争力较弱

第六届(2014年)和第七届(2018年)各评选了452项高等教育国家级教学成果奖,其中特等奖2项,一等奖50项,二等奖400项,两届共计904项。本研究通过对各省份获奖数量进行分类、汇总、排序,发现北京市高等教育国家级教学成果奖获奖总数位列全国第1,两届获奖总数共131项,其中第六届70项,第七届61项,其次是高等教育大省江苏省,两届获奖总数共113项。江西省获奖总数位列全国第19名,两届获奖总数为15项,其中第六届8项,第七届7项。

与其他省份相比,江西省高校的国家级教学成果奖获奖数量远低于其他省份高校获奖数。此外,根据教育部公布的2021年教育统计数据,截至2021年底,我国普通本科院校(不含本科层次职业学校、高职院校、成人高等学校、其他普通高教机构)共计1238所,江西省共计42所普通本科高校,占比3.39%,在全国各省份高校数量排名中位列第14名。而江西高校两届仅入选15项国家级教学成果奖,占比1.66%,全国位列第19名,获奖成果比例不仅没有与高校数比例持平,而且远低于高校数占比。同时,在15项国家级教学成果奖中,只有1项一等奖,其他14项为二等奖。由此可见,江西省高等教育国家级教学成果奖数量少,占比低,江西省高校教育教学竞争力较弱。各省份高等教育国家级教学成果奖数量及排名情况见表1(如获奖成果为多个单位合作完成,获奖成果归属地按照第一完成单位统计)。

表1 各省份高等教育国家级教学成果奖数量及排名表

序号	省份(自治区、直辖市、特别行政区)	获奖数量(第六届)	获奖数量(第七届)	获奖总计(两届总计)	获奖总数排名
1	北京	70	61	131	1

续表

序号	省份(自治区、直辖市、特别行政区)	获奖数量（第六届）	获奖数量（第七届）	获奖总计（两届总计）	获奖总数排名
2	天津	11	15	26	14
3	上海	34	38	72	4
4	重庆	9	10	19	17
5	内蒙古	3	1	4	25
6	宁夏	1	1	2	32
7	新疆	3	1	4	25
8	西藏	1	1	2	32
9	广西	3	3	6	22
10	黑龙江	17	10	27	12
11	辽宁	19	18	37	9
12	吉林	16	12	28	11
13	河北	7	4	11	21
14	河南	11	4	15	19
15	湖北	27	26	53	5
16	湖南	11	12	23	15
17	山东	15	15	30	10
18	山西	3	2	5	23
19	陕西	31	43	74	3
20	安徽	18	8	26	14
21	浙江	27	23	50	6
22	江苏	47	66	113	2
23	福建	10	11	21	16
24	广东	18	31	49	7
25	海南	1	1	2	32
26	四川	20	19	39	8
27	云南	8	3	11	21

续表

序号	省份(自治区、直辖市、特别行政区)	获奖数量（第六届）	获奖数量（第七届）	获奖总计（两届总计）	获奖总数排名
28	贵州	1	1	2	32
29	青海	1	1	2	32
30	甘肃	1	1	2	32
31	江西	8	7	15	19
32	香港	0	2	2	32
33	澳门	0	1	1	33
34	台湾	0	0	0	34

(二)团队合作力度低，校企合作不够深入

通过分析发现，第六届共计35项高等教育国家级教学成果奖由2个及2个以上完成单位联合申报，第七届增加至51项。单位合作方式包括省内高校合作、相近领域高校合作、高校与企业合作、高校与行业合作、高校与政府合作等。例如天津中医药大学、黑龙江中医药大学、上海中医药大学、安徽中医药大学等多所中医药高校联合申报"以标准引领全球中医药教育——中医药教育标准的创建与实践"项目。2017年，《国务院办公厅关于深化产教融合的若干意见》出台，明确指出要健全高等学校与行业骨干企业、中小微创业型企业紧密协同的创新生态系统，要推动学科专业建设与产业转型升级相适应。由此可见，国家十分重视高校和企业之间的产学研合作。未来国内高校将越来越重视通过团队合作尤其是校企合作形式申报教学成果奖。

北京共计7项成果由多个单位合作完成，而江西省第六届、第七届各仅有1项国家级教学成果奖由多个单位联合完成，与其他高校、企业、政府以及其他社会组织合作力度较低，江西省高校的校企合作还不够深入。

(三)获奖高校数较少，且地区分布不均

根据2021年教育统计数据，江西省共有42所普通本科高校，而近两届只有10所高校获得过国家级教学成果奖，8所为南昌高校，1所为景德镇高校，1所为赣州高校，省内还有8个城市的高校没有获奖。江西省各高校获奖等级及获奖数量见表2。

表 2   江西省各高校获奖等级及获奖数量表

序号	学校名称	获奖等级(数量)	获奖总数
1	南昌大学	二等奖(4)	4
2	江西师范大学	二等奖(1)	1
3	江西财经大学	二等奖(1)	1
4	华东交通大学	二等奖(1)	1
5	江西中医药大学	一等奖(1) 二等奖(1)	2
6	江西理工大学	二等奖(1)	2
7	江西农业大学	二等奖(1)	1
8	南昌航空大学	二等奖(1)	1
9	景德镇陶瓷大学	二等奖(1)	1
10	赣南师范学院	二等奖(1)	1

三、几点启示

(一)注重团队协作，完善教学成果奖的合作机制

从第六届和第七届国家级教学成果奖来看，江西省高校合作申报成果奖力度不够，侧面也反映出江西省与其他高校、行业、企业、政府等组织机构合作力度不够。

随着新一轮科技革命和产业变革的蓬勃兴起，产业结构转型升级，社会对创新性、实践性的应用型人才需要日益增大，而应用型人才的培养需要教育与产业深入融合，协同发力。一方面，高水平的教学成果是很难依靠教师个人完成的，江西省高校要加强校内教学团队的建设，教学团队水平影响成果培育效果，要充分发挥学科带头人、学科骨干参与教育教学改革的带头作用；另一方面，未来江西省高校应积极推动企业、行业加入高校的人才培养机制中，以校校合作、校企合作、校政合作为重要抓手，共享资源加强产学研合作。未来，江西省应进一步完善企业、行业、政府等组织参与高校人才改革培养的激励政策，推动高校产教融合、校企合作，服务地方经济发展，创新人才培养模式。

(二)出台激励政策，完善教学成果奖的培育及遴选机制

国家教学成果奖是国家落实科教兴国战略，提升高等教育教学质量的重大举措，已被各界视为教学核心竞争力的重要指标。各省也以申报国家级教学成果奖为重要抓手，助推省内教育教学不断改革、创新发展。2022 年 10 月，江西省人民政府办公厅印发《江西省教学成果奖励办法(试行)》，设立江西省教学成果奖，并明确申报国家级教学成果奖，原则上从江西省教学成果奖特等奖、一等奖中择优推荐。这一举措可以调动我省高等教育工作者教学改革的积极性，推动高校进行教育教学改革。我省高等教育基础薄弱，省内"211"高校数量较少，江西省可加大对部分行业高校(例如省内农业大学、中医药大学、陶瓷大学)的特色学科专业扶持力度及教学成果的培育力度。

同时，江西省高校也需要加强对校内成果的培育支持，重视教师在高等教育教学改革中的核心作用，出台校内教师教学改革、教学创新的激励政策，完善校内教学成果奖的培育与遴选机制，鼓励教师积极参与到教学改革中，从而推进学校教育教学高质量发展，赋能产教融合深入发展。

参考文献

[1]国务院. 教学成果奖励条例[EB/OL]. (1994-03-14)[2022-12-16]. http：//www. moe. edu. cn/publicfiles/business/htmlfiles/moe/moe_620/200408/1382.html.

[2]教育部. 教育部关于开展 2014 年国家级教学成果奖评审工作的通知[EB/OL]. (2014-01-08)[2022-12-16]. http：//www. moe. gov. cn/srcsite/A10/s7058/201401/t20140108_162272. html.

[3]教育部. 教育部关于开展 2018 年国家级教学成果奖评审工作的通知[EB/OL]. (2018-02-08)[2022-12-16]. http：//www. moe. gov. cn/srcsite/A10/s7058/201802/t20180206_326947. html.

[4]国务院办公厅. 国务院办公厅关于深化产教融合的若干意见[EB/OL]. (2017-12-05)[2022-12-16]. http：//www. gov. cn/zhengce/content/2017-12/19/content_5248564. htm.

[5]何玲, 魏银霞, 黄乃祝. 国家级教学成果奖评选政策分析与调适[J]. 高教发展与评估, 2020, 36(1)：104-113.

实践教学篇

SHIJIAN JIAOXUE PIAN

动画专业校外工作室协同教学的研究与实践

王万兴

摘　要：本文通过分析现阶段动画专业发展所遇到的问题，对动画专业校外工作室协同教学的必要性与意义加以论述，认为与校外工作室协同教学是动画专业高等教育的有益补充，是提高学生实践能力的有效途径，也是提高学生就业竞争力的有效举措。文章就如何构建校外协同教学模式展开研究与探讨。

关键词：校外工作室；协同教学；实践能力培养

动画的发展与生俱来和科学技术进步有着不可分割的密切联系。随着数字信息技术计算、存储与传输能力逐步加强，动画产业的生产方式和制作流程以及市场应用与需求都发生了很大改变，主要呈现为互动虚拟化、影像超高清化、实时解算化、3D 成型化等特色，从各类数字载体到媒体终端都可见其身影，如：数字影像、电子游戏、互动媒体、网络办公、电子商务、展馆数字展现、产品三维成型等。动画市场对人才的需求也从基础型向精英型转变。

一、动画专业人才培养出现的主要问题

（一）学校课程体系构建求全求大与企业人才专精需求无法实现调和

动画专业隶属影视学科范畴，动画专业的发展需要该学科的专业群和课程群加以辅助。以动画影片创作为例，其包含了剧作、编导、分镜、设定、原画、动画、特效、合成、剪辑、音频编辑、输出等专业知识。简而言之，一部优秀的动画影片绝非一人能完成，而目前我校动画专业还是放置在设计学的学科架构之中，没有影视学领域类的专业门类支撑。

专业课程建设时考量到学生创作和就业的多样性，学校不得已只能求全而不能求精。为照顾学生发展方向的多样性，四年课程分别从专业基础、二维动画、

三维动画、影视摄制、多媒体制作、角色设计、动漫陶瓷衍生品设计等多方面入手，把一个专业的课程建设成一个学院的课程，这显然是不妥的。

学生所学知识虽然全且杂，但无法做到精通，更不用说与市场接轨。企业在用人的时候，首先考虑的是员工是否能胜任其岗位并产生盈利，不可能对毕业生进行工作能力培训。毕业后，学生不得不重新回炉自学或参加各类校外培训班学习，这势必造成时间资源的浪费和学校就业率的压力。

(二)将专业基础能力转变为实战能力的课程建设较为薄弱

因课程时长的客观限制，综合实践性课程安排只能一再压缩，让位于各类专业基础课程，并且专业基础课程与专业实践课程联系较少且滞后，此中的"联系"是指专业基础课程知识应用于专业实践创作课程中的应用联系。学校往往花费大量时间培养学生动手操作的能力，却因为应用的缺失造成所学技能生疏甚至是遗忘。如影视三维动画课程，全部学习时长约为十周，分两个学期进行，课程结束后，学生并无应用课程进行衔接，到大四毕业创作时绝大多数学生对其所学基本遗忘干净。

解决此类问题，关键还是增强课内与课后应用的环节，如实施校内导师制或工作室制，或联合作业制等。

(三)教学基础设施建设的投入无法跟上动画生产技术不断更新的需求

目前高校的发展状态一直滞后于市场的发展，还远没到引领市场发展的阶段。因此，此类教学设施投入的供需矛盾在国内所有高校都普遍存在。技术的革新与升级，对软硬件的需求变化在动画专业建设中尤为突出。以影视拍摄的摄像机存储模式为例，从胶片存储转变为磁带存储，再转变为光盘或硬盘存储，再转变为多媒体闪存记忆卡存储，已历经多代变化，其不同的存储方式，导致信号输入与输出也有天壤之别，其产生的影响甚至触及传统拍摄技法与视听关系。

从输出标清 720×576 模式到现在普及的高清 1920×1080，以及即将普及的 4K 甚至 8K 模式，影片的生产模式与流程势必也要发生巨大的变化，教学知识体系也会随之产生全面的更新。学校对软硬件的投入在经历一系列如申报、审批、招标、购买等流程后，设备到教学一线使用时就已经被淘汰了。不断地投入，但又不断地被淘汰，这是一个无底洞，这对任何高校都是一笔巨大的财政压力。如何利用好校内外协同教学的优势是解决此项问题的关键。

(四)教师自身缺乏对市场需求的实践工作经验，导致教学知识体系逐渐落后

教师来源基本是各高校甚至是国外高校的硕士研究生或博士研究生，在理论

研究方面有一定的能力，但绝大多数教师缺乏针对实际影视动画项目的实践，加之教学与科研的双重压力，业绩对论文与课题的偏重，导致教师无法投入更多的精力和欲望参与对动漫市场需求的实践工作。

缺乏对市场需求的实践经验，导致一些教师对市场需求认知的偏差，在教学体系中只能满足基本绘画能力或个别软件操作能力的培养。学生缺少对整个现代动画市场的宏观认识，针对项目的管理与流程无法开展相应的工作。这种逐渐落后的人才培养模式，造成了低水平重复竞争，学生就业形势严峻。这不得不促使教育工作者针对动画产业的发展和动画高等教育凸显的问题进行反思。

二、动画专业校外工作室协同教学的必要性与意义

学以致用，主动与市场相结合，积极参与市场竞争，是当下动画专业整体教学水平提升的有效解决办法。针对上述问题的症结，并结合景德镇发展的实际，建设校内与校外工作室协同教学是关键所在，也是其他高校高等教育发展的必经之路。

校外工作室协同教学，是指依托于学校母体，教师带领学生团队在校外开展工作室建设，承接市场实际项目进行工作，形成与市场接轨的创作团体或机构，在全方位接受市场竞争的同时，逐步形成成熟的动漫企业。通过与市场需求的互动，学生可逐步提高实战能力，更早地适应企业化管理模式，提高就业竞争力。

校外工作室及企业协同教学的必要性与意义有以下几点：

（一）有利于学生提早进行职业规划，提高就业效率

学生在进行全面课程学习的同时，可以结合自身发展方向和兴趣，利用课余时间投入到校外工作室的工作中。在面对市场需求的多样性时，学生可以通过实际工作检验所学知识是否掌握与熟练，也可在实际工作中对自身进行重新定位与认知，真正审视今后职业发展道路，为将来的工作作好铺垫。影视作品的创作分工较细，每个环节都要做好下步工序的衔接，学生在校外工作室进行创作实践时，可针对某一个环节，进行专门的应用实践，形成突出优势，这是在校内实践课程中所无法达到的。

（二）缓解教学投入的压力，有效整合教学资源，避免浪费

针对某些培养实际操作能力，且设备更新换代极快的课程可通过校外企业与工作室进行协同办学，这样可大大减少教学投入的压力，同时也减少因设备淘汰而造成的浪费。以电脑软件课程教学为例，随着网络教学课程的普及和各类视频

教学资料的丰富，中央美院、北京电影学院、清华美院等一流高校，都已取消了基础软件课程的教学，将其下放至周边的各类型培训机构中，如：首都师范大学成立的高等美术教育研究中心就是很好的案例。

高等美术教育研究中心主要承担首都师大数字艺术教学、全国高等院校师资培训和社会职业培训等工作。电脑软件培训进行模块式滚动教学，授课教师都是聘请动漫企业一线高技术人才对学生进行授课，学生可根据自身实际情况与兴趣自由安排学习内容与时间，通过考核后即可获得学分。该机构在运作上与学校财政独立，自负盈亏，所有教学设备也由机构独立承担，从而有效节省了学校在基础软件教学设备更新换代的投入。

(三)有利于教师专业实践能力提高，反哺于专业教学

校外工作室教师带领学生组建团队，主动与市场项目接轨进行实践，有利于加强教师与学生、学生与学生之间的互动，增强团队合作意识。在不断的项目挑战和团队互动联系中，真正达到"教学相长，相互学习"的目的，从而切实有效地提高教师专业实践能力，并反哺于校内教学中。本课题组在课题研究过程中，在校外创建工作室，不断参与社会项目实践，带领学生团队完成了景德镇多项重大项目，如：18集纪录片《匠心冶陶》的摄制、4集纪录片《景德镇》的动画创作等，这两部纪录片现已在央视纪录片频道和英国天空卫视播出，并在学习强国APP全国总平台展映。在实践的过程中，本人对纪录片的策划和镜头语言的运用有了更好的认识，对项目管理与资源整合能力有很大提高，这些认知为以后的专业教学起到了很大作用。

(四)有利于激发学生的学习兴趣，转变学习状态

校外工作室在对外不断实践过程中，逐步趋于成熟，其对项目运营过程的"承接、创意、设计、制作、输出"等流程，也给予学生深刻的印象，有利于学生树立经营意识、风险意识、诚信意识以及团队合作意识。同时，学生在校外工作室实践亦可获得相应的劳动报酬，通过知识的应用和实践付出所获得的成就感，可以进一步激发学生对所学专业的学习兴趣，促使学生从原有的被动学习状态转变为主动学习状态。

三、动画专业校外工作室的构建方式

(一)校外工作室创建目标的确定

校外工作室在一定程度上具有半脱离学校管理制度的社会属性，在潮流涌动

的社会服务中，如何不忘初心，是校外工作室创建之初就需确定的建设目标，这个目标也就是校外工作室的行动纲领。动画专业校外工作室建设的终极目标是推动动画高等教育的实践教学发展，促进动画专业实践型人才的培养向"专精"方向发展，同时服务好地方建设。

"术业有专攻"，教师需结合自身特长，确定工作室工作主体方向，切不可大包大揽，导致工作室发展方向不明，项目实践深度不够。

(二) 校外工作室的团队人员组成

校外工作室的创建主要以教师为主导带领学生共同创建，为保证实践项目顺利开展的技术能力需求与团队"传帮带"的梯队建设需求，学生群体由各年级学生组成，理想状态人数一般为 10 人为宜。团队构成模式为 1-4-4-2，即 1 名指导教师，4 名高年级学生、4 名中年级学生、2 名低年级学生。考虑到学生毕业的实际情况，建议以大二、大三学生为主。

实践项目过程中，教师主要起引导和把控全局作用，4 名高年级学生为创作主力，完成项目重点和难点的攻坚；4 名中年级学生为协同力量，配合高年级学长进行项目实践的制作过程；2 名低年级学生主要为预备队人员，学习创作流程与技术，并参与项目整理协调等杂项工作。

(三) 校外工作室管理制度的确立

"无规矩不成方圆"，校外工作室可借助学校科研服务平台，通过学校签订对外服务合同，进行对外项目合作。同时，工作室需建设完备的薪酬管理制度、项目文件管理制度、设备管理制度以及安全保障制度等。考虑到人员主体由学生构成，安全保障制度的建设尤为重要，以保障在工作室日常运行时，学生用电、饮食、交通和健康等方面的安全。同时工作室也需遵守学校对学生管理的相关制度，如作息制度、卫生制度等，这并不是团队建设的"紧箍咒"或绊脚石，良好的管理制度可以使团队成员的行为制度化、规范化，从而有效保障团队创作的顺利开展。

(四) 建立有效的沟通合作方式

工作室由人组成，人与人的交往必定会伴随误会和矛盾，通过积极有效的沟通可以化解不必要的误会和矛盾。教师应经常组织学生就项目运行中的问题进行交流探讨，通过交流将团队成员的思想、情感、信息、态度和学习经验进行整合，加强团队成员的相互理解和信任。在沟通过程中，教师应不忘工作室建设初心，站在更高的层面，面对团队中出现的问题，积极化解团队成员的矛盾，调节团队的情绪，引导学生寻找解决项目难点的突破口。建立良好的沟通环境，有助于团队凝聚力的增强，从而减少"内耗"。

各个校外工作室既有相互竞争关系，也具有不同团队相互合作的关系。在面对大型项目的时候，应充分认识工作室自身特色与工作方向，联系其他工作室团队共同解决问题。

四、动画专业校外工作室协同教学的建设阶段

动画专业校外工作室协同教学的建设与发展不是一朝一夕之事，需要从学生能力培养入手循序渐进，从易到难。通过校外工作室实践过程，并结合动画高等教育自身特色，课题组将校外工作室协同教学分为四个阶段。

（一）建设初期

此阶段是团队组建期，团队成员由于个人特长和能力不同，还无法协同合作，团队对于实现实践目标的方法和手段还处于摸索期。此阶段应重点放在团队合作能力的培养上，整合好软硬件资源，完善相应的管理制度，并就学生能力与特长分别加以引导，提高学生协同合作技能，适当组织学生通过简单项目进行必要的技能培训。

（二）技术积累与储备期

此阶段主要是围绕创作目标，培养学生实际动手操作能力，积累和储备开展实践型项目相关的操作技术。这个阶段是整个创作团队重要的建设阶段，通过模拟项目或简单易行的实际项目进行演练，逐渐适应实践项目的工作流程。此阶段以半年为宜，学生必须经历两至三个模拟项目才可进入实战项目创作中。

（三）项目实践期

此阶段主要是通过各类型与市场接轨的动画实践项目培养团队实战能力。同时在项目进行中，引导学生拥有分析和策划项目的能力，并熟悉动画产业运作模式，掌握前期策划、动画设计、动画制作、合成输出等产业环节中的各个流程与规范，树立行业规范意识，提高学生就业的竞争力。

（四）团队总结与轮回期

此阶段主要以分析已完成项目为主，总结项目开展过程中的优缺点，为团队的再发展和持续性发展作好准备。此阶段也是构建新的动画创作团队的前奏。

五、结语

动画专业校外工作室协同教学的建设是提高动画高等教育水平的必经之路，也是结合自身院校的发展规划与特色，所寻求的切实可行的建设方案。协同教学的实践绝非短期内就能取得成效，对人才的培养需要有充足的耐心和热情。通过校内外合作，循序渐进对学生加以引导，就能达到培养学生专业实践能力，提高学生就业的竞争能力之目的。

参考文献

[1]姚裕群．团队建设与管理[M]．首都经贸出版社，2013.
[2]张彦明．专业技术人员创新团队建设读本[M]．中国人事出版社，2012.
[3]高玉卓．团队凝聚力量[M]．中国电力出版社，2012.
[4]王万兴．动画专业实践型创作团队建设的构建研究[J]．科教文汇，2013(9).

基于抗菌陶瓷的微生物开放性实验设计及实践

刘　欣　唐燕超　李家科

　　摘　要：针对我校环境工程微生物学实验存在综合设计类实验项目偏少，学生参与度低的问题，结合本校陶瓷特色，我们设计了基于抗菌陶瓷的微生物开放创新性实验。该实验以抗菌陶瓷用的杀菌剂为研究对象，通过对实验内容的精心设计，达到培养学生掌握微生物实验基本操作技能及分析解决问题的能力。

　　关键词：抗菌陶瓷；开放性实验；创新能力；参与度

　　科学实验是认识世界的重要方式之一，是大学人才培养的重要手段，是理论教学的必要补充。相对于理论教学，实验教学更有助于培养学生动手能力及创新意识。当前，大部分院校的环境工程微生物学实验主要针对环境类专业的学生，而且实验项目多以验证性实验为主，综合设计类实验项目偏少，学生主动参与的积极性弱，不利于其创新能力的培养。开放创新性实验是一种新型的实验教学形式，其实验方案、实验时间均由学生自己确定，这有助于激发学生的学习兴趣，提升其创新意识及创新能力，是常规实验的有力补充。在当前"新工科"建设背景下，传统实验教学模式的改革迫在眉睫，需要重新设计以培养应用型人才为目标的实验教学体系。

　　本研究针对我校环境工程微生物学实验教学现状，结合本校陶瓷特色，设计以抗菌陶瓷为研究对象的微生物开放创新性实验（以下简称"开放性实验"），将材料与环境两专业有机结合，一方面，扩大了实验的参与对象，提高了实验资源的利用率；另一方面，不同专业的有机融合，可以激发学生的学习兴趣、拓宽知识领域、培养创新意识和创新能力。

一、微生物学实验教学现状

　　环境工程微生物学（以下简称"微生物学"）实验以具体的环境问题为依托，

以微生物实验技术为主要内容。目前，我校仅材料科学与工程学院环境工程专业的学生上环境工程微生物学实验课程，而环境工程专业每届仅两个班，导致该实验资源的利用率相对较低。微生物学实验更新速度较慢，实验内容陈旧，且多为验证性实验项目，缺乏创新性和拓展性，特别是开放性综合实验项目匮乏。此外，微生物学实验教学方法单一，仍以"教"为主，教师更注重的是知识点的解析与讲解，忽视了学生对实验内容的理解。因此，学生大多是机械地完成实验而缺乏自己的创新思维和思考，教学效果不是很理想。

二、微生物学实验教学改革建议

基于"新工科"建设要求和OBE教育理念，学校对人才的培养需适应行业需求，"适销对路"的应用型人才在就业时才能具备较强竞争力。应用型人才是指能将专业知识和技能应用于所从事的社会实践的一种技术技能型人才，具备熟练掌握社会生产或社会活动的基础知识与基本技能。与其他类型人才培养模式比较，应用型人才的培养具有以下几个特点：(1)知识结构按一线生产的实际需求进行设计。(2)能力体系以一线生产需求为核心目标，突出对基本知识的熟练掌握与灵活应用。(3)培养过程强调与生产实践相结合，更注重实践性教学环节。由此可见，实践性教学环节在应用型人才培养中起着重要作用。为了培养适应社会经济发展需求的卓越环保工程师，学校必须重视和强化实验教学的作用，对传统的微生物学实验教学进行改革势在必行。

三、微生物学开放性实验设计

选择抗菌陶瓷作为研究对象设计微生物学开放创新性实验，一方面结合了我校陶瓷特色，我校大部分专业都开设了陶瓷工艺学这门课程，若能增加相关实践性的教学内容，无疑能激发学生的学习兴趣；另一方面，不同专业知识的融合，可以拓宽学生的视野，促进其创新意识、创新能力的培养。

(一)实验开放对象

本开放性实验项目主要针对我校环境工程专业及材料类专业的学生开放，这样，环境微生物实验室面向的学生群扩大，一方面提高了实验材料的利用率；另一方面加强了不同专业的融合，拓宽了学生的视野。

(二)实验内容设计

"培养基的制备与灭菌""微生物的培养与接种技术"是微生物学实验必须掌

握的基本操作技能，将微生物的培养与抗菌陶瓷相结合设计开放创新性实验，是环境与材料两专业的融合，具有一定新意，能激发学生更浓的学习兴趣。具体实验内容设计如下：

1. 抗菌剂的制备

抗菌陶瓷是指一类具有抑制或杀死表面细菌能力的陶瓷，多为在陶瓷釉料中引入抗菌剂而制成。常见的抗菌剂又可分为无机抗菌剂和有机抗菌剂，用于陶瓷的多为无机抗菌剂，其中钼酸盐就是常用的一种无机抗菌剂。本开放性实验以钼酸锌(学生也可根据自己兴趣选择其他抗菌剂)为抗菌剂，实验设计要求以多种方法(水热法、共沉淀法等)合成钼酸锌。

2. 抗菌剂抗菌性能的测定

抗菌剂抗菌性能的测定可分为定性抗菌性能测定和定量抗菌性能测定两种。
(1)定性抗菌性能测定
a. 菌液的制备(即大肠杆菌的培养)：在乳糖蛋白胨液态培养基(配方：蛋白胨 10g，乳糖 5g，氯化钠 5g，1.6% 溴甲酚紫乙醇溶液 1mL，蒸馏水 1000mL，pH=7.2~7.4)中进行大肠杆菌接种，然后在生化培养箱培养 24h，得到所需大肠杆菌菌液。
b. 抗菌片的制备：将合成的钼酸锌(即抗菌剂)研磨后加入适量粘结剂，然后用模具压制成厚约 3mm、直径约 5mm 的试片即为抗菌片。
c. 定性抗菌性能测定：将抗菌片置于培养皿底部，然后倒入 30ml 稀释至适当浓度的大肠杆菌菌液，静置 24h 后观察菌液的变化(是否出现抗菌环)，并对抗菌剂的抗菌性能作定性判定(图 1)。

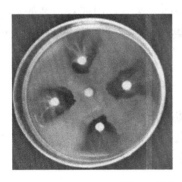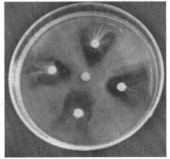

图 1　部分定性抗菌图

（2）定量抗菌性能测定

将上述定性抗菌测试后的菌液在牛肉膏蛋白胨琼脂培养基（配方：牛肉膏 0.75g，氯化钠 0.75g，琼脂 3g，蒸馏水 150mL，pH = 7.6）上培养，采用平板涂布操作，根据固态培养基上生长的菌落数定量评价抗菌剂的抗菌性能（图 2）。

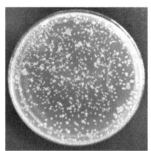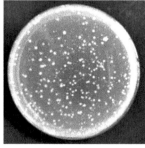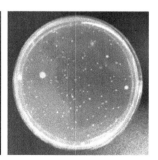

图 2　部分定量抗菌图

（3）实验结果的分析

根据定性抗菌抑菌圈和定量抗菌菌落生长情况对合成抗菌剂的抗菌性能进行评价，通过对合成抗菌剂工艺参数的优化，最终得到具有良好抗菌性能的抗菌剂。

（三）开放实验成效

目前，我校已经成功开设了"基于抗菌陶瓷的微生物开放性创新实验"项目，从学生对该开放性实验项目的报名响应情况来看，说明学生对它的接受度较高。

此外，与传统课堂实验相比，在该开放创新性实验过程中，学生的自主性得到了极大体现，无论是抗菌剂的制备还是大肠杆菌的培养与接种，都由学生自主设计与操作，对实验中出现的问题及时分析并加以解决，学生的综合能力得到了锻炼与提升。

四、结束语

针对微生物学实验现状，结合本校陶瓷特色，我校设计的"基于抗菌陶瓷的微生物开放性创新实验"项目，在激发学生学习兴趣的同时拓宽了视野，启发了学生的创新思维，培养了学生的创新能力，同时提升了实验材料的利用率，收到了较好的教学效果。

参考文献

[1]李宏志．地方应用型本科院校实验教学中存在的问题对策[J]．桂林师范高等专科学校学报，2016，30(5)：116-118.

[2]孙艳，胡洪营，等．环境工程微生物学研究型实验项目开发与实践[J]．实验技术与管理，2016，33(7)：217-219.

[3]安永磊，高淑贞，刘娜，等．开放性创新实验教学模式优化与实践[J]．实验技术与管理，2016，33(8)：21-23.

[4]杨毅红，何怀文，李琳．基于发光细菌的微生物开放性实验设计及实践[J]．实验科学与技术，2021，19(1)：87-92.

[5]刘翔，鲁逸人，季民．综合型实验教学体系在环境微生物实验教学的应用探索[J]．高校实验室工作研究，2017(2)：10-11.

[6]宋平，张伟伟，李婉珍，等．新工科与工程教育认证背景下生物工程专业微生物实验教学改革与实践[J]．广州化工，2020，48(4)：138-139.

[7]冯桂芳，许俊杰．微生物实验教学改革的探索与实践[J]．临沂大学学报，2016，36(6)：18-20.

[8]毛华明，张彬，唐晓宁，等．锌型复合无机抗菌材料的制备及性能研究[J]．人工晶体学报，2019，48(3)：505-513.

[9]李进，张星星，刘丰．立方形貌钼酸银的制备及其抗菌性能的研究[J]．广州化工，2020，48(4)：45-48.

基金项目　景德镇陶瓷大学教学改革研究基金项目：基于抗菌陶瓷的微生物开放性创新实验(项目编号：TDJG-20-Y49、TDJG-20-Y50)。

基于 Mobile Podcast 的研究生英语听说
第二课堂实践研究

刘　燕

摘　要：Mobile Podcast 作为移动技术在语言教学方面具有巨大的潜力，可为学生提供大量丰富的听说实践。本文探讨如何有效利用手机播客这一媒体技术创设不受时间、地点限制的第二课堂，延伸和拓展课时有限的英语听说教学课堂，创立第一课堂与第二课堂有机结合的研究生英语听说教学新模式，有效提高研究生的英语听说应用能力。

关键词：Mobile Podcast；研究生；英语听说能力；第二课堂

英语听说能力的培养一直是我国英语教育各阶段的短板。研究生英语教学的宗旨是使学生掌握英语这门工具，进行本专业的学习研究与国际交流，适应经济全球化发展的需求。语言交际能力的培养仅靠有限的英语课堂内的教学远远不够，第二课堂是整个教学体系中非常重要的一个组成部分，对于英语听说这门实践为主的学科，第二课堂尤为重要。Mobile Podcast（手机播客）移动技术在语言教学方面具有广阔的前景和优势，创设基于 Mobile Podcast 的研究生英语听说第二课堂，能有效延伸和拓展英语听说第一课堂，提高研究生英语听说的应用能力。

一、Mobile Podcast 之特性

随着网络媒体技术的日新月异，手机播客成为个性化时代的时尚新宠。Podcast 是一种使用 RSS（Really Simple Syndication，简易信息聚合）或 Atom（跨平台文本编辑器）技术通过互联网发送音频或视频内容的方法，所发送的音频或视频内容可以在移动设备和 PC 上播放，因此只要拥有手机就可成为手机播客，实现随时随地通过手机即时收听和制作播客节目。应用 Mobile Podcast 技术于英语听说教学具有以下特性：

（一）开放性与共享性

利用手机播客进行传播整个过程是开放的，无论是教授者或是学习者均可通过编辑和制作与听说教学主题相关的图文、音频、视频等在免费的空间里上传，实现优质资源的共享，弥补第一课堂课时有限的不足，学习者可有选择地下载他人提供的丰富多彩的听说材料进行拓展训练。

（二）互动性与自主性

基于 Mobile Podcast 的研究生英语听说第二课堂，教师和学生可不受时间和空间的限制，采用语音或图文的方式进行互动，加强师生间的情感交流。激发学习者从自身的兴趣点和观测点出发，自主制作个性化的音频或视频并发送到以班级为群体的线上英语听说第二课堂平台，供全体师生访问、浏览、讨论、点评，把英语听说能力的训练从第一课堂有效延伸和拓展到第二课堂。

二、基于 Mobile Podcast 的研究生英语听说第二课堂之实践

（一）第二课堂的建立

我们从 2021 级和 2022 级两届非英语专业研究生中各选取 2 个英语教学班级进行试点，每届学生持续试点一年，试点班在听说老师的指导下创建以班级为群体的线上英语听说第二课堂平台，全班共享，听说教师围绕听说课程教学单元的主题内容同步制定第二课堂的活动计划，以延伸和拓展第一课堂教学内容为指南，对学生下达听说训练任务，鼓励他们自主制作音频或视频上传至线上第二课堂平台，人人可访问、浏览、讨论、点评。学生制作播客的过程就是反复练习、追求流利、完美表达的过程；学生互动的过程就是强化听力和锻炼语言输出的过程，以期达到提高语言实际运用能力之目的。

（二）第二课堂的训练

遵循以学生为中心、以任务活动为模式和以播客视听材料为基础的训练原则，我们在训练后期对学生听说能力进行横向、纵向对比，考查其听说实践能力提高的情况。

训练案例一：我校非英语专业研究生英语听说教程采用的是上海外语教育出版社编辑的 *College English Listening & Speaking*，其第五册的第二单元的主题是 *Experiences*，在第二课堂的训练活动中围绕这一主题设计任务，布置每位同学以

音频播客的形式讲述一段个人经历，可以是难忘的、激励的、冒险的或悲惨的等。通过制作 Audio Podcast，打磨学生的语言输出能力，老师从每位同学各具特色的个人故事中，感受学生们的家庭、故乡、学习、友情、宠物、旅游等，也增进了同学们之间的了解，这项任务设计有效达到了提升语言运用能力之教学目的。

训练案例二：2021 级和 2022 级两届非英语专业研究生听说试点班的第二课堂有一个共同设计，即要求每位学生制作英文版 Video Podcast，内容不拘一格，以淋漓尽致展现个人才华。2022 级有位与唐代诗仙同名的李白同学，喜欢写诗记录生活和抒发情怀。他在视频播客中展示了四首原创诗作，其一，大一时感怀寒露时节离家：寒露连天雨/游子离乡去/浓浓故乡情/如风抚我衣。其二，大二时吐槽室友鼾声：一腔噬魂曲/两重断魂音/夜夜扰舍宇/声声乱我心。其三，2020 年阳春抒发因疫情封控居家的愁绪：淘气的鸟儿叫醒了我的清晨/我开了窗的蒙眼望去/是谁隐约的身影/三月的轻纱伴着你舞起/桃花儿的笑脸上胭脂粉红/柳树辫起了满头长发/连河水都随你跳动/原来 是 你/春天……/你拥有整个人间/而我呢/只有这洒过雨飘过风的空巷/和那株满枝香蕊的杏/春啊 春/你已如约而至/可我的花……还没开。其四，2022 年九月桂花飘香，有感背起行囊再次踏上离乡之旅：背起故乡的秋/牵住影子的手/再把桂香一唤/塞上半箱慌张/填下半箱惆怅/凑出一箱迷茫/那里同是秋天/满月也照屋檐/独缺我的思念。同学们欣赏完他的作品，点评他是当代李白！第二课堂的才华展示形式多样、内容生动有趣，譬如，展示配音天赋、歌舞才华、陶瓷手工制作技艺、运动特技等，同学们辛勤付出制作的播客作品兼具听觉和视觉冲击，能有效吸引同学们的访问和关注，激发讨论和点评，营造出轻松的语言实践环境和愉悦的情感交流方式，促进语言的流畅表达和听说能力的自然提升。

三、结语

充分利用 Mobile Podcast 的技术优势打造英语听说交流网络平台，可弥补研究生英语听说教学课堂语言实践的不足，改变学生练习听说的方式，帮助学生在听说训练过程中克服害羞、焦虑、恐慌等消极情感因素，使学生轻松、无忧、愉悦地参与线上第二课堂，通过第二课堂的任务制定，训练学生领悟、表达和沟通方面的基本技能，提高学生英语听说能力、思辨能力和创新能力，将被动训练转化为无负担、无压力的自主训练，增强听力自信度，提升表达个性化，有效创立第一课堂与第二课堂有机结合的研究生英语听说教学新模式。

参考文献

[1]郭雯靓．基于 Podcast 平台网络教研初探[J]．中国教育信息化，2011(7)．

[2]李燕．播客(Podcasting)在远程教育中的应用探究[J]．电子世界，2016(10)．

[3]王冬梅．Podcast 在口译教学应用中的效果[J]．科技视界，2014(23)．

[4]易红．试论如何利用播客开展英语教学[J]．兰州教育学院学报，2015(1)．

基金项目　基于 Mobile Podcast 的研究生英语听说第二课堂实践研究(项目编号：08071)。

基于校企合作的材料成型与控制工程专业
毕业设计多元化改革与实践

江　毅

　　摘　要：毕业设计是高校人才培养方案中重要的实践环节。本文以材料成型与控制工程专业学生为对象，以培养高素质应用型人才为办学导向，创新选题、项目、评价体系等模式，以提高学生实践能力和创新能力。

　　关键词：毕业设计；创新；实践

　　毕业设计是高校培养大学生创新思维和创业精神的重要实践性教学环节，也是全面检验学生在校期间所学理论知识和专业技能的重要手段。材料成型与控制工程专业因实践性比较强，要求毕业生不仅具备较高的计算机应用能力，还要有较强的实践操作能力。作为行业类应用型本科院校，景德镇陶瓷大学高度重视毕业设计过程管理，对材料成型与控制工程专业本科毕业设计环节进行了多元化改革，创新出一条过程管理考核及激励机制。

一、材料成型与控制工程专业毕业设计存在的现实问题

（一）对毕业设计重视程度不够

　　毕业设计时间基本上都跟考研复试、工作面试、毕业清考等相冲突，毕业生真正投入毕业设计的精力和时间十分有限，经常出现懈怠情绪。同时，毕业生前期学习习惯、努力程度不一样，导致水准参差不齐；加上部分学生对毕业设计不太重视，态度不端正，甚至相当一部分学生认为就是走形式，不求效果，从毕业答辩结果可看出，学生基本功差、工作不扎实、语言文字表述能力差、计算机制图能力差等问题广泛存在。

（二）选题缺乏创新性、无特色

　　确定选题是毕业设计环节的关键，是顺利完成毕业设计工作的先决条件，选

题必须严把科学选题关，强调选题的综合性、实际性和前沿性，最好能结合本专业、本行业研究的热点问题。目前大部分选题不够新颖，无创新性，无特色，不能及时反映模具设计制造领域的新材料、新技术、新工艺带来的新变化。

（三）与后续发展方向联系程度不够

由于受各方面条件限制，材料成型与控制工程专业学生毕业设计主要局限于教室、宿舍、机房，很少有学生在企业进行实地设计、现场设计等，导致学生工程背景的匮乏，实践能力差。以往毕业设计都是教师出题，学生选题，但是很多教师科研能力不足，积极性不高，导致题目没有新意，学生反感；同时学生缺乏主动性，大部分被动接受或在老师提供的现有选题中选择，这样就造成学生毕业设计与就业或深造方向不符。

（四）毕业设计过程管理与评价体系不完善

很多学校对毕业设计的重视度不高，对学生缺乏专业的指导与监控，难以全程有效掌控。指导教师能力水平层次不一，对毕业设计过程管理责任感不强，往往沿用旧的教学方法和考核方式，降低了毕业设计的管理水平。部分教师只注重学生毕业成果（论文、图纸等），忽视了其专业知识掌握情况，由此造成学生实践能力不足；同时，毕业设计的成绩评判过于宽松，答辩流于形式。

二、材料成形与控制工程专业毕业设计过程管理改革措施

（一）加强引导，提高认识

在平时教学过程中，教师应引导学生明确毕业设计的重要性；召开毕业设计动员大会、主题班会、高年级同学座谈会等形式，加强对毕业设计的教育、动员和宣传工作，提高对毕业设计重要性的认识；同时还要加大对毕业设计任务全过程监管，根据任务书内容，明确进度目标和要求，结合工作进度及时调整管理计划，确保毕业设计教学中的管理作业有效展开。

（二）毕业设计选题多元化

充分结合学生就业岗位或继续深造方向，毕业设计选题应多样化，紧密联系企业生产实际，不断提高科研项目与学科竞赛作为选题来源的比例，提前动员学生自主确定选题，建立多元化自主选题策划机制。鼓励支持学生到就业工作单位去完成毕业实习、设计，聘请具有中级以上职称的企业技术人员作为兼职教师，

充实学校的"双师型"教师队伍，讲授模具行业的最新技术和发展趋势，同时结合专业特点，对教学重点进行修订，在教学过程中引入行业发展的最新技术，让学生一进入工作单位即对陶瓷行业的新技术有充分的了解，避免所学与实际要求出现脱节的现象。针对继续深造的同学，提供多元化科研创新平台，让学生加入老师的科研团队，参与科学研究，进行创新思维训练，重点培养其科研方法及创新能力。

(三)强化毕业设计过程管理

学校教学管理部门和各学院应加强过程管理，抓好毕业设计(论文)的每个环节。在设计过程中成立督导组，深入到毕业设计(论文)各个环节中进行督促指导，发现问题及时与指导教师和有关部门负责人交换意见，出台保证毕业设计质量的相应措施。督导组成员每人按时检查，每一阶段结束后检查学生的设计成果；建立以评估和评优为动力的机制，狠抓阶段性检查，实施质量控制；建立科学的毕业设计(论文)考核办法，制定毕业设计(论文)成绩评定准则，对成绩非常差、未达到设计要求者坚决给予留级等。

三、校企融合发展，毕业设计多元化改革实践

毕业设计是培养计划中非常重要的实践性教学环节，是教育科研和社会实践的重要结合点。改革毕业设计教学环节，大力提高毕业设计综合训练的效率，对于提高学生的综合能力和增强学生的就业竞争力具有十分重要的意义。近年来，我校对材料成型与控制工程专业毕业设计教学环节进行了多元化改革与实践，取得了令人满意的效果，毕业设计质量和综合素质得到了有效提高。

2014年材料成型与控制工程专业依托东莞市横沥模具工业园中的南方冲压模具联盟，与园区企业东莞市中泰模具股份有限公司、天卓模具股份有限公司等公司签订产学研合作基地，每年有30多个毕业生下企业实习。5年来累计为企业培养了120多名技术人才，大部分人已经成为该企业骨干力量。同时东莞市中泰模具股份有限公司也是我们教育部卓越工程师培养计划合作单位。通过与企业的合作，不仅有效提高了学生综合素质和就业率，而且满足了企业对人才的要求，达到校企双赢。同时也加快了学校科研成果转化的速度，让更多的企业了解学校的科研力量与科研水平，为进一步加强与密切产研之间的合作拓展了一个广阔的前景。

四、结束语

通过建立产学研纽带，学生在学校的学习与科研、生产实际相联系，不但理论知识得到应用，综合素质得到提高，锻炼了学生的工作能力，也大大提高了学生的科研意识和创新思维，为有效培养工程应用型人才进行了有益尝试，取得了良好的社会效益。

参考文献

[1]陈志钢.新工科背景下材料成型及控制工程专业毕业设计教改探讨[J].科技创新导报，2019(21).

[2]庞宏.提高本科毕业设计质量的思考与实践[J].高教学刊，2019(2).

[3]赵通林，路增祥，郭小飞，等.工科专业毕业设计过程管理与质量评价[J].实验实习实训，2021(6).

[4]屈霞，邹凌.本科毕业设计过程管理的实践探索[J].中国电力教育，2016(16).

基金项目　景德镇陶瓷大学教学改革研究基金项目：材料成型及控制工程专业毕业设计创新模式的研究与实践。

主旋律微电影融入中国近现代史纲要
课程实践教学微探

——以景德镇陶瓷大学为例

许 亮

摘 要： 主旋律电影教学法是中国近现代史纲要（以下简称"纲要"）课程教学中广受学生欢迎的一种教学方法。如何将理论教学与实践教学紧密结合起来，是思政课教学改革中必须重视的一个问题。文章以"纲要"课程实践教学为研究对象，详述了开展主旋律微电影实践教学模式的实施过程与方法，以期为"纲要"课程实践教学模式的改革提供思考。

关键词： 中国近现代史纲要；实践教学；主旋律微电影

近几年来，笔者在我校从事"纲要"课程教学过程中一直非常重视主旋律影视作品融入课程的研究与实践工作。2013年申报成功的校级教改课题（"中国近现代史纲要"课程中主旋律电影的运用研究）经过5年的教学实践取得了预期的研究成果，结题答辩会上获得了答辩专家的高度评价，并被列为"滚动支持"计划。2020年开始，笔者针对"纲要"课程新大纲的要求，又对"纲要"课程中主旋律题材影视作品的运用作了进一步的探索，并首次在课程实践教学环节进行主旋律微电影剧本的创作与拍摄的尝试，以期为我校"纲要"课程的教学改革作一些有益探索。

一、在"纲要"课程实践教学中开展主旋律微电影创作是落实思政课立德树人目标的有益探索

一般而言，微电影主要是指"在各种新媒体平台播放的，适合在移动状态和短时休闲状态下观看的，具有完整策划和系统制作体系支持的，具有完整故事情节和诉求表达的类电影视频短片"。作为数字技术时代传统电影的延伸与创新，这种新颖的电影艺术形式因篇幅短小、内容丰富、制作成本低、故事性强、传播速度快等优势迅速风靡社会，受到大众尤其是青年大学生群体的追捧。顾名思

义，主旋律微电影即是受国家提倡，反映国家主流意识形态的新型电影作品。

"纲要"课程作为高校思想政治理论课必修的四大主干核心课程之一，一直以来在思政课教学中占据着突出地位。习近平总书记在多个重要场合都强调了历史学习的重要性，认为"历史是最好的教科书""中国革命历史是最好的营养剂"。与此同时，他也对思政课的教学工作做出重要指示，要求思政课的教学目标、课程设置、教材使用、教学管理等方面有统一要求，但具体落实要因地制宜、因时制宜、因材施教，结合实际把统一性要求落实好，鼓励探索不同方法和路径……要在教学过程中进行多样化探索，通过多种方式实现教学目标。基于我校以往的"纲要"课程中运用主旋律电影教学法的经验，在"纲要"实践教学课程中尝试让学生亲自编写主旋律微电影剧本和创作微电影作品，也是"因地制宜、因时制宜"实施思政课教学改革的一种有益尝试，而且，中国近代史尤其是中国共产党诞生以来的百年发展史有着丰富的创作素材，可极大满足青年学子们的创作欲望。因此，在当下全党全社会掀起"四史"学习的历史背景下，鼓励青年学子们创作反映党史题材的微电影作品，让他们在讲好党的故事、革命的故事、英雄的故事同时，"润物细无声"地厚植爱党、爱国、爱社会主义的情感，有利于青年学子树立正确的历史观、增强使命感和责任感，从而实现"立德树人"的价值目标。

二、"纲要"课程实践教学中开展主旋律微电影创作的具体要求

当前，主旋律电影已经是我国电影创作中叫好又叫座的主流品类。习近平总书记也多次在多个重要场合强调了利用好的文艺作品讲好中国故事的重要性，尤其是对国史党史教育方面，他强调：对中国人民和中华民族的优秀文化和光荣历史，要加大正面宣传力度，通过学校教育、理论研究、历史研究、影视作品、文学作品等多种方式，加强爱国主义、集体主义、社会主义教育，引导我国人民树立和坚持正确的历史观、民族观、国家观、文化观，增强做中国人的骨气和底气。因此，在"纲要"课程实践教学中开展主旋律微电影的创作活动可以很好地呼应习近平总书记系列讲话精神。实施过程中具体要求如下：

第一，剧本的创作要求。第一，原创性。所有剧本必须原创，不能有任何抄袭行为，学生上交的剧本须附查重报告。第二，创作主题要鲜明。剧本创作在深刻领会"纲要"内容的基础上，可以结合景德镇城市史（如先进的景漂创业故事、反映匠人精神的优秀工匠故事、方志敏及其领导的赣东北革命根据地的故事等）、景德镇陶瓷大学校史资料（张浩、汪璠、邹俊章等我校历史上的著名校长及围绕他们发生的教育救国、瓷业救国、科技救国的故事等）展开。选题的范围重点围

绕党史、新中国史、改革开放史、社会主义发展史展开。第三，具有可表演性和艺术性。剧本忌平铺直叙，要有一定的故事情节，且语言流畅，表达清楚，人物鲜明，结构合理，适合微电影的拍摄。第四，成立剧本创作小组，每组不超过 6 人，编剧、导演、场务、服装等角色要分工明确。

第二，微电影拍摄要求。每个自然班可以根据剧本创作的质量以及剧本表演难易情况，推荐 50% 比例的优秀剧本进行微电影的拍摄工作，演员可面向参加本学期课程学习的所有同学招募，不必受剧本创作小组及所就读专业限制。微电影的时长以 10 钟左右为宜，最短不能低于 8 分钟，最长不得超过 15 分钟。

第三，成绩评定原则。成绩由剧本创作和视频拍摄两部分构成，比重各占 50%。剧本评分由任课老师单独打分。视频拍摄的具体分数由老师和学生评委共同打分。学生评委的组成方式是每个参加拍摄的小组选一名代表参加，学生评委的分数去掉一个最高分，一个最低分，最后取平均分，占总分 50% 比重。具体评分标准见表 1、表 2。

表 1　主旋律微电影剧本创作评分表

项目	内　　容	剧组 A	剧组 B	剧组 C	剧组 D	剧组 E	剧组 F	剧组 G
剧本 格式 （20分）	有无剧情简介							
	是否有分幕							
	是否交代时间、地点、人物							
	背景、旁白、动作、表情、心理活动是否特意标识							
剧本 主题 （20分）	主题必须积极、健康							
	体现大学生视角							
	体现"四史"内容							
	选题新颖、不落俗套							
剧本 语言 （20分）	口语化							
	体现新时代大学生的特征，富有时代气息							
	语言流畅、表达清楚							
	表达准确（特别是表情、动作、心理活动等）							

续表

项目	内　容	剧组 A	剧组 B	剧组 C	剧组 D	剧组 E	剧组 F	剧组 G
情节设计（20分）	分幕合理，有层次递进关系							
	情节设计巧妙，富有悬念							
	烘托主题，思想有升华							
	人物入场吸引人，结尾令人回味							
其他（20分）	是否原创							
	是否适合微电影拍摄							
	剧本容量是否符合拍摄时长							
总分								

表 2　主旋律微电影创作评分表

项目	内　容	剧组 A	剧组 B	剧组 C	剧组 D	剧组 E	剧组 F	剧组 G
主题内容（20分）	主题是否明确？内容是否真实具体，健康向上，引人深思，具有一定的思想性和启发性							
语言表达（20分）	演员语言是否精炼，富有感染力？对话是否精彩							
人物形象刻画（20分）	人物形象刻画是否传神，能否展现角色的内心世界							
故事情节（20分）	是否跌宕起伏且逻辑清晰，结尾处是否有升华							
其他（20分）	拍摄场地、演员服装等选择是否准确？字幕、背景音乐等制作是否恰当							
总分								

除上述要求外，在整个实践教学开展过程中，老师与学生之间也将通过微信群、腾讯会议等媒介及时有效地开展沟通工作，主要工作包括历史文献史料的搜

集与整理、剧本的修改与完善、背景音乐的选取以及拍摄场地、道具租借等事宜的沟通等，从而确保剧本创作与拍摄工作获得预期效果。总之，这样的实践教学改革，打破了常规课堂以老师为主的"填鸭式"教学模式，而是时刻以学生为中心，让他们积极发挥主观能动性，也实现了师生之间的良性互动，起到了教学相长的作用。

三、在"纲要"实践课程教学中开展主旋律微电影创作的价值与意义

首先，提高了学生的自主学习和独立解决问题的能力。主旋律微电影的创作有严肃的主题，无论是围绕某个历史事件还是围绕某个英雄人物，必须要尊重客观史实。因此，学生在确定选题之后，首先要花大量的时间搜集、整理与研究相关文献史料，这对大一学生群体来说难度不可谓不大。为此，笔者在指导过程中，传授学生如何通过中国知网、读秀、中国国家图书馆网站、抗战文献数据平台等搜集第一手近代史料和最新的研究成果，此举极大地激发了他们探究历史真相的兴趣，也让他们感受到了自主学习带来的快乐。此外，剧本创作范式的理解与掌握，拍摄技巧与视频剪辑技巧等都需要学生们投入较大时间与精力去学习与感悟。总之，主旋律微电影的创作过程，不仅增长了学生们的历史知识，也激发了他们的学习主观能动性，提高了他们的学习兴趣，培养了他们独立分析问题、解决问题的能力。

其次，培养了学生的团队合作精神。主旋律微电影的剧本创作和拍摄工作涉及方方面面的工作，如资料收集与整理、剧本编写、导演、场务、配乐、角色分配与扮演、服装道具的准备、场地的选择、视频后期的制作与加工等，每一部分工作独立完成对单个同学来说都有不小的压力，需要小组成员通力协作才能在规定的时间内完成一份满意的实践课程作业。对于大一的同学来说，他们需要学习很多新的知识和技巧，同时还要注意相互之间的配合与协作，哪一个环节掉链子都会影响任务的顺利完成，因而同辈群体之间不仅需要默契，更需要相互鼓励与帮助，还要学会宽容与理解。

最后，提升了学生的审美能力。审美能力是一个人的重要能力之一。著名教育家蔡元培先生在百年前就曾提出过"以美育代宗教"的思想，以期用美育来陶冶人的情感，从而培养出人的高尚品格。而一个人审美能力的提高一定离不开艺术创作这类载体，而随着数字化时代的来临，电影无疑成为当下最受年轻人欢迎的艺术创作方式之一。因此，学生们通过自编自导自演这种形式拍摄主旋律微电影，不仅获得了新知识和新技能，也极大提高了自身的审美水平和审美能力。

四、结语

以上所述，是笔者近年来开展"纲要"课程实践教学的一些做法与体会。虽然通过主旋律微电影的创作与拍摄，实现了"纲要"课程理论教学与实践教学环节的无缝对接，培养了学生们的自主学习能力、团队合作精神和审美能力，也让他们逐步掌握了运用历史唯物主义的思维认识近现代中国的历史发展进程及其内在规律，从而初步达到了学习"纲要"课程的教学目的，但是，在教学改革过程中也存在着诸多问题，如部分小组创作主题不明确，剪切软件运用不熟悉，部分小组成员积极性始终难以调动，滥竽充数的结果必然导致最终成绩不高。总之，思政课教学改革永远在路上，希望笔者的探索有助于实现"纲要"课程教学的理论性与实践性、灌输性与启发性的统一，有效提升思政课的教学效果，帮助青年大学生坚定理想信念，成为未来中国特色社会主义事业的合格建设者与接班人。

参考文献

[1]郑德梅．微电影发展与创作研究[M]．山东人民出版社，2020：8.
[2]习近平．以史为鉴、以史明志，知史爱党、知史爱国[J]．求是，2021(2)：1-3.
[3]习近平．论党的宣传思想工作[M]．中央文献出版社，2020：385.

基金项目 景德镇陶瓷大学教学改革研究基金项目：主旋律影视资源进课堂，让思政课亮起来——"史纲"课程教学改革研究(项目编号：TDJG-19-Z05)。

基于 LabVIEW 的自动控制原理
虚拟实验平台构建方法

李晓高

摘　要：控制理论系列课程是工科院校自动化、机械设计、材料成型、热能工程和电子科学等专业的重要专业基础课，主要研究控制理论的基本概念、基本理论、基本分析方法和实际应用，除了理论教学外，实验教学也是其中不可缺少的环节。根据控制理论系列课程实验教学在开展实验过程中遇到的困难和实验教学改革的需要，本文分析了目前常见的虚拟实验系统，提出了基于 LabVIEW 的自动控制原理虚拟实验平台构建方法，应用 LabVIEW 编程语言实现了包含多个控制理论系列课程典型实验的虚拟实验系统。

关键词：虚拟仪器；LabVIEW；自动控制原理实验；虚拟实验平台

自动控制原理是很多专业的一门重要专业基础课，要求学生掌握自动控制系统的分析及设计方法，为设计和调试自动控制系统打下基础。在该课程教学过程中，实验是一项重要的教学手段，学生通过做实验，可以加深对所学知识的理解，提高动手能力，锻炼发现问题、分析问题和解决问题的能力。但是目前自动控制实验教学存在一系列问题，例如实验设备和实验场地数量有限，实验设备老化严重以及严重缺乏实验指导教师等，因此各种虚拟实验方法相继提出。

基于 Matlab 的虚拟实验系统，用软件模拟实际硬件的全部功能，可以解决自动控制原理实验中的一些问题，并在一定程度上提高了目前自动控制原理的教学效果。但是，由于 Matlab 的局限性，这些虚拟实验系统仅限于软件模拟，不能锻炼学生的动手能力和硬件调试能力，并且软件模拟实验给学生的印象并不如硬件实验那样深刻。另外，由于 Matlab 软件模拟往往需要学生对其有一定的熟悉和了解，这对低年级的学生来说比较困难，所以，试验效果一般。

随着虚拟仪器技术的出现和计算机技术的发展，采用 NI 公司的 LabVIEW 编程语言，我们开发出基于 LabVIEW 的虚拟实验系统，结合第三方公司提供的数据采集卡，对虚拟实验系统稍加改动就能够实现既可以在课堂上进行模拟实验，又能结合学校原有的硬件电路设备进行硬件实验的综合实验系统，可以显著提高教学效果和实验效果。

虚拟实验系统具有交互式人机接口和界面友好的特点。通过课堂上的模拟实验，可以更好地帮助学生理解、消化、吸收所学内容，解决教学及实验过程中的一些难点问题。

利用一套数据采集硬件设备，通过不同的软件编程，就可以实现多个仪器的功能。采用虚拟仪器技术，不仅大大节约经费，还可以有效提高实验室建设水平，为大学实验室建设提供了一条新的可行途径。虚拟仪器具有仿真的用户面板，学生通过操作虚拟面板就可学习和掌握仪器原理、功能与操作。虚拟仪器采集的是现场真实的物理数据，可通过与其他仪器、电路的相互配合，完成实际实验过程，达到与用实际仪器教学相同的实验目的。在很大程度上，虚拟仪器可以代替真实仪器进行实验教学。学生在进行实验时不必担心弄坏仪器，可以极大地提高学生的学习兴趣，激发学生自主学习的积极性。

本文采用了 LabVIEW 和 Matlab 的混合编程思想，通过在 LabVIEW 中调用和操作 Matlab 来设计自动控制原理虚拟实验系统。

一、实验项目设计的原理和方法

本文设计的基于 LabVIEW 的实验系统共有六个实验项目，包括一阶系统、二阶系统、校正系统、采样系统、频率特性、系统稳定性。现以二阶系统为例介绍实验设计的基本原理和方法。

（一）数学模型的建立

运动方程为二阶微分方程的控制系统称为二阶系统，二阶系统具有以下的一般形式：

$$T^2 \frac{d^2 c(t)}{dt^2} + 2\xi T \frac{dc(t)}{dt} + c(t) = r(t) \tag{1}$$

式中，T 为二阶系统的时间常数，单位为秒；ξ 为二阶系统的阻尼比，无量纲。

该二阶系统的传递函数为：

$$\Phi(S) = \frac{C(S)}{R(S)} = \frac{\omega^2}{S^2 + 2\xi\omega S + \omega^2} \tag{2}$$

式中，$\omega = 1/T$ 为二阶系统的自然频率，单位为 rad/s，则二阶系统的方框图如图 1 所示。

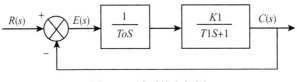

$$图 1 \quad 二阶系统方框图$$

(二) 单位阶跃响应

二阶系统在单位阶跃信号作用下的响应称为单位阶跃响应，由式 2 可得其输出的拉氏变换为：

$$C(S) = \frac{\omega^2}{S(S - S_1)(S - S_2)} \tag{3}$$

式中，S_1，S_2 是系统的两个闭环特征根。

阻尼比在不同的范围内取值时，二阶系统的特征根在 S 平面上的位置不同，其时间响应对应有不同的运动规律，下面分别加以讨论：

1. 欠阻尼响应

阻尼比 $1 > \xi > 0$ 时，系统的响应称为欠阻尼响应，其时间响应为：

$$c(t) = 1 - \frac{1}{\sqrt{1 - \xi^2}} e^{-\xi \omega t} \sin(\omega_d t + \beta) \tag{4}$$

式中，$\omega_d = \omega \sqrt{1 - \xi^2}$；$\beta = \arctan \frac{\sqrt{1 - \xi^2}}{\xi} = \arccos \xi$。

2. 临界阻尼响应

阻尼比 $\xi = 1$ 时，系统的响应称为临界阻尼响应，其时间响应为：

$$c(t) = 1 - e^{-\omega t}(1 + \omega t) \tag{5}$$

3. 过阻尼响应

阻尼比 $\xi > 1$ 时，系统的响应称为过阻尼响应，其时间响应为：

$$c(t) = 1 + \frac{e^{\frac{-t}{T_1}}}{T_2/T_1 - 1} + \frac{e^{\frac{-t}{T_2}}}{T_2/T_1 - 1} \tag{6}$$

式中，$T_1 = \dfrac{1}{\omega(\xi - \sqrt{\xi^2 - 1})}$，$T_2 = \dfrac{1}{\omega(\xi + \sqrt{\xi^2 - 1})}$。

(三) 动态性能指标计算

系统只有在欠阻尼条件下才能计算超调量 M_p、峰值时间 t_p 和调节时间 t_s 等性能指标。根据定义和欠阻尼单位阶跃响应表达式，可以导出由特征参数 ξ 和 ω 表示的性能指标计算式。

1. 峰值时间 t_p

峰值时间是从阶跃输入作用于系统开始到其响应达到第一个峰值的时间，表示为：

$$t_p = \frac{\pi}{\omega_d} = \frac{\pi}{\omega\sqrt{1-\xi^2}} \tag{7}$$

2. 超调量 M_p

超调量指阶跃响应的最大峰值超出其稳态值的部分，用百分比表示为：

$$M_p\% = e^{-3\pi}\sqrt{1-\xi^2} \times 100\% \tag{8}$$

3. 调节时间 t_s

工程上，当 $0.9 > \xi > 0.1$ 时，通常用下列算式近似计算调节时间：

$$t_s = \frac{3}{\xi\omega}\{\Delta = 5\%c(\infty)\} \tag{9}$$

二、虚拟实验平台的设计方案

(一)总体设计

虚拟实验平台的设计任务是应用 LabVIEW 编程语言构建自动控制原理课程所有的虚拟实验项目。考虑到涉及的程序较多，为便于管理，添加了登录系统和主程序。登录以后可进入主程序，主程序中包含了所有的自动控制原理课程实验，可以对它们进行有选择性的操作。为方便观察实验的输入输出数据，我们最后添加了输出报表部分。

(二)基于 LabVIEW 的虚拟实验系统设计

自动控制原理课程虚拟实验项目包括：一阶系统典型环节虚拟实验、二阶系统瞬态响应虚拟实验、系统校正虚拟实验、基于 LabVIEW 的采样系统虚拟实验、频率特性虚拟实验、基于 LabVIEW 的系统稳定性分析虚拟实验等六个实验项目，其设计流程如图 2 所示。

图 2　虚拟实验设计流程图

(三)用户管理程序设计

用户管理程序包括登录系统、主程序和输出报表。当用户在登录系统输入正确的用户名和校验码后可以进入主程序，其流程如图 3 所示；主程序包含所有虚拟实验程序，其程序框图如图 4 所示；输出报表的程序流程图如图 5 所示。

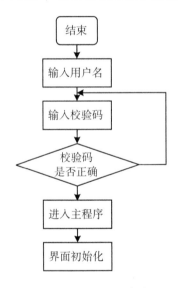

图 3　登录系统程序流程

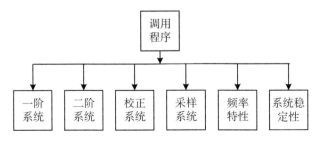

图 4　主程序结构

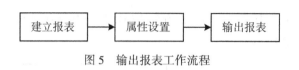

图 5　输出报表工作流程

三、虚拟实验平台设计效果

下面以二阶系统瞬态响应虚拟实验项目为例，介绍虚拟实验平台的设计效果。

（一）功能描述

本系统为自动控制原理中二阶系统瞬态响应的虚拟实验系统，当给二阶系统的两个结构参数分别输入不同值时，可以求出该二阶系统的动态性能指标并且可以输出该二阶系统的单位阶跃响应曲线。

（二）设计步骤

1. 面板设计

启动 LabVIEW，进入仪器编辑环境，建立仪器的面板，如图 6 所示，面板主要控件如下：

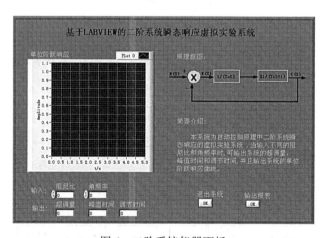

图 6　二阶系统仪器面板

5 个 Numeric 控件，功能是输入二阶系统结构参数 ξ 和 ω 的值，输出性能指标超调量、峰值时间和调节时间的值；1 个 XY Graph 控件，功能是显示二阶系统的单位阶跃响应曲线；2 个 OK Button 控件，功能是退出该实验和输出报表。

2. 程序框图设计

程序框图设计按以下步骤进行：

ⓐ 执行 Functions》All Functions》Analyze》Mathematics》Formula》MATLAB Script 操作，然后添加输入、输出变量。

ⓑ 执行 Functions》All Functions》Array》Reshape Array 操作，功能是将输出变量 t 和 y 的维数统一。

ⓒ 连线，完成后如图 7 所示。

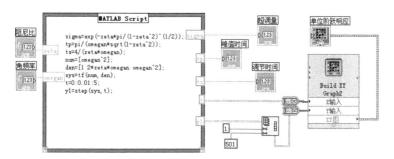

图 7　二阶系统程序框图

3. 保存，运行

欠阻尼、临界阻尼和过阻尼三种情况下的运行结果分别如图 8、图 9 和图 10 所示。

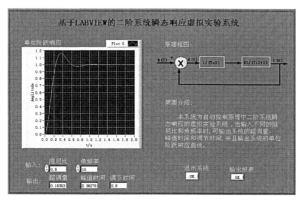

图 8　欠阻尼情况下运行结果

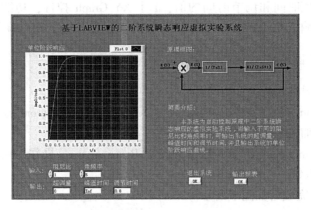

图 9　临界阻尼情况下运行结果

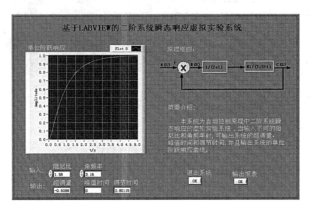

图 10　过阻尼情况下运行结果

四、结论

虚拟仪器技术是当今科学技术发展的重要领域，也是以后在各种工程、研究、教学等方面应用非常广泛的一项重要技术。本文设计了基于 LabVIEW 的自动控制原理虚拟实验系统，解决了各校在自动控制原理实验教学中遇到的困难。

基于虚拟仪器的实验教学系统有以下优势：

仿真的实验界面加强了学生实验的真实感。通过设置不同的参数，学生可观察各种实验过程，分析参数的变化对实验结果的影响。

采用基于虚拟仪器代替传统实验仪器，减少了对硬件设备的需求，降低了实验系统的成本。

将基于 LabVIEW 的自动控制虚拟实验系统应用于"自动控制原理"的教学，

使学生能直观地领会和理解自动控制原理课程的分析方法和处理结果，对调动学生的学习积极性以及提高学生的实验效果和实验兴趣均有相当的作用。

参考文献

［1］胡寿松．自动控制原理［M］．科学出版社，2015．

［2］刘瑞歌，宋锋．基于虚拟仪器技术的自动控制原理教学实验平台［J］．自动化与仪器仪表，2011（4）：171-173．

［3］田思庆，侯强，王越男．基于 LabVIEW 的"自动控制原理"实验教学平台［J］．电气电子教学学报，2019，41（2）：135-138．

［4］孙斌，赵玉晓，张新娜．基于虚拟仪器的自控原理实验教学软件开发［J］．实验技术与管理，2012，29（5）：105-108．

［5］潘建伟．基于 MATLAB 的自动控制原理虚拟实验平台［J］．电子技术与软件工程，2021（3）：47-48．

［6］朱婕，韩芳．MATLAB 在"自动控制原理"实验教学中的应用探析［J］．山东工业技术，2018（10）：203．

［7］王庆凤，谢田雨．基于 LabVIEW 和 MatLab 物理模型的自动控制原理课程虚拟实验教学平台的搭建［J］．中国现代教育装备，2018（17）：1-3，6．

基金项目　景德镇陶瓷大学教学改革研究基金项目：基于虚拟仪器技术的控制理论系列课程实验教学改革的研究与实践。

基于VR技术的高校工科专业实验教学改革探索

——以景德镇陶瓷大学材料化学专业为例

李家科　刘　欣　王艳香　范学运　郭平春

摘　要：针对我校工科专业实验教学特点及存在的问题，本文以材料化学专业为例，探索将VR技术应用于该专业实验。通过模拟的实验环境和操作，学生在自主、交互的虚拟环境中完成耗时长、潜在危害大、设备昂贵等特点的专业实验，不仅丰富了教学方法，而且改善了学生的学习体验，有效激发其学习兴趣，提升学习效果。

关键词：VR技术；专业实验；教学改革；工科

高校实验教学是理论教学的重要补充，是培养学生动手能力最直接的方式。相对于理论教学，实验教学具有生动、直观、灵活的特点，易激发学生的学习兴趣，从而加强对理论知识的巩固。受传统观念的影响，目前实践教学仍是高校人才培养过程中普遍存在的薄弱环节，如存在实验设备陈旧、实验内容更新慢、教学形式单一、考核机制不全面等问题。在当前"新工科"和"工程教育专业认证"等背景下，国家对人才的需求提出了更高要求，学生除了具备专业基础知识外，还必须具有解决工程实际问题的能力，而实践教学（特别是专业实验）在培养学生专业技能、创新思维、团队合作等方面起着非常重要的作用。

VR（Virtual Reality，虚拟现实）技术是一门综合多种（计算机、多媒体、传感、人工智能等）技术而集成的综合性技术。用户可以在虚拟环境中与三维对象互动，从而得到身临其境的感受与体验。目前VR技术已广泛应用于航天、军事、教育、医疗、娱乐、商业等领域。在教育领域，基于VR的虚拟仿真实验，是通过模拟真实的实验操作环境和操作对象，使学生在自主、交互的虚拟环境中通过多种方式（观察式、体验式、操作式）来完成实验的。工科专业实验往往具有实验时间长、潜在危害性大、实验成本高等特点，将VR技术引入工科专业实验教学中，不仅能克服这些缺陷，还可以使学生得到全新的学习体验，进而激发学习兴趣，提升学习效果。

一、材料化学专业实验教学现状

材料化学专业是我校材料科学与工程学院主要专业之一，该专业主要研究新型材料在制备、生产、应用和废弃过程中的化学性质，研究范围涵盖整个材料领域，是根据材料的基本理论和方法对工业生产中与化学有关的问题应用基础理论和方法进行研究以及实验开发的一门学科。其核心课程包括：无机化学、分析化学、有机化学、物理化学、材料科学基础、材料化学、陶瓷工艺学、材料研究与测试方法等。学生在大一、大二(上学期)阶段主要学习一些基础课程，涉及的实验主要包括四大化学实验，即无机化学、有机化学、分析化学和物理化学的相关实验。这些实验又可称之为基础实验，其目的是使学生了解实验安全要求，熟悉仪器设备，正确配制药品，规范基本操作，掌握实验方法等，即该阶段主要任务是夯实实验基础。大二下学期开始涉及专业课程的学习，如：材料科学基础、材料化学、材料研究与测试方法等课程，实验即为专业实验。与基础实验相比，专业实验具有专业知识强、综合设计性占比高、仪器设备价格昂贵且操作复杂、实验耗时长等特点。目前大部分专业实验的教学仍"以教师为中心"，少数综合设计性实验由学生自主确定实验方案，但大多被局限在一定范围内，没有真正做到"以学生为中心"，学生的自主创新意识没能得到充分锻炼，探究欲望不强，不利于本专业人才的培养。因此，本专业实验教学改革迫在眉睫。

二、材料化学专业实验教学改革探索

(一)改革实验教学模式

专业实验是在学生已完成基础实验且掌握一定实验操作技能的基础上开展的实验项目，实验类型多为综合设计性实验，采用传统的"以教师为中心""以教为主"的教学模式，导致学生自主性不足，不利于其各种能力的培养。基于学习成果导向的"以学生为中心"的教学模式，能充分尊重学生的成长规律，把握学生各阶段的学习特点，重点培养学生的核心能力和素养。针对材料化学专业实验的特点，可探索"以学生为中心"的教学模式，让"教"服务于"学"，借以充分调动学生的积极性和自主性，激发其创新思维和创新能力，提升其综合素质。

(二)丰富实验教学方法

教学活动是师生互动的沟通活动，教学方法包括教师教的方法和学生学的方法两大方面，是教与学的统一。教学方法直接影响教学质量的好坏与人才质量的高低。目前，我校实验教学方法较单一，普遍采用"板书+讲解+演示"的模式，我们探索将多种教学方法如讲授式、启发式、探究式、参与式、虚拟仿真（VR技术）等相结合，使实验教学方法更丰富，提高了学生参与实验的积极性。针对不同类型的实验项目，可以采用不同的教学方法。如验证型实验，往往是检验一个已知结果的正确性，其目的是培养学生的实验操作、数据处理等技能，探究性不强，采用传统的"板书+讲解+演示"的教学模式即可；综合性实验是指实验内容涉及相关理论课程综合知识的实验项目，学生需要运用一门或多门课程的知识、技能和方法进行综合训练的一种复合型实验，显然传统的实验教学模式不再适合这类实验项目。根据这类实验项目的特点，可以采用"启发式+探究式"相结合的教学模式。一方面，教师可以根据实验目的提出相关问题启发学生思考，活跃思维。另一方面，学生可以根据不同思路制定不同的实验方案，探究式地开展实验，并分析讨论实验结果。这种有针对性的多种教学模式相结合的实验教学方法必将取得更好的教学效果。

（三）优化实验评价机制

实验成绩是教师根据学生在实验中的表现及实验报告的完成情况给予学生的总体评价。材料化学专业实验成绩的评定主要由预习报告、实验操作、实验报告三大部分组成，即所有的实验项目均按该评定体系给予成绩。材料化学专业实验由材料化学专业实验一、材料化学专业实验二和材料化学专业实验三组成，对应多门理论课，如材料科学基础、材料化学、粉体工程、材料研究与测试方法等。实验类型又分为验证型、综合设计型、演示型三类，特别是对应"材料研究与测试方法"的实验，由于仪器设备的特殊性（价格昂贵、操作复杂、台套数少等），其实验项目多为演示型，这类实验主要由教师讲解实验原理及操作方法并进行操作演示，学生无须动手操作，而实验成绩的评定中仍有"实验操作"部分，显然不合理。另外，对于综合设计性实验项目，实验方案的拟定较为重要，应该在成绩评定中予以体现。因此，针对不同类型的实验项目，可以灵活地采用不同的评价机制，使实验成绩的评定更加科学。

三、VR 技术在材料化学专业实验教学中的应用

VR 技术在教育领域已经得到了较为广泛的应用，基于 VR 技术的虚拟仿真实验平台得到广泛建设。近年来，我校也进行了一些虚拟仿真实验平台的建设，并取得较好的教学效果。针对材料化学专业实验的特点，可以在相关实验中引入

VR 技术，弥补传统教学方法的不足，提升教学效果。

如"燃烧法合成纳米陶瓷粉体"是材料化学专业实验一的实验项目，该实验需要将配置好的前驱体溶液置于一定温度的马弗炉中（一般≥500℃）中，随后溶液发生燃烧反应。该反应具有反应剧烈、易爆、迅速等特点，操作者需佩戴防护眼镜和手套，加之反应时间短（仅仅十几秒钟），学生在操作时往往带有较重恐惧心理，易造成溶液洒泼、容器破损等问题，影响学生的体验感和参与度。因此，可以在这些具有潜在危害大、操作条件较苛刻的部分引入 VR 技术，通过构建三维虚拟实验环境，学生在虚拟空间中无伤害地完成相关实验操作，并允许出错和重复操作，以便熟练地掌握相关操作技能。

又如"X 射线衍射仪原理与结构"是材料化学专业实验二的实验项目，为演示型实验，用到的仪器为 X 射线衍射仪。该仪器具有精密度高、价格昂贵、操作复杂且台套数少的特点，主要采用教师讲解、学生观看的教学模式，学生的参与性差，教学效果不理想。若能采用 VR 技术将 X 射线衍射仪的内部结构及工作原理展示出来，并在虚拟的环境中完成相关材料的测试与分析，将会取得更好的教学效果。

同样，在材料化学专业的其他实验中，有的实验具有反应时间长、化学试剂污染危害性大、实验操作复杂等特点。若能针对性地引入 VR 技术，不仅能解决这些问题，还能带给学生全新的体验感，使他们参与实验的积极性得以提高。

四、结束语

高校的实践（特别是专业实验）教学是培养学生动手能力、创新思维的重要途径之一，可以根据实验项目的特点，有针对性地将 VR 技术引入实践教学，既丰富了教学方法，弥补传统教学方法的不足，又可改善学生的学习体验，激发学习兴趣，提升学习效果，从而实现提高教学质量的目的，因而，该方法具有重要的研究和推广价值。

参考文献

[1]任俊鹏，龙福国，王莉霞，等．高校材料科学与工程专业实验教学创新改革探索[J]．山东化工，2020，49（2）：181-182.

[2]郑庆华．新工科建设内涵解析及实践探索[J]．高等工程教育研究，2020（2）：25-30.

[3]周屹．全沉浸式 VR 技术在高校艺术设计专业实验教学的改革与实践[J]．高

教学刊，2020(24)：139-141.

[4]刘春宇，张莹，张挺耸，等．5G 网络下虚拟现实技术在高等院校实验教学中的应用[J]．教育观察，2020，9(17)：117-118.

[5]刘慧生，芮海云．"以学生为中心"的新建地方高校实验教学改革研究[J]．高教论坛，2019(6)：94-95.

[6]李劲松．高校工科专业实践教育课程教学方法探索[J]．大学物理实验，2019，32(6)：118-121.

[7]李顺，王震，温柳，等．虚拟仿真实验教学中心的发展现状探析[J]．科教文汇(下月旬)，2019(5)：77-78.

[8]杨梅，任重远，黄秋婷，等．地方高校转型背景下工科专业实验教学改革与实践[J]．吉林化工学院学报，2019，36(2)：26-29.

[9]李小林，徐剑坤，潘程奇．虚拟现实技术在高校实践教学中的应用研究[J]．教育教学论坛，2018(6)：140-141.

[10]李清富，景蓝，刘晨辉．对高等工科教育人才培养现状的思考[J]．教育教学论坛，2020(1)：191-192.

基金项目 1. 景德镇陶瓷大学教学改革研究基金项目：基于 OBE 理念的环境工程微生物学实验教学改革探索与实践(项目编号：TDJG-20-Y50，TDJG-20-Y49)。

2. 景德镇陶瓷大学虚拟仿真项目(项目编号：TDJG-20-04)。

应用型人才培养的实践教学体系研究

——以景德镇陶瓷大学会计专业为例

黄惠喆

摘　要：景德镇陶瓷大学作为构建景德镇国家级陶瓷文化传承创新试验区的主要建设者，同时也是试验区人才的主要提供者，办学定位为应用型本科教育，且毕业生主要服务陶瓷行业与地方经济发展，为企业输送具有扎实知识功底和较强实践能力的高素质专业人才。本文通过个案介绍，针对应用型人才培养方案，以实践课程的模块构建为突破口，欲改变当前重理论课程的人才培养标准体系，从而构建人才培养的全面课程体系。

关键字：应用型人才；实践教学；教学体系研究；会计专业

一、应用型人才培养的目标定位

"培养什么人、怎样培养人、为谁培养人"是教育的根本问题。"三级"（国家、学校、专业）培养目标即国家级培养目标为培养德智体美劳全面发展的社会主义事业的建设者和接班人，学校的培养目标和专业的培养目标则因校、因专业而异。对于行业院校人才培养目标则有更深一个层次，即培养能够在该行业中胜任一线工作的技术和管理人才。培养目标应以解决问题为导向，使办学方法、专业设置、教学内容等与行业和企业紧密联系。

对于应用型人才培养，首先，应用型人才侧重实际操作能力，可以将所学的理论知识运用于实践。其次，应用型人才毕业后能够胜任该行业相关领域的工作，并且能够在毕业 3~5 年以后在该行业有长足的发展或者成为行业的中坚力量。最后，行业特色高校本科专业人才培养体系应进行全面性、创新性、国际性的提升，确保应用型人才培养质量。

二、景德镇陶瓷大学会计专业的实践教学体系建设现状

(一)理论课程与实践课程紧密结合

管理与经济学院非常注重实践课程的培养，在 2019 年版人才培养方案中，学院各专业设置的实验学分均超学科总学分的 20%。在各专业本科培养方案中，均设置了跟课实验、独立学科实验、校企实验等实践性课程(表 1)。

表 1　管理与经济学院部分专业主要实践性教学环节一览表

专业名称	实践课程名称
会计	陶瓷企业认知实习、基础会计实验、中级财务会计实验、成本会计实验、财务管理模拟实验、会计综合模拟实验
财务管理	陶瓷企业认知实习、企业模拟经营实验、财务管理模拟实验、基础会计实验、银行业务模拟实验、证券模拟实践、会计综合模拟实验
国际经济与贸易	外汇模拟实践、证券模拟实践、商业银行业务模拟实验、外贸实训、外贸单证实训、跨境电商模拟实践、陶瓷企业认知实习
市场营销	市场调查与预测实践、商务谈判实践、推销实践、网络营销实践、营销策划实践、市场营销模拟实践、陶瓷企业认知实习

管理与经济学院结合本校特色，适应经济发展需求，对人才的培养方案做出新修订。学院依据培养应用型会计人才的目标，构建"会计专业+校企合作+外语+创新能力"的人才培养模式；着力培养理论基础扎实，实践能力较强，具有国际视野、创新精神，德智体美劳全面发展的高素质应用型、外向型会计专门人才。

(二)注重双师型教师的建设

师资队伍直接决定教学效果，为实现高质量的实践教学质量，学校应当组建相匹配的教师队伍。授课教师应该胜任其工作，帮助学校实现培养方案的目标。

目前管理与经济学院专兼职教师共 26 名，20 名教师对其所授课程拥有实务从业经历，其中双师型教师 4 人。另外，兼职教师主要是我校的计财处、审计处等岗位员工，他们具有丰富的实践经验和较强的实践动手能力，职业认知感强。

（三）与职业资格认证挂钩

职业资格证书是反映劳动者具备某种职业所需要的特定能力、专门知识和工作经验的证明。它是劳动者求职、任职、开业的资格凭证，是用人单位招聘、录用劳动者的重要依据之一。一些高校通过与职业资格认证机构合作，设置了相应专业，例如会计专业 ACCA 方向，当学生毕业后，参加相应的 ACCA 考试可以免去 6 门或 9 门科目的考试。

景德镇陶瓷大学管理与经济学院目前尚未与职业资格认证机构进行互相认证，但教师在课程授课时考虑到职业资格考试内容，在教材使用、大纲设置、教学手段等方面都尽量与职业考试相贴合。例如，中国注册会计师（CPA）资格考试，考试科目为会计、审计、财务成本管理、税法、经济法和公司战略与风险管理等 6 门课程，景德镇陶瓷大学会计专业针对 CPA 资格考试开设了基础会计、中级财务会计、高级财务会计、成本会计、财务管理、税法、经济法课程。其中，税法、审计课程的教材每年使用的是中国注册会计师协会出版的官方教材。

（四）利用学科竞赛推动实践能力提升

学科竞赛是一种以赛促学的方式，对于学校和专业而言，可以促进学科建设和课程改革；对于高校教师而言，可以促进学生理论联系实际、创造性思维等多方面能力的提升。

管理与经济学院专门成立学科竞赛办公室，着重关注学生参与竞赛的情况，鼓励教师积极组织学生参加各项比赛。在会计教研室，多名教师积极组织、率领学生参加各类会计技能竞赛，以赛促学，在比赛中促进学生理论知识的吸收（表 2）。

表 2　管理与经济学院会计专业部分学科竞赛成绩一览表

学科竞赛名称	成绩
第二届全国应用型本科会计技能竞赛	全国三等奖
2022 年全国本科生会计技能竞赛	全国二等奖
江西省第二届大学生管理案例分析大赛	二等奖
江西省福斯特杯大学生数智财税技能创新大赛之会计分岗竞赛	二等奖
江西省福斯特杯大学生数智财税技能创新大赛之税务分岗竞赛	一等奖

（五）企业精英进课堂

专职老师在学校申请"产业精英进课堂"项目，邀请企业中的优秀人才、精英到课堂为学生进行教学讲解，这样能让学生在学习理论知识的同时了解当前的专业工作状况、企业情况，也能对学生的择业方向产生引导。这也是除了实践课程以外，学生能近距离接触实务的一种方法。

三、景德镇陶瓷大学会计专业实践教学体系建设的不足

（一）实践课程设置的滞后性

在 2019 年版人才培养方案中，实践课程内容比较陈旧，内容缺乏创新以及多样性。一方面，在实践课程的设置时有些实践课程出现了交叉重复的内容，仅仅强调了单项内容的训练，而忽略了专业实践课程的系统性。例如，会计专业设置了基础会计与中级财务会计实训课程，但这两门实践课程在手工账目、财务报表编制等方面，存在着不同程度的重复。

另一方面，会计专业的培养方案呈现重理论轻实践的现象，虽然实践课程的总学分占比超过 30%，但毕业实习、毕业论文等课程也包含在实践学分当中。而专门的会计专业实践课程，针对基础的会计手工做账所占课时较多，成本会计、会计电算化训练等所占课时相对较少，而管理会计、财务分析、ERP 沙盘战略分析实训课等没有出现在会计专业的培养方案中，这在很大程度上限制了实践教学的深度和广度，达不到专业应用技能培养的要求。比如税法课程，并未涉及任何纳税相关的实践课程。

（二）师资队伍实务能力的偏弱性

当前会计教研室的"90 后"教师均为海归留学人员，青年教师多数从学校到学校，从理论到理论，理论知识功底较强，但技术应用能力相对欠缺。

年长教师的教学经验比较丰富，但部分年长教师的从业实务经历时间比较久远，也缺乏会计实务的同步更新。总的来说，管理与经济学院会计专业教师的实务能力偏弱。

（三）实践基地难以满足的局限性

当前学院签署的实践基地基本是作为大四毕业实习时可供选择的实习公司，除此之外，大学的 1~7 学期，学生并不接触实习基地企业的工作。实习基地本

就是为了给学生提供更多的实习机会而签署的，故此在 1~7 学期，也应鼓励学生在寒暑假期间进行实习，如此能更好地了解自己专业的工作事宜，为以后的求职打下基础。

（四）缺乏面向国际的创新性

在会计专业的培养方案中，实践课程目前设置还比较单一，仅仅是针对我国目前的会计实务知识进行学习、训练。但在当前国际经济一体化情况下，实践课程应该迎合当下的形式，着重多元发展，推向国际化、创新性。在这样的教学目标之下，实践课程建设应当以"面向国家需求、面向国际、面向现代化"为理念指导，建立系统化、专业化、国际化的实践课程框架体系。

我校会计专业目前只在理论课程中设置了国际会计、国际贸易等选修课程，还未设置国际性的实践课程。

（五）实践教学考核方法的单一性

景德镇陶瓷大学会计专业的实践课评价方式，一般采用实践课程出勤率、完成情况、完成正确率以及实验手册日记及总结内容确定学生最后的总评成绩。通过以上一系列的人工评阅，学生虽能知道自己最后的成绩，但并不能得到实训内容正确率的反馈。例如，会计实训中的手工做账项目，学生并不能通过成绩得知自己的手工账页分类是否正确、财务报表呈现是否正确等。所以，在这样的考核方式下，实践课程仅仅是进行了一次操作训练，学生却不能在实践中提升自己。

四、对景德镇陶瓷大学会计专业实践教学体系建设的建议

（一）细化人才培养，构建点—线—面—体的多维度的培养方式

2019 年新版的人才培养方案，结合专业特征，应当从培养的对象、主体、过程上全方位把控。从对象上看，要着重提升学生的基础知识能力、实践运用能力；从主体上看，学校不再是培养会计职业人才的唯一主体，政府、企业、银行等各类主体可以融入教育和培养全过程，促进知行合一；从过程上看，要推进点—线—面—体全方位能力的养成，以基础知识为点，运用能力为线，综合素质为面，打造合格的综合体。

（二）打造实务高水平教学团队

要想培养出高水平的财会人才，就必须有一批熟悉国际会计准则及擅长跨国

金融市场运作、国际间投融资、资产管理、会计实务、审计等实务的师资队伍人才。学院需要充分发掘师资中具备这些能力的力量，以这些教师为中心，开展教学团队建设，从而促使高素质教学团队的形成。

专职教师应当充分发挥专职优势，根据研究主攻方向，推动从课堂走向实践，向"双师型"教师发展；参加职业资格认证课程的学习，全面提升自身的综合知识、能力结构，真正成为教学的中坚力量。

对于兼职教师，充分发挥兼职教师实务能力强的优势，引导兼职教师指导实践课程以及学科竞赛，从而促进实践教学。

(三)产学研融合，引导校企深度合作

人才培养模式要符合地区、行业需求，不能单一依靠学校，还需要政府、企业的参与，做到三方深度结合。这种校企合作要摒弃以往派学生到企业"走一圈""看一看"的简单模式，要让企业真正参与整个会计人才培养过程，通过产教融合、校企合作，将企业中的实践实操引进校园课堂，使教—学—做过程真正融会贯通，实现"在做中学"。

(四)实践课程的多样性、创新性及国际性

针对目前会计专业的实践课程，一方面，应该开拓思路，不断丰富实践性课程的内容形式，开发出既能吸引学生，又能达到教学目的的实践方法。只有课程形态多样，才能实现实践课程设置的目的。

另一方面，将国际化观念融进实践课程之中。具体是指在国际化观念的指导下，把国际性、跨文化的观念融合到实践课程中。国际化实践课程应该具有国际视角，专业水准与国际先进水平接近、接轨。比如，在澳大利亚某大学的 MPA 专业，会计课程中设置了一个跟课实习，学生将进行为期 1 个月的企业账目训练。具体情况如下：学校与企业签署协议，企业会将 1 个月的门店流水、经济业务等事宜，每天发送到实践平台。学生每天登录实践平台，查收企业每天发生的经济事项、经营流水，并在系统中进行处理，登记入账等。1 个月时间结束后，学生将在实践平台上生成月报，并总结当月的企业经营、财务、管理问题。最后，学校老师会登录实践平台对每位学生所作的处理进行打分。

(五)实践课程考核方式的更新

目前管理与经济学院会计专业的实践课程，基本都是手工账目的训练，手工账页内容多、翻看复杂。引进以上类似的实践课程，既能全面锻炼学生的独立操作能力，学生也能在实践结束后，登录平台查看自己的实训操作是否正确。对学

生来说，实训内容新颖、内容全面；对教师来说，实训作业批改也轻松很多。实践数字平台的引进，可以帮助解决考核方式单一的问题，同样也能解决手工实践过多的问题。

（六）"课""证"融合的课程体系

将会计职业证书和学生培养结合起来，针对职业考试涉及的理论课程，可以调整该课程大纲、培养方案、教学方法等，使得课程的理论学习能够帮助学生通过职业证书考试。

参考文献

［1］翟丽，王栋. 高校应用型人才培养实践教学研究［J］. 中共太原市委党校学报，2022(4)：42-44.

［2］熊洁，庞加兰. 金融学专业应用型人才培养的实践教学体系构建［J］. 时代经贸，2022，19(3)：121-123.

［3］刘玲. 基于应用型人才培养的中职学校实践教学策略［J］. 甘肃教育，2022(3)：42-45.

［4］方健. 高校实践教学与应用型人才培养体系构建研究［J］. 集宁师范学院学报，2021，43(5)：5-8.

［5］黄晖雅. 基于地方金融应用型人才培养的高职实践教学改革研究［J］. 营销界，2021(12)：85-86.

基金项目　江西省高等学校教学改革研究课题：应用型人才培养的实践教学体系研究(项目编号：JXJG-11-10-20)。

"卓越计划"背景下"陶瓷工艺学"校外实践性课程的改革与实践

梁　健

摘　要：景德镇陶瓷大学无机非金属材料专业自2011年入选教育部"卓越计划"以来，不断开展"陶瓷工艺学"校外实践性课程的改革与实践工作，先后通过强化师资队伍的实践教学能力、校企合作共建工程实践教育中心、逐步完善企业实践培养方案以及构建"陶瓷工艺学"校外实践性课程的多元实践教学考核方法，建立了比较完整的"陶瓷工艺学"校外实践性课程的教学内容及体系结构，开发了具有综合性和创新性的授课与实践环节，不仅强化了学生实践动手能力，也培养锻炼了一支工程实践能力强的实践指导教师队伍，为培养无机非金属材料专业卓越工程师打下了坚实的基础。

关键词：无机非金属材料；卓越计划；陶瓷工艺学；校外实践性课程；卓越工程师

目前，我国已成为名副其实的工程教育大国，但是培养出来的工科学生实践动手能力弱、创新意识差，离真正的工程创新人才有较大差距。如何让中国的工程师"卓越"起来，已成为工程教育界乃至全社会普遍关注的问题。2010年6月，教育部启动了"卓越工程师教育培养计划"（以下简称"卓越计划"），景德镇陶瓷学院无机非金属材料专业于2011年11月入选教育部"卓越工程师教育培养计划"，2012年6月，入选江西省"卓越工程师教育培养计划"，该专业依托自身的资源优势，培养适应我国陶瓷工业和为地方经济建设与社会发展服务的基础扎实、知识面宽、有较强创新精神和实践能力的卓越工程人才，众多毕业生经过多年的艰苦磨练已成为陶瓷行业的中坚力量。

"卓越计划"背景下无机非金属材料专业本科阶段学生主要采取"3+1"应用型工程师培养模式，其中3年以在校理论学习为主，累计1年的实践教学环节主要依靠本专业教师和定点企业内的工程师联合指导和培养，使学生紧密结合工程实际，深入到无机非金属材料产品的研发、生产、设计、营销和管理等环节中，完成在企业教育阶段的学习任务。

"陶瓷工艺学"历来都是无机非金属材料专业最重要的一门专业核心课程，通过多年的建设，无机非金属材料专业的"陶瓷工艺学"课程很好地解决了教学内容的整合、教学手段和教学方法的改革等问题，于 2012 年被评为江西省精品课程。但在"卓越计划"背景下，"陶瓷工艺学"作为校外实践性课程，如何改革企业教育阶段课程内容、知识学习方式、考核方式和评价标准，加强双师型队伍建设，提高校外实践教学水平，还有很长的路要走。

针对"卓越计划"背景下"陶瓷工艺学"校外实践性课程的现状，我们将以入选教育部和江西省"卓越工程师教育培养计划"为契机，认真贯彻落实教育部和江西省卓越工程师培养计划及相关文件精神，借鉴国内及世界其他高等工程教育的成功经验，通过高校和行业企业的深度合作，同各类陶瓷企业建立校企联合培养体，采用双导师团队制度，对于企业教育阶段的"陶瓷工艺学"校外实践性课程，学校和企业分别配备富有工程实践经验的导师、辅助教师和现场技术指导，实施"全过程、递进式"的校外实践教学模式，培养学生的动手能力、基本技能、表达能力和工程综合能力。

一、"陶瓷工艺学"校外实践性课程存在的问题

此前的"陶瓷工艺学"校外实践性课程在教学计划、教学模式及课程考核等方面存在一些问题和不足，具体体现在以下三个方面。

（一）校外实践性课程教学计划与培养卓越工程师目标的匹配度不够

由于校内有丰富工程实践经验的教师不多，校外实践性课程教学计划和大纲的编写缺乏行业专家的指导，因此之前的教学计划过多强调专业基础应用方面的能力培养，而对工程应用能力和创新意识方面的培养力度不够，使得校外实践性课程内容与企业需求、就业意向等吻合度欠缺。

（二）校外实践性课程教学模式未能与时俱进，导致学生实习热情不高，实践效果不佳

此前校外实践性课程大多在景德镇本地企业开展实践，未能赴广东等地龙头陶瓷企业实践，同时在校外实践过程中，校内外导师主要充当实践的主导者，学生则多为被动实践者，这些因素导致学生自主学习热情不高，难以保证实践效果。

(三)校外实践性课程考核评价体系不健全

考核是监督学生学习及检查学习和教学质量的重要手段,如果仅仅采用试卷考核的方法,对于"陶瓷工艺学"这门课程来说,考查的只是学生对基础知识是否掌握,只应作为成绩评定的一部分内容。此前校外实践性课程效果评价手段比较单一,仅通过学生考勤和实践报告等对实践效果作简单评价,而未对学生在实习准备、现场实习和实习总结这 3 个重要阶段所体现出的综合素养进行全面评价。同时,校外实践性课程考核评价目标比较含糊,成绩评定也存在一定的主观性和随意性。

二、"陶瓷工艺学"校外实践性课程改革的整体思路

针对此前"陶瓷工艺学"校外实践性课程缺乏针对性、校内外实践教学模式不先进和校外实践性课程考核评价体系不健全等问题,我们在"陶瓷工艺学"教学大纲中对校外实践性课程内容设置、企业实践过程和考核评价体系进行了改革,主要思路为:

首先,将"卓越计划"理念应用于"陶瓷工艺学"校外实践性课程中,做到以学生的发展为主体,以社会需求为导向,以实际工程为背景,以工程技术为主线,探索新的教学模式和教学方法,优化教学内容。

其次,做到以实际工程项目训练为主导,增加企业实践在课程中的权重,树立"以学生为中心,以工程实际为中心,以课外实践为中心"的现代教育理念,并将其落实到课程开发、课堂教学、教学评价之中。

再次,通过"卓越计划"下的教学改革和实践,建立比较完整的"陶瓷工艺学"校外实践性课程的教学内容及体系结构,开发具有综合性和创新性的授课与实践环节,积累教学经验,解决过去教学内容不完整、实践教学薄弱、课堂教学信息量不足等问题,为培养卓越工程师打下坚实的基础。

最后,加强教师工程实践能力的培养。针对"陶瓷工艺学"授课教师工程能力薄弱的现状,采用多种措施解决这一问题。鼓励校内教师参加各种实习指导,通过实习指导熟悉企业生产过程,了解生产技术;安排教师进企业挂职锻炼,参加企业的产品开发、设计以及技术改造,通过实践积累工程经验;对企业的工程技术人员进行教学培训,提高其课堂授课能力。通过这些途径,提高教师的双师素质,更好地培养学生的工程实践能力。

三、"陶瓷工艺学"校外实践性课程的改革举措

(一)强化师资队伍的实践教学能力

卓越工程师的培养需要双师型教师。近几年,无机非金属材料专业引进的年轻教师比较多,在高校现有的重科研评价体系下,他们科研能力都很出色,但是工程实践能力相对缺乏,导致他们在专业课的实践教学中相当吃力。为了打造一支能胜任"卓越计划"工作的师资队伍,本专业十分重视青年教师工程实践能力的培养,制定了青年教师培养方案,并建立了一系列长效机制:(1)核心专业课均应组建教学团队,以"陶瓷工艺学"为例,进入该课程教学团队的年轻教师要求跟着主授课教师做助课工作,且把助课工作作为接手新课和晋升职称的必备条件之一。(2)每年依托校外实践基地开展"陶瓷工艺学"校外实践性课程期间,要求新进青年教师不论文凭和职称如何,都要组队去基地同实习学生一起进行系统性的实践训练,接受实习指导教师的全方位指导,形成"老带新"和"传帮带"的优良实践教学传统。(3)为了强化青年教师的工程教育背景,我们有针对性地安排一些教师到校企合作基地去学习,或挂职锻炼,熟悉工程项目实施流程、实施方法、技术要求等,深度参与生产实践,提高动手能力和分析问题、解决问题的能力。同时鼓励教师参与企业重大工程项目的技术研发,以项目带动实践教学。(4)聘请企业中具有丰富工程经验的专家来校交流或同台授课,校内教师则可从他们身上学习和掌握前沿工程实践知识。

(二)深化校企合作,共建工程实践教育中心

本专业在加强现有工程实践教学基地建设的基础上,依据行业对专业人才培养的要求,充分利用本专业在行业内的优势和资源,同各类陶瓷企业共建工程实践教育中心,目前已签约的企业包括佛山欧神诺陶瓷股份有限公司、广东松发陶瓷股份有限公司、伟业陶瓷有限公司、广东特地陶瓷公司、景德镇陶瓷股份公司、景德镇嘉华特种陶瓷公司等十多家企业,其中佛山市顺德区乐华陶瓷洁具有限公司、佛山欧神诺陶瓷股份有限公司、广东松发陶瓷股份有限公司、伟业陶瓷有限公司入选教育部认定的国家级工程实践教育中心,每年均有本专业卓越班学生在企业的实践中心开展"陶瓷工艺学"校外实践性课程,充分锻炼了学生的动手实践能力(图1)。

(三)逐步完善企业实践培养方案

自2013年开始,本专业充分利用与企业共建的工程实践教育中心,每年均

图1 四个国家级工程实践教育中心

在这些工程实践教育中心开展"陶瓷工艺学"校外实践性课程的实践，充分与企业指导老师沟通，安排好与实践课程内容相关的所有细节工作，吸取实践经验，不断完善和修订"陶瓷工艺学"企业实践培养方案。表1为修订的部分"陶瓷工艺学"校外实践性课程内容安排。

（四）构建"陶瓷工艺学"校外实践性课程的多元实践教学考核方法

多维的实践教学培养体系需要建立多元的实践教学考核方法。对"陶瓷工艺学"校外实践性课程的考核，课程总成绩由课程实践内容成绩和理论教学考试成绩组成，课程总成绩=学校理论教学考试的成绩×50%+实践内容成绩×50%。

具体考核方法如下：

对于企业实践的考核，实行校企双方考核制度，企业兼职导师评定成绩占50%，校内专业指导教师评定成绩占50%。由于企业兼职导师和校内专业教师都由多人组成，为了避免评定成绩的标准因人而异，在对应的课程大纲中还特地制定了评分的基本参考依据。

表 1 部分"陶瓷工艺学"校外实践性课程内容安排

	星期一	星期二	星期三	星期四	星期五
上午	企业指导老师带队参观全厂各车间,了解工厂生产的各个流程,介绍目前企业内存在的窑炉类型	深入成型车间,在企业指导老师带领下,熟悉注浆成型及滚压成型(包括施釉、成型模具)的工艺及设备,由企业指导老师进行介绍,同学提问	在企业指导老师带领下,参观烧成车间的隧道窑,熟悉隧道窑的工作原理,由企业指导老师进行介绍,同学提问	深入装饰车间,熟悉产品釉上、釉下、釉中装饰的不同技法,介绍提高陶瓷釉面装饰效果、减少釉面缺陷的工艺措施,由企业指导老师进行介绍,同学提问	在企业指导老师带领下,熟悉隧道窑的操作控制手段,由企业指导老师进行介绍,同学提问
下午	深入原料车间,在企业指导老师带领下,熟悉坯、釉料制备的主要工序和设备(原料粉碎、筛分、除铁等),由企业指导老师介绍,同学提问	在企业指导老师带领下,熟悉砌窑常用的耐火材料和隔热材料,熟悉窑炉的烧成制度,由企业指导老师进行介绍,同学提问	深入烧成车间,熟悉制品干燥及烧成的工艺及设备,重点介绍烧成工艺对产品性能的影响,由企业指导老师进行介绍,同学提问	在企业指导老师带领下,熟悉隧道窑的工作系统和结构,由企业指导老师进行介绍,同学提问	在企业教室,对"陶瓷工艺学"课程进行讨论,对一周企业实习进行总结

课程实践内容成绩=企业指导老师评分×50%+学校指导老师评分×50%。

(1)企业指导老师根据学生的表现按照优(100~90)、良(89~80)、中(79~70)、及格(69~60)、不及格(59~0)评分。企业指导老师评分为不及格者,为本门课程不及格,按照学校规定进行补考。

具体考核方式:主要由企业指导老师选取题目,当面向学生提几个问题,根据学生回答情况,由企业指导老师打分。该成绩为课程实践内容总分的50%。

(2)校内指导老师根据学生每次作业,及学生的不少于2000字的实习报告,进行评分,按照优(90)、良(80)、中(70)、及格(60)、不及格评分。不及格者,为本门课程不及格,按照学校规定进行补考。该成绩为课程实践内容总分的50%。

四、结束语

景德镇陶瓷大学无机非金属材料专业自 2011 年在国内率先启动"卓越计划"以来，就一直重视"陶瓷工艺学"校外实践性课程的改革与实践。我们先后通过强化师资队伍的实践教学能力、校企合作共建工程实践教育中心、逐步完善企业实践培养方案以及构建"陶瓷工艺学"校外实践性课程的多元实践教学考核方法，建立了比较完整的"陶瓷工艺学"校外实践性课程的教学内容及体系结构，开发具有综合性和创新性的授课与实践环节，为培养卓越工程师打下坚实的基础。"卓越计划"下"陶瓷工艺学"校外实践性课程的教学改革和实践，不仅强化了学生实践动手能力，使得学生的综合设计及创新能力得到了普遍提高，同时也培养锻炼了一支工程实践能力强的实践指导教师队伍，调动了教师参与实践教学的积极性。部分实践教学改革成果已推广到本校的热能与动力工程专业及相关院系的工科专业。

参考文献

[1]蒋鸿辉."卓越计划"背景下陶瓷工艺学课程教学改革探究[J].大学教育，2016(3)：20-21.
[2]于岩.陶瓷工艺学精品课程的建设之路[J].教育教学论坛，2012(15)：129-130.

基金项目　江西省高等学校教学改革研究课题："卓越计划"背景下"陶瓷工艺学"校外实践性课程的改革与实践(JXJG-13-11-16)。

综合篇

ZONGHE PIAN

冰的导热系数的测定及影响因素研究

王英连　黄嘉豪　雷　霆　廖旭辉　赖文标　万烨然

摘　要： 在常规稳态法测量导热系数的基础上，考虑到冰的低温环境要求，研究者对相关细节进行了设计与改进，自主搭建实验装置，先后研究了环境温度、杂质浓度(含盐率)和待测冰直径与厚度的比值对冰导热系数的影响。结果表明：(1)当待测冰的直径与厚度的比值 D/d 大于 12 时，导热系数趋近于一个稳定值；(2)冰的导热系数随环境温度的降低而增大，且增大的速率逐渐放缓，并测得环境温度在$-10℃$时误差最小；(3)盐水冰的导热系数相比于纯水冰显著下降，且随着含盐率的升高导热系数的数值逐渐减小并趋于平稳。

关键词： 导热系数；冰；稳态法

一、引言

导热系数是物质导热能力的标志，其表示在稳定传热条件下，1m 厚的材料，两侧表面的温差为 1 K 或 1℃，在单位时间内，通过 1 平方米面积传递的热量。常温环境下测量物质的导热系数有许多方法，但考虑到冰的低温环境，有些方法存在误差大、成本高等问题。本实验所探究的冰的导热系数，目前没有统一、明确的方法进行精确的实验测量，若要采购专业的导热系数测定仪，售价动辄几万，且后期的维护成本也高。

分析傅里叶提出的导热方程可知热量的传导与导热系数的关系，在常规稳态法测量导热系数的基础上，考虑到冰的低温环境要求，研究者对相关细节进行了设计与改进，自主搭建实验装置，先后研究了环境温度、杂质浓度(含盐率)和待测冰直径与厚度的比值对冰导热系数的影响。结果表明，实验数据稳定、易操作、重复性好，适合进行推广及应用。

二、实验原理

当物体两侧有温度差时，热量将以热传导的方式经过物体由高温端向低温端传递。实验证明：单位时间内物体的导热量 $\dfrac{dQ}{dr}$ 与导热面积 A 和温度梯度 $\dfrac{dt}{d\delta}$ 成正比：

$$\frac{dQ}{dr} = -\lambda A \frac{dt}{d\delta}$$

此式即为热传导基本方程，也称为傅里叶（Fourier）定律。稳态传热情况下有：

$$\Phi = \frac{Q}{\tau} = -\lambda A \frac{dt}{d\delta}$$

式中：温度梯度 $\dfrac{dt}{d\delta}$，单位为 K/m，表示热传导方向上的距离与温度变化程度的关系，其传导方向垂直于传热面，通常以温度增加的方向为正，同时考虑到热量传递方向与温度梯度相反，故在以上等式中加一个负号，其中 λ 称为导热系数，单位为 W/(m·K)。

基于以上的稳态热传导原理，在绝热环境中，当高温发热物体温度恒定时，其发热量和通过待测物体的导热量相等，本实验的高温发热装置设计为两端通电的蚊香型镍铬发热丝（阻值为 R），直流稳压电源可实现 0~30V 的连续稳定输出，加热回路串联电流表测定加热电流并通过其计算加热功率。综上所述，适用于本实验的导热系数公式为：$I^2 R = \dfrac{\lambda A dt}{d}$，即 $\lambda = \dfrac{I^2 R d}{A dt}$。

三、实验方案

本实验所需器材有稳压电源、绝热装置、灵敏温度传感器、蚊香型镍铬发热丝、万用表、自制蒸馏水、自制盐水、游标卡尺、若干厚度不相同的圆盘形待测冰、恒温冷冻箱。

实验步骤：

①游标卡尺测量待测冰的直径 D 和厚度 d。

②连接好装置线路，将待测冰置入带有发热丝的绝热装置中。

③将冰的两侧各自接上温度传感器，待温度传感器示数达到稳定且相等时，开通电源，调整电源电压使待测冰和加热电阻丝紧贴的一侧温度上升。

④待两温度传感器的示数稳定且保持一定温差时，记录电流示数 I。

⑤测量发热丝在此温度下的阻值 R，代入公式可求出待测冰的导热系数。

⑥控制变量，分别通过改变待测冰的直径与厚度比值、环境温度和杂质含量等进行冰的导热系数测定及影响因素研究，且该实验中的待测冰、绝热装置、发热丝及温度传感器全程处于恒温冷冻箱中。

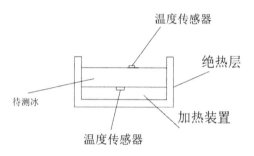

图 1　稳态法实验装置示意图

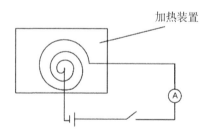

图 2　稳态法加热装置示意图

四、结果与分析

1. 冰的直径厚度比与导热系数的关系

圆形冰的直径用 D 表示，且 $D = 12.0\text{cm}$，厚度用 d 表示，d 分别取 2.0cm、1.5cm、1cm、0.8cm 和 0.5cm，两者比值与导热系数的关系如表 1 所示。

表 1 冰的直径厚度比与导热系数的关系

比值 D/d	6	8	12	15	24
导热系数 λ	2.39	2.31	2.25	2.23	2.23

实验发现，当待测冰的直径与厚度的比值 D/d 小于 12 时，导热系数偏差较大，这是因为此时冰的厚度大，通过冰的侧面积进行的热量传递不可忽略，导致总热量既包含横向传热也伴随横向传热，进而使得所测导热系数增大。当 D/d 大于 12 时，导热系数趋近于一个稳定值，本实验在-10℃环境温度下测量得到的该值为 2.21W/m·k，如图 3 所示，实线为数据折线，虚线为拟合趋势线。

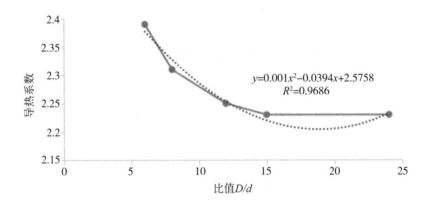

图 3 D/d 比值与导热系数关系曲线

2. 环境温度与导热系数的关系

本组实验中，圆形冰的直径 $D = 12.0$cm，厚度 $d = 1$cm，环境温度分别选取-4.0℃、-8.0℃、-10.0℃、-12.0℃和-16.0℃。环境温度与导热系数的关系如表 2 所示。

表 2 环境温度与导热系数的关系

环境温度	-4.0℃	-8.0℃	-10.0℃	-12.0℃	-16.0℃
导热系数	1.98	2.13	2.25	2.28	2.30

结果表明，导热系数随环境温度的降低而增大，且增大的速率随环境温度的

降低而放缓。这是因为随着温度的降低，冰的结构更加紧密，当冰两侧有温差时，冰中的晶体结构能够更快地将振动传给下一个分子，使得传热速率变大，导热系数增大；从另一方面讲，随着温度的升高，冰内分子无规则热运动速率增加，不断发生碰撞，造成能量损失，影响了热量的传递效率，从而使导热系数减小。根据本实验所得数据可得出环境温度在$-10℃$时冰的导热系数最接近真实值，如图4所示，实线为导热系数数据折线关系，虚线为拟合趋势线，两者高度吻合，R^2达0.9955。

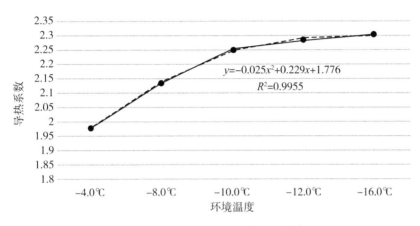

图4 环境温度与导热系数关系曲线

3. 含盐率与导热系数的关系

本组实验中，圆形冰的直径 $D = 12.0$cm，厚度 $d = 1$cm，环境温度分别选取$-10.0℃$、$-15.0℃$和$-20.0℃$。实验数据如表3所示。

表3 环境温度和含盐率与导热系数的关系

温度 \ 含盐	0	1.25%	2.50%	3.75%	5%
$-10.0℃$	2.25	1.65	1.42	1.30	1.24
$-15.0℃$	2.29	1.75	1.54	1.41	1.37
$-20.0℃$	2.31	1.80	1.66	1.46	1.42

结果表明，盐水冰的导热系数相比于纯水冰显著下降，且随着含盐率的升高

导热系数的数值逐渐减小并趋于平稳。这是由于盐水冰内含有大量的正负自由离子,影响到了规则冰晶的排布及传热性能,即杂质离子的浓度和导热系数呈负相关关系(图5)。

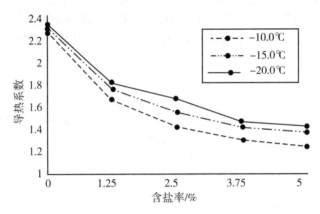

图 5 环境温度和含盐率与导热系数关系曲线

五、结论

本实验综合运用了稳态热传导原理、傅里叶定律和欧姆定律等相关理论知识,先后开展了查阅文献资料、实验方案设计、搭建实验装置、实验探究、反思改进、总结归纳等环节,最终实现了冰的导热系数的稳态法测量和相关影响因素的初步研究。结果表明:(1)当待测冰的直径与厚度的比值 D/d 大于 12 时,导热系数趋近于一个稳定值,本实验在 $-10℃$ 环境温度下测量得到的该值为 $2.21W/m·k$。(2)冰的导热系数随环境温度的降低而增大,且增大的速率逐渐放缓,本实验装置测得环境温度在 $-10℃$ 时误差最小。(3)盐水冰的导热系数相比于纯水冰显著下降,且随着含盐率的升高导热系数的数值逐渐减小并趋于平稳。(4)盐水冰的冰点明显低于纯水冰。

本实验有利于激发学生的自主探索和创新精神,增强实践能力,符合新工科背景下的人才培养理念。

参考文献

[1]李志军,孟广琳,等. 黄河口附近海冰导热系数的室内测试方法[J]. 海洋环境科学,1992,11(1):39-43.

［2］孙始财，于得津，等．冰生消过程体系导热系数动态变化特性［J］.制冷学报，2018，39（4）：69-74.

［3］王旭东，蒋美萍．稳态平板法测导热系数精度的研究［J］.大学物理实验，2011，24（5）：97-100.

［4］张勇，刘昌岭，孙始财，等．含 THF 水合物石英砂热物性测定［J］.天然气化工，2016，41（5）：40-44.

［5］洪涛，梁四海．黄河源区多年冻土热传导系数影响因素分析及其在活动层厚度模拟中的应用［J］.冰川冻土，2013，35（4）：824-833.

［6］姜雄．多年冻土区高温冻土导热系数试验研究［D］.中国矿业大学，2015.

基金项目　景德镇陶瓷大学教学改革研究基金项目：新工科背景下基于 OBE 成果导向理念的大学物理教学实践研究（项目编号：TDJG-20-Z04）。

"思政班主任"的创设与实践

刘常春　赵浩政

摘　要："思政班主任"的创设与实践是马克思主义学院思想政治理论课实践教学改革的一项创新和举措，其主旨在于通过思政教师担任大学生班级的"思政班主任"，全方位介入大学生的思想政治教育，从而提高思想政治理论课的时效性，进一步发挥思政教师在高校全方位育人中的积极作用。为此，本文从"思政班主任"创设的意义、"思政班主任"的主要职责、"思政班主任"的具体工作方案、"思政班主任"项目的预期目标、"思政班主任"项目的实施及管理等五个方面探讨"思政班主任"的创设与实践。

关键词：思政班主任；创设；实践

一、"思政班主任"创设的意义

（一）"思政班主任"的内涵

"思政班主任"在本文中是一个特定的概念，是比照大学专职班主任而提出的一个概念，是景德镇陶瓷大学马克思主义学院思政教师进行思想政治理论课教学改革而创设的一个实践类教学项目。

"思政班主任"项目既遴选马克思主义学院思政教师担任大学生班级思想政治教育工作的班主任，全面做好班级的思想政治工作，建设学生班级优秀班集体，从而充分发挥思政教师第一课堂和第二课堂紧密结合的全方位教书育人的特长和作用。除此之外，学生班级另设有一位专职班主任，和"思政班主任"一起组成学生班级双班主任制度。从工作职责上来讲，"思政班主任"和专职班主任在班级工作中有非常明显的分工：专职班主任主要负责学生班级具体的事务性工作，如班级日常管理、评优评先、奖学贷助等，而"思政班主任"主要负责学生班级的意识形态教育、价值观教育、心理健康教育、党团教育等广义的思想政治教育工作，当然也可以协助专职班主任参与学生班级的管理。由此可见，设置双班主任可以大大加强班级工作的管理力度和效果。从对班主任的管理权限来讲,专职班主任由学校的学工部门来管理,而"思政班主任"则由马克思主义学院来管理,同时也接受学校学工部门的工作指导。

(二)创设"思政班主任"的意义

1. 充分发挥思政教师在高校"三全育人"中的积极作用

党和国家规定,在新时期要大力加强和改进高校思想政治教育工作,要卓有成效地培养社会主义事业接班人。做好高校大学生的思想政治教育工作,不仅是高校专职思想政治教育工作者的职责,也是高校全体教师的职责。高校教师在履行大学生教育职责时必须以"立德树人"为中心,要做到专业教育和思想政治教育并重。思政教师和其他专业教师相比具有思想政治教育和大学生心理健康教育等方面的理论特长,因而思政教师在对大学生进行思想政治教育方面要走在学校前面,要起到更大的领头作用。

2. 适应新时代高校思想政治理论课教学改革的需要,提高思想政治理论课的实效性

高校思想政治理论课在大学生思想政治教育工作中起着重要作用,是对大学生开展思想政治教育的主阵地、主渠道,各个高校都非常重视思想政治理论课的建设。但由于种种原因,高校思想政治理论课的实效性不佳,离党和国家的要求还有很大差距,急需改进。事实证明,要提高思政课的实效性,不能仅仅依靠课堂理论教学环节,还必须加强课堂外的实践教学环节。目前,我校思政课的实践教学环节和实践教学平台还比较缺乏,思政课存在着理论和实践相脱节的现象,一定程度上影响了思政课的教学效果。对于思政教师而言,他们的精力主要用在搞好课堂理论教学方面,而在大学生思想政治教育的实践方面参与不够,学校也缺乏此类实践平台。为此,马克思主义学院创设"思政班主任"制度,作为思政课实践教学方式改革的一项举措和创新,可以给思政教师提供一个从事大学生思想政治教育的实践平台,以做到思政课理论教学和实践教学、第一课堂和第二课堂的有效结合,从而充分发挥思政教师在大学生思想政治教育中的全方位育人的积极作用。

二、"思政班主任"的主要职责

第一,全面指导开展大学生班级的意识形态教育、价值观教育、心理健康教

育、党团教育等思想政治教育工作，培育大学生树立社会主义核心价值观，力争在大学生成长成才方面发挥引路人的作用。

第二，全面指导开展学生班级的党团活动，促进班级党团建设，大力培养爱党爱祖国的社会主义事业接班人。

第三，配合专职班主任，做好学生班级的其他工作，全面建设优秀班集体。

三、"思政班主任"的具体方案

(1)全力做好班级学生的思想和成长工作。经常和学生交流、谈心，充分了解学生的思想状况。建立完备的班级学生思想、学业档案。

(2)配合专职班主任，做好班级的学风建设，建设班级优良学风。和班级任课教师保持密切联系，对班级进行常态化听课，充分了解班级和学生的学业状况，重点帮扶学业困难、心理不够健康、有不良习惯的学生改进学业。

(3)大力帮助特殊状况学生有效改进思想状况、学业状况。帮助班级特殊状况学生改进思想、学业状况时要有明确的目标任务，要有具体措施和效果评价。

(4)常态化指导参与班级会议、班级党团活动、文体活动，经常向班级学生讲授党课和时事政策。

(5)充分利用好班级微信群、班级公众号，做好学生的思想政治工作。"思政班主任"要引导好学生在微信群里的学习和交流。

(6)定期总结"思政班主任"工作经验和班级思政工作典型案例。

(7)定期向马院汇报"思政班主任"工作开展情况，主动接受马院的督查。

(8)应当由"思政班主任"开展的其他工作。

四、"思政班主任"项目的预期目标

"思政班主任"一般任期为2年，采用项目的方式进行，要制定详细研究方案，明确目标任务。研究主要达到两个目标：

第一，"思政班主任"要在马克思主义学院的督查下较好地完成"思政班主任"方案中制定的目标任务，在班级学生的意识形态教育、价值观教育、心理健康教育、党团教育以及学生学业提高等方面起到良好的引领作用，得到班级学生的公认。

第二，研究要形成典型案例和普遍经验，可以在景德镇陶瓷大学乃至更广的范围内予以推广或者提供借鉴，从而有助于提升大学思想政治理论课的实效性。

五、"思政班主任"项目的实施及管理

(一)"思政班主任"项目立项

思政教师担任班级"思政班主任"以项目的形式开展。"思政班主任"项目可以申请学校教改立项,如申请学校教改立项成功,则需要接受学校关于校教改项目的全程管理。同时,"思政班主任"项目也可以作为马克思主义学院思想政治理论课研究专项课题立项,接受马克思主义学院项目管理。如"思政班主任"项目作为马克思主义学院思想政治理论课研究专项课题立项,则按以下流程实施和管理:项目期一般为 2 年,第一学年结束时要进行项目中期检查,第二学年项目终止时要进行项目结题。立项经费 10000 元,根据项目实际开展情况支付研究经费,从学院思政理论课教学改革经费中支付。项目中期检查不合格或者项目期满经审查不予结题的,项目经费将扣减或者取消。

(二)"思政班主任"项目的管理和政策支持

(1)由马克思主义学院负责管理,接受学校学工部(处)的指导。

(2)"思政班主任"享受学校一般班主任的待遇(如职称评定等),但不享受学校给予一般班主任的津贴。

(3)如项目结题为不合格,则取消其班主任的相关待遇。

基金项目 景德镇陶瓷大学教学改革研究基金项目:思想政治理论课实践教学方式创新——"思政班主任"创设与实践(项目编号:TDJG-19-Y22)。

艺术类专业招生线上考试利弊分析

孙　强

摘　要：普通高等学校艺术类专业招生是普通高考招生的重要组成部分，艺术类招生考试的形式多样，其中以互联网为载体的考试（简称线上考试）形式得到了广泛的关注和认可。对于艺术类专业线上考试这种新形式，有必要进行深入的分析探讨。

关键词：艺术类；专业校考；线上考试；利弊分析

一、艺术类专业招生线上校考的现状

网络考试随着互联网的兴起而有所发展，前期主要用于部分偏重选择题、文字简答、论述等题型单一的文字类科目考试，艺术类考试较少应用。2020 年疫情形势严峻，以往的现场考试形式因容易引发人员聚集而受阻，在既要遵循艺术类专业人才选拔规律又要符合抗疫政策的情况下，部分视听类艺术类院校尝试利用已经成熟的在线直播技术，将传统的艺术类校考迁移到线上进行，取得了较好的效果。2020 年教育部在总结各院校实践经验教训的基础上，发布通知，鼓励部分普通高校的艺术类校考探索线上考试的方式。2021 年艺术类线上校考得到了小爆发，从视听类考试进一步扩展至美术与设计学类、书法类等其他类型校考。2022 年线上校考进一步成熟，推广范围更加广泛。据不完全统计，2022 年有近 300 家院校通过线上开展各类艺术校考。

二、艺术类专业校考采用线上考试的有利因素

（一）有利于降低人员聚集传播疫情的风险

艺术类线上考试与传统网络考试的最大不同在于其对场地的要求不同。传统艺术类校考要求考生在标准化考场进行，人工现场监考并采用实时录像监控。而艺术类线上校考不要求考生聚集在传统标准化考场中，一般采取两部手机保持一

定的角度对考生考试过程进行全过程录像，此种方式有效解决了考生聚集的问题，符合特殊时期的防疫政策。

（二）有利于降低考生考试成本

传统的艺术类校考都是采用现场考试，要求考生必须在指定的时间指定的地点参加考试。一般每名考生均会参加多所学校的校考，因此在每年校考期间，考生和家长在各个考点辗转，耗时耗力且经济开销巨大。线上考试不要求考生到特定的考点现场，只需准备符合考试要求的场地即可。考生只需耗费较少时间精力，即可从容参加多所院校的校考，不仅降低了考生的车旅费，而且使考生可以将更多的时间和精力专注于考试本身。

（三）有利于提高评测效率

艺术类校考评测工作任务繁重，以美术与设计学为例，该类别的校考阅卷工作历来以阅卷时间长、阅卷工作量任务重排在各类艺术类校考前列。美术与设计学类校考迁移至线上进行后，线上考试方式要求考生在考试结束时，必须在监控镜头下拍摄其考试作品并立即上传，最终通过此照片进行阅卷。阅卷过程可通过电子图片进行评判，利用计算机处理数据的便利性以及高效性，从而省略传统阅卷过程中多轮按档次铺排纸质试卷的工作，节省了大量人力、时间，成倍缩短评卷过程，极大地提高了评测的效率。

（四）评卷环节保密性得到提高

线上校考过程中要求考生将作品在视频监控情境下拍照上传，使得后期根据作品照片阅卷成为一件很容易的事情。由于试卷上仅有条形码和指纹这两种非直观的信息，保密性得到保障。对于评卷过程的阅卷系统，可以独立部署在院校内，并且可限制访问范围，有效防范泄密风险。服务器架构采用前后端分离体系，数据层、应用层相互独立，缩小了风险防范范围。阅卷专家账号密码专人专用，阅卷任务采用随机分发，实现同一张试卷在不同阅卷专家电脑上显示的顺序不同，使得评分过程更客观公正。

三、艺术类专业校考采用线上考试的不利因素

（一）信息泄露的风险

近年均有百万余艺术类考生，大部分考生会参加艺术类校考。据调查，大部

分院校均委托第三方机构开展校考报名、考试工作，此过程涉及大量考生个人信息，甚至包括生物信息。这些敏感信息一旦泄露，会产生巨大的风险。另外，还存在有管理不规范的机构或个人滥用考生个人信息牟利，对考生产生不可控的安全隐患。

（二）报名考试系统安全风险

艺术类专业线上校考得以顺利开展是基于近年来国家对互联网基础建设巨大投入之上，硬件设备及软件系统是线上校考的坚实基础。承接线上校考的各家机构发展时间相对较短，管理水平、实战经验参差不齐，线上校考过程中各个环节可能出现故障。例如报名拥堵考生不能正常报名，考试开始发题环节考生接收不到试题，考生过程中网络中断，考试结束时不能正常提交作品等。当数万人同时在线校考时，因各种异常原因，这些情况时有发生。

（三）舆情风险

线上考试存在某些突发的不可控因素，可能会导致成批量的考生考试过程故障，不能完成考试，一旦处理不及时，考生及家长可能会产生急躁情绪，这些情绪可能会经过网络发酵，迅速产生舆情，甚至使得事实真相失真。这些情况对院校及承接机构声誉产生不利影响，对社会造成不安定因素。

（四）考试过程管理风险

在整个线上考试过程中，院校面临考试过程管控的风险。首先是考生能提供的考试环境、手机设备、网络环境等各不相同，很难标准化。其次考生分散考试，管理难度增加。最后，在校考测评环节，新的测评模式对评卷质量有待进一步验证。

（五）院校技术支撑不足风险

艺术院校开展线上校考，首先需要硬件的支持。线上直播考试实时监考模式有高并发高流量的特点，需要高配置网络设备支撑；实时监考考场所需的标准化考场和高配置计算机设备，还应符合教育部的全程监控的要求，整套设备预算达百万元，技术复杂、实施周期也较长，一般艺术院校实现起来有难度。其次需要人才支持。线上校考对于艺术类考试来说是全新的考试模式，各艺术院校均缺乏相应的技术人才，在实施线上考试的过程中，和校考机构对接比较困难。

四、对策

艺术类线上考试在当下展示出独特的优势，但也暴露出诸多的问题，我们应该总结经验，汲取教训，为此，笔者从以下几方面提出对策，以促成线上考试这种方式在艺术类校考中扬长避短，顺利完成艺术校考工作，选拔出合格的人才。

（一）加强监管

艺术校考是普通高考的重要组成部分，是国家级考试，其权威性、严肃性受法律管控。教育部和省级教育机构应加大对各艺术院校校考工作的监管力度，使各举办艺术校考的院校严格遵守相关法律法规及各通知要求。同时，应会同其他部门对承接线上考试的机构进行资质审核，适度提高准入门槛，规范承接校考机构的各项行为，使之既能提供优质的校考服务，又不能干扰、侵害院校和学生的各项权益。

（二）前期准备充分周全

艺术院校实施线上校考，需要进行多个环节的准备工作。比如前期调研、提出需求、需求论证、招投标、签订合同、软硬件设施采购安装配置、线上校考方案编制、线上考试相关宣传、线上校考组织以及线上校考评测等。学校招生部门必须对每一个环节进行深入研究，各项工作必须做细做实，不仅要选用技术成熟的产品，还要和校考承接机构充分沟通，确保其提供的线上校考服务能顺畅地满足本学校线上校考方案的各项需求，为圆满完成校考工作打下扎实的基础。

（三）规范考试流程，确保公平公正

教育部相关文件要求艺术类线上校考必须遵循"全程监控、现场录制、提交作品、考评分离"的基本原则，这些措施能够保证考试公平、公正的基本要求，组织线上校考的艺术院校应制定周密的线上考试方案，确保落实文件精神，保证考生顺利参加考试。在考试过程中，切实贯彻考试场次随机、考生考号随机分配原则。在测评环节，纪检监察部门应全程参与监督。评测专家库应来源广泛、数量充足、专家名单保密，评测专家名单随机抽取产生，参与专家须签署责任承诺书。开始评测前应统一评测标准，评测时应切实贯彻测评小组随机组合、评测任务随机分配、测评作品随机编号的原则。

（四）试后复核

艺术类线上考试因其特殊性，复核工作应贯穿整个招生考试、录取以及入校

复试全过程，并形成完善的倒查机制。考试结束后的核查工作，招生部门需在纪检监察部门的监督下进行严格的复核工作。各个艺术类线上考试平台均采用了一定程度的 AI 技术用于考生身份认证，将认证结果记录汇总，并对考试过程中考生行为进行了智能识别标记，这些数据需要在考试结束后进行人工辨识确认。对于笔试类校考，还应组织专人对考试过程视频进行普查，将考试过程中的作品与结束时展示的作品以及上传系统的作品进行仔细比对，确保考试的公平公正，对违纪舞弊考生应确认其行为性质，提高线上校考结果的权威性。

五、结论

艺术类专业招生线上校考展示出独特的优势，艺术类院校应以积极的态度总结经验，探索出科学可行、风险可控的线上考试方案，积极稳妥地改进线上考试模式，以完成艺术类专业人才选拔的目标，这也是对深化艺术类专业招生考试改革、创新人才选拔机制的有益探索。

参考文献

[1]教育部. 教育部部署做好 2020 年艺术类专业招生考试工作[EB/OL]. （2020-03-12）[2023-05-07]. http：//www. moe. gov. cn/jyb_xwfb/s271/202003/t20200312_430281. html.

[2]教育部. 教育部办公厅关于做好 2021 年普通高校部分特殊类型招生工作的通知[EB/OL]. （2021-10-16）[2023-05-07]. http：//www. moe. gov. cn/srcsite/A15/moe_776/s3258/202010/t20201016_495083. html.

[3]甄心恒，秦立强，张海英，等. 高校艺术类专业招生线上考试安全风险及防控机制研究——以某学院艺术类专业招生线上考试为例[J]. 中国储运，2021（8）.

浅析"三全育人"理念下优化毕业生就业创业指导工作

郑　琦

摘　要：高校毕业生就业创业问题受社会各界广泛关注，针对毕业生"高期望""慢就业"情况，本文提出"三全育人"理念下优化就业创业服务指导，拓宽就业渠道，引领学生形成合理就业创业思想，切实提高毕业生就业质量。

关键词：就业创业；高期望；慢就业；三全育人

"三全育人"是习近平总书记 2016 年 12 月在全国高校思想政治工作会议上提出的育人理念，即坚持以立德树人为中心环节，将大学生思想政治工作贯穿于教育教学全过程，实现全程育人、全方位育人，努力开创我国高等教育事业发展新局面。"三全育人"作为"立德树人"的重要举措，老师需不断学习思政理论知识，学生需不断加强思想政治教育，达到全员、全程、全方位的育人目标(图 1)。高校毕业生是国家宝贵的人才资源，做好毕业生的就业创业工作，关乎社会经济发展、稳定和民生改善。当前，高校毕业生就业创业总体压力持续增大，结构性矛盾依旧突出，社会环境的不稳定因素导致就业形势依旧严峻。

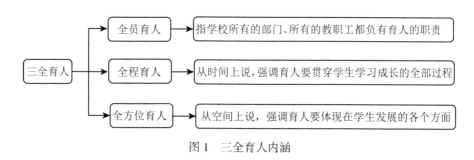

图 1　三全育人内涵

相关数据表明，全国 2022 年毕业生人数已突破 1000 万，达 1020 万，85% 为

00 后。其中 985、211 高校毕业学生人数 75 万，一本高校毕业生超过 100 万，二本高校毕业生达 370 万，专科毕业生约 460 万。另外，全国还有约 130 万研究生毕业，超过百万的海外留学生回国求职，导致 2022 届毕业生就业创业工作难度更加艰巨。越来越多的大学生报名国考、省考、"三支一扶"等，进一步加大了就业竞争情况。

一、当前毕业生工作难问题原因分析

(一)"高期望"与"慢就业"

一些毕业生缺乏整个大学生活的职业规划，迷茫度过了大学四年，到了毕业就业阶段，对自身能力缺乏准确认识。就业创业阶段也不知道需要了解什么政策，自身素质能力不够突出，盲目"从众"考研、考编、进国企，结果往往难以如愿。

大部分毕业生忙忙碌碌四处奔波就业时，有部分毕业生既不就业，也不考研深造，选择去游学、支教或者创业考察等，临毕业时才开始考虑人生道路。毕业生"慢就业"现象的产生，一是学生和学生家长的思维不再受到"毕业即就业"的刻板观念限制；二是社会经济的高速发展，毕业生就业创业观念发生转变，不再急于找工作。

(二)"互联网+就业创业"模式不成熟

随着现代科技的发展，万物互联是大势所趋。各产业以互联网为中心，形成了新的模式"互联网+"。"互联网+"模式能够促进传统行业优化升级甚至转型，推动社会发展，促进毕业生精准就业创业。但当前"互联网+就业创业"模式建设还不成熟，大数据技术在毕业生就业创业服务中应用还不够全面，就业创业指导服务方式还不够科学等，进而影响了大学生的就业或创业进程。

二、"三全育人"理念下优化毕业生就业创业指导工作

(一)加强毕业生思想教育和价值引领

大学生就业创业事关学校所有部门、所有教职工，学校应给予相关政策、优惠措施支持。

结合毕业生就业创业出现的问题，结合"三全育人"理念，学校应积极加强

毕业生思想引导,探寻毕业生新的就业创业思路。学院领导应带头推进毕业生就业创业工作,与班主任、就业专员谈话,与未就业的毕业生谈心谈话,及时关注毕业生工作情况,及时为毕业生就业创业提供有价值的参考意见、建议与具体指导,带动学院全体教师共同推动就业工作。

(二)做好毕业生就业创业帮扶

学校应始终坚持"三全育人"理念,将立德树人贯穿毕业生就业创业工作全过程。大一时期做好正确就业创业思想引领及树立正确就业创业观,促进大学生职业生涯规划课程改革,将课程基本理念融进实践中。在学院与班级内举办"大学生职业生涯规划大赛",引导大学生规划自己的大学生涯、职业生涯。

摸清毕业生全员的基本情况,分类分级,根据情况为每位毕业生匹配由党员骨干、就业创业先锋、专业教师、辅导员、班主任形成"5+1"毕业生就业创业帮扶团。关注全国各省市、地区的就业政策,为相应地区的毕业生开展一对一推送,开展就业创业先锋的经验交流、面试技巧交流、素质能力交流活动,营造全院师生"共同就业"的良好氛围。重点关照特殊毕业生,对少数民族、特长生等可进行专场招聘,联系对口企业招聘,在帮扶团实行"一人一档"原则。

(三)加强政策宣传、拓宽就业渠道

全方位育人要完善课程、科研、实践、文化、网络、心理、管理、服务、资助、组织育人"十大育人"体系,以课程育人和科研育人为基础,以实践育人和文化育人为核心,畅通"十大育人"路径,培养一大批"下得去、留得住、干得好"的人才。专业教学与实践课堂相贯通,推进专业教学与实践课堂融会贯通,通过开展体验式第二课堂活动,培育学生积极向上的健康心态,促进学生全面发展。

努力打造"互联网+就业创业"模式,利用互联网优势快速获取企业信息、对接企业资源,优化毕业生信息交换平台,利用大数据优势优化毕业生就业创业工作服务指导平台。通过实地考察、领导走访,建立校—企长期合作平台。挖掘优秀校友资源,推荐毕业生到校友所在单位供职,拓展微小型企业就业渠道。针对有创业意向的毕业生,及时关注当地的创业政策,利用学院资源走访创业成功的校友并得到其帮助。邀请导师与专业学生面对面交流,助力毕业生规划职业生涯,针对考研学生的复试、调剂等提供相关建议和指导。

三、结语

综上所述,在高校毕业生就业创业指导工作中,需要高度重视以下几点:一

是完善就业创业指导理论，加强学生思想引领；二是优化就业创业指导方式；三是加强毕业生就业创业指导实践服务。将问题与实践融合，并融入"三全育人"理念，确保毕业生就业创业工作的成功开展，总结有效就业创业服务指导经验，在实践中摸索、创新，不断为毕业生就业创业指导工作提供新的思路与方案。

参考文献

[1] 习近平在全国高校思想政治工作会议上强调：把思想政治工作贯穿教育教学全过程　开创我国高等教育事业发展新局面[J]. 教育文化论坛，2016，8（6）：144.

[2] 王威，王娜."互联网+"背景下大学生创新创业教育的新模式分析[J]. 明日风尚，2018（14）：1.

[3] 唐亮."三全育人"理念下大学生就业指导路径探索[J]. 大学，2021（50）：155-157.

用"政治心""爱心"铸就优秀"思政班主任"

赵浩政　刘常春

　　摘　要："思政班主任"的职责是全面负责班级学生的思想政治教育工作，做学生成长成才的引路人，努力把学生培养成社会主义事业接班人。要成为一名优秀的"思政班主任"，首要的是大力提升"思政班主任"的"政治心"，坚定思政教师"为党育人、为国育才"的责任使命；其次是对学生始终充满"爱心"，用爱心作为开展班级学生各项工作的强大动力。

　　关键词：思政班主任；政治心；爱心

　　"思政班主任"由马克思主义学院遴选政治业务素质较好，有高度责任心的思政教师担任，所带班级一般为大一新生班级，任期两年。"思政班主任"项目能够较好地实现思政课理论教学和实践教学、第一课堂和第二课堂的深度融合，从而提升思政课的实效性。"思政班主任"必须有政治心、爱心，用政治心、爱心引领学生成长成才；必须深入班级学生当中，和学生融为一体，真心关心关爱学生，切实帮助学生解决困难和问题；必须全面介入学生班级各项工作，尤其是重点做好班级学生的思想政治工作，切实解决学生班级建设中存在的各种问题，努力建设优秀学生班集体。

一、大力提升"思政班主任"的"政治心"，坚定思政教师"为党育人、为国育才"的责任使命

　　思政教师在大学生思想政治教育方面发挥着非常重要的作用，思想政治理论课是对大学生进行思想政治教育的主阵地、主渠道，因而，要成为一名优秀的"思政班主任"，必须大力加强"思政班主任"自身的思想政治素质，培育一颗坚定的"政治心"。

　　习近平总书记于2019年3月18日上午在京主持召开学校思想政治理论课教师座谈会并发表重要讲话。习近平总书记强调，思想政治理论课是落实立德树人

根本任务的关键课程，办好思想政治理论课关键在教师，关键在发挥教师的积极性、主动性、创造性，思政课教师，要给学生心灵埋下真善美的种子，引导学生扣好人生第一粒扣子。习近平总书记对思政教师提出了"六个要"：第一，政治要强，让有信仰的人讲信仰，善于从政治上看问题，在大是大非面前保持政治清醒。第二，情怀要深，保持家国情怀，心里装着国家和民族，在党和人民的伟大实践中关注时代、关注社会、汲取养分、丰富思想。第三，思维要新，学会辩证唯物主义和历史唯物主义，创新课堂教学，给学生深刻的学习体验，引导学生树立正确的理想信念、学会正确的思维方法。第四，视野要广，有知识视野、国际视野、历史视野，通过生动、深入、具体的纵横比较，把一些道理讲明白、讲清楚。第五，自律要严，做到课上课下一致、网上网下一致，自觉弘扬主旋律，积极传递正能量。第六，人格要正，有人格，才有吸引力。亲其师，才能信其道。要有堂堂正正的人格，用高尚的人格感染学生、赢得学生，用真理的力量感召学生，以深厚的理论功底赢得学生，做让学生喜爱的人。习近平总书记的讲话为思政教师提出了明确的职责要求，指明了努力的方向。为此，"思政班主任"要时时加强自身的政治理论学习，大力提升自身的政治素质，培育一颗坚定的"为党育人、为国育才"的"政治心"，这是做好班级学生思想政治教育工作的基本素质和首要条件。

二、用"爱心"作为"思政班主任"开展班级思政工作的强大动力

（一）做好开学"四部曲"

第一，做好"迎新日"工作，和新生初步建立感情。要成为一名受学生欢迎、爱戴的"思政班主任"，迎新开学工作非常重要，在某种程度上决定了"思政班主任"的成败。新生刚入学，对大学的环境非常陌生、新奇，同时又缺乏安全感，所以这个时候特别需要老师的关心和指导。尽管"思政班主任"不是专职班主任，但也必须在迎新点迎接新生，这样能让刚入学的新生感受到温暖，并在第一时间为新生们答疑解惑，使他们能较快地融入到新的学校环境中。"迎新日"之后，"思政班主任"要走访学生宿舍，和新生们一一谈心、交流，深入了解新生的思想生活状况，和新生们初步建立感情，"思政班主任"要在新生开学后比较短的时间内熟悉、了解班级每一位学生，要建立好新生档案。

第二，及时召开新生班会，加快新生适应大学生活的进程。新生初入大学，对大学一切都很新奇，对校园环境和学业不甚了解，部分新生比较缺乏安全意识。"思政班主任"要协同专职班主任及时召开新生开学专题班会，对新生进行

校园环境、学业、安全等方面的开学教育，用案例反复提醒学生注意人身安全和财产安全，不要轻信陌生电话、微信和短信，不要相信天上掉馅饼，务必形成强烈的安全意识；让每位学生到讲台上作自我介绍，加快新生们彼此熟悉的过程，学生们也可以在讲台上以不同的方式展示自己，收获友谊和快乐。

第三，时常到军训场看望、慰问学生，用爱心感动学生。新生军训非常辛苦，部分学生会产生思想问题，这时特别需要老师、同学的关心和帮助。军训开始后，"思政班主任"要时常到军训场看望、慰问学生，尽力帮助学生解决军训中面临的各种问题，让学生切实感受到班主任对他们的关心、关爱，感受到学校、老师的温暖，从而顺利地完成军训。

第四，做好新生入党培训工作，做好学生的思想引路人。作为"思政班主任"，最重要的职责是全方位做好学生的思想政治教育。新生入学后一件重要的事情就是培育他们的社会主义意识形态和价值观，引导学生积极向党组织靠拢。为此，"思政班主任"可以充分发挥自己的专业、理论优势，对学生进行初级入党培训，使学生初步了解党的相关历史和知识，为今后班级的党建工作打下基础。"思政班主任"要常态化给班级学生上党课和时事政策课，指导班级开展党支部和团支部活动，做好学生思想的引路人。

(二)做好与学生的日常思想交流工作

思想政治教育的核心在于和学生开展心灵交流。没有和学生的真挚交流，就没有教育，就没有感悟，就没有情感，思想政治教育只有做到"润物细无声"，才能切实得到学生的认可，才具有实效性。"思政班主任"一般不过多涉及班级具体事务，平时在班级工作中和学生交集并不很多，因而，"思政班主任"更需要加强与学生的日常交流，丰富与学生交流的各种方式。一方面，"思政班主任"要利用学生课余时间多下学生宿舍，多和学生谈心，经常到学生课堂听课，主动了解班级学风，熟知学生的思想学习状态；另一方面，可以利用网络，关注学生的思想动态，班级工作的开展情况，在班级群中转发一些励志性的文章，引导学生关注国家大事，进行正确的舆论引导；此外，可以采用书信往来这种传统的交流方式，加深和学生们的情感，书信交流可以弥补和学生面对面交流的很多不足，如能够更全面发现学生身上的问题，更深刻掌握学生的思想心理状况等。"思政班主任"可以经常性和学生进行书信往来，深层次和学生交流、沟通，对学生进行鼓励、激励，针对性地帮扶学生，从而切实提升班级学生思想政治教育的效果。

(三)协助专职班主任做好学生班级的管理工作，建设优秀班集体

第一，配合专职班主任做好对学生干部的发掘、使用、扶持、教育和培养工

作，大力发挥学生的自我管理、自我监督和自我教育能力。针对学生干部自信心不足、号召力不够而难以形成强有力的班委集体这一状况，"思政班主任"要深入学生生活，洞察和了解情况，采取个别约谈话、微信聊天等方式，授之建议和方法，形成以班长、团支书、副班长、学委等为核心的强有力的班级干部集体，使班级管理有序，班级凝聚力强大。

第二，抓班级学风，抓学生学习质量。经常向学生交流学业的重要性、就业的重要性及压力等，增强学生学习的紧迫感；与任课老师交流聊天，保持联系；经常性到班级听课，全面了解班级学风；关注每一位学生的学业状况，有针对性帮助他们改进学业；重点帮扶心理不够健康、有不良习惯、学业困难的学生改进学业。

第三，指导并参与学生开展的各项班级活动。在各项班级活动中，和学生一起策划方案，给学生全面指导，以确保每次活动能够有效地开展起来。对于班级的一些大型活动，如"迎元旦"活动、"红色家书"团日活动等，要亲自参加、现场指导，与学生同乐、同庆。

第四，鼓励并支持学生参与一切院系活动。通过指导学生参加学院、学校层面的活动，增加学生的活动范围，开阔学生的视野，锻炼学生的能力及自信。

第五，做好班级学生的心理辅导工作。发挥"思政班主任"心理咨询师的专业优势，帮助学生解决各种心理问题，尤其是很多学生面临的人际交往困扰问题，帮助学生解决各种纠纷、化解各种矛盾，使班级形成团结友好、互助进取的良好人际关系氛围。

基金项目　景德镇陶瓷大学教学改革研究基金项目：思想政治理论课实践教学方式创新——"思政班主任"创设与实践(项目编号：TDJG-19-Y22)。

江西省高校陶艺美术教育与地域
文化传承创新研究

彭赞宾　袁崎中

摘　要： 近年来，关于陶艺这门美术课程的研究成果不少，但研究成果主要从陶艺教育的教学方法、教学手段等方面展开论述，忽视了本土艺术资源在陶艺教学中的重要作用。基于此，课程改革关键路径在于，细致审视当前状况及面临的挑战，顺应素质教育的内在发展轨迹，充分发掘富有地域文化特色的课程内容，并在此基础上，多维度推动改革。

关键词： 江西高校；陶艺美术教育；教育理念；课程资源

近年来，我国普通高校艺术教育进入了新的发展阶段，教育部颁布的《高等学校公共艺术课程指导纲要》及《教育部关于全面实施学校美育浸润行动的通知》，为我国普通高校艺术教育规划了蓝图，文件着重提出学校美育仍然是教育改革发展中的薄弱环节，应构建具有地方、学校特色的艺术课程。

当前，高校开设的陶艺课程受到学界的普遍重视，但关于陶艺这门美术课程研究成果虽说不少，但大多从陶艺教育的教学方法、教学手段等方面去论述，忽视了本土艺术资源在陶艺教学中的重要作用，缺乏地域性和针对性。除此之外，国内创作环境过于推崇国外陶艺文化，忽略了我国传统文化的本土性特征，这对我国陶艺事业的发展产生了很多不利的影响。

一、陶艺美术教育与本土艺术资源现状

(一)陶艺资源有待挖掘

尽管各地拥有丰富的本土陶艺资源，但在实际教学中，这些资源往往未能得到充分挖掘和有效整合。首先，我国陶艺历史悠久，但缺乏系统性的资源调查与整理，导致很多有价值的本土教育资源未被纳入教学计划。其次，陶艺资源有着

显著的地域性与分散性特征，不同地区的陶艺有着各自独特的材料、工艺和风格，但由于地理分布广泛，信息交流不畅，许多地方性的陶艺资源未得到有效交流和推广，限制了其影响力和价值的发挥。最后，陶艺资源的分布不均也使得一些地区的学生难以接触到高质量的本土艺术学习材料，影响了陶艺教育的广度和深度。

(二)传统技艺传承断层

首先，随着现代工业化进程的加速，许多传统陶艺技艺面临失传风险。工业化陶瓷以高成本、高效率的优势占据市场，挤压老一辈手工艺人的生存空间，影响手工艺人和学徒的积极性，导致技艺传承出现断层。其次，学习传统技艺需要投入耐心和时间，生活节奏的加快导致社会风气浮躁，年轻人更倾向于经济效益明显、收益快速的行业。最后，一些高校对传统技艺的系统化教学和价值认识不足，产生了学院知识与民间智慧的割裂，进一步加剧了传承的风险。

(三)实践与美术教育脱节

首先，当前陶艺美术教育过于侧重理论教学，忽视了实操的重要性，导致学生虽有理论知识但缺乏实际操作经验。其次，陶艺理论教学不应只教授创作技法和手段，应引导学生如何在生活中感知美、洞察美、创造美，多进行审美教学，切实提升学生的美学素养。最后，陶艺设备和材料成本较高，以及安全和空间限制等，进一步加剧了教育与实践的脱节。

二、陶艺美术教学改革的必要性和可行性

国家多次强调对传统文化的创造性转化与创新性发展，作为文化渊源颇深的江西省，政府应对陶瓷艺术教育和研究持积极支持态度，切实提供政策引导和资金扶持，吸引一批在陶瓷艺术和设计领域的专家学者从事深度研究。而高校作为文化传承和创新的重要阵地，有责任通过陶艺美术教育来保护和传承这一地域特色文化。

(一)文化传承与创新的平衡

如何在陶艺教育中既保留传统技艺精髓，又鼓励创新，是当前的一大挑战。教育者需要探索如何在尊重本土艺术传统的同时，激发学生的创意潜能，使古老技艺焕发新的生命力。这涉及对教学内容的重新设计，既要涵盖传统技法，也要融合现代设计理念和技术，让学生"听懂"传统与现代的对话，培养他们成为既

能继承又能创新的艺术创作者。

(二)教育资源的优化与配置

虽然本土艺术资源丰富，但在不同地区、不同类型的教育机构中，这些资源的利用情况参差不齐。如何有效整合并最大化利用这些资源，是一个亟待解决的问题。此外，如何通过政策引导、社会合作等手段，降低陶艺教育的成本门槛，也是一个大问题。

(三)教学模式的评价与构建

构建基于本土艺术资源的教学模式，教育者需要深入了解并挖掘地方特色，将之转化为具有实践意义的教学内容。这不仅是技术层面的教学，更是文化意义上的传承。同时，如何建立一套合理的评价体系，既能评估学生的技术掌握程度，又能衡量其对本土文化的理解与创新应用，是提升陶艺教育质量的关键。这涉及评价标准的多元化，包括作品的创意性、文化内涵以及对社会文化的贡献等方面。

三、江西高校陶艺美术课程的改革对策

(一)强化特色教学

(1)江西省作为中国陶瓷艺术的重要产地，拥有景德镇等世界闻名的陶瓷中心，江西高校应充分利用这一地理优势，将本土陶瓷艺术资源融入课程内容。通过开设专题课程，比如景德镇陶瓷史、传统制瓷工艺实践等，让学生深入学习和体验地方陶瓷文化。同时，邀请当地陶瓷艺术家、非遗传承人进入校园授课，增强教学的实践性，培养具有地方特色的专业人才。通过教育引导，使学生全面认识江西地方美术文化的概貌、特色风格及蕴含的人文内涵，深刻领会这一文化传承的价值所在；增强学生的审美感知力，让他们能够欣赏并理解江西本土艺术的独特魅力，从而深化对本土文化的热爱与归属感，以及对美术传统的认可与接纳。这一过程将进一步激发大学生的民族骄傲、自我肯定意识及群体向心力。

(2)挖掘和整理地方及民族美术文化，编写具有江西地域特色的校本陶艺美术教材。庐山云雾缭绕、鄱阳湖烟波浩渺、婺源油菜花海是令世人瞩目的自然美景，也是陶艺创作取之不尽的灵感源泉；井冈山革命圣地、南昌滕王阁、九江浔阳楼不仅承载着厚重的历史，也是令人回味无穷的人文景观；民间艺术同样丰富多彩，如赣剧、采茶戏等地方戏曲，以及丰富多彩的剪纸、刺绣、竹编等手工

品，无不彰显着江西人民的生活智慧和审美追求。针对地域及本土美术文化特色，可将江西历史、江西民俗文化、江西民间美景等内容编入教材，形成具有江西本土特色的高校陶艺美术教材，为陶瓷创作提升创作视野。同时，应鼓励教师参与本土陶艺美术教材的编写工作，对其进行的地域性及特色性美术文化的研究成果给予一定的肯定，并将其研究成果纳入教材。借助这一具有江西地域和本土特色的陶艺美术教材，让学生更好地认识、理解和体验江西当地的美术文化，并在陶艺创作中注入活力。

通过这些措施，不仅能有效促进江西省高校陶艺美术教育质量的提升，还能在更广泛的层面上推动地域文化的传承与创新发展，使传统陶艺艺术在当今社会焕发新的生机，实现文化自信与文化创新的双重目标。

(二)创新教学方法

创新教学方法是提升教育质量、适应时代发展的关键举措。随着社会信息化与知识经济的崛起，传统的教学模式难以满足培养创新型、复合型人才的需求。创新教学方法强调实践与理论结合，通过情境模拟、案例分析等手段，增强学习的实效性和趣味性，有助于学生将所学知识应用于实际情境，从而激发学生主动探索知识的热情，培养其批判性思维、解决问题及团队合作能力。创新教学方法不仅是提升高校教育竞争力的要求，也是培养未来社会所需人才的重要保障。

(1)鼓励老师将陶瓷艺术与其他学科相结合，如与设计、数字媒体、环境艺术等交叉融合，推行项目驱动型教学和工作室制学习模式，调动学生参与从设计构思到成品制作的全过程，增强他们的动手能力和创新能力，从而探索陶瓷在现代生活中的新表达方式。可以设立创新工作坊，引导学生创作出既具有传统韵味又符合现代审美需求的陶艺作品，提升学生的综合创作能力和市场适应性。同时，建立校企合作平台，让学生参与各种艺术创作比赛，从而调动学生创作积极性，并提供艺术品销路平台，提升学生的就业竞争力。

(2)江西作为中国陶瓷艺术的重要产地，拥有景德镇等世界闻名的陶瓷中心，高校应充分利用这一地理优势，将本土陶瓷艺术资源融入课程内容，举办多样的课堂活动，将课堂教学与课外实践相结合，通过开设专题课程，比如景德镇陶瓷史、传统制瓷工艺实践等，让学生深入学习和体验地方陶瓷文化。同时，邀请当地陶瓷艺术家、非遗传承人进入校园授课，增强教学的实践性和文化深度，培养具有地方特色的专业人才。

(三)构建交流平台

传统教育体系中，资源分散且时效性不足。构建新的交流平台能够整合全球范围内的教育资源,打破地理限制,使优质教育资源更加易于获取,促进知识的普及和公平分配,实现资源的最优化配置和高效利用。平台也可通过数据分析,为师生提供个性化学习路径,定制化课程内容,满足不同群体的具体需求,提高学习效率和效果。

(1)鼓励跨学科交流,搭建艺术与科技、管理、市场营销等其他领域结合的交流平台,通过举办跨学科创新大赛等活动,促进不同专业背景的学生和教师团队合作,探索陶艺在当代社会的新应用和表现形式。同时,加强与国内外其他陶瓷艺术教育机构的合作,开展联合教学项目和学术研讨,促进理念与技术的交流互鉴。

(2)与地方政府、社区、文化中心合作,开展公共艺术项目,让学生参与社区陶艺创作、公共空间美化等实践活动,增强社会责任感,同时通过与社区居民的互动,收集反馈信息,使学生作品更加贴近社会需求。利用互联网技术,建立线上学习交流平台,如慕课、在线论坛、直播课程等,让学生能够随时随地访问陶瓷艺术相关的教学视频、文献资料、案例分析,同时提供在线讨论区,促进师生、生生之间的即时交流与反馈。

四、结语

综上所述,江西高校陶艺美术课程的改革和发展是一个长期艰巨的过程,不仅需要国家与当地政府的全力支持,还需要教师团队不断打破自己保守固化的教学模式,保持自我革新的学习精神,促使当代学生加深对我国民族文化根源的理解和认同,积极传承和弘扬本土艺术。在不断改进和完善教学方式的过程中,广大学生、教师以及学校主管部门各尽其职,为将江西高校陶艺美术课程建成一个融人文修养、美术素养于一体的、科学的课程体系,为陶艺作品及陶艺精神不断焕发出新的生命力而不懈奋斗。

参考文献

[1]薛莉,朱明燹. 江西省高校公共美术欣赏课现状及改革思考[J]. 四川教育学院学报,2007(3).

[2]王娜. 关于陶艺课程实验教学的几点思考[J]. 教书育人(高教论坛),2016(15).

[3]陈玮. 试论高校公共美术课程的重要性及其内容综合化倾向[J]. 科教文汇(中旬刊),2009(12).

［4］赵一安. 数字语境下的当代陶艺［J］. 上海工艺美术，2019(3).

［5］裴佳兴. 跨文化的创作视角与本土陶艺创作的文化自觉与自信［J］. 山东陶瓷，2019(4).

［6］梁洁，郑立敏. 艺术类高校对外文化交流的实践探索［J］. 华夏教师，2018 (13).

［7］孙为. 艺术类高校传媒艺术国际化教学探索——以南京艺术学院传媒学院合作办学项目为例［J］. 青年记者，2017(35).

［9］李宏伟. 绘画基础课程教改与研究对艺术设计学科的影响分析［J］. 美术教育研，2018(15).

大学生创新创业篇

DAXUESHENG CHUANGXIN CHUANGYE PIAN

浅谈陶瓷饰品的创新与发展

张晨曦　张萌婕

　　摘　要：陶瓷首饰逐渐形成为一种新的陶瓷流行趋势，本文探寻陶瓷饰品的起源、特性、种类、装饰手法、制作过程和创新性发展，并就陶瓷与玉石、金属等其他材料结合而诞生的新型陶瓷饰品进行讨论。

　　关键词：陶瓷首饰；玉石；金属；创新

　　在这一个经济、文化迅速发展的新时代，伴随互联网科技的进步，信息的相互交融，人们的"三观"随之改变。如今我们已不满足物质方面的享受，而是开始产生更多的精神文化方面的追求。饰品是人类历史文明发展到一定阶段的物质产物。随着生产力的发展，社会意识形态的转变，人们物质文化水平的提高，我们的祖先对衣物认知也产生相应变化，从遮蔽身体慢慢到具有一定的伦理功能，逐渐成为拥有者身份、地位的象征，推动着社会制度的演变，随之饰品慢慢出现。

一、陶瓷饰品起源

　　在漫长的陶瓷发展中，中国的陶瓷历史悠久且技法独特，陶瓷已成为中国在海外的国家文化铭牌之一。随着近年国际交往频繁、互联网的发展，陶瓷热逐渐流行，人们对陶瓷艺术品产生了浓厚的兴趣，对陶瓷艺术投注了更多热切的目光，那些传统的陶瓷艺术正在以一种全新的艺术形式融入人们的日常生活中。还有一种非常受大众欢迎的陶瓷形式——陶瓷饰品，其作为一种剥离于日用瓷和陈设瓷而存在的陶瓷文化创意形式，正以一股流行风走进大众视野。

　　经查阅相关材料文献，法国中南部的城市利摩日是陶瓷首饰品的发源地，因其设计简单、形式优雅而在当时的法国引起了很大轰动，受到许多消费者的追捧。在我国，陶瓷首饰的发展起源可追溯至宋代。那时的人们已经开始佩戴由陶瓷制成的配件，如玉石制成的饰品。如今，因陶瓷产品蕴含的文化底蕴及具有的收藏价值，使得陶瓷饰品的设计、生产和销售行业迅猛地发展起来。

二、陶瓷饰品的特点

(一)陶瓷饰品的材料特点

陶瓷材料的可塑性强，而且取材方便，在窑火烧造的过程中，一些细小的因素都会影响到最终的成品，每次的烧制都是一种新的冒险尝试。正因为手工成瓷的整个制瓷过程中的不确定性，使得每一个作品都是创作者想法的变现，是个人感受的表达。而其他的材料如金属、玻璃等，因这些材料的制作流程都是可预见的，变数不多，所以没有那种独特的惊喜。手工制瓷都会保留创作者手做的痕迹，在施上釉高温烧成后极易保存，不易变色，每一个作品在世上仅此一份，这些都体现出它的收藏价值。

(二)陶瓷饰品的制作过程

陶瓷饰品的制作手法有许多，常用的有通过泥条、手捏、注浆、模具、泥板、泥珠等成型。制作工具的材料与一般陶艺工具相似，如木质、不锈钢、合金等，为适合佩戴的需要，陶瓷造型大都小巧精美，市面上也就相对出现了许多配套的工具，比较常用的不可或缺的工具有擀泥杖、刀片、海绵、木刀、刻刀、刮片、钨丝、吊烧棒、吊烧架等，还有后期装饰时用的毛笔，转孔用的转孔工具等。

制作过程如下：第一步绘制设计图纸，然后挑选适合泥料，再之后根据设计稿手捏成型、半干半湿时转孔、干燥后修边，海绵或者喷壶、毛巾补水，坯体装饰(坯体装饰分湿坯装饰和干坯装饰，湿坯装饰是在成型后坯体还未干燥时进行的各种肌理装饰，干坯装饰即作品素烧后进行釉下绘画装饰，如釉下青花、釉下五彩等，然后再经过施釉、烧造，烧成后还可进行再次装饰加工)。

(三)陶瓷饰品的设计和装饰

陶瓷饰品在设计过程中应该注意以下特性：

(1)点缀功能。陶瓷饰品如果佩戴得当，会给整体服饰妆容起到"点睛之笔"的作用。这些搭配看似简单随意，实则很有考究，搭配饰品时，每个人的选择都能体现出每个人的审美与修养。

(2)展示个性。随着经济飞速发展，人们不再拘泥于固定模板，开始逐渐释放自己展现个人魅力，饰品搭配逐渐自由、多样，而品种多样且独具特色的陶瓷饰品能够满足部分人对自我性格展现的需求。

（3）流行风向标。陶瓷饰品会因其材料、形式的特性而掀起一股陶瓷饰品流行风。

三、陶瓷首饰分类

现在市面上首饰种类越来越多，主要包括以下几种：

（一）耳饰

其包括耳坠、耳针、耳钉等种类。耳饰是用来修饰脸型的，可以将脸部线条修饰得更加流畅，使脸庞看起来更加精致动人，可以调节人的视觉，让佩戴者整体形象更美。耳饰的搭配也很有讲究，不同的脸型、服饰、妆容、场合都有相适应的耳饰品，爱美的时尚人士能够根据自身需求进行搭配。

（二）吊坠

吊坠在陶瓷饰品里屡见不鲜，从古至今都是最常见的一种饰品。陶土和瓷土的质感不同，烧制环境不同，可塑性很高，所以陶瓷饰品兼具优美、细腻、大气、豪放等特性，后期再加上色彩、釉面等装饰手法，使得陶瓷吊坠的发展和接受范围更广。

（三）手链

其包含手链和戒指。可以先把泥巴搓成泥条环成手环，也可以把泥巴搓成小圆珠，转孔烧成后用线串成手链。不同泥土的特性和色彩、釉面、绘画装饰等手法使得首饰品装饰性更强。

（四）胸饰

胸饰也就是胸针，根据服饰的穿戴进行不同色彩、形状的胸针选择，可增加服饰的层次感。

四、陶瓷首饰的设计与创新

（一）陶瓷首饰的多元化

一般情况下，陶瓷首饰制作手法多样，比较常用的是堆贴和镂空，对坯体表面进行一些处理。堆贴是在陶瓷首饰泥坯表面，半干半湿时用厚薄、大小、形状各异的泥片堆积出的机理效果，这种手法可以表达出浮雕的效果。镂空是在形体表面进行装饰，可以在坯体半干半湿时装饰，也可以在坯体完全干燥后装饰，通过挖出形状、大小各不相同，有序排序的孔洞产生出肌理效果。同时，镂空也可以相应地减轻坯体的重量，使饰品更加小巧轻便。为了体现陶瓷首饰在造型艺术方面的设计，也可以适当采用一些其他的制作手法，例如，阴阳刻、折叠弯曲、拍打、印压、挤压、印纹等，不同的手法呈现的效果各不相同、各具特色。

(二)陶瓷首饰与不同材质的结合

陶瓷材料作为首饰制作材料中的一种，当与其他材料比如金属，两者相结合可以制作出精美的金属性陶瓷首饰。结合有两种形式，一种是金属为主体物，用金属包镶或爪镶瓷片、瓷珠，另一种以陶瓷为主体辅以金属材料点缀。陶瓷材料具有耐高温、材质紧密的特性，是便于镶嵌的，在高温焊接过程中火焰如果直接烧到陶瓷上，陶瓷的釉色也不会蜕变，不会轻易炸裂。

陶瓷成型后具有温润如玉的特点，而玉石最大特征就是其温润的外观和盈透坚韧的质地，所以将陶瓷和玉石放在一起也会产生奇妙的效果。"玉"作为矿物集合体，没有绝对、唯一的定义，历史上铀岩玉、和田玉、翡翠等曾各领风骚。其实中国人对各式各样的文化、文明都是兼容并蓄的态度，取其精华去其糟粕，玉石文化也是如此。玉石文化博大精深，玉石之美又历经时代变化，一直牵引着中国人的情感，折射出我们生命中的深度和维度。

(三)首饰表面丰富的釉料变化

施釉的方法有很多种，例如喷、浸、淋、刷，还可以在釉面做文章，如釉上画图或直接在坯体画出设计图案等。

(四)多样化的绘画装饰

绘画装饰是陶瓷首饰装饰的重要表现手法之一，最常用的绘画装饰主要有两种，分别是釉下彩装饰和釉上彩装饰。釉下彩装饰主要是青花装饰和釉下五彩，青花色彩明丽，与青釉透明釉等结合在一起更显得陶瓷首饰的精美与清雅气质。釉上彩装饰主要是新彩、古彩、粉彩三类。釉上彩可以和釉下彩还有釉中彩结合一起使用，会有意想不到的艺术效果，提高陶瓷首饰的工艺美和画面的层次感。

五、陶瓷饰品的发展空间

随着我国社会经济的飞速发展，人们对美与个性化生活的追求愈加强烈。陶瓷饰品作为一种新型创意陶瓷产品，有着装饰效果多样、材料易得、成本较低、可塑性高、设计空间大、健康自然、耐磨耐蚀等优点，因此具有非常可观的市场空间。玉器的制作、营销都与传统的玉文化有不可分割的联系，这与陶瓷的制作营销方案很相似，都是在传统上继承突破与创新，两者若能够较好地融合在一起，将会是合作共赢的局面。陶瓷饰品的发展前景十分广阔，它的发展道路还需要不断开拓创新。

　　中国拥有十分悠久的文化历史，在这个传统与现代交汇、东西方文化相互交融的新时代，中华民族的陶瓷饰品更应继承传统推陈出新、取其精华去其糟粕、与时俱进，让具有中国元素的陶瓷饰品，在繁花似锦的饰品界彰显东方神韵，引领新的时尚潮流。

参考文献

[1]徐同科，吕云飞．浅谈陶瓷饰品兴起缘由[J]．景德镇高专学报，2014，29（2）：120-122.

[2]刘丽晶．浅谈陶瓷饰品的发展历程[J]．陶瓷科学与艺术，2015，49（5）：41-43.

[3]江洋．陶瓷首饰的设计与创新[J]．美术大观，2011（12）：145.

[4]于敏洁．攻玉——玉石首饰创作记[J]．美术观察，2021（1）：158-159.

陶瓷电商平台用户在线评论信息形成机制研究

柳盈莹　钟国华　张　敏

摘　要：本文基于在线商品评论的概念，从网购消费者、网络商家、网购平台和商品四个主体出发研究陶瓷电商平台用户在线商品评论信息形成机制，以期对在线商品评论影响因素相关研究提供理论参考。

关键词：陶瓷电商；在线评论；形成；信息

一、引言

中国互联网络信息中心（CNNIC）在《中国互联网络发展状况统计报告》中提到，截至 2020 年 12 月，我国网民规模达 9.89 亿，互联网普及率达 70.4%。随着电子商务技术的广泛应用和淘宝、天猫、京东等国内大型电商平台的风行，网络购物已经成为人们生活的常态。作为网络电商的业态之一，陶瓷行业的零售市场开始有很大的发展空间，2016 年 10 月 13 日，中国陶瓷产业电子商务基地在"中国青花瓷之乡"大埔县揭牌上线，一大批传统行业包括日用陶瓷行业都在调整自己的营销模式，一夜之间各种大大小小的陶瓷企业如雨后春笋般涌入天猫等网络购物平台，Yomerto 旗舰店、布丁瓷艺旗舰店、瓷之舞旗舰店等头部卖家店铺销售千余种陶瓷商品，产品类别涵盖餐具、茶具、汤锅等，材质区分为陶瓷、玻璃、不锈钢，店铺按陶瓷材质、类别、风格、用途等进行分门别类，平均每件销量均超过万单，而且每月更新货物款式。例如 Yomerto 旗舰店的一款网红家用烤碗总销量已经突破 40 万单以上，顾客的商品评论达到 2 万条，用户的商品评论成为陶瓷电商口碑营销的重要渠道。

二、在线商品评论概念及意义

在线商品评价是指生产厂家、商家或者消费者根据具体商品的性能、规格、材质、使用寿命、外观等商品的内在价值设定一个可量化或定性的评价体系，由消费者对商品使用价值进行评价的过程。一般的消费者在决定下单前，都会查看该商品的所有评论，购买完成后也会进行在线评价，它并不仅是单纯对商品的评价，所反映出来的是购买者对商品的主观想法。

在线商品评论一般由多维度评价指标组成，内容评论包括文字评论(商品的外观、性能、价格、款式等)、图片及视频评论(颜色、大小等)、追加评论(商品体验后的综合评价)，服务评论包括物流服务水平(配送速度、服务态度、物流包装等)、商家服务水平(反馈是否及时、解答是否专业等)，标签评论包括其他评论者的一些定式描述(少女专用、结实耐用、质量一般等)，效价评论包括评价等级(好评、中评、差评)及五星等级制(非常满意、满意、一般、不满意、非常不满意)。

在线商品评论信息会对网络商家、消费者、购物平台和生产企业四个主体产生积极影响，对于网络商家或零售商来说，通过仔细阅读每一个商品的多角度评论信息，对消费者进行画像分析，找出商品销售和物流等存在的不足和建议，改善客户关系管理水平，提高商品评论信息管理能力，改变销售模式和途径，从而形成优质的在线商品口碑，更好地形成个性化营销；对于消费者来说，它是购物者表达消费诉求的有力工具，通过不同等级的评价内容能够对网络商家起到约束作用，通过公开或匿名表达自己对购物商品或服务的看法，很好地和店家进行沟通和反馈，帮助其及时、准确地完善商品和服务，促进商家完成更高质量的销售；对于生产企业来说，通过消费者对商品的反馈，供应商能更准确地抓住购买者的关注点和喜好，精准预估市场需求，通过信息流严控供应链，实现从推式供应链向拉式供应链转变，真正从消费者视角出发，生产定制化、个性化产品以满足不同群体需求；对于购物平台来说，分析竞品和自家产品在电商平台的用户评论数据，研究购买者兴趣点和商品的卖点是否对称，了解每一位消费者的故事，通过大数据分析他们的购买习惯、使用方式及成交原因，借以调整产品规划，构建清晰的运营思路，提供可靠的安全保障支付、认证体系，能更好地为其他三个主体服务。

三、在线商品评论信息形成要素

在线商品评论是口碑网络营销的重要手段之一，其信息质量的好坏直接左右消费者的购买意愿，本文认为在线商品评论形成和消费者、网络商家、购物平台、商品四要素有关(图1)，四个主体要素相互作用、相互影响使生成的商品评论在广度、深度和可信度方面各有不同。

消费者的评论水平是指消费者根据自己的购物体验客观、详实、积极主动地对产品性能、价格、外观、服务等发表评价。消费者评论水平的高低会在信息内容的深度、广度和可信度三方面有所体现，评论能力强的消费者表达能力、词汇运用方面均有一定优势，他们往往具备较强的逻辑思维能力，能比较客观地对商品性能和潜在的特点进行描述，语言表达会全面、准确地反映产品的性能，形成很好的口碑效应。从广度方面来看，评论能力强的消费者能结合自己的社会经验和工作学识，多视角、综合性地分析产品，给其他消费者提供多维的参考。在可信度方面，由于他们的高感知力使得评论信息更准确，能吸引潜在消费者的眼球，从而形成专业度高、参考量大、可信度强的评价信息（很多评价平台的精华帖），而且评论水平强的消费者比一般消费者有更强的表达欲望，更希望通过自己的评论能帮助到其他人和得到更多人的关注、点赞。他们会认为在完成交易后提交自己的感受是十分必要的，他们会沉浸在和别人分享购物的乐趣以及得失上。他们往往在完成交易的第一时间就发表评论，而不会像一些用户不及时或不愿评论，乐见自己的分享成为头条，希望和其他消费者交流产品、物流、价格等方面的问题，甚至是多次追加评论分享单个商品的使用体验和不同发现。

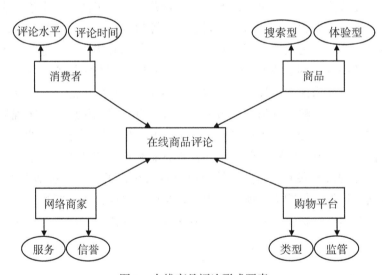

图 1　在线商品评论形成要素

　　网络商家的不同营销策略和信誉度也会对评论信息产生影响。网络商家通过参与各种优惠活动，能增进订单成交的数量以及商品评论的数目。商家可以采用一定的激励策略提高用户评论度，比如京东商城会对用户的评论分等级，如果达到了高质量等级的话会对用户发放类似现金抵扣的京东京豆进行奖励，假如普通的订单完成评论会得到 1000 京豆的话，优质的商品评论可以翻倍得到 2000 京豆甚至更多，如此一来，更多的消费者会在商品成交后第一时间，详实、主动地对商品进行评价以获得京豆奖励。另外，商家客服的"亲"般服务，耐心、及时的交流都会提高用户的购物体验度，使得消费者会和商家形成朋友之间的友情从而完成商品评论。网络店铺的信誉度也会成为商品评论的影响因素，通过比较淘宝网上皇冠级陶瓷店铺和星级店铺就会发现，信誉度不高的商家，消费者还没有形成对它的好感度和熟悉度，所以没有办法参考它上面的商品评论，从而导致评论可信度较低。

在线商品一般可以分为体验型商品和搜索型商品。对于搜索型产品来说，比如餐具、功能茶具等，它的大小、釉色、器型等消费者一般能够通过网站介绍、产品参数、图片、视频的详细了解，相较于体验型商品（陶瓷饰品、陶瓷产品）而言评价更加直观，评论可信度较高，而体验型商品使用感观主要来源于不同的消费者，俗话说1000个读者心中有1000个哈姆雷特，同样的一件陶瓷首饰的红颜色，有的人会理解为中国红，有的人会理解为大红，评论可信度较弱。对于体验型商品而言，消费者往往会在使用了一段时间之后，结合自己对产品性能的认知和网站参数介绍做出评论，时效性较差而且会随着不同的体验感受进行多次追评，而搜索型产品恰好相反，消费者在购买之前就已经详细、直观地了解性能参数，在完成交易之后，第一时间就能够进行判断并发表评论，而且是比较全面、完整的一次性评论。

购物平台的类型和监管方式也会对商品评论产生影响。一般消费者会把商品评论发表在自发型平台或第三方平台上，自发型平台信息由于时间、空间相对比较自由，消费者可以根据自己的想法和方式畅所欲言，不必拘泥于一定的格式和内容。网络平台监管机制是否完善、内容审核是否严格亦成为在线商品评论是否可信非常重要的部分，正如人民网2020年在《网络购物呼唤"有内容"的评价》中提到网络购物的本质是信用消费。"好评、中评和差评"的评价体系，是为解决用户和商户之间的信任问题而出现的。今天看来，简单的好评或中差评，可能无法给消费者太多参考。

参考文献

[1]李雨洁.在线商品评论偏差的成因与影响机理[M].西南交通大学出版社，2017.

[2]江彦.评论者对在线商品评论信息质量的影响及提升策略研究[J].图书馆学研究，2019（2）.

[3]包金龙."新零售"背景下电商平台系统式线索对消费者购买意向的影响[J].

中国流通经济，2019(12).

[4]王倩倩．基于共词分析的国内在线商品评论研究热点探讨[J]．现代情报，2017(10).

基金项目　景德镇陶瓷大学 2020 年大学生创新创业训练计划项目：陶瓷电商平台用户在线商品评论信息形成机制。

"互联网+"环境下的文创品牌构建研究

——以景德镇"陶溪川"为例

梁雨薇　牛莉雯　姜梦云　郝博洋

摘　要："互联网+"背景下，对文创品牌的构建带来了新的机遇和挑战。本文以景德镇陶溪川文创品牌为研究对象，首先分析其品牌价值的内涵，进而从品牌定位、品牌规划、品牌管理和品牌宣传几个方面，为文创品牌构建提供新的对策与建议。

关键字：陶溪川；品牌价值；品牌宣传

一、引言

2011 年，我国正式提出"文化强国"战略，文化产业对国民经济贡献率不断增长。十九大报告提出"我国社会主要矛盾已经转化为人民日益增长的美好生活需要和不平衡不充分的发展之间的矛盾"，美好生活需要文化引领，文化创意产业发展迎来新契机。

在当前"互联网+"大背景下，大数据、云计算、移动互联网等数字技术在文创领域内得到广泛应用，传统的文创产业园逐渐向文创平台转型，为更多的文创商家、消费者提供服务，不仅丰富了文创产品的信息、文创品牌的传播方式，也使文创产品的开发者能更加敏锐地感知到市场需求的变化，极大地扩展了文创内容的展现形式。以创造力为核心的文创产业展现出巨大的潜力，逐渐发展为地方性支柱产业。景德镇，一座极具传统文化特色的人文城市，陶瓷文创产业带动了地方经济发展，说起"景德镇"这个原产地标志，大家都知道；而景德镇有哪些文创品牌呢，很少有人能说出一二三来。如何构建有影响力的景德镇陶瓷文创品牌，已经成为一项非常迫切需要研究的课题。

二、"陶溪川"文创品牌的构建

陶溪川国际陶瓷文化产业园位于景德镇市珠山区，以原宇宙瓷厂为核心启动区，方圆一平方千米，工业遗产众多，历史记忆丰富。园区将老厂房的历史底蕴与现代化的艺术相互交融，经过不断发展已经成为一个规模化的小微型文创企业集聚地，吸引了众多热爱中国传统手工艺的青年创业者孵化、培育陶瓷文创项目，是目前中国较成功的文创园区之一。2020年陶溪川直播基地的打造，为其向文创平台转型打下了良好的基础。本文拟为"陶溪川"文创品牌的打造建言献策，以使它在传播中国陶瓷文化、带动地方经济发展方面发挥更大的作用。

从文创品牌对顾客感知价值的意义体现出发，本文首先分析品牌价值的内涵，进而从品牌定位、品牌规划、品牌管理和品牌宣传几个方面，提出相应的对策与建议。

（一）品牌价值的延伸

品牌是一系列功能性与情感性的价值元素，从品牌的价值属性考虑，品牌价值本质上是顾客感知价值的一种具体表现方式，品牌的内涵在于品牌的存在不仅源于品牌传播的行为，更在于其内在价值的支撑。营销学大师菲利普·科特勒认为，品牌是以某种方式将满足同样需求的其他产品或服务区别开来，以显示差别，这些差别可以与该产品性能有关，也可能是在更抽象的意义上与该品牌所代表的或所蕴含的意义有关。陶溪川最初定位为以文化休闲旅游体验为主的创意园区，之后逐渐向文创平台转型，为客户提供个性化的一揽子解决方案，也能提供独特的文化艺术体验，因其有能力提供独特的服务价值而能够被顾客接受。

一个品牌能否成功，取决于创造独特的产品及服务优势，能否提供差异化价值，并且让客户感知。对于文创品牌而言，文化底蕴和创意往往会使产品或服务增值，不仅让顾客满意，甚至让顾客感到惊喜。顾客在产品或服务消费过程中感受到的超越预期的心理满足程度，正是文创品牌的价值所在，文创品牌对产品或服务的包装、重构也是基于此。陶溪川品牌价值的延伸，正是要使每一个来到这里的消费者获得"心之所向，行之所至，游在其中，乐在其中"的体验。

（二）品牌定位

品牌的定位决定了品牌的规划。陶溪川对宇宙瓷厂的充分利用和再开发，在"修旧如旧、建新如新"的原则下，尽可能还原历史的原貌，为园区打造集创意、科技、时尚、艺术于一体的陶溪川IP符号，将陶溪川园区打造为景德镇城市工厂保护区、世界级艺术创意交流平台、江西旅游目的地、国家文化复兴先锋示范区。

（三）品牌规划

按照设计、建设、管理、运营四位一体的模式，抢救性保护与修复煤烧隧道窑、圆窑和各个年代的工业厂房等近现代工业设备；建设七十二坊陶冶图全景客厅、陶瓷工业遗产活态博物馆、明清窑作营造技艺长廊、学徒传习所等陶瓷非物质文化遗产工艺过程展示场所，学院派文艺工作室和大师工作室，陶瓷工业博物馆、雕塑博物馆，主题特色精品街·西餐、小吃店·特色主题客栈/青年旅社，瓷茶会所·高端服务业/SPA会所，万秀场/剧院、写字办公、高端百货商场，主题卖场·星级宾馆·精品酒店，以及精品酒店、红酒窖、雪茄吧、餐馆、咖啡馆等文化旅游业态以及现代服务业配套设施。

其主要的消费群体定位为政府机关公务员、文艺界人士、各类业主、各私营企业主、企业员工(白领)、高生活品质追逐族、学生、过往客商、游客、中高收入家庭等。次群体为城市及乡村居民，城市职业工作者、自由打工者、辖区乡镇从事农业的生活群体。在产品规划中，主要走中高端特色消费路线，以中端品牌为主，约占60%，高端品牌兼备，约占10%，低端商品约占5%，其他经营品类或主题招商项目约占15%，艺术工作室画廊等，约占10%。

(四)品牌宣传

品牌宣传作为平台与消费者之间沟通最有效的方式，不是一蹴而就的事情，既要着眼于服务现实的营销需求，又要兼顾企业品牌资本的积累，这是一个长期的过程。品牌宣传是对消费者沟通中的传播行为进行超前的规划和设计，其中包涵了关系营销、搜索引擎营销、论坛微博等。关系营销是把营销活动看成一个企业与顾客、供应商、经销商、竞争者、政府机构、社区及其他公众发生互动作用的过程，其核心是建立并发展与这些公众的良好关系。陶溪川文创平台为青年陶瓷设计师提供免费的创业平台——创业集市和邑空间商城，吸引来自国内外各大高校的青年创客，成为陶溪川文化市场的主体。以"艺术范、时尚范、科技范、国际范"定位业态，严格招商标准，再借助这个理念的运营实践，汇集陶瓷博物馆、美术馆、陶瓷3D打印等多元创业生态，进一步汇聚人气。通过社会网络关系，整合外部资源，在北京故宫博物院设立景德镇御窑馆，在北京国贸商城设立近600平方米的陶溪川品牌形象店，与全国各地的知名窑口合作，如陕西耀州窑、浙江龙泉窑、山西平阳窑等开展文化创意交流活动。

景德镇千年窑火，实为中国陶瓷史上的明珠，独特的陶瓷文化为陶溪川品牌赋予了独一无二的文化魅力。在当前互联网高速发展的时代，传统文化借助网络营销，将有趣的陶瓷故事提炼、整合、融入文创产品，避免同质性，让陶瓷文化走入人们的日常生活之中。休闲娱乐化的趋势下文创平台不仅要讲故事，而且要讲好故事，不仅要互动，还要会"聊天"，提高游客的契合度尤为重要。"精于技术，沉淀思想"，使得陶溪川文创品牌搭载陶瓷文化以一种更加鲜活的姿态出现在更多年轻人的视野中。

(五)品牌管理

管理是品牌创新的生命线。品牌创新是一项包括产品、组织、技术、价值、文化等多种创新在内的复杂的经济系统工程，它涉及品牌经营活动的程序化和程序化运用。管理既高于这些活动，又融入这些活动中，贯穿于活动的全过程，成为品牌创新的绩效基础。陶溪川文创品牌不仅要传承创新，更要以开发的心态迎接外部新业态的冲击，这就要求品牌管理者既不能囿于传统，更不能追求短期利益而盲目引入新业态。春秋大集、摇滚音乐节、动漫节新春游园会等活动的举办使得品牌知名度进一步提升的同时，也为文创平台带来了更多创意火花。

三、结论与讨论

文创是一种面向未来的文化生产和传播方式，在"数字"赋能下，文创产业得以拥抱移动互联网、大数据、物联网、人工智能等新技术，实现"文化+科技"的全面融合发展，同时也为文创品牌的传播带来了新的途径。通过对景德镇陶溪川文创企业品牌的构建研究，本文得出以下结论：品牌价值以文化为载体，为消费者实现内心期望的超越；互联网时代下的品牌宣传是战略核心，将品牌全网推广后才能为文创平台带来客流量，才能更好地宣扬和传承优秀的陶瓷传统文化；品牌管理贯穿于品牌经营的全过程，需要管理者在不断变化的动态环境中做出有效的决策。

参考文献

[1]丁子钰，杨晔．品牌建设与城市文化保护研究——以沈阳为例[J]．西部皮革，2021，43(8)：144-145.

[2]龚志文，穆琼琼．文化创意企业商业模式如何影响企业价值研究——以景德镇陶溪川为例[J]．对外经贸，2021(3)：38-42.

[3]安雪姣，刘洋，齐林."互联网+"环境下文创产业科技服务平台商业模式研究——面向4个典型创作领域的分析[J]．科技和产业，2021，21(3)：98-103.

[4]李海东，欧阳桃花，张纯，曹鑫．从工业遗产到文创产业平台：资源拼凑理论视角——以景德镇陶溪川为案例[J]．管理学报，2021，18(3)：328-336.

[5]赵辰宽，向永胜，陈熠莎．基于用户体验的产品开发和市场营销策略探

讨[J]. 时代经贸, 2021, 18(2): 76-78.

[6]何也, 余晓凡. 论城市形象建设与景德镇陶瓷品牌战略创新[J]. 陶瓷研究, 2020, 35(6): 14-15.

[7]贾平, 韩欣然. 基于顾客感知价值的物流企业品牌价值形成机理分析[J]. 物流技术, 2020, 39(11): 14-17.

[8]道格拉斯·B. 霍尔特. 品牌如何成为偶像——文化式品牌塑造的原理[M]. 商务印书馆, 2010: 2-5.